pfeiffer

Gestalt-Pädagogik

Konzepte der Integrativen Erziehung

Herausgegeben von Hilarion G. Petzold
und George I. Brown

Verlag J. Pfeiffer · München

Die amerikanischen Beiträge sind in »The Live Classroom. Innovation through Confluent Education and Gestalt« bei Viking Press, New York, erschienen.

Die aus diesem Werk übernommenen Beiträge wurden übersetzt von Karl Everding, Hilarion Petzold und Ulrike Mathias.
Die Rechte zur Herausgabe im deutschen Sprachraum wurden von George I. Brown und von den deutschsprachigen Autoren dieses Buches auf Hilarion G. Petzold übertragen.

Für Barbara und
Judith Tatjana
H. P.

Printed in Germany
Druck: G. J. Manz AG, Dillingen/Donau
Umschlagentwurf: Wolfgang Taube

ISBN 3-7904-0252-4

Vorwort

In dem vorliegenden Buch werden unter dem Oberbegriff »Gestaltpädagogik« zwei Ansätze integrativer Erziehungs- und Bildungsarbeit vorgestellt: die *Confluent Education*, die von *George I. Brown* und seinen Mitarbeitern an der University of California, Santa Barbara, entwickelt wurde, und die *Integrative Agogik*, die von *Hilarion G. Petzold* und Therapeuten und Pädagogen des »Fritz-Perls-Instituts für Integrative Therapie, Gestalttherapie und Kreativitätsförderung«, Düsseldorf, konzipiert wurde. Ein weiterer Ansatz, das *Themenzentrierte Interaktionale System* von *Ruth Cohn*, ist mit einem Beitrag vertreten. Der Gestaltansatz will für den Menschen, der als eine Leib-Geist-seelische-Ganzheit im sozialen ökologischen Umfeld verstanden wird, eine ganzheitliche Agogik entwickeln, die neue Wege des Lehrens und Lernens geht. Ihr Ziel ist es, zu menschlicherem Lernen für eine menschlichere Gesellschaft beizutragen. Um dieses Ziel zu erreichen, ist ein komplexes agogisches Konzept und eine Praxis erforderlich, in der kognitives, emotionales, somatomotorisches und soziales Lernen verbunden werden und die auf das Lebensganze des Menschen gerichtet ist. Wir verwenden deshalb den Begriff »Integrative Agogik«, weil er Pädagogik, Andragogik und Geragogik umfaßt und die Forderung nach einer *éducation permanente* einschließt.

Auf der Grundlage der Gestalttherapie *(F. Perls, P. Goodman)*, der Humanistischen Psychologie *(Ch. Bühler, A. Maslow)* und Gedanken existentialistisch-phänomenologischer Philosophie *(G. Marcel, M. Merleau-Ponty)* wird versucht, Konzepte zu einer alternativen Agogik zu entwickeln. Wir beabsichtigen nicht, eine geschlossene Theorie vorzulegen, sondern *Konzepte*, die miteinander in *Korrespondenz* stehen und zu weiterer Auseinandersetzung anregen sollen. Diese Konzepte sind aus der praktischen Arbeit der Mitarbeiter an diesem Band hervorgegangen, und so sind unterschiedliche Akzente gesetzt worden. Dies wird dem aufmerksamen Leser insbesondere bei den Beiträgen der amerikanischen Autoren auffallen, die in ihrem Ansatz stärker von der Schulpädagogik bestimmt sind. Im Hinblick auf die Übersetzung des Begriffes *Confluent Education* kamen die Herausgeber überein, daß er am treffendsten mit »Integrative Pädagogik«

wiedergegeben sei. Er wird deshalb in den Beiträgen der amerikanischen Mitarbeiter durchgehend so übersetzt.

Die Mehrzahl der Autoren dieses Bandes berichten aus der Praxis lebendigen Lehrens und Lernens. Sie versuchen für den Pädagogen deutlich zu machen, wie die Konzepte und Methoden der Gestaltarbeit in Schule, Erwachsenenbildung, Geragogik und beruflicher Weiterbildung eingesetzt werden können. Die theoretischen Arbeiten stellen den Versuch dar, eine effiziente Praxis zu fundieren. Daß wir hier noch am Anfang einer Entwicklung stehen, ist uns bewußt. Die Erfolge in der Praxis ermutigen uns, die eingeschlagene Richtung weiter zu verfolgen und auf dem Wege zu menschlicheren Formen des Lehrens, Lernens und Zusammenlebens weiterzugehen.

Eine Reihe von Beiträgen zum Thema dieses Buches, die hier aus Platzgründen nicht mehr Aufnahme finden konnten, werden in der Zeitschrift »Integrative Therapie« veröffentlicht.

George I. Brown,
University of California,
Santa Barbara

Hilarion G. H. Petzold,
Fritz-Perls-Institut für Integrative
Therapie, Düsseldorf

Einführung
Hilarion G. Petzold

Gestaltpädagogik

Unter dem Begriff »Gestaltpädagogik« kann eine Reihe von Ansätzen zusammengefaßt werden, die auf dem Hintergrund der Humanistischen Psychologie, des Existentialismus und Experientialismus entstanden sind und in wesentlichen Konzepten ihrer Theorie und Praxis auf der Gestalttherapie von *F. S. Perls* und *Paul Goodman* aufbauen. Die Gestalttherapie selbst hat ihre Wurzeln in der Psychoanalyse, der Gestalttheorie und im existentialistisch-phänomenologischen Denken. Sie ist auf ein ganzheitliches Erfassen der Wirklichkeit gerichtet. Es geht ihr um den ganzen, den »wirklichen« Menschen in seiner Welt, um die Beseitigung von Entfremdung in der Beziehung zu sich selbst, zu den Mitmenschen und zur Umwelt. *Perls* hat, ehe er für sein Verfahren den Namen »Gestalttherapie« prägte, seinen Ansatz als »Methode der Persönlichkeitsintegration« bezeichnet (*Perls,* 1948). In seiner therapeutischen Entwicklung erweiterte er das Therapiekonzept zu einer *allgemeinen Theorie und Methodologie des Wachstums der menschlichen Potentiale* (an overall concept of growth of human potential, *Perls,* 1966). Das Fördern von Wachstumsprozessen (facilitating of growth) wird für *Perls* die zentrale Aufgabe, an der alle Humanwissenschaften mitwirken müssen. Er fordert deshalb, daß »die artifizielle Trennung zwischen dem Philosophen, Pädagogen und dem Psychotherapeuten aufgehoben werden soll; denn all diesen Disziplinen (approaches) geht es um Wachstum, um Lernen und Integration. Sie stellen die Grundformen menschlichen Denkens und Handelns dar, die jedem Menschen eigen sein sollten. Jeder Mensch sinnt über das Leben nach, jeder kann lehren, jeder kann heilend wirken und Wachstum fördern« (*Perls,* 1969c).

Perls hat versucht, diese Postulate in einer Lebens- und Lerngemeinschaft zu realisieren, die er am Ende seines Lebens in Canada am Lake Cowichan gründete (*Stevens,* 1970; *Petzold,* 1970). Diese Gemeinschaft sollte zu einem Ort werden, »wo es Menschen wieder möglich wird, zu wirklichen Menschen (real people) zu werden« (*Perls,* 1969c). *Perls* trifft sich hier, wie in so vielem, mit Konzepten Jean Jaques Rousseaus, der im »Emile« die Menschenbildung als das Hauptziel einer natürlichen Erziehung fordert, »denn der erste und vornehmste Beruf des Menschen ist, Mensch zu sein« (*Rousseau,* 1971).

Perls Gestaltkibbuz als gestaltpädagogische Gemeinschaft in der Wildnis Canadas kann nicht im Sinne einer Robinsonade eines naiven »zurück zur Natur« verstanden werden – und auch *Rousseaus* Konzepte liegen jenseits einer solchen Naivität (vgl. *Rang,* 1965; *Voßler,* 1963) –, sondern er sollte ein »leader breader place« (*Perls,* 1969b) werden, in dem Menschen zu sich selbst kommen und zu anderen finden können, um an einer menschlicheren Welt und Gesellschaft mitzuarbeiten: »Erst muß ich mich finden, um dir begegnen zu können. Ich und du, das sind die Grundlagen zum Wir, und nur gemeinsam können wir das Leben in dieser Welt menschlicher machen« (*Perls,* 1969c).

Perls hat mit den Konzepten des Wachstums, der Ganzheit, der Awareness als wacher Bewußtheit im Hier und Jetzt, des Lernens durch Erleben, der Verantwortung als Fähigkeit zu antworten (responsibility/responseability) und der Betonung des Selbstregulations- und Selbstverwirklichungsprinzips von *Goldstein* und *Maslow* die Grundlagen für die Gestalttherapie gelegt und für die Gestaltpädagogik vorbereitet. Durch die zahlreichen Spiele und Übungen zur Schulung der Awareness und der Kommunikation (*Perls/Lewitzky,* 1970; *Stevens,* 1975), die zum Teil dem Psychodrama *Morenos* entlehnt worden sind, und durch die Techniken und Methoden zum Auslösen von und Umgehen mit Emotionen hat er die Methodologie für eine Therapie und Pädagogik geschaffen, die den Bereich der Emotionen, der sozialen Interaktion besonders gut handhaben können.

Perls selbst hat der pädagogischen Arbeit im Bereich von Schule und Weiterbildung keine größere Aufmerksamkeit geschenkt, wenngleich er pädagogische Unternehmungen wie die Arbeit *Janet Ledermans* (1970) mit schwer erziehbaren Kindern und die Bemühungen *George I. Browns* zur affektiven Erziehung sehr gefördert hat.

Im Hinblick auf pädagogische Konzeptionen hat die Gestalttherapie in *Paul Goodman* einen ihrer profiliertesten Vertreter. *Goodmans* sozialkritische Ideen und Überlegungen zu alternativen Möglichkeiten der Erziehung, der Schule, des Lebens sind, wie Theodor *Roszak* (1972) gezeigt hat, wesentlich von seiner Arbeit als Gestalttherapeut geprägt. *Goodman* hat stärker als *Perls* den gesamtgesellschaftlichen Zusammenhang ins Auge gefaßt, in den Therapie und Pädagogik verflochten sind und an dem sie leiden. Die »Absurdität«, in der junge Menschen aufwachsen (*Goodman,* 1965), zwingt den einzelnen zu Alternativen, wenn er überleben will. In seinem autobiographischen Roman »Marking Do« (1964) sagt *Goodman* über einen jungen Mann, der in dieser Gesellschaft nicht zurechtkam: »... für ihn – und nicht nur für ihn – gab es in unserer Gesellschaft keinen Ausweg. Als er die entscheidende Frage gestellt hatte und fünfzehn Experten auf der Estrade keine Antwort für ihn fanden, war er hellsichtig auf die hundertprozentige amerikanische Antwort gestoßen: Do it yourself. Wenn es keine Gemeinschaft für dich gibt, junger Mann, dann junger Mann, schaff sie dir selbst.« Diese Aktion, die eigene Sache in die Hand zu nehmen und »eine Linie zu ziehen«, um sich von der entfremdeten und entfremdenden Gesellschaft abzusetzen und das eigene Menschsein zu retten, hat *Goodman* in seinem literarischen Werk und seiner Lebenspraxis immer wieder demonstriert. In seinen Essays über »Schulpflicht und Fehlerziehung« und »Die Gesellschaft der Gelehrten« (1964) kämpft er engagiert gegen das entpersönlichte, technokratische Schul- und Universitätssystem, das an den Bedürfnissen und Notwendigkeiten der jungen Generation vorbeigeht. *Goodman* ruft in diesem Werk auf, die herkömmlichen Hochschulen zu verlassen und alternative Hochschulen zu organisieren – und diese Einrichtungen können entstehen und können bestehen (*Roszak*, 1972).

Goodman formuliert die Strategien für die Gestaltpädagogik als alternative Pädagogik, indem er zum machbaren Widerstand der Betroffenen aufruft. Die großen und letztendlichen Veränderungen der Gesellschaft können nicht durch Theoretisieren geschehen, sondern durch konkretes Handeln von einzelnen Gruppen in der Lebenssituation, die Handeln erforderlich macht, wo die Umstände zum Handeln zwingen. »Wir sehen, daß jeder, der noch Leben und Energie besitzt, eine natürliche Kraft verkörpert und sich heute unnatürlichen Zwängen ausgesetzt sieht. Und nun, bei einem offensichtlich trivialen Anlaß, der nichtsdestoweniger eine Schlüsselfunktion hat, *setzt er sich ab*! Der nächste Schritt, den er unternehmen muß, ist nicht unklar oder schwierig, er ist praktisch vorgezeichnet; er wird sogar gewaltsam von der Gesellschaft nahegelegt! Die moderne Gesellschaft läßt einen nicht einfach dasein – sie ist zu total, sie zwingt einen« (*Goodman*, 1962).

Die gestaltpädagogischen Ansätze setzen sich von der bürokratischen, sozial- und unterrichtstechnologisch bestimmten Schulpädagogik genauso ab, wie von den idealistischen Konzeptionen der klassischen Bildungstheorien oder politisch radikalen Forderungen totaler Revolutionen. Es ergeben sich Berührungspunkte zu den »antipädagogischen« Konzepten von *Illich* (1971) und *Braunmühl* (1975), obgleich *Goodman* und die Vertreter der Gestaltmethode eher von einer *»Alternativpädagogik«* sprechen, weil in jedem »anti« ein reaktives Element eingeschlossen ist, durch das freie und kreative Entfaltung beeinträchtigt wird. Es ist aber nach *Goodman* eine Frage der Wahl: in welchen Bedingungen will ich leben, was lasse ich mit mir machen, welchen Situationen will ich mich aussetzen – oder will ich Situationen in die Hand nehmen und sie verändern? »Frei wählen können heißt nicht sich beliebig verhalten, sondern auf Wirklichkeit antworten« (*Goodman,* 1969). Aufgabe und Zielsetzung der gestaltpädagogischen Verfahren ist es, auf die Wirklichkeit unseres Schul- und Bildungssystems zu antworten, was letztlich auch eine Auseinandersetzung mit den Bedingungen der Gesellschaft impliziert, die dieses System hervorgebracht hat. »Die komplizierten und verwirrenden Verhältnisse unserer Zeit erfordern einen Neuansatz im Denken, und dazu brauchen wir die Beteiligung aller, besonders aber der Jugendlichen ... Wir müssen Formen der praktischen Lehre entwickeln, die keinen ausbeuterischen Charakter haben« (*Goodman,* 1972). Die Gestaltverfahren entwerfen eine alternative Pädagogik, die neue Möglichkeiten sucht und bietet, in der herkömmlichen Schule auf neue Weise zu arbeiten, um sie auf diesem Wege »von innen« zu verändern (vgl. *Signer*, dieses Buch), oder Alternativschulen bzw. alternative Bildungseinrichtungen aufzubauen, um sie den konventionellen Schulen kontrastierend an die Seite zu stellen (vgl. *Kägi-Romano*, dieses Buch) und auf diese Weise eine Herausforderung »von außen« zu schaffen. »Es ist hoffentlich deutlich, daß ich nicht an irgendein besonderes Erziehungsexperiment oder eine Erziehungsideologie denke, wie z. B. *Goddard, Antioch, Sahra Lawrence* usw., die auf demokratischen Vollzug, gemeinschaftliches Leben, Gemeinschaftsdienst, individuelle Entwicklung, Kreativitätsförderung usw. ausgerichtet sind. Das alles sind gute Sachen, doch ich schlage einfach vor, Lehren und Lernen nach seinen eigenen Gesetzen zu sehen. Studenten und Lehrer mögen sich durchaus auf traditionelle Weise zusammenfinden, ganz wie es ihnen ihr Interesse nahelegt, jedoch gänzlich losgelöst von der externen Kontrolle der Administration, bürokratischen Maschinerie und anderen Auswüchsen, in denen unsere Gelehrtengesellschaft versumpft ist.« *Goodman* plädiert für kleine, überschaubare Institutionen mit Klassengrößen von 12–15 Studenten und einer Gesamtbelegschaft von 120–150 Lernenden. *Goodman* sieht eine große Gefahr in den repressiven Tendenzen der Gesellschaft gegenüber solchen Experimenten. »... das praktische soziale Problem ist oft nicht, die Gesellschaft dazu zu bekommen, gute Schulen einzurichten, sondern, wie wir gesehen haben, davon abzuhalten, was auch immer an guter Erziehungsarbeit aufkommt, zu versklaven oder zu zerstören. Wenn die offiziellen Schulen der Gesellschaft zu stark in die Erziehung hineinpfuschen, bleibt die Frage offen, ob damit nicht mehr zerstört und kaputtgemacht wird. Die meisten unserer Schulen sind im gegenwärtigen Zeitpunkt so beschaffen, daß ich fürchte, daß viele unserer besten jungen Leute eine bessere, wenn auch sehr unvollkommene Bildung erhalten würden, wenn sie ihren Impulsen folgen und diese Schulen verlassen würden; und sicherlich sollten sich auch mehr Lehrer stark machen, selbst auf das Risiko hin, hinausgeschmissen zu werden« (*Goodman*, 1964). Alternativschulen innerhalb der Gesellschaft, jedoch nicht gebunden an ihre bürokratischen und sozialtechnischen Zwänge, und alternatives Arbeiten von Lehrern in den öffentlichen Schulen sieht *Goodman* als Möglichkeiten an, langfristig verändernd in der Gesellschaft zu wirken.

Leider sind von den amerikanischen Ansätzen der Gestaltpädagogik (*Brown*, 1971; *Cohn*, 1975) die bedeutsamen Impulse *Paul Goodmans* nicht aufgenommen worden. Es geht ihnen damit eine kritische Dimension und der übergeordnete gesellschaftlich-politische Bezug verloren, der ohnehin der humanistischen Psychologie und Psychotherapie vielfach mangelt. Unter den Pädagogen, die im Bereich der Gestaltbewegung anzusiedeln sind, nimmt als einziger *G. B. Leonard*, der als Direktor am Esalen Institut mit *Perls* in direktem Kontakt stand, in seinem Buch »Education and Ecstasy« (1968), das er als »Anschlag auf die ordentliche Schule« versteht, die kritische Linie in der Gestaltpädagogik auf, ohne allerdings *Goodmans* politische Implikationen weiter zu entwickeln.

Die Gestaltpädagogik hat sich in den vergangenen Jahren in verschiedenen Strömungen entwickelt, die alle auf dem gemeinsamen Grund der Theorie und Praxis der *Perls*schen Gestalttherapie stehen. Zum Teil wurden Ansätze aus anderen philosophischen und pädagogischen Strömungen inkorporiert, die dem Hauptziel gestaltpädagogischer Erziehung förderlich waren: menschlicheres Lernen für eine menschlichere Gesellschaft.

Es können drei wesentliche gestaltpädagogische Richtungen unterschieden werden;

1. Confluent Education

Der gestaltpädagogische Ansatz der Confluent Education wurde von *George I. Brown* und seinen Mitarbeitern an der University of California in Santa Barbara als innovative Methode der Schulpädagogik entwickelt. Dabei wurde unmittelbar auf die Arbeit von *F. S. Perls* zurückgegriffen, um die Dimension des affektiven Lernens und der Kreativität für den Unterricht zu erschließen. Das in Zusammenarbeit mit dem Esalen Institut durchgeführte und von der Ford Foundation finanzierte DRICE-Projekt war auf die Schulsituation abgestellt und fand in zwei Publikationen (*Brown* (1971; 1975) und zahlreichen Einzelveröffentlichungen seinen Niederschlag. Confluent Education ist auf das *»Zusammenfließen«* (confluence) von kognitiver und affektiver Erziehung zentriert. Ihre Hauptkonzepte werden von *Phillips* (1977) und *Brown* (dieses Buch) dargestellt. Zur Praxis vgl. *Brown/Petzold*, 1977.

2. *Integrative Pädagogik*

Dieser Ansatz gestaltpädagogischer Arbeit wurde von *Hilarion G. Petzold* und therapeutischen und pädagogischen Mitarbeitern des »Fritz Perls Instituts für Integrative Therapie, Gestalttherapie und Kreativitätsförderung«, Düsseldorf, entwickelt, und zwar zunächst als multimodaler agogischer Ansatz für die Erwachsenenbildung (*Petzold*, 1971; *Petzold/Sieper*, 1970), Altenbildung (*Petzold/Bubolz*, 1976) und Vorschulpädagogik (*Petzold/Geibel*, 1972). Später wurde die Schulpädagogik (*Besems*, dieses Buch) einbezogen. Neben der Gestalttherapie wurde auf das Psychodrama *Morenos* und das therapeutische Theater *Iljines* zurückgegriffen, um kognitives, affektives, somatomotorisches Lernen im sozialen und ökologischen Feld zu verwirklichen. Im Unterschied von Confluent Education wird der Dimension des Leibes durch Atem- und Bewegungserziehung (*Petzold/Berger*, 1974; *Petzold*, 1977) größere Bedeutung beigemessen und wird an die Tradition europäischer Philosophie und Pädagogik angeknüpft. Auf dieser Grundlage versteht sich Integrative Pädagogik als »angewandte Anthropologie«.

3. Themenzentrierte Interaktion

Als der dritte Ansatz, der der Gestaltpädagogik zugeordnet werden kann, soll das Themenzentrierte Interaktionale System (TZI) betrachtet werden, das *Ruth Cohn* mit ihren Mitarbeitern »Workshop Institute for Living Learning« (W.I.L.L.) entwickelt hat und das auf das Lernen des einzelnen in der Gruppe unter lebendiger Einbeziehung des Stoffes abzielt. Dabei gilt es, die Balance zwischen dem Thema (Es), dem Individuum (Ich) und der Gruppe (Wir) zu finden. Die Methode von *Cohn* greift für wichtige Regeln auf Prinzipien der Gestalttherapie zurück und gründet im Experientialismus und der Humanistischen Psychologie, wobei *Ruth Cohn* als Analytikerin das Erbe der Psychoanalyse fruchtbar in ihren Ansatz zu integrieren weiß. TZI wird in Schule und Erwachsenenbildung – hier besonders in der Ausbildung von Pflege-, Sozial- und Erziehungsberufen – eingesetzt und hat in den deutschsprachigen Ländern von den gestaltpädagogischen Verfahren die weiteste Verbreitung gefunden. Die Methode wird in zahlreichen Veröffentlichungen und Praxisberichten dargestellt (*Cohn*, 1975; *Kröger*, 1973; *Vopel*, 1972, und dieses Buch).

Die gestaltpädagogischen Ansätze sind noch in der Entwicklung, und der Entwicklungs- bzw. Wachstumsgedanke gehört zu ihren zentralen theoretischen Prämissen. *Für die Gestaltpädagogik wie für die Gestalttherapie ist »Leben Prozeß, der sich in jedem Setting zu jeder Zeit neu vollzieht und deshalb beständig neue Wahrnehmungen und neue Integration erfordert.«* Gestaltpädagogische und -therapeutische Theorie und Praxis impliziert deshalb beständige Weiterentwicklung und die kreative Mitarbeit eines jeden, der sich gestaltpädagogisches Denken und Handeln zu eigen machen will.

Literatur

Braunmühl, E. v., Antipädagogik, Weinheim 1975.

Brown, G. I., Human Teaching for Human Learning, New York 1971.

–, The Live Classroom, New York 1975.

Brown, G. I., Petzold, H. G., Gefühl und Aktion. Gestaltmethoden im integrativen Unterricht, Frankfurt 1977.

Cohn, R. C., Von der Psychoanalyse zur Themenzentrierten Interaktion, Stuttgart 1975.

Goodman, P., Drawing the Line, New York 1962, bes. 8–9.

–, Making Do, New York 1964.

–, The Empire City, New York 1964.

–, Growing up Absurd, New York 1965.

–, Person or Personel, New York 1965.

–, Adam and his Workers, New York 1968.

–, Compulsory Miseducation and the Community of Scholars, New York 1964.

–, Freiheit und Lernen, Neue Sammlung 5 (1969) 419–427.

–, Über Incidental Education, in: Summerhill pro und contra, Reinbek 1972.

Illich, I., Plädoyer für die Abschaffung der Schule, Kursbuch 24, Berlin 1971, 1–16.

Kröger, M., Themenzentrierte Seelsorge nach C. Rogers und R. Cohn, Stuttgart 1973.

Lederman, J., Anger and the Rocking Chair. Gestalt Awareness with Children, New York 1969.

Leonard, G. B., Education and Ecstasy, New York 1968; dtsch. Erziehung durch Faszination. Anschlag auf die ordentliche Schule, Reinbek 1973.
Perls, F. S., Theory and Technique of Personality Integration, American Journal of Psychotherapy 2 (1948) 564–586.
–, Gestalt Therapy and Human Potentialities, in: *H. Otto* (Hrsg.), Exploration in human potentialities, Springfield 1966.
–, Gestalt Therapy Verbatim, Lafayette 1969a.
–, In and Out the Garbage Pail, Lafayette 1969b.
–, Cowichan Lecture on Gestalt Therapy and Integration, Cowichan, Unpubl. 1969c.
Perls, F. S., Hefferline, R., Goodman, P., Gestalt Therapy, New York 1951.
Perls, F. S., Lewitsky, A., The Rules and Games of Gestalt Therapy, in: *Fagan, J., Shepherd, I. L.*, Gestalt Therapy Now, Palo Alto 1970.
Petzold, H. G., Le Gestaltkibbouz, modèle et méthode thérapeutique, Paris 1970.
–, Moderne Methoden psychologischer Gruppenarbeit in der Erwachsenenbildung, Erwachsenenbildung 3 (1971) 160–178.
–, Gestalttherapie und direkte Kommunikation in der Arbeit mit Elterngruppen, in: *Petzold, H.* (Hrsg.), Kreativität und Konflikte, Psychologische Gruppenarbeit mit Erwachsenen, Paderborn 1973.
–, Integrative Bewegungs- und Körpererziehung, in: *Brown, Petzold* (1977).
Petzold, H. G., Geibel, Chr., »Komplexes Kreativitätstraining« in der Vorschulerziehung durch Psychodrama, Puppenspiel und Kreativitätstechniken, in: *Petzold, H.* (Hrsg.), Angewandtes Psychodrama, Paderborn 1972, 2. Aufl. 1977.
Petzold, H. G., Sieper, J., Psychodrama in der Erwachsenenbildung, Zeitschr. f. prakt. Psychol. 8 (1970) 429–447; erweiterte Fassung in: *H. Petzold* (1973).
Petzold, H. G., Berger, A., Integrative Bewegungserziehung, in: *H. Petzold*, Psychotherapie und Körperdynamik, Paderborn 1974, 2. Aufl. 1977.
Petzold, H. G., Bubolz, E., Bildungsarbeit mit alten Menschen, Stuttgart 1976.
Phillips, M., Confluent Education als Integrative Pädagogik, in: *G. I. Brown, H. Petzold*, Gefühl und Aktion (1977).
Rang, M., Rousseaus Lehre vom Menschen, Göttingen 1959.
Roszak, Th., Gegenkultur, Düsseldorf 1972.
Rousseau, J. J., Emile oder über die Erziehung, UTB, 14 Paderborn 1971.
Stevens, B., Don't Push the River, Lafayette 1970.
Stevens, J. O., Die Kunst der Wahrnehmung, München 1975.
Vopel, K., Zur Theorie der themenzentrierten interaktionalen Methode, Blickpunkt Hochschuldidaktik 25, 1972.
Voßler, O., Rousseaus Freiheitslehre, Göttingen 1963.

Kapitel 1

Hilarion G. Petzold, Johanna Sieper

Quellen und Konzepte Integrativer Agogik

Integrative Agogik versteht sich als einer der immer wieder gemachten Versuche, Lehren und Lernen, den Prozeß der Wissensaneignung und Selbstverwirklichung neu zu bestimmen und prägnant zu machen. Wir verstehen unsere Ansätze als Versuche, Experimente, Entwürfe und sprechen ganz bewußt von *»Konzepten«* Integrativer Agogik, weil zum gegenwärtigen Zeitpunkt eine geschlossene Theorie weder vorgelegt werden kann noch soll. Ja wir sind der Auffassung, daß ein geschlossenes System der Dynamik der Veränderung im individuellen und kollektiven historischen Vollzug nicht gerecht wird.

Leben ist Prozeß, der sich in jedem Setting, zu jeder Zeit neu vollzieht und deshalb beständig neue Wahrnehmungen und neue Integration erfordert. Personale, soziale und wissenschaftliche Systeme sind daher ständig in Fluß, ständig in der Entwicklung, so daß eine statisch-strukturelle Betrachtungsweise ohne eine prozessuale und phänomenologische uns nicht möglich erscheint. Für agogisches Handeln sind Festschreibungen in besonderer Weise problematisch, weil Inhalte und Ziele sich aus einem sich beständig wandelnden historischen und gesellschaftlichen Kontext *und* der persönlichen Position derjenigen herleiten, die in der pädagogischen Interaktion stehen (vgl. *Petzold*, dieses Buch S. 111 f.). Wir sehen Konzepte als Elemente einer Theorie *und* Praxis, die, bezogen auf konkrete Situationen, miteinander korrespondieren bzw. durch die in einer Situation befindliche Personen miteinander in Kontakt, Austausch und Auseinandersetzung stehen. Ein solcher *Prozeß der Ko-respondenz,* des gemeinsamen Antwortens auf die Fragen einer bestimmten Situation ermöglicht *Integration:* die Integration zwischenmenschlicher Wirklichkeit, ökologischer Realität, sozialer, ökonomischer und politischer Konstellationen, historischer Zusammenhänge. Die Loslösung von persönlicher Biographie und historischer Situation erscheint uns bei der Entwicklung von agogischen Konzepten nicht möglich, denn sie werden von Menschen für Menschen zu einem konkreten Zeitpunkt gedacht. Die Pädagogik eines *Sokrates* ist nicht unsere Pädagogik, was nicht heißt, daß sie für uns nicht bedeutungsvoll sein kann. Wenn sie etwas enthält, das uns in unserer spezifischen Situation betrifft und das wir uns für unseren

Lebenszusammenhang zu eigen machen können, wird sie zu einer neuen, zu unserer Sache.

Wir haben Theoreme und Konzepte zu einer Integrativen Agogik zu einem Teil aus den Erfordernissen abgeleitet, die sich für uns in konkreten pädagogischen Situationen ergaben, zu einem anderen Teil unter direktem Bezug auf philosophische und pädagogische Traditionen, in denen wir aufgewachsen sind, mit denen wir uns beschäftigt haben, zu denen wir Konsens finden konnten oder von denen wir uns absetzen mußten. In diesem Prozeß persönlicher Korrespondenz mit unserer Geschichte, unserer Tradition, unserer Lebens- und Arbeitssituation, der Ko-respondenz mit unseren Freunden, Kollegen, in Gesprächen der Autoren miteinander, sind die »Konzepte« entstanden. Dabei mußten wir oftmals feststellen, daß unsere Gedanken keineswegs immer »neu« waren, sondern zu anderen Zeiten, an anderen Orten, von anderen Menschen in ähnlicher Form gedacht und praktiziert worden waren. Diese Feststellung war für uns frustrierend und bekräftigend zugleich. Wir sind zu der Auffassung gekommen, daß pädagogische Situationen von ihrer Struktur her bestimmte Fragestellungen und Lösungsmöglichkeiten implizieren, die in jeder Zeit spezifisch »neu« aktualisiert werden müssen.

I. Integrative Ansätze in der pädagogischen Tradition

Wir wollen im folgenden versuchen, einen kursorischen Überblick über Modelle und Konzepte in der pädagogischen Tradition zu geben, die das Anliegen einer Integrativen Agogik formuliert und praktiziert haben.

Die anthropologischen Konzepte von der *Ganzheit* des Menschen, von der *Begegnung* zwischen Menschen und des Eingebundenseins in den *Lebensraum* sowie der pädagogische Ansatz einer umfassenden Bildung, die den Körper, das Gefühl und die Verstandeskräfte im Sinne einer Integration von Wirklichkeit einbezieht, lassen sich in der pädagogischen Literatur seit dem Altertum immer wieder auffinden. In der griechischen Antike umfaßte der Unterricht Leibesübung, Musik, Drama, Geschichte, Naturkunde und endete mit der Aufnahme als voller Bürger, der das politische und kulturelle Leben des Staates mitträgt. Ziel der Erziehung war die *Kalokagathie*, die Schönheit des Leibes und der Seele (*Jaeger*, 1959; *Marrou*, 1957). Für das pädagogische Denken hat diese Epoche in der herausragenden Gestalt des *Sokrates* einen grundsätzlichen Beitrag geleistet. *Sokrates* stellt in seinem persönlichen Leben und in seinem erzieherischen Wirken Methoden und Prinzipien heraus, die keine Pädagogik mehr verlieren sollte: das Verständnis für die Sachzusammenhänge, für die Alltagsdinge, die Staatsgeschäfte und die Sittlichkeit sind nur vom Zentrum der eigenen Persönlichkeit her möglich, genauso wie Wissenschaft ohne die persönliche Entscheidung und Verantwortung nicht betrieben werden kann. Die sokratische Pädagogik setzte damit ein Erziehungsziel, das auch in der Integrativen

Mäeutik der sokratischen Pädagogik
facilitating (Gestaltpäd.)
Selbstbestimmung (Frankf. Schule)

Pädagogik und der Integrativen Gestalttherapie zentrale Bedeutung hat (vgl. *Phillips,* 1977; *Perls,* 1975). Auch die sokratische Methode der Mäeutik, das Helfen zum eigenständigen Finden von Erkenntnissen, hat in Gestalttherapie und -pädagogik mit dem Konzept des »facilitating« eine Entsprechung. Der Pädagoge ermöglicht durch seine Haltung und sein Vorgehen, daß der Lernende selbständig Erfahrungen und Erkenntnisse gewinnen kann. Das Lernen geschieht im Rhythmus des Schülers/Klienten. Auf diese Weise wird Lernen zu einem organischen Wachstumsprozeß, werden Lernerfahrungen integriert und nicht übergestülpt. Dieses umfassende Bildungskonzept erfährt schon mit der Ausbildung der sieben Künste unter dem Einfluß der Sophisten eine Einschränkung, die das gesamte abendländische Bildungswesen bis in die Neuzeit bestimmen sollte (*Hoffmann,* 1955). Obgleich im Mittelalter, insbesondere in der höfischen Bildung (*Wühr,* 1950), sich integrative Ansätze weiterhin finden, tritt die Förderung der intellektuellen Fähigkeiten mehr und mehr in den Vordergrund, eine Entwicklung, die in der Aufklärung, im Rationalismus und in der klassisch-idealistischen Epoche kulminieren sollte.

Von den zahlreichen integrativen Gegenbewegungen zu dieser Tendenz im pädagogischen Denken – wir möchten hier nur auf *Montaigne* (*Friedrichs,* 1949) verweisen – seien die wichtigsten Ansätze, die für eine Integrative Agogik Bedeutung haben, kurz angesprochen. An erster Stelle steht für uns hier Jean Jaques *Rousseau.* In seinem Entwurf versucht er, die Entfremdung des Menschen von seinem natürlichen Lebensraum zu überwinden, eine Bildung aller seiner Fähigkeiten in Angriff zu nehmen, um so die größtmögliche Entfaltung seiner Individualität zu erreichen. Bei *Perls* und bei *Rousseau* stehen die unverbildeten, natürlichen Bedürfnisse des Individuums im Vordergrund (*Rang,* 1965), werden die herrschenden sozialen Bedingungen angegriffen, weil sie die natürliche persönliche Entfaltung einengen, fehlleiten oder unmöglich machen (vgl. *Voßler,* 1963; *Roszak,* 1972). Ein natürliches Zusammenleben in einem gesunden ökologischen Raum wird von *Rousseau* und von *Perls* postuliert und vom Begründer der Gestalttherapie auch im Modell des »Gestaltkibbuz« am Lake Cowichan in Kanada realisiert (*Stevens,* 1970; *Petzold,* 1970), dies aber nicht im Sinne eines naiven »Zurück zur Natur« – was auch *Rousseaus* Position mißverstehen hieße –, sondern durch das Aufbauen von alternativen Lebens- und Lernmodellen (*Perls,* 1969; *Goodman,* 1969, 1972). *Perls* wie auch *Goodman* sind der Auffassung, daß Gestalttherapie und Gestaltpädagogik Menschen helfen sollen, »wieder zu wirklichen Menschen (*real people*) zu werden«, und stimmen damit *Rousseau* zu, der im »Emile« Menschenbildung als wichtigstes Ziel einer natürlichen Erziehung fordert, »denn der erste und vornehmste Beruf des Menschen ist, Mensch zu sein« (*Rousseau,* 1971, 14). *Rousseau* wie auch *Perls* vertrauen in die Selbstregulation des Organismus, sofern diese nicht durch ein »toxisches« Umfeld gestört wird, und betonen die ganzheitliche Förderung des Körpers, der Sinne, der Verstandeskräfte, der sittlichen Entscheidungsfähigkeit und Verantwortung.

Zukunftsbezogenheit vs. Gegenwartszentriertheit

Auch die Bedeutung, die *Rousseau* der manuellen Tätigkeit beimißt – die Krönung der Erziehung im Alter zwischen zwölf und fünfzehn Jahren ist das Erlernen eines Handwerks –, wird von der Integrativen Pädagogik geteilt.

Bei den Philanthropen, insbesondere bei *Salzmann* (1744–1811), und im Neuhumanismus kommt das Thema der Menschenbildung zur stärkeren Entfaltung (*Dietrich*, 1963). *Herder* hat in seinen »Briefen zur Förderung der Humanität« (1793) und zur »Erziehung des Menschen zum Menschen« das Element der *Begegnung* mit anderen Menschen zum Hauptthema seiner pädagogischen Überlegungen gemacht. Er begreift den Menschen als *lebendige Einheit,* in der das Biologische, Seelische und Geistige zusammenwirken (*Berger,* 1933; *Reble,* 1954). Von besonderer Bedeutung jedoch ist die Forderung nach einer *éducation permanente:* »Wir sind nie Menschen gewesen, bis wir zu Ende gelebt haben.« Einen weiteren integrativen Ansatz finden wir bei *Schleiermacher* (1768–1834). In seiner Theorie der fünf Lebensordnungen legt er einen Entwurf zu einer umfassenden Bildung vor. Er mißt der emotionalen und sozialen Erziehung große Bedeutung zu, weil er annimmt, daß sich der Mensch in seiner Einmaligkeit nur finden kann, wenn er sich dem Du und dem Wir öffnet: »Wer sich zu einem bestimmten Wesen bilden will, dem muß der Sinn geöffnet sein für alles, was er nicht ist ... Nur wenn er von sich beständig fordert, die ganze Menschheit anzuschaun und jeder andern Darstellung von ihr sich und die seinige entgegenzusetzen, kann er das Bewußtsein seiner Eigenheit erhalten: denn nur durch Entgegensetzung wird das einzelne erkannt.« *Schleiermacher* formuliert hier einen Zusammenhang, der in der Integrativen Therapie und Pädagogik zentral steht: Identität kann nur durch Grenzziehung gefunden werden (*Petzold,* 1974). Von besonderer Bedeutsamkeit ist, daß *Schleiermacher* das gesamte Sozialisationsfeld als Bildungsbereich sieht. Die Familie wird als Bildungsinstanz *par excellence* gesehen, in der alle erzieherischen Möglichkeiten zusammenfließen. *Schleiermacher* nimmt eine gewisse Polarisierung zwischen Familie und dem Alltagsleben, in denen die emotionale und sittliche Erziehung stattfindet, und der Schule vor, die stärker auf das Vermitteln von Fähigkeiten und Kenntnissen gerichtet ist. Doch auch diese Polarisierung wird nicht als scharfe Trennung gesehen. Auf das »Zusammenwirken« kommt es an. In seinem ganzheitlichen und dialektischen Denken nimmt *Schleiermacher* die Entwicklungen der Reformpädagogik und der pädagogischen Ansätze der Humanistischen Psychologie und Gestaltbewegung vorweg. Er geht in seinem pädagogischen Konzept von der *Gegenwart* aus. Pädagogisches Handeln im Hier und Jetzt hat zwar die Zukunft im Auge, jedoch dürfen die angestrebten Ziele nicht zu einer »Aufopferung des Moments« führen. Die Gegenwartszentriertheit des kindlichen Erlebens und die Zukunftsorientiertheit des pädagogischen Handelns schließen sich nicht aus: »Das Kindsein muß das Menschwerden nicht hindern und das Menschwerden nicht das Kindsein.« In ähnlicher Weise konvergieren im Ansatz der Integrativen Agogik Gegenwart und Zukunft im

Konzept des *Wachstums* als einem Geschehen, das in der Gegenwart geschieht, auf die Zukunft gerichtet ist, sich gleichsam von Gegenwart zu Gegenwart organisch fortentwickelt. Noch in einem weiteren Punkt berühren sich die Ideen *Schleiermachers* mit denen der Integrativen Agogik. Er sieht Erziehung in einem und für einen spezifischen Lebenszusammenhang. Die Menschen auf diesen vorzubereiten ist aber nur *eine* Aufgabe der Pädagogik, die sich ansonsten in *Anpassung* erschöpfen würde. Erziehung muß deshalb in gleicher Weise darauf abzielen, bestehende Verhältnisse zu verändern. Sie wird von der Dialektik zwischen Anpassung und Veränderung, Konservierung und Revolution geprägt. In gleicher Weise sehen die Integrative Gestalttherapie und Pädagogik ihre Aufgaben einerseits in der kreativen Anpassung (creative adjustment), dem konservierenden Aspekt, und in der kreativen Veränderung (creative change), dem evolutiven Aspekt (s. u. S. 32).

Auch die Fortführung der Bildung über die Schule hinaus wird von *Schleiermacher* postuliert. Er leistete damit einen wichtigen Beitrag zum Gedanken der beruflichen und außerschulischen Weiterbildung. Das Werk *Schleiermachers* ist von der Pädagogik der Gegenwart, gemessen an seiner Bedeutung, noch nicht ausreichend rezipiert worden (*Fiege*, 1935). Sein Einfluß ist deshalb geringer geblieben als der seines Zeitgenossen *Johann Heinrich Pestalozzi* (1746–1827), dessen pädagogisches Genie, praktisches Talent und totales Engagement das umfassendste Modell einer ganzheitlichen Erziehung im 19. Jahrhundert verwirklichen konnte. Die Entsprechungen zwischen Konzepten der Integrativen Agogik und Ideen Pestalozzis sind so vielfältig, daß sie eine eigene Studie erforderlich machen. Das grundsätzlich positive Menschenbild und die Betonung der Ganzheitlichkeit des Menschen müssen als die wesentlichsten Gemeinsamkeiten angesehen werden. In der »Abendstunde eines Einsiedlers« (1780) finden wir schon die wesentlichsten pädagogischen Gedanken. Unter Rückgriff auf Ideen *Rousseaus* sieht er den Menschen als von Natur aus gut an und setzt Menschenbildung als das oberste Ziel aller Erziehung. Dabei wird der Mensch als ganzer gesehen, der nach seinen drei Seiten: *Kopf* (intellektuelle Bildung), *Herz* (emotionale und sittliche Bildung) und *Hand* (Körperertüchtigung, Handarbeit) gebildet werden muß. Diese bekannte Dreiheit, die er in seinem Buch »Wie Gertrud ihre Kinder lehrt« (1801) darlegt, hat er nicht nur postuliert, sondern in seiner praktisch-pädagogischen Arbeit zu realisieren versucht, indem er Methoden und Verfahren sowohl der intellektuellen als auch der Körpererziehung entwickelte. »Die vereinzelte Bildung ist Donquichotterie und man züchtet einzeln Verstandesnarren, Verstandesbestien, Verstandesesel; Körperscharlatane, Faustbestien, armselige lasttragende Esel; Herzensnarren, Herzensbestien, Träumer, Heuchler.« Bei vereinzelter Bildung findet man niemals den Menschen in seinem ganzen Wesen (*Gerner*, 1974).

Pestalozzi betont wie die Integrative Agogik, daß Lernen auf konkreter Anschauung beruht. Die lebendige Erfahrung soll an die Stelle von »Wortlehren« und »Maulbrauchen« treten, Formulierungen, die an *Perls*' Polemik gegen das »mind fucking« und »talking about/aboutism« (*Perls,* 1969) erinnern. Eine wichtige Entsprechung zwischen den Ansätzen *Pestalozzis* und der Integrativen Agogik besteht darin, daß familienpädagogische, sozialpädagogische und soziotherapeutische Bemühungen nicht von den schulpädagogischen Maßnahmen getrennt werden. Seine Gedanken müssen in konsequenter Ausführung zur Eltern- und Erwachsenenbildung führen, ja selbst die politische Bildung ist in seinem Ansatz einbezogen, wie die weitblickenden Analysen zum Problem der Macht in seiner Schrift »Ja oder Nein« (1893) erkennen lassen. In diesem Buch und in seinem philosophischen Hauptwerk »Meine Nachforschung über den Gang der Natur in der Entwicklung des Menschengeschlechts« (1797) wandelt sich seine anthropologische Schau. Der Mensch ist für ihn nicht mehr von »Natur aus gut«, sondern von Natur aus zerrissen. Er hat durchaus eine Seite »tierischer Verdorbenheit«. Die Integrative Agogik folgt ihm in diesem Gedankengang nicht. Sie vertritt aber auch nicht den naiven Optimismus humanistischer Pädagogik (*C. Rogers,* 1976), sondern sieht den Menschen in sich als konflikthaft (*Lückert,* 1959), aber auf Integration hin ausgerichtet. Daß die »pessimistische Wende« in seiner Anthropologie *Pestalozzi* nicht in seiner Liebe und seinem Engagement für die Menschen beeinträchtigt hat, kennzeichnet seine Größe. Im Menschen als Ausgang und Ziel allen pädagogischen Handelns, in der zwischenmenschlichen Beziehung als der Matrix, in der allein sich Menschenbildung vollziehen kann, erweist sich die Integrative Agogik den Gedanken *Pestalozzis* verpflichtet und verbunden. *Pestalozzi* formuliert in seiner Schrift »An die Unschuld, den Ernst und den Edelmut meines Zeitalters und meines Vaterlandes« (1814/15): »Unser Geschlecht bildet sich wesentlich nur von Angesicht zu Angesicht, nur von Herz zu Herz menschlich. Es bildet sich wesentlich in engen, kleinen, sich allmählich in Anmut und Liebe, in Sicherheit und Treue ausdehnenden Kreisen also. Die Bildung zur Menschlichkeit, die Menschenbildung und alle ihre Mittel sind in ihrem Ursprung und in ihrem Wesen ewig die Sache des Individuums und solcher Einrichtungen, die eng und nahe an dasselbe, an sein Herz und seinen Geist anschließen. Sie sind ewig nie die Sache der Menschenhaufen.« In diesem Text kommen klar und eindeutig die wesentlichsten Gedanken der Intersubjektivitätstheorie zum Ausdruck, wie sie die Integrative Agogik und Therapie vertritt (vgl. *Maurer/Petzold,* 1977; *Besems,* dieses Buch).

Im 20. Jahrhundert finden wir die meisten Gemeinsamkeiten in den Anliegen der Integrativen Pädagogik in der deutschen Reformpädagogik (*Flitner/Kudritzki,* 1961). Männer wie *Berthold Otto* (1859–1933), *Hugo Gaudig* (1860–1923), *G. Kerschensteiner* (1854–1932) entwickeln Konzeptionen, die einerseits auf eine »Pädagogik vom Kinde aus« abzielen und zum anderen einen ganzheitlichen Unterricht im Auge haben. *Otto* versucht die Strukturen des Alltagslebens, insbesondere der Familiengemeinschaft, in die Schule zu übertragen. Seine Idee vom »Gesamtunterricht« geht von einer Zergliederung in Fächer ab. Bemerkenswert ist bei *Otto*, daß er die Themenwahl in die Hände der Schüler legt und die Themenfindung aus der Diskussion zwischen Lehrern und Schülern hervorgeht. Selbständigkeit und Verantwortung sind für ihn wie für die Integrative Agogik wesentliche Erziehungsziele. In seiner Schule in Berlin-Lichterfelde hat er konsequent seine Vorstellung verwirklicht, daß das Erkenntnisinteresse des Kindes die Grundlage des Unterrichts sein müsse (*Baumann*, 1958). In der amerikanischen Richtung der Gestaltpädagogik, der Confluent Education, finden sich ähnliche Ansätze, nur daß hier der Auseinandersetzungscharakter zwischen Lehrern und Schülern stärker betont wird. Der Unterricht geht nicht allein vom Kinde, sondern von der gemeinsamen Realität Kind, Lehrer, Klassengemeinschaft aus. Die Integrative Pädagogik fügt hier noch den äußeren Rahmen der Institution Schule als weitere Komponente hinzu.

Kerschensteiners grundsätzliche Bedeutung besteht in seinem Versuch, die Dichotomie zwischen intellektueller Bildung und praktischer Arbeit zu überwinden (*Wehle*, 1956; *Wilhelm*, 1957). Der Praxisbezug, der durch die idealistische Bildungstradition des 19. Jahrhunderts fast völlig verlorengegangen war, wird in Anknüpfung an *Pestalozzi* hergestellt. Obgleich *Kerschensteiners* Einfluß bedeutend war, hat er den Bruch zwischen Theorie und Praxis, Bildungsidealen und Lebenswirklichkeit nicht überwinden können. Seine Idee der Arbeitsschule, in der Lernen durch selbständiges Erarbeiten erfolgt, hat gerade bei der immer fortschreitenden Entfremdung in der heutigen Bildungsarbeit vom Alltagsleben und von der Lebenspraxis eine enorme Bedeutung. Die Beziehung zwischen Theorie und Praxis und die Überwindung einer dualistischen Handhabung dieser Begriffe stellt sich für die Integrative Agogik als vordringliche Aufgabe. Die Idee einer ganzheitlichen Lebensschule findet sich mit unterschiedlicher Akzentsetzung von *Paul Oesterreich* (vgl. *Weise*, 1928), *Hermann Lietz* (vgl. *Andreesen*, 1926), *Gustav Wyneken* (vgl. *Panter*, 1960) und *Paul Geheeb* verwirklicht. Modelle wie Wickersdorf und die Odenwaldschule (*Huguenin*, 1928) versuchen Lebens- und Lerngemeinschaft zu verbinden. Die Einrichtung von Werkstätten und die Möglichkeit, in der Schule einen handwerklichen Beruf zu erlernen, die Organisation von Fachkursen anstatt Klassenunterricht, die Mitbeteiligung der Schüler an Entscheidungen über Verwaltungs-, Organisations-, Planungsfragen und den Aufbau von Familienstrukturen und Kleingruppen kennzeichnen diese Modelle. Charakteristisch ist auch die Verbindung von musischer, intellektueller, manueller und körperlicher Erziehung. Die Schulen der Deutschen Reformpädagogik haben in einzelnen Einrichtungen vieles von dem verwirklicht, was die Confluent Education in den Vereinigten Staaten anstrebt. Dabei ist bedauerlich, daß die amerikanischen Vertreter der Gestaltpädagoik diese Versuche nicht zur Kenntnis genommen haben.

Die so bedeutsamen Ansätze der Reformpädagogik konnten sich im allgemeinen Schulwesen nicht durchsetzen, obgleich wesentliche Impulse auch hier zur Auswirkung kamen. Die Gründe für dieses Faktum sind vielfältig und bedürfen noch näherer Untersuchung. Die Prädominanz des bürgerlichen, vom neuhumanistischen Idealismus geprägten Bildungsideals dürfte hierbei genauso eine Rolle gespielt haben wie die positivistische Verwissenschaftlichung der Pädagogik, die in den Reformansätzen – zum Teil nicht ohne Grund – lebensferne und inpraktikable Einzelaktionen sahen. Die Vereinzelung ist sicherlich ein gewichtiger Faktor – jeder hat nur in *sein* Modell investiert. Der Reformpädagogik ist es nicht gelungen, ihre Ideen, besonders in ihrer konsequenten und radikalen Ausprägung, einer breiteren Öffentlichkeit plausibel zu machen. Das Fehlen einer allgemeinen Bewußtheit für pädagogische Zusammenhänge, die widrige ökonomische Situation und die Entwicklung im Dritten Reich haben einer weiteren Verbreitung gleichermaßen entgegengewirkt.

Ein wichtiger Grund für das Scheitern von reformpädagogischen Ansätzen muß darin gesehen werden, daß es nicht gelungen ist, eine konsistente Tradition zu entwickeln, in der auch die Ausbildung und Weiterbildung von Reformpädagogen gewährleistet worden wäre. Reformpädagogische Modelle waren weitgehend vom Charisma außergewöhnlicher Einzelpersönlichkeiten getragen. Möglichkeiten zur Entwicklung von Lehrerpersönlichkeiten, die solch komplexen Forderungen an persönliche Stabilität, Kreativität, Flexibilität, Beständigkeit, Innovationsfreudigkeit gewachsen wären, wie sie die Reformschulen verlangten, waren nicht vorhanden. Hier verfügt die Integrative Agogik mit einem elaborierten System der »Lehrerausbildung in der Methode durch die Methode« durch den Weg der Selbsterfahrung über eine bessere Ausgangsbasis (*Huy, Huy*, dieses Buch).

Zu den Versuchen, in Theorie und Praxis einen konsequenten ganzheitlichen Bildungsansatz zu entwickeln, muß noch die Waldorfpädagogik *Rudolf Steiners* gerechnet werden. Auch sie sieht Menschenbildung als ihr vornehmstes Ziel und gründet sich dabei auf den weltanschaulichen Hintergrund der Anthroposophie. In der pädagogischen Praxis werden intellektuelle Bildung, Charakterschulung, künstlerische Betätigung und Förderung des Körpererlebens durch Eurythmie verbunden (*Wehr*, 1976).

II. Unmittelbare Quellen

Bei der Entwicklung von Konzepten zu einer Integrativen Agogik sind die Autoren von persönlichen Erfahrungen in der eigenen Biographie, durch die eigene schulische Sozialisation, durch die theoretische Auseinandersetzung mit pädagogischen, philosophischen und sozialpsychologischen Fragestellungen und durch den persönlichen Kontakt zu Männern wie *Gabriel Marcel, Vladimir Iljine, Jakob Moreno* und *Fritz Perls* geprägt worden. Hinzu kommen die praktischen Erfahrungen als Therapeuten, Pädagogen und Erwachsenenbildner.

1. Historische Traditionen

Die Auseinandersetzung mit der historischen Tradition pädagogischer Fragestellungen hat uns auf die »wiederkehrenden Themen« in der Pädagogik hingewiesen. Sie hat uns an die pädagogischen Ideale des *Sokrates*, die pädagogische Utopie *Rousseaus*, die bildungstheoretischen Überlegungen *Herders* und *Schleiermachers* und an das Werk *Pestalozzis* und der Reformpädagogen herangeführt, wie wir dies im Voranstehenden kurz skizziert haben.

2. Die pädagogische Anthropologie

Für die Entwicklung von Elementen zu einer Integrativen Agogik hat uns die philosophische und pädagogische Anthropologie wichtige Grundlagen bereitgestellt. Sie hat deutlich gemacht, daß Pädagogik nicht »ohne Rückbeziehung auf den Sinnbezug unseres ganzen Daseins betrieben werden kann« (*Roth*, 1959), denn es kommt nicht nur darauf an, »zu überleben, sondern auch zu wissen wofür« (*von Hentig*, 1962). Auch die neuere pädagogische Anthropologie (*W. Loch*, 1963; *O. F. Bollnow*, 1965; *K. Dienelt*, 1970) hat die »ganze Person« im Blickfeld und wendet sich gegen eine idealistische oder naturalistische Verkürzung des Menschen. Wir können *O. F. Bollnow* zustimmen, wenn er schreibt: »Die Anthropologie ist der Schlüssel jedes pädagogischen Systems« (1962), und folgen ihm auch in seiner Auffassung, daß es allgemein-verbindliche Lösungen nicht geben kann. »Jeder Versuch, hinter die unabsehbare Vielfalt der menschlichen Lebensmöglichkeiten auf einen ihnen vorgeordneten gemeinsamen Grund zurückzugehen und von einer definitiv zu gewinnenden Grundlage dann die Vielfalt der Erscheinungen zu begreifen, ist eine unzulängliche Vereinfachung« (1965).

Neuere Entwicklungen in der pädagogischen Anthropologie haben versucht, die Fragestellungen nach der Natur und der Sinnbestimmung des Menschen unter Rückgriff auf psychotherapeutische Konzepte zum Menschenbild anzugehen. *Dienelt* (1970) bezieht sich dabei auf die Existenzanalyse von *Frankl;* andere Autoren greifen auf die psychoanalytische Pädagogik (*Cremerius*, 1971; *Bittner/Rehm*, 1966) zurück (*Derbolav*, 1959; 1964). Die Integrative Agogik geht hier einen ähnlichen Weg, wenn sie Ansätze der Humanistischen Psychologie aufgreift.

3. Humanistische Psychologie

Die Integrative Agogik hat ihre wesentlichsten Quellen in der Humanistischen Psychologie und Psychotherapie. Hier sind es vor allem die Arbeiten von *Goodman* (1969), *Rogers* (1976), *Bühler* (1974), *Maslow* (1973), die für uns Bedeutung gewonnen haben. In diese Reihe einfügen läßt sich noch das Werk *Viktor Frankls* (1967; 1969). Die Konzepte der genannten Autoren lassen sich, bei allen Unterschiedlichkeiten, die vorhanden sind, auf einige zentrale Begriffe zurückführen: organismische Selbstregulation, Leiblichkeit, Hier und Jetzt, Wachstum, Selbstverwirklichung, Begegnung, Verantwortung, Kreativität, Wertschätzung, Integration, Sinn.

Die theoretische Position der Humanistischen Psychologie hat sich nicht in *einem* in sich geschlossenen Theoriengebäude konkretisiert. Sie hat vielmehr den Charakter eines offenen Systems, in dem eine Vielzahl von Konzepten koexistiert, weiterentwickelt oder modifiziert werden. Die Humanistische Psychologie richtet sich geradezu gegen die Ausbildung verfestigter Strukturen, weil in einer sich beständig wandelnden Welt once-and-for-ever-Konzepte keine Persistenz haben können. Wenn *Rogers* (1976) eine »sich ständig wandelnde Psychotherapie« fordert, so kann und muß dies auch im Hinblick auf die Pädagogik bzw. Agogik gefordert werden. Wir werden bei der Darstellung von Konzepten Integrativer Agogik auf die spezifischen Einflüsse durch die genannten Psychologen und Therapeuten aus dem Bereich der Humanistischen Psychologie verweisen.

4. Existentialismus/Phänomenologie

Entscheidend für die Entwicklung von Konzepten für eine Integrative Agogik war für uns der langjährige persönliche Kontakt mit *Gabriel Marcel* und die Auseinandersetzung mit der Philosophie *Bergsons, Bubers, Berdjaevs* und insbesondere mit dem Werk *Merleau-Pontys.*

Auch hier lassen sich einige zentrale Begriffe herausstellen: Leiblichkeit, Ich und Du, Intersubjektivität, Sein und Haben, Intuition, schöpferische Freiheit, Hoffnung, Engagement, Wert und Sinn. Die genannten Philosophen stimmen gleichfalls, bei aller Unterschiedlichkeit, in zentralen Positionen überein und vertreten die »Offenheit« des philosophischen Denkens, durch die verfestigter Systembildung abgesagt wird. Die existentialistisch-phänomenologische Position der Integrativen Agogik ist dem auf die praktische Wirklichkeit des menschlichen Miteinanders gerichteten Ansatz der französischen Schule verpflichtet, die keine vom Alltag abgehobene Philosophie betreibt, sondern mit den Konzepten Intersubjektivität, schöpferische Freiheit, Menschenwürde für pädagogische und therapeutische Arbeit handlungsleitende Kategorien setzt.

5. Psychotherapie und Soziotherapie

Integrative Agogik ist wesentlich von der psychotherapeutischen und soziotherapeutischen Tätigkeit der Autoren geprägt worden. Unsere eigene Psychoanalyse, Ausbildung im therapeutischen Theater bei *Iljine,* im Psychodrama bei *Moreno* und Gestalttherapie bei dem *Reich*schüler *Perls* haben uns zu einer ganzheitlichen »Anthropologie aus dem eigenen Erleben« geführt und uns zahlreiche Methoden für die praktische pädagogische Arbeit vermittelt. *Moreno* (1969, 1959), *Iljine* (1942, 1972) und *Perls* (1948, 1951, 1976) haben das Theater, das dramatische Spiel zum Hintergrund (vgl. *Petzold,* 1973). Spiel, Aktion, Spontaneität, Kreativität, Begegnung, Augenblick sind für sie zentrale Begriffe, die auch für die Integrative Agogik bestimmend geworden sind.

Die vielfältigen Techniken des Therapeutischen Theaters, das auf die Methoden *Stanislawskys* zurückgreift (*Spolin*, 1965), das reichhaltige Repertoire an Warm-Up- und Handlungstechniken des Psychodramas (*Schützenberger*, 1970) und das Awareness-Training der Gestalttherapie (*Stevens*, 1975) haben für eine Integrative Agogik erst die Instrumente zu einem kreativen, den emotionalen und interaktionalen Bereich einbeziehenden Unterricht geliefert. Die theoretische Auseinandersetzung mit den genannten Therapeuten, den Arbeiten *Wilhelm Reichs* (1975) und der Psychoanalyse und die praktische psychotherapeutische Tätigkeit hat uns den Blick geschärft für die Relativität des Gesundheits- und Krankheitsbegriffs, für die biographische Dimension im Lernprozeß, die individuelle Lerngeschichte. Sie hat uns deutlich gemacht, daß pädagogisches Handeln ohne das Verstehen des eigenen Gewordenseins im individuellen und kollektiven biographischen Kontext zu kurz greift. Durch die Selbsterfahrung in der Psychotherapie und durch die therapeutische Praxis haben wir gesehen und erlebt, daß die Dimension der Beziehung, die sich in Konzepten wie Intersubjektivität, Übertragung, Gegenübertragung, Tele fassen läßt (*Leutz*, 1972), sich nicht theoretisch erschließt, sondern persönlich erfahren sein muß, wenn man einen »Unterricht aus der Begegnung« praktizieren will. Die milieutherapeutischen Akzente von Gestalttherapie und Psychodrama haben uns deutlich gemacht, daß psychotherapeutische und pädagogische Arbeit niemals am konkreten sozialen Kontext des Menschen vorbeigehen kann, da sich beständig soziotherapeutische Implikationen ergeben, was insbesondere in der Familien- und Elternarbeit zum Tragen kommt (*Kempler*, 1976; *Petzold*, 1973; *Mathias*, dieses Buch).

6. Erwachsenenbildung

Konzepte Integrativer Agogik wurden von den Autoren zunächst in der Praxis der Erwachsenenbildung konzipiert, oder besser, sie ging aus dieser Praxis hervor. Wir haben bald zehn Jahre als Leiter mittelstädtischer Volkshochschulen und Dozenten in der Erwachsenenbildung gearbeitet, und die Forderungen dieses pädagogischen Feldes haben uns zu einem integrativen Vorgehen geführt. In Vorschulprogrammen, in verschiedenen Beratungsdiensten (*Petzold/Geibel*, 1972), Lehrer- und Dozentenfortbildungen, Elternschulung (*Petzold*, 1973), Altenbildung (*Petzold/Bubolz*, 1976) müssen die verschiedensten Altersgruppen und Populationen in *einer* Volkshochschule berücksichtigt werden. Hier wird das Prinzip einer *éducation permanente* in der Praxis verwirklicht. Sach- und berufsbezogene Kurse stehen in einem VHS-Programm neben Angeboten zur Freizeitgestaltung, zur Kreativitätsförderung (*Sieper*, 1971), zur Lebenshilfe (*Petzold/Sieper*, 1970; *Petzold/Iljine/Schmidt*, 1972). Die drei zentralen Komponenten in der Motivationsstruktur von Teilnehmern an Veranstaltungen der Erwachsenenbildung: *Information, Kommunikation, Kompensation* (*Schulenberg, 1957*; *Tietgens*, 1967) bedingen die Verbindung von Sachlernen und Affektbildung, machen die Förderung von personaler, sozialer und professioneller Kompetenz notwendig; »denn nur im Prozeß der Bemühungen des Individuums um die Entwicklung und Strukturierung seiner Persönlichkeit – und zu diesem gehört die Auseinandersetzung mit dem sozialen Umfeld – wird das Bemühen der Erwachsenenbildung um die Erweiterung des Wissens- und Bildungsstandes sinnvoll. Es geht sicherlich darum, einen *integrativen Bildungsstil* zu finden, der Sach- und Affektbildung, Kommunikation, Kompensation und Information synthetisch zu verbinden sucht« (*Petzold*, 1971). Wir haben in der Praxis die Erfahrung gemacht, daß derartige Zielsetzungen ohne Berücksichtigung des institutionellen Settings, der politischen und sozialen Realität und der ökonomischen und soziologischen Infrastruktur des agogischen Arbeitsfeldes nicht zu realisieren sind. So wurde von *Sieper* in Neubaugebieten der rasch wachsenden Industriestadt Dormagen andragogische Stadtteilarbeit geleistet, die einen starken soziotherapeutischen und milieupädagogischen Akzent hatte und die die These bestätigte, daß agogische Arbeit niemals losgelöst vom relevanten Umfeld bzw. Lebensraum der jeweiligen Zielgruppe betrieben werden kann. Die Lebenssituation wird damit zur handlungsleitenden didaktischen Kategorie, aus der spezifische Curricula mit der Zielgruppe kooperativ entwickelt werden können (*Siebert*, 1972).

Für die Entwicklung von Konzepten zu einer Integrativen Agogik haben auch die Theoreme der Erwachsenensozialisation für uns Bedeutung gewonnen, mit denen wir uns in unserer andragogischen Arbeit auseinandergesetzt (*Brim/Wheeler*, 1974; *Griese*, 1976) und die sich vor allem in unseren theoretischen Entwürfen zu einer Integrativen Geragogik niedergeschlagen haben (*Petzold/Bubolz*, 1976, 132 ff.).

III. Konzepte

Wir verstehen Integrative Agogik als *»angewandte Anthropologie«* und wollen deshalb einige anthropologische Konzepte vorstellen, die für unser persönliches und professionelles Selbstverständnis zum gegenwärtigen Zeitpunkt grundlegend sind. Es sei nochmals betont, daß wir nicht beabsichtigen, eine geschlossene Theorie vorzulegen, sondern Elemente, die zur »Korespondenz«, d. h. zur lebendigen Auseinandersetzung zwischen Menschen in konkreten Situationen um ihre persönlichen Konzepte des Lebens und Lehrens anregen sollen.

Wir gehen von folgender anthropologischen Grundformel aus:

»Der Mensch ist ein Leib-Seele-Geist-Subjekt in einem sozialen und ökologischen Umfeld, mit dem er in einem unlösbaren Verbund steht. In Interaktion mit diesem Umfeld gewinnt er seine Identität« (*Petzold*, 1974). Die Implikationen dieser Formel sollen durch die nachfolgenden Konzepte verdeutlicht werden.

1. Leib-Subjekt, Umfeld, Identität

Das Axiom von der Ganzheit des Menschen im Lebensraum, der als Organismus in der Welt, als System unter Systemen beschrieben werden kann, wendet sich gegen jeden Leib/Seele-Dualismus, gegen platonische Trichotomie, gegen die cartesianische Subjekt/Objekt-Spaltung, gegen die Trennung von Mensch und Welt. Der Mensch ist Leib in der Welt und »zur Welt hin«. »Wir haben aufs neue gelernt, unseren eigenen Leib zu empfinden, wir haben, dem objektiven, distanzierten Wissen vom Leib zugrundeliegend, ein anderes Wissen gefunden, das wir schon je haben, da der Leib schon immer mit uns ist und wir dieser Leib sind. In gleicher Weise werden wir eine Erfahrung der Welt zu neuem Leben zu erwecken haben, so wie sie uns erscheint, insofern wir zur Welt sind durch unseren Leib und mit ihm sie wahrnehmen. Indem wir also ein neues Verhältnis zu unserem Leib wie zur Welt finden, werden wir uns selbst wiederfinden, da der Leib, mit dem wir uns wahrnehmen, gleichsam ein natürliches Ich und selbst das Subjekt der Wahrnehmung ist« (*Merleau-Ponty*, 1945, 239). Diese Ausführungen *Merleau-Pontys* sehen die Grundlage des Menschseins im Leib-Subjekt. Das natürliche Ich des Menschen aber bleibt nicht »roh und ungestaltet«; die Welt wirkt gestaltend auf es ein und das Ich wirkt gestaltend in die Welt zurück. In dieser Interaktion wächst wahrnehmend und handelnd die Identität des Subjekts als einmaliges und unwiederholbares Ganzes, als Seinseinheit von Körper, Seele und Geist. Diese »Einheit des Lebens«, in der der Mensch mit seinem ganzen Leib fühlt und denkt (*Buber*, 1948), wird von *Merleau-Ponty* (1963, 196), *Marcel* (1969) und *Buber* ausdrücklich vertreten. *Schüßler* (1976, 63) faßt die anthropologische Position *Bubers* wie folgt zusammen: »Das Subjekt integriert Geist, Seele und Leib sowie auch die Umwelt zu einer Einheit und wird zugleich selbst von dieser Einheit integriert. Das heißt aber auch: Personale Desintegration des Subjekts ... und soziale Desintegration der Umwelt bedingen sich gleichermaßen gegenseitig.« Wir bezeichnen diese Einheit des Subjekts als »Identität«, die es zu erhalten und zu entfalten gilt. Identität ist kein statisches oder abstraktes Konzept, sondern Integration im Lebensvollzug; sie ist *»Identität meines Leibes in der Welt, mit der Welt und auf die Welt hin«*. Der Grund meiner Identität liegt demnach gleichermaßen in meinem Leib-Sein und In-der-Welt-Sein, d. h. meinem Sein mit anderen. Aus diesen anthropologischen Konzepten läßt sich für agogisches Handeln als Zielvorstellung ableiten: es geht um die Konstituierung von Identität durch das Leib-Subjekt in der Welt. Die Autoren im Bereich der Humanistischen Psychologie haben hier den Begriff »Selbstverwirklichung« verwandt (*Rogers*, 1976; *Maslow*, 1973). Es muß an dieser Stelle sofort herausgestellt werden, daß nach unserer Auffassung Selbstverwirklichung nur in der Auseinandersetzung und im Zusammenwirken mit der jeweiligen sozialen und ökologischen Wirklichkeit möglich ist. Finden wir hier ein Globalziel Integrativer Agogik, so ergeben sich aus ihm weitere Richtziele: die Förderung von personaler und sozialer Bewußtheit (awareness), des sich Wahrnehmens und Verstehens in der Welt.

2. Integration und Kreation

Das seit dem Altertum im philosophischen und pädagogischen Schrifttum immer wieder auftauchende Postulat: *»Werde der du bist!«* beinhaltet eine zentrale Zielsetzung des menschlichen Lebens. Identität gewinnen heißt, beständig Integrationsleistungen vollziehen. Der Mensch *hat* keine Identität, er *ist* als Leib-Subjekt Identität durch sein Wahrnehmen und Handeln im jeweiligen Augenblick. Identität hat demnach nur eine relative Konstanz, insoweit sich Wahrnehmen und Handeln mit der sich wandelnden Situation verändern. Identität muß daher beständig gewonnen werden durch Integration und Kreation. Integration bedeutet die Aufnahme von Wirklichkeit durch bewußte Wahrnehmung (awareness). Kreation bedeutet das Schaffen von Wirklichkeit durch bewußtes Handeln. Integration bewahrt den Bestand meiner Identität; Kreation entfaltet meine Potentiale, macht Wachstum und Ausdehnung von Identität möglich. Die Dialektik zwischen Leib und Welt, Ich und Du, in der sich Identität konstituiert, vollzieht sich in Prozessen von Integration und Kreation über das ganze Leben. Diese Erkenntnis führt zu dem Postulat einer ›éducation permanente‹, denn »there is no end to integration« (*Perls,* 1969a). Sich im Lebensverlauf bei wechselndem Schicksal zu einer Person von immer größerer Prägnanz zu entwickeln, in der Identität klar und integer zu werden, so daß am Lebensende die »gute Gestalt« der Person steht und der Tod auf eine in sich ruhende »Einheit von Existenz« (unité de l'existence, *Marcel/Petzold,* 1976) trifft, ist eine im menschlichen Wesen angelegte Tendenz, die sich zwischen Gelassenheit und Hoffnung, Loslassen und Ergreifen, Sein und Werden vollzieht (*Berdjaev,* 1949; *Marcel,* 1965). Wir sehen es als eine zentrale Aufgabe, Integrations- und Kreationsfähigkeit zu fördern, auf der Grundlage *eines Lebensgefühls zwischen Gelassenheit und Hoffnung.*

3. Lernen als Evidenzerfahrung

Nach unserem Verständnis vollzieht sich Lernen am klarsten und nachhaltigsten durch *Erfahrungen von vitaler Evidenz* (*Petzold,* 1977). Dies gilt sowohl für Lernen im pädagogischen als auch im therapeutischen Kontext und natürlich für die Lernerfahrungen im Alltagsleben, die *Goodman* (1972) unter dem Begriff der »incidental education« zusammenfaßt. Unter vitaler Evidenz verstehen wir ein Geschehen, in dem körperliches Erleben, emotionale Erfahrung und rationale Einsicht konvergieren, Erfahrungen, die unmittelbar und total »eingängig« sind. Evidenzerlebnisse umfassen die Dimension der *Selbstverständlichkeit* (selfevidence), wie die des Außergewöhnlichen, Überwältigenden, die Dimension der *Betroffenheit.* Es sind Erfahrungen, die den Menschen als Ganzen erfassen, in denen der Mensch sich, den anderen und die Welt ganzheitlich verstehen und be-greifen lernt. Evidenz ist kein kognitives »Aha-Erlebnis« und nicht nur emotionsbetonte

Inspiration, sie ist immer leibhaftiges Geschehen, an das Wahrnehmen und Handeln des Leib-Subjektes mit allen seinen Möglichkeiten und Fähigkeiten gebunden. Alle Prozesse der Integration und Kreation haben Evidenzcharakter. Dabei sind die Intensitäten sicherlich unterschiedlich. Die Inspiration des kreativen Aktes (*Moreno,* 1969; *Landau,* 1971), die Höhepunkterfahrung (peak experience, *Maslow,* 1964) in außergewöhnlichen Lebenssituationen haben andere Qualitäten als die Selbstverständlichkeiten unseres Alltags, die den Großteil unseres Lebens ausmachen. Und dennoch ist all diesen Erfahrungen eines gemein, daß sie *unsere* sind, daß wir uns und die Welt in ihnen erkennen, verstehen und finden, daß uns in ihnen unsere Identität im Lebenszusammenhang evident wird. Lernziel ist die Selbst-*verständlichkeit* unseres Da-Seins und Mit-Seins.

4. Agogik aus der Begegnung

Da unser »Zur-Welt-Sein« ein »Mit-Sein« impliziert, unsere Identität sich in der leibhaftigen *Begegnung* mit dem anderen und den Dingen verwirklicht, kommt den Begriffen Kontakt, Beziehung, Begegnung, Ich und Du in der Integrativen Agogik zentrale Bedeutung zu, ja wir verstehen unseren Ansatz als »Agogik aus der und durch die Begegnung«. Für das Konzept der Begegnung haben die Gedanken der Philosophen *Buber* und *Marcel* und der Therapeuten *Moreno* und *Perls* den nachhaltigsten Einfluß auf uns gehabt, obgleich noch andere Namen wie z. B. *Hans Trüb* und *Alfonse Maeder* zu nennen wären.

In seinem 1914 verfaßten Flugbericht »Einladung zu einer Begegnung« formuliert *Moreno:* »Es gibt kein Mittel zwischen mir und andern. / Ich bin unmittelbar: in der Begegnung. / Ich bin nicht einzig: bloß in der Begegnung, / ob ich ein Gott, ein Narr oder ein Dummer. / Ich bin geweiht, geheiligt, gelöst in der Begegnung, / ob ich das Gras oder die Gottheit treffe.«

Wir sehen die Begegnung mit *Buber* (1948, 164 ff.) als eine eigene Qualität, die nicht auf die Summe von Kontakten reduziert werden kann. Das »Zwischenreich« der Beziehungen zwischen Menschen als Begegnungs- und Verstehensbereitschaft »darf zwar nicht gänzlich unabhängig von den komplexen Bedingungen des Sozialisationsprozesses betrachtet werden, muß aber doch als ein letzthin spontaner ethischer Akt gelten, sich auf eine Beziehung einzulassen, die schließlich vom eigenen Ich wegführt: zum Du des anderen. Eine derartige Beziehung transzendiert insofern die psychophysische Existenz des einzelnen, erweist aber gerade dadurch deren individuelles Dasein ...« (*Schüßler,* 1976). Für *Moreno, Buber* und *Marcel* realisiert und transzendiert sich also die Individualität in der Begegnung mit dem Mitmenschen. In diesem Zusammenhang vertreten *Buber* und *Marcel* klar das Konzept des Leib-Subjektes: »Ich habe keinen Leib, ich bin der jeweilige Leib« (*Marcel,* 1969; vgl. *Dürckheim,* 1974). Begegnung als Wahrnehmen und Berührtwerden ist immer an die Leiblichkeit gebunden.

Auch *F. S. Perls* ist in seinem Denken vom Begegnungskonzept geprägt. Das »I and Thou in the Here and Now« kann als die therapeutische Grundformel der Gestalttherapie betrachtet werden (*Perls*, 1969b). *Perls* betont, daß Identität nur in der Auseinandersetzung mit dem Umfeld gewonnen werden kann, wobei Begegnung »Kontakt und Grenzziehung zugleich ist« (*Perls/Hefferline/Goodman*, 1951, 229). Er kondensiert seine Position in dem inzwischen berühmt gewordenen »Gestalt Prayer«: »Ich lebe mein Leben und du lebst dein Leben. Ich bin nicht in dieser Welt, um deine Erwartungen zu erfüllen, und du bist nicht hier, um dich nach mir zu richten. Ich bin ich und du bist du. Sollten wir einander begegnen, so ist es schön. – Wenn nicht, so ist es nicht zu ändern.« Dieser Text darf nicht als ein Plädoyer für eine hedonistische Selbstbezogenheit verstanden werden, für eine Haltung, die an den Problemen der anderen unbeteiligt vorbeigeht. *Perls* stellt nur mit großer Konsequenz heraus, daß wirkliche Verständigung und Begegnung nur möglich sind, wenn ich den anderen als den akzeptiere, der er ist, und ihn nicht durch meine Wünsche, Bedürfnisse und Projektionen in Zugzwang nehme. Das aber erfordert eine Klarheit in mir selbst. »Erst muß ich mich finden, um dir begegnen zu können. Ich und Du, das ist die Grundlage zum Wir, und nur gemeinsam können wir das Leben in dieser Welt menschlicher machen« (*Perls*, 1969c). Für *Perls* scheint der Prozeß der Selbst- bzw. Identitätsfindung nicht nur in der Begegnung mit anderen Menschen möglich zu sein, sondern er sieht, ähnlich wie *Merleau-Ponty*, das In-Kontakt-Kommen mit dem eigenen Organismus als eine Möglichkeit an, wenn auch nicht als die ausschließliche. Wir selbst sehen Begegnung unter Rückgriff auf die vorliegenden Konzepte in vier Modalitäten:

(I) *Begegnung mit mir selbst.*

Dadurch, daß mein Leib sich als Subjekt wahrnimmt und erfährt, begegne ich mir selbst. In dieser Selbstbegegnung mit dem Leib, der ich *»bin«* und den ich, wenn ich ihn reflektierend betrachte, als Körper auch *»haben«* kann, wird in eigentümlicher Weise die Subjekt/Objekt-Spaltung überwunden, wie es *Iljine* (1965) mit außergewöhnlicher Prägnanz formuliert: »Habe ich meinen Körper verloren, so habe ich mich selbst verloren. Finde ich meinen Körper, so finde ich mich selbst. Bewege ich mich, so lebe ich und bewege die Welt. Ohne diesen Leib bin ich nicht, und als mein Leib bin ich. Nur in der Bewegung aber erfahre ich mich als mein Leib, erfährt sich mein Leib, erfahre ich mich. Mein Leib ist die Koinzidenz von Sein und Erkenntnis, von Subjekt und Objekt. Er ist der Ausgangspunkt und das Ende meiner Existenz.«

(II) *Begegnung mit dem Du,* dem anderen Menschen.

Erst in der Begegnung mit anderen Menschen kann ich mein Menschsein in Fülle entfalten. Das Subjekt verlangt das Mit-Subjekt, um seine Identität zu klären. Die Begegnung mit sich selbst impliziert Bewegung. Bewegung aber führt zu Kontakt. Die Begegnung zwischen Menschen ist von *Marcel* in seiner Intersubjektivitätstheorie als ein wechselseitiges Berührtwerden auf der Ebene der Existenz beschrieben worden. In dieser Berührung entsteht Vertrauen, Hoffnung, ein wechselseitiges Sich-ernst-Nehmen, das als die Grundlage jedes agogischen Handelns angesehen werden muß.

(III) *Begegnung mit den Dingen.*

Wenn *Moreno* davon spricht, daß er »dem Gras begegne«, so verweist er auf eine Dimension, die in den philosophischen Ansätzen über das Begegnungskonzept nicht entfaltet worden ist, die aber für uns Bedeutung gewonnen hat. Auch der vitale Kontakt mit den Dingen, Steinen, Pflanzen, Maschinen führt mich zu mir selbst und über mich hinaus an die Welt heran, deren Teil ich bin, ermöglicht mir meine Integration in und mit dem Umfeld. Die Begegnung mit den Dingen auf einer *Ebene der Zugehörigkeit* wird gerade in unserer Zeit zu einem zentralen agogischen Ziel werden müssen, denn es geht um die »Rettung der Dinge« in der ökologischen Krise. Die Dinge gehören zu mir, zu meinem Leben, ich lebe mit ihnen.

(IV) *Begegnung mit der Transzendenz.*

In den bisher aufgezeigten Begegnungsweisen ist immer die Möglichkeit der Transzendierung eingeschlossen. Der Mensch findet sich in seinem Leib, im anderen, in den Dingen und erlebt dabei eine übergeordnete Zugehörigkeit *(appartenance)*, »weil das Sein nicht *vor mir* ist, sondern mich umgibt und in einem gewissen Sinne mich durchdringt, und meine Sicht nicht von anderswoher geschieht, sondern aus der Mitte des Seins« (*Merleau-Ponty*, 1964, 154), denn mein Leib partizipiert als sehender und sichtbarer an der allgemeinen Sichtbarkeit des Seins. Im erkennenden und gestaltenden Menschen kommt das rohe und ungebändigte Sein, das *»l'être brut et sauvage«* zu sich selbst. Diese Gedanken aus dem Spätwerk *Merleau-Pontys* weisen die Begegnung mit der Transzendenz als ontologische Erfahrung im Sinne eines Teilhabens und Mitgestaltens an der Einheit des Seins aus. Das Mit-Sein und das Zur-Welt-Sein ist Ausdruck einer fundamentalen Zugehörigkeit zu den Menschen und zu den Dingen. Wir finden hier eine Konzeption, der wir bei *Moreno*, bei *Iljine*, im Zenbuddhismus und in der von diesem beeinflußten Gestalttherapie zwar in anderer Sprache, jedoch in ähnlicher Ausrichtung begegnen (*Joslyn*, 1977) und die nochmals in zwei zentralen Aussagen illustriert werden soll: »Das Sein *verlangt Schöpfung von uns*, damit wir von ihm Erfahrung haben« (*Merleau-Ponty*, 1964, 251) – und: Es gilt zu verstehen, daß »das Sein in uns spricht und nicht wir vom Sein sprechen« (ibid. 247).

Das Konzept von den vier Begegnungsmodalitäten erscheint uns für eine *Agogik aus der Begegnung* zentral, weil es die Haltung des Pädagogen zu sich selbst, zum anderen und zu den Dingen fundamental prägen kann, wenn er es nicht auf der Ebene philosophischer Reflexion beläßt, sondern versucht, es in seiner täglichen Praxis umzusetzen (*Besems*, dieses Buch).

5. Engagement und Integrität

Das Konzept der Zugehörigkeit führt nicht zum Verlust des Subjektes, dieses erlebt sich ja in der Begegnung als zugehöriges, aber es stellt sich einem losgelösten Selbstbezug entgegen und fordert Engagement für den anderen, die Dinge, die Welt. Integrative Agogik muß daher von ihrer anthropologischen Grundlage her *engagierte Agogik* sein. Engagement kann mit Begriffen wie Partizipation, Intersubjektivität, Solidarität, Verantwortung, Korrespondenz beschrieben werden. Es hat seinen Grund im Subjekt, das sich entscheidet, in einer konkreten Situation so zu handeln, daß seine persönliche Integrität, die seines Gegenübers und die der Dinge nicht verletzt oder zerstört wird, sondern daß vielmehr Integration und Kreation ermöglicht werden. Vom Pädagogen wird hier Auseinandersetzung, Reflexion und Entscheidung verlangt, auf welche Weise und mit welcher Zielrichtung er sich engagieren will. Derartige Entscheidungen sind wert- und zielorientiert. Sie können sich zwar an anthropologischen Leitgedanken ausrichten, dennoch müssen sie immer persönlich und situationsbezogen *entschieden* werden; an den Entscheidungen führt kein Weg vorbei und es gibt für sie keine allgemeingültigen Lösungen, sondern allenfalls »Konzepte in Korespondenz«. Ein solches Konzept haben wir im Begriff der »Integrität«. Integrität für den Menschen zu gewährleisten bedeutet, Bedingungen zu schaffen, in denen er nicht nur seine Identität erhalten, sondern auch im Lebenszusammenhang entfalten kann. Wo immer dies beeinträchtigt oder unmöglich gemacht wird, gilt es sich zu engagieren. Integrität für die Dinge und die Welt bedeutet die Sicherung, Erhaltung und Verbesserung der ökologischen Situation, ohne die Integrität für den Menschen nicht gewährleistet werden kann. Der Pädagoge muß hier nicht nur Engagement zeigen, sondern durch seine persönliche Haltung und das Aufweisen der Zusammenhänge Engagement wecken, prägnant werden lassen und zu praktikablen Handlungsstrategien führen. Diese Aufgabe wird er, wenn er auf sich allein gestellt ist, nicht bewältigen können. Er braucht für das klare Erfassen von Situationen die Ko-respondenz mit anderen und für das effektive Handeln in Situationen die Solidarität und das Mitwirken von anderen.

6. Synopse, Synergie und Ko-respondenz

Wir haben in der Integrativen Therapie, aufbauend auf dem gestalttheoretischen Ganzheits- bzw. Übersummativitätstheorem, zwei Prinzipien formuliert, die auch für pädagogisches Handeln, für die Strukturierung der Prozesse des Lehrens und Lernens (z. B. für das Evidenzerlebnis) zentral stehen: »Die Gesamtheit aller Wahrnehmungen in einer gegebenen Situation ist mehr und etwas anderes als die Summe der Teilwahrnehmungen.« Diese Zusammenschau *(Synopseprinzip)* darf nicht nur als wahrnehmungspsychologisches Theorem gesehen werden, sondern als eine grundsätzliche Haltung, an Menschen, Dinge, Situationen heranzugehen, um den Kontext in seiner Ganzheit zu erfassen. Es ist darüber hinaus eine Handlungsanweisung für das gemeinsame Erfassen von Situationen. Die Wahrnehmung vieler und verschiedener Menschen kann in einem *Konsens* Prägnanz gewinnen, der die Lage besser und komplexer erfaßt als die vielfältigen Einzelmeinungen, insbesondere da ja jeder einzelne Teil der Situation ist. Den Prozeß, durch den Synopse in Gruppen möglich wird, der Konsens finden läßt, haben wir als »Ko-respondenz« bezeichnet. Ko-respondenz ist die direkte und persönliche Auseinandersetzung auf der Subjektebene in und über konkrete Situationen unter Einbeziehung aller Beteiligten. Oft werden hierzu Gestalt und andere Gruppenmethoden verwandt. Diese Auseinandersetzung ist direkt und emotional, sie bleibt nicht theoretisch, sondern fordert, daß theoretische Konzepte als persönliche Stellungnahmen formuliert werden und in der persönlichen Lebenswirklichkeit fundiert sind. Auch darüber geht die Ko-respondenz; denn lebensferne Theorie, »talking about« (*Perls*, 1969b), wird wenig Klarheit und Veränderung bringen. Der Erfahrungsschatz und die Lebenspraxis jedes einzelnen, in aller Offenheit dargelegt, sind notwendig für den Prozeß der Ko-respondenz. Gemeinsames *Sehen* kann zu gemeinsamem *Handeln* führen; und auch hier ist »die Gesamtheit aller Handlungen oder Handlungswirkungen in einer gegebenen Situation mehr und etwas anderes als die Summe der Einzelhandlungen oder Wirkungen«. Dieses Prinzip des Zusammenwirkens *(Synergieprinzip)* ist gleichfalls nicht nur eine Formel, die sich auf biologische oder technische Systeme anwenden läßt, sondern trifft in gleicher Weise für personale und soziale Systeme zu. Das Synergieprinzip muß die Grundlage für Solidarität, solidarische Aktionen und Initiativen bilden, wenn sie Prägnanz und Effektivität gewinnen sollen. Gelungene Ko-respondenz ist ein synoptisch-synergetisches Geschehen. Synopse und Synergie vollziehen sich in der Ko-respondenz. Diese schließt immer vier Aspekte ein: 1. das Ich, 2. das Du (den anderen, die Gruppe), 3. das Thema, 4. dic Situation, d. h. den historischen, ökonomischen, politischen und ökologischen Kontext. Ko-respondenz ist auf die Konstituierung von *Sinn* gerichtet, der für das Leben handlungsleitend wird.

7. Kreative Anpassung und kreative Veränderung

In agogischen Prozessen geht es um Anpassung und/oder Veränderung. Das Wort Anpassung hat unserer Meinung nach eine einseitige Negativbewertung erhalten. Der menschliche Organismus ist durch ein beständiges Sich-Anpassen gekennzeichnet (*Helson*, 1964). Die Fähigkeit, sich Situationen adäquat anpassen, d. h. sich ohne Beschädigung eigener oder fremder Integrität auf sie einstellen zu können, kennzeichnet seine Gesundheit. *Perls* und *Goodman* haben in dieser Fähigkeit des Organismus zum *»creative adjustment«* seine ursprünglichste und kreativste Leistung gesehen (*Perls/Hefferline/Goodman*, 1951). Das Konzept der Anpassung durch pädagogische und therapeutische Maßnahmen wird in der Integrativen Agogik am Maßstab der Gewährleistung und Förderung von Integrität gemessen. Die Beurteilung der jeweiligen Situationen geschieht als Synopse im Prozeß der Ko-respondenz aller Beteiligten. Wenn nämlich Anpassung Integrität nicht mehr ermöglicht und erhält, sondern wenn Schädigungen deutlich werden, müssen diese angegangen werden. Das Konzept des *»creative adjustment«* muß unserer Auffassung nach deshalb durch ein Konzept des *»creative change«* ergänzt werden. Kreative Veränderung von einzelnen, Gruppen und Sozietäten ist eine Überlebensforderung in unserer Zeit, weil vielfach die kreative

Anpassung nicht ausreicht. Anpassung allein impliziert immer die Gefahr der Stagnation, wie kreativ sie auch sein mag. Integrative Agogik muß daher auf die Förderung der kreativen Potentiale des Menschen gerichtet sein, und das erfordert: 1. ein kreatives und flexibles, d. h. aber veränderbares Theoriemodell, 2. eine kreative Praxis durch kreative Methoden und Medien, und an wichtigster Stelle 3. einen kreativen Lehrer, der sich in den Prozessen von Integration und Kreation erlebt und in der Lage ist, diese durch seine Haltung, sein Handeln, seine Begegnungsfähigkeit und seine Fähigkeit zur Ko-respondenz zu fördern (*Petzold*, 1977).

8. Agogik im Lebensganzen

Integrative Agogik sieht den Lebensverlauf als *Lebensganzes*. Eine Aufgliederung in eine »Pädagogik der Lebensalter« wird zwar faktisch in unserem Bildungssystem praktiziert, aber nicht im Bewußtsein der Pädagogen vollzogen. Die Fragmentierung der Bildungsbemühungen spiegelt die Fragmentierung unseres Lebensbewußtseins. Die Teilabschnitte des Lebensverlaufes werden nur im Zusammenhang mit dem Ganzen verstehbar und sinnvoll. Neues wird aus dem Alten bestimmt. Die Integration der Vergangenheit ermöglicht die bewußte und gestaltende Kreation der Zukunft. Im Lebenszusammenhang seinen jeweiligen Standort zu finden, um von ihm aus sich auf seine Zukunft zu richten und sie »in die Hand nehmen« zu können, gehört zu den wichtigsten integrativen Leistungen des Menschen. Das »Werde, der du bist!« kann nur im Erleben des Lebensganzen verwirklicht werden und macht eine Auseinandersetzung mit der Finalität der eigenen Existenz unumgänglich. Der Pädagoge, der zu dieser Auseinandersetzung nicht bereit ist, wird ein Erleben und Gestalten des Lebensverlaufes weder bei sich zulassen können noch kann er andere im Prozeß der Selbstfindung im Lebensverlauf fördernd begleiten. Der Vorschulerzieher, der Schulpädagoge, der Andr-agoge oder Ger-agoge dürfen nicht nur das jeweilige Aufgabengebiet oder das nächstangrenzende im Blick haben, wenn sie Selbstverwirklichung im Lebenszusammenhang, Erhaltung und Entfaltung der Potentiale zu ihrem Ziel gemacht haben. Die Ko-respondenz der agogischen Teildisziplinen und die Auflösung der fragmentierenden Grenzen zwischen den pädagogischen Feldern sowie ein Bewußtsein von der Ganzheitlichkeit des Lebens und daraus folgend des agogischen Prozesses gehören zu den wichtigsten Anliegen der Integrativen Agogik. Das Realisieren dieser Bewußtheit kann nicht allein durch und auf der Ebene theoretischer Einsicht erfolgen, sondern erfordert Selbsterfahrung und Selbsterleben im Hinblick auf den eigenen Lebensverlauf, das eigene Altern, wie es *Keleman* (1975) im Konzept des »living your dying« herausgearbeitet hat. Aus einer solchen Bewußtheit kann existentiell vermittelt werden, daß Bildung ein lebenslanger Prozeß von Integration und Kreation ist bis an das Ende, denn wir sind »nie Menschen gewesen, bis wir zu Ende gelebt haben« (*Herder*).

Literatur

Andreesen, A. (Hrsg.), Das Landerziehungsheim, Leipzig 1926.
Baumann, P., Berthold Otto, München 1958.
Berdjaev, N., Le Sens de la création, Paris 1949.
Berger, F., Menschenbild und Menschenbildung, Stuttgart 1933.
Bittner, G., *Rehm, W.*, Psychoanalyse und Erziehung, München 1966.
Bollnow, O. F., Maß und Vermessenheit des Menschen, Göttingen 1962.
–, Die anthropologische Betrachtung in der Pädagogik, Essen 1965.
Brim, O., *Wheeler, S.*, Erwachsenensozialisation, Stuttgart 1974.
Brown, G. I., *Petzold, H. G.*, Gefühle und Aktion. Gestaltmethoden im integrativen Unterricht, Frankfurt 1977.
Buber, M., Das Problem des Menschen, Heidelberg 1948.
–, Reden über Erziehung, Heidelberg 1962.
–, Ich und Du, Heidelberg 1968.
Bühler, Ch., *Massarik, F.*, Lebensverlauf und Lebensziele. Studien in humanistisch-psychologischer Sicht, Stuttgart 1969.
–, Einführung in die humanistische Psychologie, Stuttgart 1974.
Cremerius, J., Psychoanalyse und Erziehungspraxis, Frankfurt 1971.
Derbolav, J., Problem und Aufgabe einer pädagogischen Anthropologie im Rahmen der Erziehungswissenschaft, in: Derbolav, J., Roth, H., Psychologie und Pädagogik, Heidelberg 1959.
–, Kritische Reflexionen zum Thema »Pädagogische Anthropologie«, Pädagogische Rundschau 8 (1964).
Dienelt, K., Pädagogische Anthropologie, München 1970.
Dietrich, Th., Mensch und Erziehung in der Pädagogik Chr. G. Salzmanns, Bad Heibrunn 1963.
Dürckheim, K., Vom Leib, der man ist, in: *Petzold* (1974).
Fiege, H., Schleiermachers Begriff der Bildung, Hamburg 1935.
Flitner, W., *Kudritzki, G.*, Die deutsche Reformpädagogik, Düsseldorf 1961.
Frankl, V., Psychotherapy and Existentialism, New York 1967.
–, Theorie und Therapie der Neurosen, München 1969[3].
Friedrichs, H., Montaigne, Berlin 1949.
Gerner, B. (Hrsg.), Pestalozzi. Interpretationen zu seiner Anthropologie, München 1974.
Goodman, P., Freiheit und Lernen, in: Neue Sammlung 5 (1969) 419–427.
–, Diskussionsbeitrag, in: Summerhill, pro + contra, Reinbek 1972.
Griese, H., Erwachsenensozialisation, München 1976.
Helson, H., Adaptation Level Theory, New York 1964.
Hentig, H. v., Wie hoch ist die Höhere Schule? Eine Kritik, Stuttgart 1962.
Hoffmann, E., Der pädagogische Gedanke bei den Sophisten und Sokrates, Zürich 1955.
Huguenin, E., Die Odenwaldschule, Weimar 1926.
Iljine, V. N., Therapeutisches Theaterspiel, Paris 1942 (russ.).
–, Morphologie des Seins und der Erkenntnis, Paris 1958 (russ.).
–, Le corps et le cœur, Vorlesungsnachschrift, Paris 1965.
–, Das Therapeutische Theater, in: Petzold (1972).
Jaeger, W., Paideia, 3 Bd. Berlin 1959[3].
Joslyn, M., Gestalttherapie und Zen, Integrative Therapie 4 (1977).

Keleman, S., Living your Dying, New York 1975.
Kempler, W., Gestaltfamilientherapie, Stuttgart 1976.
Landau, E., Psychologie der Kreativität, München 1971.
Leutz, G. A., Psychodrama. Theorie und Praxis, Heidelberg 1974.
Loch, W. v., Die anthropologische Dimension der Pädagogik, neue pädagogische bemühungen 1/2 (1963, Essen).
Lückert, H. R., Konfliktpsychologie, München 1959.
Maeder, A., Psychosynthese – Psychagogik, in: Handbuch der Neurosenlehre und Psychotherapie, Bd. III, München 1959.
Marcel, G., Die Menschenwürde und ihr existentieller Grund, Frankfurt 1965.
–, Sein und Haben, Paderborn 1968.
–, Homo Viator, Düsseldorf 1949.
–, Philosophie der Hoffnung, München 1964.
–, Dialog und Erfahrung, Frankfurt 1969.
Marrou, H. I., Geschichte der Erziehung im klassischen Altertum, Freiburg 1957.
Maslow, A., Religion, Values and Peak Experiences, Ohio 1964.
–, Psychologie des Seins, München 1973.
Maurer, Y., Petzold, H. G., Die therapeutische Beziehung in der Gestalttherapie, in: Battegay, Trenkel (Hrsg.), Die therapeutische Beziehung, Bern 1977.
Merleau-Ponty, M., La structure du comportement, Paris 1942; dtsch. Die Struktur des Verhaltens, Berlin 1974.
–, Phénoménologie de la perception, Paris 1945; dtsch. Berlin 1966.
–, Le visible et l'invisible, Paris 1964.
–, Das Auge und der Geist, Reinbek 1967.
Moreno, J. L., Gruppenpsychotherapie und Psychodrama, Stuttgart 1959.
–, Das Stegreiftheater, Potsdam 1924; Beacon 1972².
–, Psychodrama, 3 Bd., Beacon 1969³.
Panter, U., Wyneken, 1960.
Perls, F. S., Theory and therapy of personality integration, Americ. J. Psychiatry 1948.
–, In and Out the Garbage Pail, Lafayette 1969a.
–, Gestalt Therapy Verbatim, Lafayette 1969b; dtsch. Gestalttherapie in Aktion, Stuttgart 1975.
–, Gestalt Therapy and Integration, Cowichan Lecture (unveröffentl.) 1969c.
–, Ego, Hunger and Aggression, New York 1969²d.
–, Grundlagen der Gestalt-Therapie, Einführung und Sitzungsprotokolle, München 1977².
–, *Hefferline, R., Goodman, P.*, Gestalt Therapy, New York 1951.
Petzold, H. G., Le »Gestaltkibbouz« modèle et méthode thérapeutique, Paris 1970 (mimeogr.).
–, Moderne Methoden psychologischer Gruppenarbeit in der Erwachsenenbildung, Erwachsenenbildung 3 (1971) 160–178.
–, Angewandtes Psychodrama, Paderborn 1972, 1977².
–, Gestalttherapie und Psychodrama, Kassel 1973.
–, Gestalttherapie und direkte Kommunikation in der Arbeit mit Eltern, in: *Petzold, H. G.* (Hrsg.), Kreativität und Konflikte, Paderborn 1973.
–, Psychotherapie und Körperdynamik, Paderborn 1974, 1977².
–, Integrative Therapie ist kreative Therapie, Integrative Therapie 3/4 (1977).
–, Die neuen Körpertherapien, Paderborn 1978 (im Druck).

–, *Sieper, J.*, Das Psychodrama in der Erwachsenenbildung, Z. f. prakt. Psychol. 8 (1970).
–, *Geibel, Chr.*, Komplexes Kreativitätstraining in der Vorschulerziehung, in: *Petzold, H. G.*, Angewandtes Psychodrama (1972).
–, *Iljine, V.*, *Schmidt, I.*, Didaktisches »Théâtre permanent« in der Erwachsenenbildung, Volkshochschule im Westen 2 (1972).
–, –, *Zenkovskij, B.*, Das Didaktische Theater in der schulischen Erziehung, Intern. Z. f. Erziehungswiss. 2 (1972).
–, *Bubolz, E.*, Bildungsarbeit mit alten Menschen, Stuttgart 1976.
Rang, M., Rousseaus Lehre vom Menschen, Göttingen 1965².
Reble, A., Herders Menschenbild und Bildungsidee, Die Sammlung (1954), 303–315.
–, Geschichte der Pädagogik, Stuttgart 1967⁹.
Reich, W., Charakteranalyse, Frankfurt 1975.
Rogers, C., Die Entwicklung der Persönlichkeit, Stuttgart 1976.
Roszak, Th., Gegenkultur, Düsseldorf 1972.
Roth, H., Psychologie und Pädagogik und das Problem einer pädagogischen Psychologie, in: *Derbolav, Roth* (1959).
–, Pädagogische Anthropologie, Hannover 1966.
Rousseau, J. J., Emile oder über die Erziehung, Paderborn 1971.
Schleiermacher, F. D., Sämtliche Werke, Berlin 1835 ff.; für die Pädagogik, Bd. 9, Hrsg. *v. Platz*, 1902.
–, Pädagogische Schriften, Hrsg. *E. Weniger*, 2 Bd., Düsseldorf 1957.
Schüßler, R., Das Problem der Individualität und Sozialität – Anthropologische Reflexionen im Anschluß an Martin Buber, Israel Forum 5/6 (1976) 60–68.
Schützenberger, A., Précis de psychodrame, Paris 1970.
Schulenberg, W., Ansatz und Wirksamkeit der Erwachsenenbildung, Stuttgart 1957.
Siebert, H., Erwachsenenbildung, Düsseldorf 1972.
Sieper, J., Kreativitätstraining in der Erwachsenenbildung, Volkshochschule im Westen 4 (1971).
Spolin, V., Improvisation for Theater, Chicago 1965.
Stevens, B., Don't push the river, Lafayette 1970.
Stevens, J. O., Die Kunst der Wahrnehmung, München 1975.
Tietgens, H., Lernen mit Erwachsenen, Braunschweig 1967.
Trüb, H., Heilung aus der Begegnung, Stuttgart 1948.
Voßler, O., Rousseaus Freiheitslehre, Göttingen 1963.
Wehle, G., Praxis und Theorie im Lebenswerk G. Kerschensteiners, Weinheim 1956.
Wehr, G., Die Pädagogik Rudolf Steiners, München 1976.
Weise, M., Paul Oesterreich und die entschiedene Schulreform, Leipzig 1928.
Wilhelm, Th., Die Pädagogik Kerschensteiners, Stuttgart 1957.
Wühr, W., Das abendländische Bildungswesen im Mittelalter, München 1950.

Kapitel 2
George Isaac Brown

Menschlich sein heißt integrativ sein

Seit Beginn der Menschheitsgeschichte war es das Ziel einiger Menschen, menschlicher zu werden, sei es durch Geisteswissenschaften, durch Naturwissenschaften, durch die Kunst – gleich durch welche Richtung, durch welchen Prozeß, durch welche Hilfsmittel.

Als die Menschen begannen, ihre Existenz selbst in die Hand zu nehmen und darum kämpften, der Welt und sich selbst einen Sinn zu geben, um dadurch ihr Schicksal zu erleichtern, wurden sie unausweichlich mit ihren eigenen schöpferischen Kräften konfrontiert. Diese Kräfte waren mit ihren menschlichen Qualitäten eng verknüpft: mit ihrer Intelligenz, ihrem Wissen, ihrer Sensibilität, ihrer Kreativität und mit ihrer Fähigkeit, in bewundernswert komplexer Weise Beziehungen miteinander einzugehen.

Wir suchen noch immer nach Wegen, um unsere Menschlichkeit besser zu realisieren. Es gibt heute Möglichkeiten des menschlichen Lernens und Wachsens, wie z. B. integrative Erziehung, die eine Hilfe zur Lösung von Konflikten bietet und Tatsachen, die sich zunächst zu widersprechen scheinen, in ein anderes Licht setzt.

Im Zeitalter der Aufklärung begann man z. B. verstärkt zu analysieren, um Wissen zu erhalten. *Ellenberger* kommentiert: »Das wichtigste Charakteristikum der Aufklärung war der Kult der Vernunft ... Vernunft war der Gegensatz zu Unwissenheit, Irrtümern, Vorurteilen, Aberglaube, überliefertem Glauben, der Tyrannei der Leidenschaften und den Irrwegen der Phantasie.«[1] Der »Irrtum« des Zeitalters der Aufklärung lag nicht im Ziel der Vernunft, sondern eher in den Mitteln, dieses Ziel zu erreichen.

Nach Beendigung des Barockzeitalters, in dessen Mittelpunkt Modelle des idealen Menschen standen, kam es infolge der Begeisterung für die Analyse zu einer übersteigerten Reaktion auf diese Periode. Es entwickelte sich ein übergroßes Vertrauen in die Analyse als Weg zur Vernunft und in die Vernunft selbst. Doch den Vertretern der Vernunft war nicht bewußt, daß dieselben Eigenschaften, die sie in der Gesellschaft zu bekämpfen versuchten – Ignoranz, Angst, Vorurteile, die Tyrannei der Leidenschaften und die Irrwege der Phantasie –, ihren eigenen Analyseprozeß beeinflußten. Die Vertreter der Vernunft wußten wenig darüber, wie die Kraft der Syneutik, die *Phillip Phenix*[2] beschrieben und von *Michael Polanyi*[3] zu persönlichem

Wissen weiterentwickelt wurde, genau dieselbe Vernunft beeinflußte, mit der diese Männer die pathologischen Gefühlsverwirrungen ihrer Zeit bekämpfen wollten. Kurz gesagt, sie wollten den Teufel mit dem Beelzebub austreiben. Man beginnt nun zu verstehen, wie begrenzt die Entwicklung der Vernunft verlief, sowohl bei denen, die sie benutzten, als auch in bezug auf ihren Erfolg nach außen.

Als Reaktion auf die Mißerfolge des Zeitalters der Aufklärung entwickelte sich die Romantik, die sich gegen die Werte der Vernunft und die Einschränkungen der Gesellschaft wandte. Die Romantik richtete sich gegen die Vernunft und betonte das Gefühl, das Irrationale und das Individuelle. Der Versuch der Romantiker, die Vernunft und ihren Gebrauch zu leugnen oder zu unterdrücken, war jedoch wieder übersteigert. Außerdem folgte die Betonung des Gefühls in gewisser Weise einem intellektuellen »Wissen« darüber, was sie taten und fühlten, und dem Gebrauch dieses »Wissens« in Form von Sprache (abstrakten Symbolen) und unvermeidlich auch den theoretischen Systemen, egal wie wenig formal oder ungegliedert sie gewesen sein mochten. Die mangelnde Bewußtheit der Romantiker in bezug auf das Paradoxon, daß sie die Vernunft benutzten, um zur Irrationalität zu gelangen, hatte einen bedeutenden Einfluß auf die Manifestation ihrer Ziele.

Wenn es möglich wäre, die positiven Seiten der Aufklärung und der Romantik zu verbinden und einen zentralen Punkt zwischen den Polaritäten Vernunft und Irrationalität zu finden – oder um es klassisch auszudrücken: zwischen der appollonischen und dionysischen Polarität –, so bekämen wir eine holistische und wertvolle Synthese.

Integrative Erziehung (confluent education) ist ein Versuch, das Apollonische und das Dionysische, das Zeitalter der Aufklärung und die Periode der Romantik, Kopf und Herz, Geist und Körper, wie auch immer die überall zu findenden Polaritäten heißen mögen, zu integrieren, so daß sich jede mit der anderen verbindet, wie Flüsse, die zu einem Strom zusammenfließen und ihre Grenzen zugunsten eines größeren Ganzen verlieren. Integrative Erziehung ist im wesentlichen die Synthese des affektiven (Empfindungen und Gefühle, Haltungen und Werte) und des kognitiven Bereichs (Intellekt und die Tätigkeit des Geistes in bezug auf Wissen).

Integrative Erziehung beinhaltet auch Lernerfahrungen, mit ihrer Wechselwirkung von Gefühl und Verstand, wobei daraus resultierende, in angemessenem Ausmaß auftretende Frustrationen und Spannungen in direkter, positiver Beziehung zu gesundem Wachstum und gesunder Entwicklung stehen. Die andauernde Interaktion des Selbst mit dem Universum hat unvermeidlich eine Reihe von Wechselwirkungen zur Folge: 1. Konflikt, 2. Konfrontation, 3. Beharren und 4. ein bestimmtes Maß an Auflösung oder Beendigung. Durch diese Interaktion wachsen wir, gleich ob die Selbst-Universum-Interaktion unmittelbar erfolgt oder durch späteres Erinnern und Reflektieren. Wechselwirkung als Prozeß kann unter dem Oberbegriff Integration eingeordnet werden. Integrative Erziehung wird hier deshalb so dargestellt, um nicht den Irrtum aufkommen zu lassen, sie sei immer eine Reihe von angenehmen und freudigen Lernerfahrungen, bei denen affektive Erlebnisse eingestreut werden, um die kognitive Arbeit zu verschönern.

Das Zusammenfügen des Affektiven und des Kognitiven durch bewußtes Unterrichten ist der Versuch, den Erziehungsprozeß und sein Produkt, den Schüler, menschlicher zu machen. Unter anderem heißt menschlicher sein, mehr intelligentes Verhalten zu zeigen; d. h. den einzigartigen menschlichen Geist in einer Realität zu gebrauchen, in der die Gefühle den Geist und der Geist die Gefühle beeinflußt und in der diese Gefühle auch aus demselben Kontext der Realität stammen. Gefühle, die die Realität verleugnen oder verzerren und dadurch den Geist in ähnlicher Weise beeinflussen, der wiederum das Verhalten verändert, sind nicht wünschenswert.

Das daraus folgende Verhalten kann als nicht-intelligent bezeichnet werden, und zwar in dem Maße, wie es nicht realitätsgerecht ist.

Realität, zumindest operationale Realität, sollte nicht als konstant, sondern eher existentiell als dauernd im Fluß befindlich angesehen werden. Das ist wichtig, um die Funktion von Realität im Erziehungsprozeß zu erklären. Als Konsequenz muß das Individuum lernen, sich selbst und den Teil des Universums, in dem es sich direkt oder indirekt befindet, in jedem Augenblick neu zu erleben. Um dies zu tun, muß es unterscheiden können zwischen seinem Wunsch und seiner Vorstellung von der Realität und wie sie wirklich ist. Das bedeutet, seinen Verstand besser zu nutzen, statt ihn für Phantasien und Illusionen zu gebrauchen, die in Verbindung mit verzerrenden und realitätsfernen Gefühlen stehen. Phantasien und Illusionen helfen dem Individuum, der Frustration, dem Unangenehmen und den Anforderungen der Realität zu entfliehen. Hier wird ein besserer Gebrauch des Verstandes angestrebt, so daß der Mensch nicht versucht, der Verantwortlichkeit für den großen Teil seiner Existenz zu entfliehen, die er potentiell übernehmen könnte. Die gesunde Integration des affektiven und kognitiven Bereichs durch die Ansätze der Integrativen Erziehung beinhaltet das Erlernen dieser personalen, existentiellen Verantwortlichkeit.

Eine Illustration des integrativen Ansatzes findet man in einem unserer DRICE-Projekte – ich werde »DRICE« später erklären –, wo die beteiligten High-School-Lehrer sich auf die Vermittlung von Verantwortung als einem Mittel zur Leistungssteigerung konzentrieren. Dies geschieht in Form von persönlicher Verantwortung für das, was man tut oder auch nicht tut. Ich möchte betonen, daß dieses Trainieren der Verantwortlichkeit nicht mit puritanischer Moral durchsetzt ist, wonach der Schüler dieses oder jenes tun oder sein *sollte.* Im Gegensatz dazu werden die Lernerfahrungen zunächst strukturiert, um dem Schüler zu helfen, auf persönlich bedeutungsvolle Weise in Kontakt mit seiner »I. Person Singular«, mit dem »Ich« seines Verhaltens und seiner Existenz zu kommen. Dadurch hat er die Möglichkeit, sich bewußtzumachen, wie dieses Ich handelt und wie nicht und wie sehr er vielleicht andere für sein Verhalten verantwortlich macht. Durch weiteres

Strukturieren entdeckt er, wie er im existentiellen Jetzt letztlich selbst seine eigenen Entscheidungen und Wahlen bestimmt, auch wenn er sich entschließt, nichts zu tun.

Teil des letzten Schrittes mag auch die wachsende Entdeckung der eigenen Stärken und Fähigkeiten sein – die Erkenntnis dessen, was ihm in sich selbst und in seiner Umgebung zur Verfügung steht –, um damit etwas zu tun oder vielleicht sogar damit »zu sein«. Je mehr der Schüler in Kontakt mit seiner inneren und äußeren Realität kommt, desto mehr kann er Verantwortung für seine eigenen Lernergebnisse übernehmen. Die Funktion des Lehrers in diesem Unterricht besteht dann darin, die Bewußtheit des Lernenden für seine Stärken und Fähigkeiten zu erhöhen, und nicht, seine Leistungen zu bewerten, wie in der konventionellen Lehrerrolle.

In Verbindung mit dem Problem, wie man lernt Verantwortung zu übernehmen, steht das Lernen, eine Wahl zu treffen und entsprechend zu handeln. Es könnte eine semantische Schwierigkeit durch diesen Ansatz entstehen, denn das Wort »Wahl« (choice) beinhaltet viele Arten von Bindung. Wir könnten z. B. glauben, wenn wir einmal eine Wahl getroffen haben, so haben wir uns damit in einen Käfig gesperrt und sind durch unsere Wahl gefangen. Statt dessen kann jede Wahl eine ganze Reihe von Alternativen eröffnen. Nehmen wir z. B. den Lehrer, der Integrative Erziehung für sehr wichtig hält und in einem traditionellen Schulsystem arbeitet. Wenn sich dieser Lehrer nun dafür entscheidet, mehr integrative Ansätze in seinen Unterricht hineinzubringen, kann er das Schulsystem von dieser Entscheidung her betrachten. Er beginnt, alle möglichen Alternativen zu finden, die er vorher nicht gesehen hat, weil er sie nicht brauchte. Er benutzt diese Möglichkeiten, und plötzlich hat er viel mehr Spielraum mit seinem Handeln auszufüllen. Wenn er keine Entscheidung getroffen hätte, so hätte er sich auch weiterhin im System eingeengt und gefangen gefühlt.

Der Prozeß des Entscheidens ist selten völlig klar und eindeutig. Dies steht im Gegensatz zu der herkömmlichen Erziehungspraxis, in der die ausdrückliche Forderung an den Schüler gestellt wird, eine richtige Antwort auf Fragen zu finden, mit der impliziten Annahme, daß mit ihm etwas nicht in Ordnung ist, wenn er keine korrekten Antworten findet. Der größte Teil des Lebens besteht aus Ungewißheiten und oft aus paradoxen Situationen. Die Entscheidungen, die wir treffen, sind nicht einfach, denn die vielen Alternativen, die für uns existieren, haben u. U. die gleiche Attraktivität. Wenn wir uns entscheiden zu heiraten, wer unsere Freunde sein sollen, welchen Beruf wir ergreifen, was wir zu Mittag essen, so können alle diese Entscheidungen durch Ungewißheit und Unsicherheit belastet sein.

In einem bekannten Comic bringt *Mary Worth* die Sache auf einen Nenner, wenn sie sagt: »Es gibt im Leben keine Abschlußprüfung.«

In einem Aufsatz in dem Buch »Behavioral Science Frontiers in Education«[4] kritisiert *Barbara Biber* die Beschränktheit von *Seneshs* Versuch,

Grundsätze der Ökonomie in der Grundschule zu unterrichten. Einer von *Seneshs* Versuchen sah so aus, daß er eine erste Klasse in zwei Gruppen einteilte: In der einen Gruppe machte jedes Kind für sich allein einen Lebkuchenmann; die andere Hälfte arbeitete am »Fließband« – ein Kind rollte den Teig, das nächste hatte die Form auszustechen, ein anderes setzte die Augen ein etc., bis zu dem Arbeitsgang, wo ein Kind den fertigen Lebkuchenmann aus dem Ofen nahm. *Seneshs* Kernziel war zu zeigen, wieviel mehr man mit einem arbeitsteiligen Fließband produzieren kann. *Biber* kommentierte, daß *Senesh* die Tatsache völlig übersehen habe, daß die Kinder, die ihren Lebkuchenmann selbst machten, ein persönliches, liebevolles Verhältnis zu ihm bekamen. Und das ist der springende Punkt!

Der integrative Ansatz wäre hier z. B., die Kinder den ganzen Tag öde Fließbandarbeit machen zu lassen, oder zumindest so lange, bis sie anfangen zu spüren, was es heißt, sein Leben damit verbringen zu müssen, Tag für Tag Lebkuchenmännern rechte Augen einzusetzen. Sehr viele Menschen in unserer technokratischen Gesellschaft müssen sich mit dieser Art von Frustration und Verzweiflung auseinandersetzen. Es wird uns gesagt, unsere Gesellschaft braucht Fließbänder, weil mehr produziert werden muß. Gleichzeitig sind wir uns bewußt, daß das Individuum ein dringendes Bedürfnis nach Erfüllung, nach irgendeiner Art von Selbst-Aktualisierung oder Selbst-Realisierung hat. Hier entsteht eine Polarität, eine direkte Konfrontation zwischen den Bedürfnissen des Individuums und der Gesellschaft: Jeder Mensch braucht das Gefühl, daß er etwas Bedeutsames auf einem Hauptgebiet seines Lebens tut, daß er seine Möglichkeiten an Kreativität ausschöpfen kann, egal wie leicht seine Arbeit ist, und daß er etwas tut, was ihn weniger zu einem Teil der Maschine und mehr zu einem Individuum werden läßt. Aber die Gesellschaft, in der diese Menschen leben, verlangt nach einer Steigerung der Produktion, und diese Menschen sind vielleicht für diese Forderungen mitverantwortlich. Hier haben wir eine klassische Ambiguität – fast ein Paradoxon. Was ist die Antwort darauf? Es gibt nicht nur eine, es gibt viele mögliche Antworten.

Kinder können sich dieser Ambiguität bewußt werden, indem sie sie erleben, auch wenn ihnen die Erfahrung genauso unangenehm ist wie einem Erwachsenen. Denken Sie einmal an Ihre eigene Schulzeit, als im Unterricht das Thema Polaritäten oder Ambiguitäten auftauchte. Vielleicht war es in einer Deutschstunde – aber wie viele Lehrer zogen eine Parallele zwischen der Ambiguität in der Dichtung und im Leben der Schüler?

Wichtig hierbei ist, daß die Tatsache der Ambiguitäten, wie man Entscheidungen trifft und entsprechend handelt, in vielen Fächern zur Sprache kommen kann. Wir müssen uns nur dieser Möglichkeiten bewußt werden und auch darüber, wie dieses Lernen zur Humanisierung von uns selbst und unseren Schülern beitragen kann.

Beim Umsetzen der Theorie in die Praxis ist es äußerst wichtig, daß Reden und Handeln übereinstimmen. Das bedeutet, daß Erzieher die Möglichkeit von praktischem Training, eigenem Erleben, haben müssen, damit sie die Techniken und Lernansätze, die sie später anwenden werden, selbst erfahren und gleichzeitig die Möglichkeit zu persönlichem Wachstum haben. Ich möchte betonen, daß dabei das Schwergewicht des persönlichen Wachstums auf das Verhalten als Lehrer gelegt werden sollte und nicht auf private Gebiete außerhalb der Lehrerrolle. Natürlich wird sich das manchmal überschneiden. Trotzdem kann man die Funktion des personalen Wachstums in dieser Situation meiner Erfahrung nach nur durch Konzentration auf berufliche Verhaltensänderungen rechtfertigen. Es gibt auch sehr praktische Gründe dafür – Lehrer werden viel eher ihre Angst vor dem Training überwinden, wenn es sich nicht um »Therapie« mit allen ihren negativen Assoziationen handelt. Ein Beispiel dafür ist die Reaktion: »Ich bin doch nicht krank«, wenn der Vorschlag gemacht wird, personales Wachstum in einer Gruppe ohne abgegrenzten Zielbereich zu erleben.

Erst wenn der Erzieher selbst wächst, wird er mehr tun können, als Integrative Erziehung wie ein Rezept anzuwenden. Er wird sonst nicht in der Lage sein, Lernstrukturen zu erfinden und zu improvisieren, die genau auf die Situation seiner Klasse zugeschnitten sind. Er wird ein Techniker bleiben, statt ein Künstler zu werden, in seinen Möglichkeiten kreativ zu sein und in seiner Arbeit Erfüllung zu finden, eingeschränkt sein. Die Qualität des Lehrens bestimmt die Qualität des Lernens.

Wo kann der Lehrer, der schon intuitiv begonnen hat, affektive Komponenten in seinen Unterricht hineinzubringen, nun anfangen, seine Arbeit in der Klasse und das Curriculum umzustrukturieren? Es gibt zwei hilfreiche Fragen, die man sich stellen kann, wenn man bewußt versucht, einen integrativen Ansatz in der Erziehung zu praktizieren. Der Lehrer sollte sich ständig fragen: 1. Was empfindet der Schüler *im Moment* in bezug auf den Inhalt meines Unterrichts? 2. Gibt es eine Möglichkeit, eine Beziehung zwischen diesem Inhalt und dem Leben des Schülers herzustellen?

Diese Fragen können dem Lehrer helfen, auf affektive Dimensionen in seinem Lehrplan und in seiner Methodik zu achten und vielleicht auch, seinen Unterricht so zu gestalten, daß er relevanter, spannender und stimulierender für seine Schüler wird.

Ich vermeide bewußt die Frage, wie oder wann der Lehrplan aufgrund dieser zwei Fragen geändert werden sollte. An diesem Punkt wäre es verfrüht, große Veränderungen am Aufbau und in der Auswahl des Lehrplans in einem integrativen Kontext vorzunehmen. Natürlich können einzelne Lehrer oder Kollegien anfangen, den Lehrplan umzugestalten, wenn dies nötig erscheint. Für viele Lehrer wird es schon sehr hilfreich sein, auf die Bedeutung von affektiven Komponenten im Lernprozeß zu achten, und zwar nicht nur auf Gefühle, die den Schüler zum Lernen motivieren, sondern auch auf Emotionen, die die Lernbereitschaft wachhalten.

Eine ausführliche Beschreibung, wie man mit dieser Arbeit anfangen kann, findet man in dem Buch: Human Teaching for Human Learning[5]. Im

Rahmen eines Ford-Esalen-Projektes wurde eine Untersuchung über die Möglichkeiten der Integration affektiver Lernprozesse in Curricula durchgeführt. Wir arbeiteten mit einer kleinen Gruppe von Volksschul- und Gymnasiallehrern und entdeckten, daß wir in beruflicher Hinsicht »wuchsen«, als wir diese Übungen selbst ausprobierten. Danach übertrugen wir einige Übungen auf die Klassensituation.

Ausgehend von dieser Anfangserfahrung haben wir in den letzten drei Jahren mit DRICE (Development and Research in Confluent Education = Entwicklung und Forschung im Bereich der IE) gearbeitet, einem Zentrum, das von der Ford-Stiftung unterstützt wird und eine Reihe von Untersuchungen auf verschiedenen Stufen der schulischen Erziehung durchführt. Zur Zeit wird an vier Projekten gearbeitet:

1. Curriculumsentwicklung für Englisch und Sozialkunde im Gymnasialbereich (s. o.). Der Schwerpunkt liegt hier auf der Verantwortlichkeit des Schülers und ihrer Beziehung zur Leistung.

2. Ähnlich wie das erste Projekt ist das zweite, das sich mit Englischlehrern an Junior- oder Community-colleges (Volkshochschulen) beschäftigt.

3. Ein Projekt, in dem die Anwendung affektiver Ansätze für den Erstleseunterricht untersucht wird. Es wird in der Gegend von San Francisco in Zusammenarbeit mit dem Esalen-Institut durchgeführt.

4. Ein Projekt im Grundschulbereich, wobei hier an der Entwicklung integrativer Curricula für Sozialkunde gearbeitet wird.

Ein fünftes DRICE-Projekt, das wegen Änderungen in den Ausbildungsrichtlinien für Lehrer in Kalifornien unterbrochen werden mußte, beinhaltete ein Lehrertraining zusammen mit einer empirischen Studie. Eine Gruppe von Lehrerstudenten für die Grundschule nahmen im fünften Jahr ihrer Ausbildung an Spezialkursen für ihr persönliches und berufliches Wachstum teil. Die Kurse basierten hauptsächlich auf den Prinzipien der Gestalttherapie. Vor- und Nachtests wurden mit Persönlichkeits- und Lehrerverhaltensfragebogen gemacht. Diese wurden dann mit Kontrollgruppen verglichen.

Ein Grundprinzip aller Projekte ist es, die Teilnehmer in bezug auf ihr Training und andere Teile des Projekts soviel wie möglich selbst entscheiden zu lassen. Ein zweites wichtiges Prinzip ist, daß keiner etwas machen muß, was er nicht machen will. Einerseits bedeutet dies, daß nichts von der Verwaltung, von Beratern oder Experten in dem Projekt erzwungen werden kann. Andererseits liegt die Verantwortung für das, was passiert oder auch nicht passiert, in der Hand eines jeden einzelnen.

Einer der einzigartigen Beiträge, die die Integrative Erziehung für die Pädagogik durch die Einführung affektiver Komponenten machen kann, ist, daß die inzwischen auf allen Stufen akzeptierten Curricula wieder mit Leben erfüllt werden. Irgendwann einmal hatte ja das Curriculum seinen Ursprung in seiner lebendigen Realität. Es verlor seine Vitalität, als es zum Selbstzweck gemacht wurde statt zu einem Mittel, was es ursprünglich war

– ein Mittel für die Entwicklung und den Gebrauch der Eigenschaften, die den Schüler zum menschlichen Wesen machen.

Auf integrative Art und Weise über Erziehung nachzudenken kann der Erziehung wieder neue Kräfte verleihen. Der Mensch hat einen Verstand. Der Mensch hat auch Gefühle. Beide voneinander zu trennen heißt, alles zu verleugnen, was der Mensch ist. Beide zu integrieren heißt, den Menschen erkennen lassen, was er sein könnte.

Anmerkungen

1 *H. F. Ellenberger,* The Discovery of the Unconscious (New York: Basic Books, 1970), 195.
2 *P. Phenix,* Realms of Meaning (New York: McGraw-Hill, 1964).
3 *M. Polanyi,* Personal Knowledge (Chicago: University of Chicago Press, 1958).
4 *B. Biber,* »A Paradigm for Integrating Intellectual and Emotional Processes.« In *E. Bower & W. Hollister* (Hrsg.), Behavioral Science Frontiers in Education (New York: John Wiley, 1967).
5 *G. I. Brown,* Human Teaching for Human Learning: An Introduction to Confluent Education (New York: Viking, 1971).

Kapitel 3
Thijs Besems

Überlegungen zu intersubjektivem Unterricht in der Integrativen Pädagogik

Jeder Unterricht gründet sich auf ein Menschen- und Weltbild, auch wenn dieses nicht immer klar artikuliert wird.

Wenn wir von diesem Axiom ausgehen, stellt sich die Frage: Von welchem Menschen- und Weltbild soll Unterricht ausgehen? Das bedeutet, daß man sich mit dem gegebenen gesellschaftlichen Zusammenhang und der Stelle, die der Mensch in diesem Zusammenhang einnimmt, auseinandersetzt. Aber das ist natürlich nur ein Anfang. Von weit wesentlicherem Wert ist der nächste Schritt, mit dem man sich fragt, ob dies die gesellschaftliche Ordnung ist, an der man mitarbeiten will. Sie führt zu dem philosophisch-anthropologischen Problem: Was ist der Sinn des Daseins (eures Seins, meines, unseres)? Diese Frage impliziert Fragen wie: Warum bin ich (sind wir, sind die Menschen)? Bestehe ich nur so, oder gibt es einen Grund für meine Existenz? Zu welchem Zweck leben die Menschen? Auf welche Art und Weise müssen Menschen miteinander umgehen?

Auf alle diese Fragen erhalten wir von jedem Menschen eine andere Antwort, die dann alles widerspiegelt, was uns durch Erziehung, Vererbung, Gewissen, Schulung, Religion usw. vermittelt wurde. Die Antworten sind subjektiv. Das so entstandene Menschen- und Weltbild ist demnach auch immer ein subjektives Bild und selbstverständlich nicht wertfrei.

Positivismus/Idealismus

Die Illusion der Wertfreiheit wird noch immer von großen Gruppen von Unterrichtenden, meist Anhängern des Positivismus oder Idealismus, aufrechterhalten. Ihr Privatleben bleibt streng von ihrer Berufsausübung getrennt, und sie behalten ihre politische Stellungnahme ängstlich in ihrem Privatbereich, jedenfalls denken sie das. Sie meinen auch, ihre Arbeit könne von wertfreier und einer für jeden gleichen, objektiven Wirklichkeit ausgehen. Doch ihre Anschauungen über die Welt, die Gesellschaft und den Menschen sind in ihren Handlungen impliziert. Lehrer mit einer solchen Haltung sind sich der gesellschaftlichen Folgen ihres Unterrichts nicht bewußt oder sie verneinen sie sogar. Die in diesen Gruppen oft aufgestellte Behauptung, man gehe von keinen vorgefaßten Konzepten aus, ist natürlich Ideologie[1].

Niemand kommt als ›tabula rasa‹ in die Schule. Menschen sind immer und überall beeinflußt worden, und unsere Schüler und Studenten kommen mit vielen Vorurteilen über Menschen und ihr Verhalten in die Schule.

Wenn man diese tieferliegenden Mechanismen, die Kräfte, die den Menschen beeinflussen, und die Art und Weise, wie diese Beeinflussung stattfindet, nicht berücksichtigt[2], arbeitet man nur an der Veränderung der Oberflächenstruktur (z. B. das Üben von Lesen und Schreiben) und akzeptiert alle unterliegenden Mechanismen in dieser Gesellschaft[3]. Ein solcher Unterricht stellt nur die »sachlichen« Bezüge dar, ohne positive oder negative Beeinflussung. Aber auch diese Wiedergabe ist eine Wahl: man kann nicht alles wiedergeben, und außerdem kann man es auf verschiedene Weise wiedergeben. Mit solch einer Wiedergabe bestätigen diese Gruppen die herrschende Ordnung und vorhandenen Mißstände: Einsamkeit, Aggressivität, Selbstmord, Drogenmißbrauch, Alkoholismus, Herzschläge, Ehescheidung, Konkurrenz, Überproduktion, Unzufriedenheit werden als normal betrachtet und akzeptiert[4]. Wenn der Mensch sich den allgemeinen Auffassungen und Normen einfach anschließt, »entlastet« er sich auf diese Weise von der Wahl, wie er in einer bestimmten Situation entscheiden, handeln und sich verhalten soll[5].

Schlimmer noch, es werden negative Elemente aus der gesellschaftlichen Ordnung auch in der Schule angewendet und vermittelt. Das Konkurrenz- und Rivalitätsprinzip, Merkmale unserer abendländischen, kapitalistischen Gesellschaft, bildet eine methodische Basis vieler Unterrichtssituationen[6]. Die Unterrichtenden spekulieren auf die zwangsläufige Neigung von Schülern und Studenten, anderen gegenüber Prestige behaupten zu wollen/müssen. Man stimuliert die erlernte Haltung, die meist unbewußten Minderwertigkeitsgefühle irgendwie zu verbergen und zu unterdrücken. Das verursacht Spannungen, die jeden freien und selbstverständlichen Umgang behindern.

Den Leistungsdruck und die Selektion, die durch das alles verursacht werden, finden wir in den meisten Unterrichtssituationen. Damit wird die herrschende Gesellschaftsordnung mit all ihren Mängeln als die richtige hingestellt, und das Individuum paßt sich ihr an. Das erhebende und glückliche Gefühl, von dem der Idealismus spricht, ist nichts anderes als das Gefühl derer, die sich mit der Unterdrückung abfinden[7].

Die Selbständigkeit und Freiheit, über die innerhalb dieser Unterrichtsformen gesprochen wird, ist dann auch ein Betrug, weil sie nicht wesentlich ist. Die Schüler dürfen nur innerhalb der Grenzen der bestehenden gesellschaftlichen Strukturen (sowohl Makro- als auch Mikrostrukturen: auch die Freiheit in der Klasse) ihre Selbständigkeit und Freiheit entwickeln. Dies ist ein Scheinrecht. Die Harmonie, von der man in diesen Kreisen spricht, ist ein möglichst optimales Anpassen des Menschen an seine Umwelt, nicht aber eine Ausrichtung der Umwelt auf den Menschen, und sie ist auch kein gegenseitiges Anpassen.

Materialismus

Neben diesen Gruppen entsteht schüchtern eine wachsende Gruppe von Unterrichtenden, die sich gegen diese Unbewußtheit und den blinden Respekt vor bestehenden Institutionen richtet und nach den für den Menschen fundamentalen Mechanismen und Strukturen sucht: Vertreter eines materialistischen Ansatzes. Hier spielt das Werturteil die wichtigste Rolle. Es bestimmt das Arbeitsziel und die Methode, Ziele zu erreichen. Das Werturteil gründet sich auf die materiellen Verhältnisse des Menschen in der heutigen Gesellschaft.

Durch eine kritische Analyse soll entdeckt werden, welches die wirklichen Interessen des Individuums sind. Diese kritische Reflexion ist nicht eine Art Darstellung der Tatsachen und Ereignisse, sondern eine anhaltende Frage nach dem Warum und dem Zweck dieser Ereignisse: ein Suchen nach den Kräften, die unter der Oberfläche der empirisch wahrnehmbaren Wirklichkeit wirken.

Diese Erkenntnis allein jedoch genügt nicht. Ein besseres Wissen ist noch kein zwingender Grund für ein besseres Tun. Die Theorien und Analysen werden in fortwährender Wechselbeziehung mit der Praxis stehen. Menschen sollen nicht nur wissen, welche Interessen sie haben, sondern sie auch entdekken und versuchen, auf welche Weise sie verwirklicht werden können. *Habermas* gebraucht dafür den treffenden Ausdruck: »praktische Vernunft«[8]: eine Vernunft, die sich nicht auf Wissen, sondern auf Handeln gründet. Nur in dem Zusammenhang von Theorie und Praxis liegt die Kraft der Kritischen Theorie. Die Darlegung an sich wird nichts verändern, wir passen uns nach unserer Kritik wieder an das Bestehende an. Wir müssen vielmehr Möglichkeiten schaffen, mit anderen Verhaltensweisen und Strukturen zu experimentieren[9].

Nur eine Theorie, die sich auf die Praxis gründet, erkennt die Gesellschaft als einen »Handlungszusammenhang von sprechenden Menschen«[10], und nur eine solche Theorie kann zu einer Mündigkeit und Autonomie des Handelns und zu einer Befreiung von Dogmen führen. Das Denken muß derart mit der Praxis verbunden sein, daß die Trennung zwischen Gedanken und Handlungen aufgehoben wird[11].

Intersubjektivität

Welt — Wir — Ich

Wenn wir uns schon über die Tatsache einig sind, daß unserem ganzen Handeln im Unterricht ein Menschenbild zugrunde liegt, stellt sich die Frage: welches Bild? Auf den nachfolgenden Seiten werde ich mein Bild darstellen, um danach auf dessen konkrete Konsequenzen einzugehen.

Die menschliche Existenz wird von drei einander beeinflussenden Bereichen bestimmt, die sich ergänzen, jedoch gleichzeitig auch entgegengesetzte Strebungen haben:
die individuelle Existenz
das Sein-mit-den-Anderen
das Sein-in-der-Welt

Schematisch gesehen kann man sich das so vorstellen:

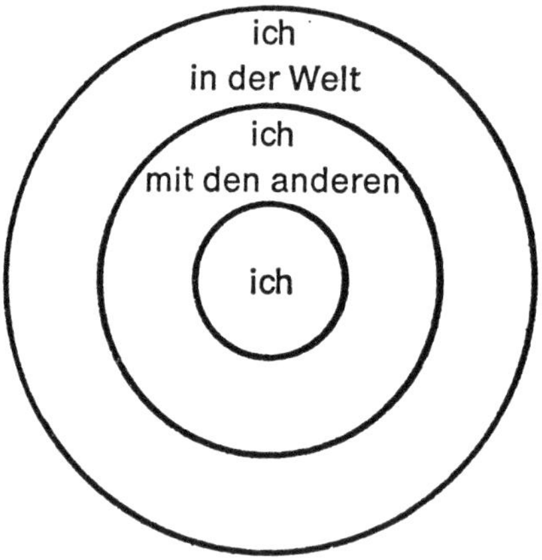

Diese drei Bereiche befinden sich in einem unendlichen dialektischen Prozeß der gegenseitigen Beeinflussung, der treffend durch *Merleau-Pontys* Konzept des »Zur-Welt-Seins« (être-au-monde, 1966) ausgedrückt wird. Wir können hier von Dialektik sprechen, weil dieser Prozeß durch die folgenden dialektischen Gesetze gekennzeichnet wird:

1. Das Gesetz der Veränderung

Nichts bleibt, wo und was es auch ist, alle Erscheinungen sind zeitlich. Nur der Prozeß geht immer weiter. So haben wir dem Prozeß mehr Aufmerksamkeit zu schenken als der Erscheinung selbst.

Die Triebfeder für diesen Prozeß befindet sich im Körper selbst. Wir sprechen von Autodynamik. Eine Entwicklung, die daraus hervorgeht, nennen wir organische Entwicklung.

Entsteht eine Entwicklung durch Einflüsse von außen, so nennen wir das einen mechanischen Prozeß. Die Entwicklungsprozesse, die in der Dialektik gemeint sind, sind organische.

Im Unterricht wollen wir unsere Aufmerksamkeit auf die Entwicklung von organischen Prozessen und auf das Ausschalten der mechanischen richten. So können wir den Leistungsdruck als einen mechanischen Prozeß betrachten: die Einflüsse von außen sind so groß, daß das Individuum nicht mehr autonom reagieren kann, sondern dem, was »man« von ihm will, nachgibt. Demgegenüber ist das Bewußtwerden der eigenen Möglichkeiten ein organischer Prozeß: vom Zusammenhang I – Gemeinschaft aus entdeckt das Individuum seine Möglichkeiten in seiner relevanten Umwelt.

2. Das Gesetz der Wechselbeziehung

Widersprüchlich scheinende Größen stehen einander nicht gegenüber, sondern gehen ineinander über. Alle Dinge schlagen genau ins Gegenteil um. Leben ist nicht das Widerspiel des Todes. Der Tod ist im Leben anwesend und ist die Basis neuen Lebens. Die Dinge stehen einander nie absolut gegenüber. Jedes Ding ist zugleich es selbst und sein Gegenteil. Sie stehen in einem wechselseitigen Bezug, z. B. setzt Licht Finsternis voraus. Damit kommen wir dann zu der bekannten Dreiheit: These – Antithese – Synthese. Kennzeichnend für diesen Gedankengang ist, daß wir das in den Mittelpunkt stellen, was sie verbindet, worin sie übereinstimmen.

In der Schule findet sich das Gesetz vom Widerspruch in verschiedenen Bereichen. So entsteht eine sich widersprechende Wirkung z. B. dadurch, daß man Mitglied einer Gesellschaft sein will und sich andererseits gerade von ihr lösen will. Der Schüler will Mitglied einer Gruppe sein, strebt aber zugleich individuelle Selbstverwirklichung an.

Menschen können nur lernen, sich selbständig gesellschaftlich zu verhalten, wenn sie sich der drei Bereiche ihrer Existenz und deren wechselseitiger Beeinflussung bewußt sind. Man kann deshalb nie ohne irgendeine Konsequenz seine Aufmerksamkeit nur dem Funktionieren von Menschen in Gruppen zuwenden, während man die eigene Person oder die äußeren Umstände außer Betracht läßt. Ebensowenig kann man ohne irgendeine Konsequenz nur den Einfluß, der von Strukturen ausgeht, als Erklärung für das menschliche Verhalten heranziehen. Alle drei Bereiche sind zur gleichen Zeit gegenwärtig, wobei das Maß der Beeinflussung jeweils verschieden ist. Wir werden deshalb nach dem Entdecken der Kraft, die von jedem der genannten Felder ausgeht, und nach einem Bloßlegen ihrer funktionalen Zusammenhänge streben müssen.

Die individuelle Existenz

Ein wichtiges Wesensmerkmal des Mensch-Seins ist die Freiheit. Freiheit können wir umschreiben als: »Die Fähigkeit des Menschen, sich selbst in

Übereinstimmung mit seinem Gewissen oder wider sein Gewissen zu verwirklichen, d. h. er bestimmt selbst, ob etwas gelingt oder daß er es gelingen läßt, und er bestimmt, ob etwas mißlingt oder daß er es mißlingen läßt.«[12] Freiheit ist also nicht etwas Unbestimmtes, sondern ist unmittelbar an den Sinn, den ich meiner Existenz beimesse, gebunden und dehnt sich bis zu den Determinismen meiner Existenz aus, nicht im Sinne, daß ich diese verändern kann, aber im Sinne, daß ich die Freiheit habe, sie auf meine eigene Weise in der Form der Selbstverwirklichung, die ich mir vorgenommen habe, anzuerkennen. »Die Art und Weise, in der ich mich mit dem Unvermeidlichen befasse, zeigt, wie ich darüber denke und welche Bedeutung ich ihm beimesse.«[13] Die Freiheit, die ich in bezug darauf habe, ist mehr als »die einfache Möglichkeit, aus dem Zufall Nutzen zu ziehen«[14].

Im Gegensatz zu *Sartres* Ausgangspunkt der unbedingten Freiheit[15] glaube ich, daß wir von einer Freiheit in Beschränkung ausgehen müssen. Die stärksten Beschränkungen bilden die genannten Determinismen, z. B. können wir einen blinden Schüler nicht für Farbunterschiede sensibilisieren.

Neben diesen unveränderbaren Einschränkungen gibt es auch freiheitseinschränkende Einflüsse, die zu ändern sind. Ich denke jetzt an veränderbare wirtschaftliche Gesetzmäßigkeiten, die die Freiheit stark einengen. Freiheit ist nur da möglich, wo der Mensch sich kaum um seine grundlegenden Bedürfnisse zu kümmern braucht: ich kann diesen Artikel in einer völligen Freiheit schreiben, weil ich wirtschaftlich auf keinerlei Weise von ihm abhängig bin und weil meine wirtschaftliche Position im Augenblick so unerschütterlich erscheint, daß ihr durch Folgen dieses Aufsatzes nicht geschadet werden kann.

Eine zweite verschiebbare Beschränkung der individuellen Freiheit ist die Freiheit des anderen: »Unsere Freiheit ist von der Freiheit des anderen abhängig; ich kann mir meine eigene Freiheit nur dann zum Ziel setzen, wenn ich mir auch die der anderen zum Ziel setze.«[16]

Die Anwendung der Freiheit

Die Freiheit des Menschen ist von der Fähigkeit, über sich selbst nachzudenken und sich seiner selbst bewußt zu werden, nicht loszulösen. Der Mensch ist nämlich desto freier, je mehr er sich von sich selbst distanzieren kann und je besser er imstande ist, Anteile von sich selbst bewußt zu bejahen oder gerade nicht zu bejahen. Nur bei optimaler Freiheit können wir von wirklicher »awareness« reden[17] und kann der Mensch sich introspektive Fragen stellen wie: wer bin ich, warum bin ich, was bin ich?

Aus diesem wachsenden Bewußtwerden seiner selbst kann der Schüler seine eigenen Bedürfnisse entdecken und kenntlich machen. Nur diese Bedürfnisse liegen sinnvollem Unterricht zugrunde, denn: »If there is no need to know, learning will not take place.«[18]

Die Freiheit impliziert, daß der Mensch verantwortlich ist für alles, was er tut. Denn wenn jemand wählen kann, ob er etwas tut oder ob er etwas unterläßt, so ist es *seine* Entscheidung. Der Mensch muß ständig solche Entscheidungen treffen – es ist unmöglich, keine Wahl zu treffen. Jeder muß für die Wahl, die er trifft, seine Verantwortung tragen.

Das Lernziel in diesem Bereich ist: Schülern/Studenten bewußtzumachen, daß sie immer wählen müssen und daß sie für ihre Entscheidungen verantwortlich sind.

Wenn es unser Ziel ist, die Gesellschaft so zu ändern, daß eine gerechte, sich respektierende und gewaltlose Gemeinschaft entstehen kann, dürfen wir nicht vergessen, daß es Individuen sind, die darüber bestimmen, ob es eine Gesellschaft ohne Gewalt geben wird. Deshalb ist es notwendig, damit anzufangen, die Individuen bewußt entdecken zu lassen, welches die von ihnen selbst in Freiheit gewählte Richtung ist, in der sie sich selbst verwirklichen wollen.

Wir müssen alle erdenklichen Einflüsse in diese Entwicklung einbeziehen, wenn wir ein richtiges Bild des dialektischen Zusammenhangs der verschiedenen Aspekte des Menschen wünschen. In diesem Zusammenhang geht es nicht nur um eine Bestimmung des Einflusses, den die anderen und die Welt auf das Individuum ausüben könnten, sondern auch der Einfluß, den das Individuum auf den anderen und auf die Welt ausübt oder ausüben könnte, muß betrachtet werden.

Das Bewußtwerden darf nicht bei der Frage: wie entdecke ich mein eigenes Verhalten zu mir selbst und die mich beeinflussenden Kräfte, stehen bleiben, wir müssen auch den nächsten Schritt tun: wie nutze ich meine Möglichkeiten so, daß ich meine Umgebung beeinflusse, wenn ich das für notwendig halte.

Die in der Betrachtung dieses Zusammenhanges getroffenen Entscheidungen sind dauerhafte und wahrhaftige Entscheidungen, während die Wahlen, die man in einer isolierten Situation trifft, in Scheinfreiheit getroffene Wahlen sind.

Der totale Mensch

So wie wir die menschliche Existenz als ein unteilbares Ganzes von Welt – Wir – Ich betrachten, so müssen wir auch das Individuum als einen ungeteilten, totalen Menschen betrachten. Es ist eine existentielle Einheit von Selbst und Körper. In dieser existentiellen Einheit gibt es eine ununterbrochene Wechselwirkung zwischen physischen (Bewegung, sinnliche Wahrnehmung), affektiven (Gefühle, Emotionen, Haltungen und Werte) und kognitiven (Kenntnisse, Denken) Fähigkeiten[19]. Es wäre unrichtig, awareness auf eine Fähigkeit (oder einen Teil einer Fähigkeit) zu richten, ohne die Einflüsse auf oder von anderen Fähigkeiten miteinzubeziehen. Unsere lebendigen, gefühlsbewegten Körper und Seelen sind sehr eng miteinander verbunden. Wenn Körper und Seele wanken, sind unsere Handlungen und

Gedanken so unsicher wie ihre Grundlagen[20]. Dennoch enthält der Begriff »totaler Mensch« mehr als den »Mensch-an-sich«. Wir müssen den Menschen als »einen Leib-Seele-Geist-Organismus in einer sozialen und physikalischen Umwelt sehen, mit der er in einem unlösbaren Verbund steht«. Anthropologisch gesehen, geht es immer um den ganzen Menschen in seiner Umwelt, oder wie Lefèbvre sagt: der totale Mensch ist der unentfremdete Mensch[21]. Ein Mensch, dessen Beziehungen zur Umwelt gestört sind, erfährt diese Störung im körperlichen, emotionalen und geistigen Bereich[22].

Ich-mit-den-anderen

Der Ansatzpunkt des dialektischen Zusammenhanges zwischen Individuum – Anderen – Welt ist deutlich von der idealistischen Betrachtungsweise verschieden, in der man vor allem darauf achtet, was die Gegenstände scheidet, und nicht beachtet, was sie verbindet. Die Dinge werden dann voneinander isoliert und die so entstandene Scheidung wird als absolut betrachtet (z. B. wird der Tod dem Leben gegenübergestellt, während in Wirklichkeit beide Formen ineinander anwesend sind). Also hält man das Statische für wichtiger als das Dynamische[23]. Das statische Denken bewirkt, daß viele Menschen das Individuum als von den anderen und der Welt getrennt ansehen und man das Individuum und die anderen, den einzelnen und die Gruppe für Einheiten mit unvereinbaren, entgegengesetzten Interessen hält. Das Individuum wird, u. a. unter Einfluß der Wichtigkeit von Privatbesitz, als ein Besitz betrachtet, den man gegen die anderen verteidigen muß, als wäre es etwas, das man im Umgang mit den anderen verlieren würde.

Die Gruppe und das Individuum sind jedoch nicht voneinander zu scheiden. So wie der Weg nach Osten auch der Weg nach Westen ist – sie sind nur zwei Gesichtspunkte derselben Gegebenheit –, so sind auch das Individuum und die Gruppe zwei Aspekte einer Gegebenheit: des Menschen. Die Gruppe gibt es nur, wenn es Individuen gibt, und das Individuum ist nur durch den anderen zu bestimmen: ich vergleiche mein Benehmen und meine Normen ständig mit denjenigen der anderen; im Denken kann ich mich nicht von meiner Umwelt loslösen; immer befinde ich mich in zwischenmenschlichen Beziehungen. Die Gruppe und das Individuum sind also nicht entgegengesetzt, sondern sie sind komplementär. Wie sehr ich auch bei mir und in mir selbst bin, zu meinem Mensch-Sein gehört ebenso wesentlich, daß ich zugleich außer mir selbst bin.

Die zwischenmenschliche Beziehung, in der der Mensch zu Gruppen von anderen steht, ist eine aktive. Sogar wenn er sich darauf berufen würde, daß die anderen ihn in eine Gruppe hineinmanövriert haben, sogar dann ist seine Teilnahme *seine* Wahl; er hätte sich weigern können. Der Mensch kann wählen, ob er ein Verhältnis fortsetzt oder ein anderes anfängt. Was er aber auch tut, immer steht er in einer zwischenmenschlichen Beziehung.

So ist das *Sein mit den anderen* ein wichtiger Bestandteil meines eigenen

Seins. Ich brauche die anderen für meine eigene Selbstverwirklichung, und ich wiederum bin für die ihre notwendig. In meiner Freiheit muß ich auf ihre Freiheit Rücksicht nehmen: immer wieder begegne ich dem anderen. Aber wie nähere ich mich ihm?

Wenn ich den Einfluß des anderen auf mich und meinen Einfluß auf den anderen kennenlernen und gebrauchen will, so daß wir anfangen, unsere Möglichkeiten zur Selbstverwirklichung zu realisieren, ist es notwendig, daß ich Einblick in die Grundlagen meiner Verhältnisse gewinne. Dann kann ich beurteilen, ob sie die Richtung, in der ich meine Existenz realisieren will, fördern oder hemmen. Ich entdecke, ob ich solche zwischenmenschlichen Beziehungen anregen, beibehalten oder beenden will. Und ich entdecke, ob ich andere gesellschaftliche Bedingungen schaffen muß oder nicht.

Die zwischenmenschliche Beziehung

a) Die sachlich-funktionale Beziehung

Die Beziehungen in unserer Gesellschaft kann man nicht trennen von der Umwelt. Dies hat *Marx* deutlich in seinen Ausführungen über Gebrauchs- und Tauschwert bewiesen: der Gebrauchswert ist abhängig von den qualitativen Werten eines Produktes, der Tauschwert verweist auf eine Beziehung zwischen einem und dem anderen Produkt. Der Tauschwert ist ein quantitatives Maß (meist Geld), das von den verschiedenen Gebrauchswerten abstrahiert. Durch das Interesse an Tauschwerten in unserer westlichen Gesellschaft nimmt das am Gebrauchswert stark ab. Dies gilt auch in bezug auf die Menschen. Der Mensch ist gegenwärtig in erster Linie wertvoll durch seine Produktivität, seine Zweckmäßigkeit. Was im Wirtschaftsleben beachtet wird, ist die Nutzleistung, auch die der Menschen. Manchmal spielt das Mensch-Sein auch noch eine Rolle dabei, aber gewöhnlich eine untergeordnete. Was beachtet wird, ist sein Tauschwert. Hiermit hat sich die gesellschaftliche Beziehung von Personen in ein gesellschaftliches Verhältnis von Waren verwandelt: jeder persönliche Beitrag wird als unwesentlich betrachtet[24]. Es kommt zu einer sachlichen Abhängigkeit statt zu einer persönlichen. So können wir auch hier von Scheinbeziehungen sprechen, im Gegensatz zu den wesentlichen Beziehungen, in denen der Mensch als Mensch im Zentrum steht.

Es herrscht die starke Tendenz, daß Menschen nur noch durch Waren miteinander in Verbindung treten: »Die Menschen treten nur vermittels von Produkten und Waren, vermittels des Marktes, Geldes und des Kapitals in Beziehung zueinander. Die menschlichen Beziehungen scheinen nichts als Beziehungen von Dingen zu sein.«[25]

Unsere Beziehung entsteht z. B. dadurch, daß wir zusammen eine bestimmte Aufgabe erledigen müssen. An einer solchen Aufgabe können wir beide in gleicher Weise beteiligt sein, z. B. bei zwei Schülern. Aber es kann auch einen deutlichen Macht- und Verantwortlichkeitsunterschied geben wie zwischen Lehrern und Schülern. Auch hier spielt die Person eine untergeordnete, wenn nicht unbedeutende Rolle. Wichtig ist an erster Stelle, ob beide ihre Aufgabe gut erledigen können.

Nicht die Existenz, sondern die Funktion des Menschen steht in unserer prestigegerichteten Gesellschaft im Zentrum. Man muß so leben, als würde man mit seiner Funktion eins sein. (Wir haben eine Nummer oder Karte, wenn wir im Krankenhaus sind; in der Schule oder in einem Hotel geht es nicht anders.) Alles, was nicht zur Funktionalität beiträgt, wird zur Seite geschoben, obwohl es unleugbar anwesend ist. Der Persönlichkeit wird nur Aufmerksamkeit geschenkt, wenn es für die Aufgabe, für das Funktionieren notwendig ist, und dann natürlich nur in bezug auf jene Aspekte, die direkt mit dem Ausüben seiner Aufgabe verbunden sind. Für persönliche Aspekte, die nicht zu der Aufgabe gehören, die also ohne ökonomische Bedeutung sind, gibt es keinen Platz.

b) Die Objektbeziehung

Wenn in einer Beziehung der persönliche Aspekt so weit in den Hintergrund gedrängt wird, daß der andere nur in seiner Funktionalität betrachtet wird, dann ist der Schritt zum Betrachten des anderen als Objekt nicht groß. In *Sartres* Auffassung über die Wirklichkeit sieht der Mensch den anderen als Objekt, das betrachten und kennen kann und das seinerseits mich wieder als Objekt sehen kann[26].

Er gibt das folgende Beispiel: Gesetzt den Fall, daß ich jemanden betrachte, sehe ich ihn als Objekt. Jetzt dreht er sich um und schaut mich an. Er sieht mich als ein Objekt. Der andere ist aus meiner Macht getreten, die ich über ihn hatte, solange er Objekt meines Blickes war. Er hat mich jetzt mit seinem Blick gefangen. Dieser Blick des anderen macht mich jetzt zum Objekt in seiner Welt. Ich werde vom anderen beurteilt, kritisch betrachtet. Wir können auch unser eigenes Objekt werden: wir entdecken plötzlich, wie wir aussehen und was andere von uns denken könnten.

Wenn wir den anderen ganz und gar verdinglichen, wird er leicht zu einem Objekt, das man gebraucht, um eigene Zwecke zu verwirklichen. Das geschieht in dem Augenblick, in dem der Arbeitnehmer nur da ist, um die Produktion und/oder den Gewinn zu steigern, oder wenn ein Lehrer hohe Leistungen von seinen Schülern verlangt, weil das dem Namen der Schule und/oder dem Ruf des Lehrers zugute kommt.

Es erscheint mir klar, daß die Menschen dem anderen in seinem Wesen unrecht tun, wenn sie ihn als Objekt sehen und danach streben, auf Kosten oder trotz des anderen zu (über)leben. Gleichzeitig tun diese anderen in einem solchen Fall sich selbst dadurch unrecht, daß sie die Gelegenheit verschaffen, sie zu einem Objekt zu degradieren.

c) Die intersubjektive Beziehung

Gabriel Marcel sieht die menschliche Beziehung als eine Horizontale, mit Anerkennung fundamentaler Gleichheit von Würde und Recht. Menschen begegnen einander als Mitsubjekt. Die bindende Macht, die zwischen uns besteht, ist nicht eine Sache oder eine Aufgabe, sondern etwas in uns selbst, etwas, das den anderen von innen her berührt. Eine solche Kommunikation, die der ganze Mensch ausstrahlt, ist nicht nur eine rationale, eine verbale, sondern sie geht von der ganzen Person aus; diese Kommunikation ist auch nicht-verbal, physisch und emotional. Diese horizontale Beziehung, dieses Einander-Begegnen als Mitsubjekt, nennt *Marcel* Intersubjektivität[27].

Kennzeichnend für ein Subjekt ist:
– *daß man es in seiner alleinigen Eigenschaft als existierendes versteht.*

Nicht das Funktionieren, sondern das Existieren des Menschen wird das Wichtigste. Wir versuchen, bis ins Wesen des anderen durchzudringen und uns dafür aufzuschließen. Das von Angesicht zu Angesicht einem anderen Gegenüberstehen ist die Grundlage der wahren Lebenshaltung, die mit dem egozentrischen Orientiert-Sein des Individuums brechen will[28].

Ein Beispiel: Ich frage einen Bahnbeamten, auf welchem Bahnsteig mein Zug abfährt. Ich behandle ihn in diesem Augenblick als Auskunftsstelle. Man sieht, daß kein Unterschied besteht zwischen diesem Mann und einem Fahrplan, den ich zu Rate ziehe. In Wirklichkeit handelt es sich aber doch um mehr als nur um eine Funktion, obwohl diese durch das Tragen einer Uniform doch besonders betont wird. Ich stehe mit einem Menschen im Dialog, einem Menschen, der mir auf eine bestimmte Art antwortet, mich mit einem bestimmten Blick betrachtet oder der mich vielleicht auch gar nicht ansieht. Ist das letztere der Fall, so habe *ich* das Gefühl, nicht wie ein Mensch behandelt zu werden. Durch die Barriere der Funktion ist es nicht möglich, ins Innere unseres Mensch-Seins durchzudringen.
– *das Subjekt ist eine Anwesenheit, eine Gegenwärtigkeit* (une prêsence), d. h., es berührt mich auf ganz bestimmte Weise von innen her und wird mir bis zu einem gewissen Grade innerlich.

Die bindende Kraft zwischen mir und dem anderen ist nicht eine Aufgabe, eine Sache, sondern etwas von uns selbst: wir schätzen einander und bauen aus dieser Gegebenheit eine Beziehung auf. Natürlich können wir hierbei auch an einer Aufgabe arbeiten. Der Akzent aber ist verschieden: Hier betrifft es das Kind, das zur Schule geht, weil es den Kontakt mit seinen Klassenkameraden und mit seinem Lehrer braucht und nicht, weil es noch nicht mit den gestrigen Aufgaben fertig ist.
– *das Subjekt kann nicht objektiv übermittelt werden,*
– *das Subjekt läßt sich nicht auf eine Summe von Elementen zurückführen,* auf die sich unsere geistigen Manipulationen stürzen können.

Eine verengte Form einer Subjektbeziehung ist auch diejenige, in der wir einander zwar als gleichwertige Subjekte entgegentreten, aber uns nicht mit dem totalen, anderen Menschen beschäftigen und gleichzeitig auch von unserer Persönlichkeit nur selektierte Teile zugänglich machen, z. B. nur die Bereiche, die zu der Rolle gehören, die wir in bestimmten Augenblicken spielen. Studenten kommunizieren miteinander in der Studentenrolle. Ihre Aufgabe, ein Studium zu absolvieren, ist ein Teil davon. Auch andere Themen, die mit ihrer Rolle zu tun haben, werden hierbei zur Sprache gebracht. So wird über gemeinsame Probleme gesprochen, Scherereien mit Wirtinnen, mit Eltern, Interessen für Musik, Theater, Film. Aber Ursachen von Niedergeschlagenheit, Einsamkeit, Erregung u. a. werden nur mit einigen geteilt, und diese Mitteilungen gehen über das Rollenverhalten hinaus.

Auffällig ist, daß rationale Kommunikation bei Rollenbeziehungen im Zentrum steht und emotionale Kommunikation sehr beschränkt stattfindet. Bei Subjektbeziehungen gibt es beide Formen der Kommunikation, die außerdem alle Bereiche der Persönlichkeit miteinbeziehen können.

Die Entdeckung dieser Form intersubjektiver Beziehungen ist erst aufgrund einer radikalen Selbstbesinnung möglich[29]. Nur dann, wenn ich mich selbst als einen totalen, ungeteilten Menschen sehe, kann ich auch den anderen als ein ganzes Subjekt betrachten und die anderen können mir als solche entgegentreten. Zur Selbstbesinnung gehört, daß ich durchschaue, in welcher Beziehung ich zum anderen stehe und inwieweit eine Beziehung eine Scheinbeziehung ist, d. h. eine nicht in voller Freiheit gewählte Beziehung. Meine Fähigkeit, Subjektbeziehungen einzugehen, ist folglich davon abhängig, inwieweit ich durchschaue, wie gesellschaftliche Strukturen meine Beziehungen bestimmen (können). Dann ist natürlich auch eine Beeinflussung dieser Strukturen notwendig, um Barrieren beseitigen zu können und die von mir gewünschten Beziehungen eingehen zu können. So kommen wir von sozial konsumativem zu sozial konstruktivem Verhalten.

Vom Konzept der Subjektivität aus betrachtet, ist unsere Existenz, unser Sein, keine individuelle Existenz, sondern eine *Koexistenz*. Von dem Augenblick an, in dem sich jemand um einen anderen bemüht, sich für ihn interessiert, entsteht zwischen den beiden eine Solidarität, die absolute Freiheit unmöglich macht. Eine Abhängigkeit voneinander ist entstanden; die anthropologische Frage dreht sich nicht mehr um das Ich-Sein, sondern um das Wir-Sein. Wir können und dürfen uns nicht mehr in uns selbst verschließen, sondern müssen uns für den anderen offenstellen.

Innerhalb der Intersubjektivität ist kennzeichnend:

a) *das Engagement*

Damit meint *Marcel* das Dazugehören, das Beteiligt-Sein; man muß sich die Mühe machen, sich in die Situation, in die Gedanken- und Gefühlswelt des anderen zu versetzen. Ein Beispiel wäre die Mühe, die ihr euch macht, um zu begreifen, was ich meine, wenn ihr diesen Text lest. Der Kontakt, der jetzt zwischen uns besteht, ist das gemeinsame Suchen. Bei Undeutlichkeiten entsteht dann nicht die Frage: was meint er damit, sondern: meint er dies oder das?

Mit einer solchen Fragestellung übernehmt ihr die Mitverantwortung für Undeutlichkeiten, und wir befinden uns auf horizontaler Linie. Denn, eine Frage begreifen heißt ja sich selbst die Frage stellen, und das bedeutet ein Sich-Versetzen in die geistige Situation des Fragenden.

b) *die zweite Person*
Intersubjektivität ist dadurch bestimmt, daß wir den anderen als Subjekt betrachten und wir von ihm als Subjekt behandelt werden. Mit einer solchen Einstellung können wir erreichen, daß sich jemand verändert, wir können ihn aber auch starr und unzugänglich machen. So fühle ich mich z. B. wie ein Objekt behandelt, wenn einige Leute in meiner Anwesenheit über mich in der dritten Person sprechen: er ist wohl sehr ..., oder: er hat die Gewohnheit ... Unser Verhältnis zueinander ändert sich aber sofort, sobald ich auf einen von ihnen zugehe und ihn bitte, mit mir, also in der zweiten Person, weiterzusprechen: Sie sind ..., oder: Du bist ... Diese Veränderung ist mehr als nur eine grammatikalische. Durch eine solche Veränderung werde ich nämlich vom Objekt, das besprochen wurde, zum Mitsubjekt, mit dem man spricht. Auf diese Art und Weise kann eine Objektbeziehung zu einer Intersubjektivitätsbeziehung werden. Da es noch andere Faktoren gibt, wie z. B. den physischen Abstand, müssen wir uns ganz geben. Es ist der Ausdruck der Haltung, auch der Wert eines Blickes, der mir sagt, ob ich während des Gesprächs nur angesehen und betrachtet werde, oder ob wir einander ansehen.
c) die Begegnung
Die Begegnung spielt innerhalb der Intersubjektivität eine große Rolle. Darin spiegelt sich die Art und Weise, in der wir dem anderen entgegentreten. Unser ganzes Sein kommt damit zum Ausdruck: die Worte, die wir sagen, wie wir sie formulieren, eine Gebärde, ein Lächeln zeigt unser Inneres. In all diese Faktoren können wir eine Aussage legen, wie wir den anderen als Mitsubjekt, als Mitmenschen sehen. Je weniger ich mich selbst in den Mittelpunkt stelle, desto weniger erfahre ich den anderen als eine Bedrohung für mich selbst. Der andere hat teil an meinen Erfahrungen. Die Neigung, uns selbst zum Gefangenen unseres Eigenbelanges, unserer Leidenschaften und Vorurteile zu machen, nimmt ab. Indem wir uns bei einer Begegnung auf den anderen richten, uns offenstellen für unseren Mitmenschen, können wir uns davon loslösen, uns selbst als unseren eigenen Besitz zu sehen, einen Besitz, den wir im Kontakt mit den Mitmenschen verteidigen müssen. In der Begegnung tritt jedoch nicht ein Besitz, ein Haben in den Mittelpunkt, sondern das Sein, die Existenz.

Ich-in-der-Welt

Der Mensch ist in eine bestimmte Gesellschaft geboren. Er hat darauf selbst keinen Einfluß gehabt. Das heißt aber nicht, daß er tun kann, als ob er dabei gar nicht beteiligt ist. Er wird von der Umwelt auch gegen seinen Willen beeinflußt: ein düsterer Regentag, grüne Bäume, ein Unfall usw. bestimmen sein Verhalten. Manchmal kann er die Kraft, die ihn beeinflußt, klar fassen. Oft ist sie ungreifbar, und er kann sie nicht erklären. Wenn ich weiß, was mich beeinflußt, kann ich wählen, ob ich das will oder nicht, und kann es ändern: ein trübes Studienzimmer kann ich mittels einer anderen Tapete freundlicher machen. Auch in bezug auf unabänderliche Sachen, Determinismen, habe ich diese Wahl: wenn ich die Sonne zu warm finde, kann ich die Sonne zwar nicht ändern, aber ich kann wählen, ob ich mich beeinflussen lassen will, z. B. kann ich mich unter einen Baum setzen. Nach einer solchen Veränderung werde ich auch wieder anders beeinflußt: Beeinflussung gibt es immer, ich kann nur lernen, mit ihr auszukommen. So entsteht eine Wechselbeziehung zwischen meiner Welt und mir selbst, die nicht endet.

Der Mensch ist auf diese Weise auch mitverantwortlich für die gesellschaftliche Ordnung, in die er gestellt ist. Er kann ja wählen, ob er zu dieser Ordnung »ja« oder »nein« sagt. Der Mensch kann lernen, die Form der Gesellschaft, in der er lebt, zu akzeptieren, er kann versuchen, eine Rechtfertigung oder Rationalisierung ihrer Form zu finden. Er kann aber auch lernen, diese Form zu relativieren oder zu kritisieren; stärker noch: er kann sogar andere Gesellschaftsformen bedenken oder praktisch anstreben. Was der Mensch auch wählt, seine Wahl ist seine Wahl, und das muß er einsehen.

Manchmal sind Systeme stärker als der Mensch als Individuum. Dennoch bleibt er verantwortlich: nur der Mensch erhält Systeme und kann sie verändern. Hierfür kann er als Individuum aktiv werden. Ein erster Schritt kann der Aufbau eines Kollektivs sein, durch das die Kraft der einzelnen einem bestimmten System gegenüber größer wird. Aber das ist nicht der einzig notwendige Weg. Auch als Individuum kann ich in einem Lebenszusammenhang, der die Emanzipation des Menschen hemmt, Risse verursachen. Kollektive Strategien sind nicht die einzige Antwort auf die Frage, wie ich einen Beitrag zur Veränderung eines historisch bedingten Systems leisten kann. Kollektivität muß eine innere Notwendigkeit sein, kein auferlegtes Dogma.

Um diese Schritte zu einer gesellschaftlichen Veränderung tun zu können, braucht man Einsicht in die Strukturen der Gesellschaft und besonders in die Mechanismen, die in ihr wirken. Wir werden auch ein historisches und gesellschaftliches Bewußtsein, sowohl auf dem wirtschaftlichen, sozialen, als auch auf dem kulturellen Gebiet, fördern müssen, so daß Einsicht in den Zusammenhang zwischen der eigenen Situation, den Situationen anderer Menschen und den Mechanismen der Gesellschaft entsteht. Diese Einsicht braucht man, um Produktionsverhältnisse, Sprachverhältnisse usw. auf ihren vorhandenen oder nicht vorhandenen Scheincharakter bewerten zu können.

So kann diese Einsicht in Mechanismen und Interessen zu politischem Handeln führen, um die Bedingungen zu schaffen, die für eine Lebenssituation, in der das Wesen des Menschen zur Geltung gelangen kann, nötig sind. Daß diese Einsicht und dieses politische Handeln für alle Bereiche der Gesellschaft und also auch für unsere Schüler eine Lebensnotwendigkeit darstellt, scheint mir keinem Zweifel mehr zu unterliegen.

Viele Menschen zweifeln daran, ob überhaupt die Notwendigkeit besteht, Gesellschaften zu ändern. Mit meinen bisherigen Ausführungen wird deutlich, daß ich diesen Zweifel nicht teile. Im vorigen Abschnitt setzte ich voraus, daß Subjektbeziehungen die einzig legitimen Beziehungen sind; denn nur sie lassen dem Wesen des menschlichen Daseins Gerechtigkeit widerfahren. Wenn nun eine Gesellschaftsform das Entstehen von Subjektbeziehungen hemmt oder verhindert, dann haben die Menschen, die darin leben, die moralische Pflicht, diese Gesellschaft zu ändern, ein Anliegen, das *Paul Goodman* in seinem Werk wieder und wieder vertritt. Dazu müssen Strategien entwickelt werden, um die Welt zu beeinflussen, und Fähigkeiten, um Interessen aktiv zu vertreten, so daß Strukturen geschaffen werden, die andere Verhaltensformen ermöglichen. Das heißt übrigens nicht, daß wir eine Gesellschaftsform ohne weiteres durch eine andere ersetzen dürfen oder können. Es handelt sich um einen dynamischen, dialektischen Prozeß: durch Gegensätze entwickelt sich die neue Form aus der bestehenden.

Wir können durch den Unterricht auch nur jemandem helfen, seine Wahlmöglichkeiten zu vergrößern, indem wir ihm, soweit das möglich ist, Material übergeben, auf dessen Basis er bewußt wählen kann. Eine Änderung muß aus ihm selbst hervorgehen, sie kann ihm nicht auferlegt werden. Es muß eine organische Veränderung sein. Dies ist nur möglich, wenn die Interessen, die die Ursachen einer Änderung sind, auch seine Interessen sind. Hiermit meine ich nicht nur seine individuellen Interessen, sondern die, die seinem Mensch- und Mitmensch-Sein inhärent sind, ein Zusammenspiel von Ich – Wir – Welt: meine Interessen sind auch die Interessen des anderen und umgekehrt.

Wir können leider nicht sagen: meine Interessen sind auch die der Gesellschaft. Allzuoft kommt es vor, daß die persönlichen Interessen in direkter Opposition zu den gesellschaftlichen Interessen stehen. Gesellschaftliches Funktionieren beschränkt organisches Funktionieren dadurch, daß Forderungen auferlegt werden. So fordert z. B. nicht ein persönliches Bedürfnis, sondern die Gesellschaft ein Zeugnis am Ende einer Schullaufbahn.

In unserem Unterricht können wir uns auch nicht auf das (isolierte) Individuum richten. Wir sind genötigt, auch die Gesellschaft dabei einzubeziehen, denn gesellschaftliche Konflikte reproduzieren sich im Individuum.

So kommen wir zum intersubjektiven Unterricht, der eine Quelle der Veränderung ist. Aber es handelt sich hier nicht nur um Veränderungen im Individuum. Sie werden auch in der Gesellschaft stattfinden müssen, damit Intersubjektivität akzeptiert und auch stimuliert werden wird.

Solch ein Unterricht wird in seinem Programm die drei Bereiche der menschlichen Existenz widerspiegeln. Der Lehrplan besteht sowohl aus individuellen wie auch aus sozialen und gesellschaftlichen Themen und Fertigkeiten.

Zielsetzung

Getragen von den Gedanken, die ich im Vorangegangenen dargelegt habe, komme ich zu folgenden Richtzielen für den Unterricht:

– Der Unterricht will durch Einsicht und Praxis einen Beitrag zur Veränderung leisten in Richtung auf eine gerechte, gewaltlose Gesellschaft, in der die Menschen frei und gleich in Würde und Rechten miteinander umgehen können[30].

Damit wir dieses Ziel erreichen können, müssen wir bei den Schülern/Studenten bewirken, daß sie sich ihrer Möglichkeiten der Selbstverwirklichung und der daraus hervorgehenden Interessen, Wahlen, Handlungen und Verantwortlichkeiten bewußt werden.

Dies führt zu den folgenden Grobzielen:

- Das Bewußtwerden und die Erweiterung von eigenen Möglichkeiten, Kommunikations- und Beziehungsmodellen mit anderen und mit Sachen, und von Veränderungsmöglichkeiten der direkten gesellschaftlichen Umgebung.
- Einsicht verschaffen in das eigene Funktionieren und in die historischen, sozialen und kulturellen Zusammenhänge dieses Funktionierens im interpersonalen und gesellschaftlichen Kontext.
- Das Erweitern der Wahlmöglichkeiten des Individuums an sich, des Individuums in Beziehung zu den anderen und des Individuums in Beziehung zur Welt.
- Voraussetzungen schaffen, um diese Einsicht in die Funktionszusammenhänge zu rationalisieren und das aktive Vertreten von Interessen möglich zu machen.

Merkmale von intersubjektivem Unterricht

Nachdem wir die philosophisch-anthropologischen Hintergründe eines Unterrichts, der von einer Erziehung zur Intersubjektivität ausgeht, beleuchtet haben, ist es notwendig, auch die Konsequenzen dieser Erziehung für die Praxis des Unterrichts zu betrachten.

Ein solcher Unterricht ist durch die folgenden Merkmale charakterisiert:

Ich – Wir – Welt

Arbeiten vom Zusammenhang dieser drei Bereiche aus bedeutet, den einen Bereich nicht von den anderen zu isolieren: immer wenn wir uns auf die individuellen Fertigkeiten des Kindes richten, werden wir das mit einer Aufmerksamkeit für die zwischenmenschliche Beziehung tun müssen und die Interaktionen mit dem Lehrer, seinen Klassenkameraden, aber auch seinen Eltern, Freunden und anderen, deren zwischenmenschliche Beziehung Einfluß auf seine Person ausüben oder ausüben können, berücksichtigen. Eine gestörte Beziehung hat eine unverkennbare Wirkung auf die Konzentration, Entspannung und Arbeitseinstellung in der Klasse, ebenso wie gute Beziehungen einen positiven Einfluß darauf ausüben: Das Kind, das gerade bevor es zur Schule ging, Streit mit seinem Vater hatte, kann sich in der Schule unmöglich entspannen und sich gut auf Rechnen oder Deutsch konzentrieren. Ein Kind, das sich durch die Interaktion in seiner Klasse bedroht fühlt, wird in seiner Verbalisationsfähigkeit aber auch im Aufbauen von intersubjektiven Beziehungen mit andern Klassenkameraden stark gehemmt sein.

Der Beziehung Schule – Soziale Umwelt muß deswegen fortwährende Aufmerksamkeit geschenkt werden. Sie ist einer der Pfeiler der Unterrichts- und Lernsituation[31].

Daneben muß einem anderen Pfeiler besondere Aufmerksamkeit gewidmet werden: der Welt. Hiermit meine ich nicht nur das distanzierte Beobachten von dem, was es in der Welt gibt, wie es ist und wie es funktioniert, so wie wir das in den Fächern wie Geographie, Geschichte und Biologie finden. Vor allem handelt es sich hier darum, wie ein Kind von den verschiedenen Elementen aus der Welt beeinflußt wird und welchen Einfluß es selbst hat. In Biologie z. B. steht in der Behandlung des Frosches nicht nur dieses Tier und seine Lebensweise im Mittelpunkt, sondern auch wie das Kind einen Frosch erfährt, wie es ihn wahrnimmt. Daneben schenkt man den Beschränkungen, die solch ein Tier in seiner Wirklichkeit findet, Aufmerksamkeit, verbunden mit den Beschränkungen, die das Kind in seiner Wirklichkeit erlebt. Nicht nur die sinnlich wahrnehmbare Welt ist hier wichtig, sondern auch der Bereich der abstrakten Mechanismen und Strukturen.

Der erste Schritt in jedem der drei genannten Bereiche ist das Bewußtwerden von innerer und äußerer Wirklichkeit. Von diesem Bewußtwerden aus wird der Weg zu aktivem Handeln entwickelt, um die Unterrichtsziele zu erreichen.

Schüler – Lehrer – Stoff

So, wie Ich – Wir – Welt eine untrennbare Einheit bilden, so gibt es auch eine didaktische Einheit von Schüler – Lehrer – Stoff. Hierauf übt unsere gesellschaftliche Struktur unmittelbar einen großen Einfluß aus. Das Kind muß aufgrund der geltenden Unterrichtsgesetze die Schule besuchen. Es wird von ihm erwartet, dort etwas lernen zu wollen, und der Lehrer möchte dort etwas von seinen Kenntnissen und Fertigkeiten vermitteln. Diese Gegebenheit hat zur Folge, daß die zwischenmenschliche Beziehung Schüler – Lehrer zu Anfang nie eine Subjekt-Subjekt-Beziehung sein kann. Es gibt kaum ein oder kein persönlich gerichtetes Interesse. Die einzige Bindung ist die Sache: der zu lernende und/oder zu lehrende Stoff. Hier ist die Rede von einer rein sachlichen Beziehung. Zwischen den Personen ist ein indirekter Kontakt, der ausschließlich über den Stoff läuft. Schematisch ist das so darzustellen:

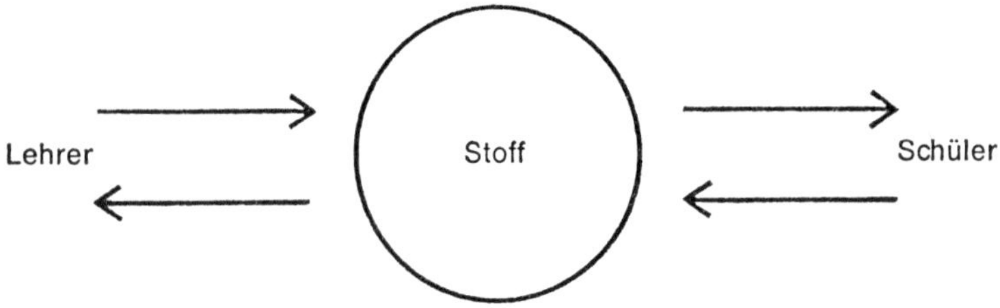

Gespräche drehen sich immer um den Stoff oder entstehen anläßlich des Stoffes.

Sowohl vom Schüler als auch vom Lehrer verlangt es einen bewußten Schritt, um aus dieser sachlichen Beziehung zu einer intersubjektiven Beziehung zu gelangen, in der der Kontakt zwischen Schüler und Lehrer ein direkter Kontakt von Subjekt zu Subjekt ist. Von diesem Kontakt ausgehend, sind beide gemeinsam mit dem Stoff beschäftigt. Das Interesse füreinander wird hier nicht mehr auf Dinge, die unmittelbar mit dem Stoff zusammenhängen, beschränkt. In einem Schema würde solch ein Kontakt folgendermaßen aussehen:

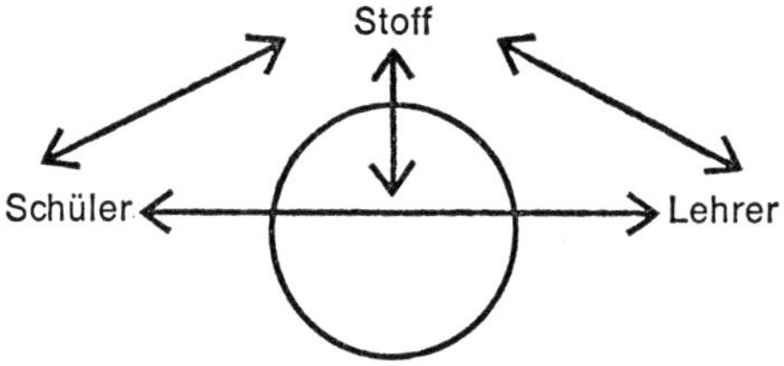

Für die Unterrichtenden – und also auch für die zu Unterrichtenden – hat solch eine Arbeitsweise in der Klasse zur Folge, daß die Hauptfrage nicht länger ist: »Wie vermittle ich meine Kenntnisse am besten?«, sondern: »Wie gelingt es mir mit meinen Schülern, Intersubjektivität zu realisieren?«

Der totale Mensch

Weil wir den Menschen immer als eine existentielle Einheit von Leib, Seele und Geist betrachten, sind unsere Unterrichtssituationen auch immer Wechselwirkungen zwischen physischen, affektiven und kognitiven Fähigkeiten. Diese verschiedenen Aspekte dürfen nicht getrennt oder hintereinandergestellt werden. Unterricht ist ein Totalgeschehen, an dem sich vollständige Menschen beteiligen. Dabei ist selbstverständlich, daß bestimmte Aspekte zeitweilig im Vordergrund stehen. Die anderen Aspekte müssen jedoch immer mitberücksichtigt werden. Die strenge Trennung von Fächern, wie wir sie jetzt an den Schulen antreffen, ist unorganisch. Der Mensch ist eine Totalität und erfährt sich auch selbst so, ob er es wünscht oder nicht. Geistige Spannungen verursachen physische Spannungen, kognitive Aktivitäten verursachen eine physische Müdigkeit. Auf ähnliche Weise erfährt der Mensch auch die Welt um sich herum als eine Totalität.

Eine Integration der kognitiven Lernfächer ist nicht ausreichend. Andere Elemente wie Awareness, Emotionalität und Körperlichkeit müssen hinzugefügt werden[33]. Das Kind wird heutzutage an der Schule nur intellektuell gebildet und muß emotional für sich selbst sorgen. (Die Folgen sind bekannt: Einsamkeit, Selbstmord, Verwahrlosung, Drogenabhängigkeit usw.) Die wenigen Stunden Sport pro Woche sind völlig unzureichende Versuche des Anhaltens zum Leistungssport und stellen den einzigen körperlichen Aspekt dar, der Berücksichtigung findet. Dem Kind wird jedenfalls nicht gezeigt, daß es Zusammenhänge zwischen verschiedenen Aspekten gibt.

Erst wenn dies geschieht, spürt das Kind, daß z. B. Rechenvorgänge auch emotional gebunden sind: das Aufzählen und Sammeln von Murmeln erzeugt ein ganz anderes Gefühl als das Teilen und Verschenken von Murmeln. Diskutieren ist mehr als nur das Sprechen in einer Sprache, es ist auch eine Entdeckung, daß Sprechen mit unterschiedlichen Gefühlen verbunden werden kann, wenn man z. B. weit voneinander entfernt ist oder wenn man sich im Gespräch nicht ansieht. Literatur erleben ist ein Entdecken, welche Gefühle ein Text in mir wachruft, ein Nachgehen, ob man versteht, was der Schriftsteller meint, und es ist ein Wahrnehmen der körperlichen Reaktionen (Erregung, Gänsehaut ...).

Den Menschen als totalen Menschen zu betrachten heißt auch: seine Totalität von Vergangenheit, Gegenwart und Zukunft zu sehen. Ein Kind in der Klasse ist nicht nur eine Momentaufnahme. Es bringt eine Geschichte mit in die Schule und auch seine Zukunftserwartungen. Ein Beispiel: Ein Schüler, der am vorigen Abend eine »knallende« Fete mitgemacht hat, hat jene Erfahrungen auch noch am nächsten Morgen »in den Knochen«, wenn er in die Schule kommt; oder: die Aufmerksamkeit für Schulaktivitäten wird bei einem Schüler, der nachmittags zum Zahnarzt muß, nicht besonders groß sein.

Auch diese Einheit von Vergangenheit – Gegenwart – Zukunft müssen wir in unseren Unterrichtsstunden berücksichtigen. Die Störungen, die aus diesen Situationen resultieren, müssen Raum haben, ebenso wie wir Zeit für Störungen, die aus anderen Aspekten des totalen Menschen herrühren, reservieren müssen. Ruth *Cohn* postuliert in diesem Kontext: »Störungen haben Vorrang.«[34]

Die horizontale Lehrsituation

Im intersubjektiven Unterricht geschieht das Lernen selbstverständlich in Subjektrelationen. Es ist ein Kontakt zwischen verschiedenen Menschen, die auf gleichwertige Weise an einem Lehr- und Lernprozeß beteiligt sind. In diesem Prozeß ist jeder als totaler Mensch anwesend – der Schüler also nicht nur mit dem Teil seiner Persönlichkeit, der ihn zu einem Schüler macht, und der Dozent auch nicht nur mit dem Anteil, der ihn zu einem professionellen Lehrer macht. Ich habe schon erwähnt, daß es Mühe kosten wird, aus diesem sachlichen Muster zu Subjektrelationen zu kommen, bei denen wir von Partnerschaft sprechen können. Die Ausdrücke Schüler und Dozent sind in dieser Beziehung auch recht verwirrend, denn sie deuten auf eine Funktionalität. Wir können sie auch besser durch den Ausdruck Partner ersetzen, der Gleichwertigkeit umfaßt. In einer Subjektrelation ist das Lernen ein Lernen der beiden Partner: der Schüler lernt vom Dozenten und der Dozent vom Schüler, so daß die beiden Begriffe austauschbar werden. Das heißt aber nicht, daß in allen Fällen Dozent und Schüler genausoviel voneinander lernen. Menschen lernen immer voneinander, Inhalt und Umfang des Lernens aber sind immer verschieden.

In dieser intersubjektiven Lehrsituation können wir auch von einer »two-way openness«[35] sprechen: beide Partner versuchen so transparent wie möglich füreinander zu sein, d. h., daß der Lehrer sein »Privatleben« nicht wie bisher hermetisch vor den Schülern abschließen kann, sondern daß er sich mit seinen Interessen zeigt.

Wenn man in Subjektrelationen lernen will, ist die Entwicklung eines Klimas von Sicherheit und Vertrauen zwischen dem Lehrer und den Schülern und zwischen den Schülern untereinander unbedingt erforderlich. Hinzu kommt noch ein anderes, sehr wichtiges Element: die Fähigkeit sich einzufühlen. Das Interesse am Partner allein genügt nicht, wenn man eine Subjektrelation entwickeln will. Die Fähigkeit, sich in den anderen zu versetzen, sich in seine Situation, in sein Leben einzufühlen, ist von großer Wichtigkeit – erst dann erreichen wir Lehrsituationen, in denen eine Frage an den anderen auch eine Frage an sich selbst ist.

Eine horizontale Lehrsituation beinhaltet auch, daß jeder sich seiner eigenen Freiheit und seiner Entscheidungen, die er in der Situation treffen kann, bewußt ist. Der Dozent bestimmt oder beschränkt nicht länger die Entscheidungen der Schüler: beide entdecken, welche Entscheidungen sie treffen können und wie sie auf die Wahl reagieren können und möchten. Die Verantwortlichkeit liegt bei jedem Partner. *Er* wählt, und *er* soll für seine Wahl verantwortlich sein, »er ist sein eigener Chairman«[36]. Das Entdecken der Entscheidungsmöglichkeiten, das Bewußtwerden der Wahl und die darauffolgende Verantwortlichkeit ist ein wesentliches Element, das in allen Situationen des intersubjektiven Unterrichts vorkommt.

Ausgehen von dem, was in dem Menschen vorhanden ist

Intersubjektiver Unterricht geht nicht länger von den Forderungen aus, die die Gesellschaft an die Schule stellt, noch von einer zwingenden Methodik oder von der Zentralisierung des Stoffs. Geht man von dem Dreieck Schüler – Lehrer – Stoff und vom Konzept des totalen Menschen aus, so schafft man Situationen, in denen die Schüler lernen, ihre eigenen Bedürfnisse zu erkennen und zu realisieren. Der Lehr- und Lernprozeß beginnt nicht beim Stoff, sondern bei der Erfahrung, den Möglichkeiten und den

Bedürfnissen der Schüler. Nur der für sie *relevante* Stoff wird sinnvoll verarbeitet, nicht aber der für die Gesellschaft relevante Stoff. (Übrigens: Wer bestimmt, was gesellschaftlich relevant ist?) Was für den Schüler relevant ist, kann er selbst bestimmen lernen – in diesem Bereich liegt seine Wahl und Verantwortlichkeit. Nur die Aktivitäten, die der Mensch im Lernprozeß oder für seine Selbstverwirklichung in dieser Welt braucht, und die dazu notwendigen Veränderungen dieser Welt sind wesentlich. Das heißt natürlich nicht, daß jede Aktivität einen sofortigen Nutzeffekt haben wird (oder kann). Prozesse führen nie unmittelbar zu einem Instant-Resultat.

Lernen durch Erleben

Die einzige Lehrmethode, die den genannten Kennzeichen entspricht, ist die des Lernens durch Erleben, wie sie *F. S. Perls* und *P. Goodman* für die Gestalttherapie und darauf aufbauend *G. I. Brown* als *Confluent Education* im Schulunterricht und *H. G. Petzold* als *Integrative Pädagogik* für die Arbeit mit Erwachsenen und alten Menschen konzipiert haben. Nach diesen Ansätzen sagt der Dozent dem Lernenden nicht mehr, was er entdecken soll. Er schafft vielmehr eine Situation, in der der Schüler die für ihn wichtigen Dinge selbst erfahren und sich seiner Möglichkeiten und Bedürfnisse bewußt werden kann. Solch ein Unterricht ist vielseitig und flexibel. Er stellt hohe Ansprüche an die Kreativität, Improvisationsfähigkeit und besonders an das Einfühlungsvermögen des Dozenten und der Schüler. Denn beide haben ihre eigenen Bedürfnisse und Möglichkeiten, sind aber in der Klasse genau wie in der Gesellschaft nicht absolut frei, sondern müssen die Möglichkeiten und Bedürfnisse der anderen am Lernprozeß berücksichtigen. Nicht nur die Erfahrungen der Schüler, sondern auch die des Dozenten sind in einer Subjekt-Subjekt-Relation wichtig, da sich auch der Dozent in einem Lernprozeß befindet.

Nicht alles, was als Lernen durch Erleben bezeichnet wird, ist es auch wirklich. Didaktikspezialisten z. B. haben mit dieser Methode manchmal die Absicht, den Lehrstoff angenehmer darzubieten, wobei es für sie nur wichtig ist, den Lehrstoff wirksam zu übertragen. *Sie* bestimmen, was »der durchschnittliche Schüler« beherrschen soll. Statt die Informationen dem Schüler vorzutragen und sie von ihm wiederkäuen zu lassen, darf der Schüler diesen spezifischen Teil selbst erfahren, weil er ihn auf diese Weise besser behält. Zum Beispiel: Physikexperimente dürfen die Schüler bisweilen selbst durchführen, wobei der Dozent mit Hilfe der Methode bestimmt hat, was die Schüler erfahren sollen.

Meine Zielsetzung ist anderer Art. Erlebnislernen ist meiner Meinung nach eine totale Erfahrung, die nicht nur auf den Lehrstoff gerichtet und nicht auf eine Anzahl von Handlungen beschränkt ist. Im Gegenteil: Erlebnislernen beinhaltet Erfahrungen als totaler Mensch innerhalb des Bereichs Ich – Wir – Welt, die im Unterricht, ausgehend vom Prozeß zwischen Schüler – Dozent – Stoff, gewonnen werden.

Strategie

Vom heutigen Unterricht in unserer abendländischen Gesellschaft werden wir nicht einfach zu einem intersubjektiven Unterricht übergehen können. Wir können die Prinzipien von Intersubjektivität nicht ohne weiteres auf das geltende System übertragen. Es ist ein dialektischer Wachstumsprozeß erforderlich, in dem allmähliche Veränderungen der Atmosphäre und des Bewußtseins eine große Rolle spielen. Schritt für Schritt werden wir von der Ablehnung der heutigen Situation zu intersubjektiven Existenzformen gelangen. Aber überall, wo sich verändernde Verhaltensweisen ein sich entwickelndes Auf-das-Leben-gerichtet-Sein und daraus hervorgehende Verhaltensweisen zeigen, entstehen auch Konflikte mit den herrschenden Konventionen. Es wird viele Probleme auf diesem Weg geben, und wir müssen Strategien entwickeln, da in unserer Gesellschaft die Vertreter von alten Werten und Konventionen herrschen (Wirtschaft – Eltern – Lehrer – Behörden).

Wirtschaft

Die Wirtschaft gedeiht unter den heutigen Umständen am besten und ist darauf gerichtet, die geltenden gesellschaftlichen Strukturen zu erhalten. Dabei stabilisiert sie die Mechanismen wie Leistungszwang, Wettbewerb, Konkurrenz und fordert von den Arbeitnehmern wenn nicht eine Objektbeziehung, dann zumindest eine sachlich-funktionale Beziehung; denn Subjektbeziehungen kosten Zeit, und Zeit kostet Geld, und Geld hat einen höheren Wert als der Mitmensch.

Aufgrund ihrer ökonomischen Machtposition kann die Wirtschaft die Zielsetzungen für den Bildungsbereich beeinflussen. Jeder, der diesen Forderungen nicht Folge leistet, wird nicht in den Wirtschaftsprozeß eingegliedert. Ein deutlicher Standpunkt in einer Periode von wachsender Arbeitslosigkeit. Da jede Schule das Glück ihrer Schüler will und Glück hier einer guten Laufbahn entspricht, ist sie verpflichtet, den Forderungen der Wirtschaft Folge zu leisten.

Nur in den sozialen, therapeutischen und andragogischen Organisationen wächst die Nachfrage nach anderen als intellektuellen Fertigkeiten, zeichnet sich eine Entwicklung zur Intersubjektivität ab. Da der Bereich der schulischen Bildung vom Wirtschaftsleben abhängiger ist als von den sozialen Organisationen, ist der Einfluß der letzten auch sehr gering.

Eltern

Viele Eltern unterstützen den Anspruch der Wirtschaft, indem sie explizit den von ihm verlangten Unterricht von der Schule fordern, und sie unterstützen ihn auch implizit, indem sie die Kinder in einer Atmosphäre von Wettbewerb und Leistung erziehen. Aufmerksamkeit für den totalen Menschen und für Subjektbeziehungen wird nur dann akzeptiert, wenn sie den intellektuellen Leistungen nicht schadet. Die wenigen Eltern, die dem totalen Menschen und der Intersubjektivität großen Wert beimessen, müssen leider feststellen, daß der Einfluß der Tradition und der Konvention so groß ist, daß das Kind in eine schwierige Lage gerät. Durch »abweichendes« Verhalten gerät es in eine isolierte Position, was Unverstandenheit zur Folge hat, und das ist das Gegenteil von dem, was wir uns bei der Erziehung zur Intersubjektivität vorstellen.

Diese Situation macht es schwierig, die Schule von innen heraus zu verändern. Der Einfluß der anderen Kräfte ist so groß, daß von wirklichen Veränderungen kaum die Rede sein kann. So bleibt nur noch, daß die letztgenannte Gruppe von Eltern sich solidarisiert und gemeinsam kleine Schulen gründet, die ihren Anforderungen entsprechen. Hierbei ergeben sich für das Kind allerdings auch wieder große Schwierigkeiten wie: Anschluß nach einem Umzug, Anschluß bei den weiterführenden Schulen, Isolierung im sozialen Milieu, weil die anderen Kinder der Straße einen andersgerichteten Unterricht erhalten.

Kinder

Die Forderungen, die der größte Teil der Eltern an den Unterricht stellen, sind in den Erwartungen der Kinder wiederzufinden. Diese Erwartungen gehen nicht in die Richtung von Intersubjektivität. Kinder wollen es in der Schule gut haben, und das haben sie, wenn sie hohe Leistungen bringen und kein abweichendes Verhalten zeigen. Nur dann werden sie belohnt, sowohl vom Unterrichtenden als auch von den Eltern. Wollte ein Lehrer das Element des Wettbewerbs reduzieren, indem er sich z. B. nicht mehr nur auf Leistungen zentriert und sie belohnt und/oder keine Noten mehr gibt, dann werden die Kinder beginnen, ihre Ergebnisse untereinander zu vergleichen und eine Wertungsskala aufzustellen, anstatt ihre Arbeit an ihren eigenen Fähigkeiten zu messen. Kinder leiden im heutigen System oft unter großen Spannungen, aber sie sind sich nicht bewußt, woher diese kommen.

Die Lehrer

Nahezu alle Lehrer sind in einem System aufgewachsen und ausgebildet, das dem intersubjektiven Unterricht fast gänzlich entgegengesetzt ist. Während der Jahre, in denen sie ihren Beruf ausübten, haben sie versucht, sich dieses System möglichst gut zu eigen zu machen und aus diesem System resultierende Probleme zu meistern, z. B.: Wie halte ich meine Klasse ruhig? Bei Zufriedenheit mit dem System und den Leistungen der Schüler wird es für sie keinen Grund geben, sich ein anderes System zu eigen zu machen, besonders nicht, wenn das auch noch den Erwartungen und/oder Forderungen der direkt oder indirekt Beteiligten wie Eltern und Wirtschaft widerstrebt. Nur aus einem Unbefriedigt-Sein mit sich selbst und/oder dem Unterrichtsgeschehen wird das Bedürfnis nach intersubjektivem Unterricht entstehen können. Diese Möglichkeiten sind in der Grundschule größer als in den weiterführenden Schulen, da wir in der Grundschule von einem totalen Lehrer sprechen können: die Fächer sind zwar getrennt, aber sie werden alle von einer Person unterrichtet. Im Gegensatz hierzu ist die Desintegration z. B. in der Sekundarstufe, da jedes Fach von einem anderen Lehrer unterrichtet wird, sehr groß. Das Arbeiten nur im eigenen Fachbereich führt häufig zu einer Erstarrung und Fixierung, wobei nicht mehr gesehen wird, daß das Fach nur ein Teil von einem großen, organischen Ganzen ist.

Die Dozenten

Dieselben Probleme, die ich bei der vorigen Gruppe beschrieben habe, treffen auch auf die Ausbilder von Lehrern zu. Doch die Situation ist hier noch gravierender. Durch zunehmendes Spezialistentum ist die Desintegration hier noch größer geworden: ein Fachbereich ist in weitere Teilbereiche unterteilt, von denen jeder von einem anderen Dozenten versehen wird; z. B. Sprache: ein Literaturdozent, Grammatikdozent, ein Dozent für Spracherziehung, Didaktikdozent.

Innerhalb kurzer Zeit weiß niemand mehr etwas vom (Teil-)Fachbereich des anderen. Das Gefühl für Totalität geht dabei gänzlich verloren. Ein anderes Problem ist, daß diese Dozenten ein jahrelanges Studium hinter sich haben, in dem lauter intellektuelle Fertigkeiten verlangt wurden. Gleichzeitig wurden physische und affektive Elemente vermehrt in den Hintergrund gedrängt (die Privatwelt hat nichts mit dem Beruf zu tun). Nicht nur der Mangel an Verständnis und Bewußtsein, sondern auch der starke Widerstand gegen intersubjektive Aktivitäten offenbart, daß das Unbekannte der physischen Empfindungen und der emotionalen Möglichkeiten sehr groß ist und ein Bewußtwerdungsprozeß aufgrund der Abwehrstruktur nicht ohne weiteres möglich ist. Die Machtposition der Dozenten basiert auf dem Beherrschen oder besser: auf der Verdrängung von Körperlichkeit und Emotionalität sowie auf spezialisierten intellektuellen Fähigkeiten. Bei einem Ansatz, der vom Sein, vom totalen Menschen und vom Transparent-Sein für den anderen ausgeht, gerät die Welt von festen Werten ins Wanken.

Die Behörde

Als letzte Barriere auf dem Weg zu intersubjektivem Unterricht nenne ich die Behörde. Diese formuliert zu einem Teil inhaltliche Normen für das Endniveau des Unterrichts, wobei für Lehrer und Eltern noch ein Entfaltungsfreiraum existiert. Die Möglichkeiten, innerhalb derer der Unterricht ausgeführt wird, schafft also die Behörde. Sie hat entscheidenden inhaltlichen Einfluß darauf, was in der Schule unterrichtet wird und in welcher Frequenz. Die Lehrpläne werden von Beamten der Behörde kontrolliert. Innerhalb dieser von der Behörde aufgestellten Normen liegen die Prioritäten auf intellektuellen Fertigkeiten und Fächern, wie Sprachen, Rechnen/Mathematik, Geographie, Geschichte und Physik. Nur ein sehr geringer Teil der Zeit wird für Kreativitätsfächer eingeräumt, für soziale Fertigkeiten noch weniger. Trotzdem braucht dies nicht die größte Barriere zu sein. Intersubjektiver Unterricht kann sich auch innerhalb der intellektuellen Fertigkeiten oder aus diesen Fertigkeiten entwickeln.

Wo anfangen?

Die genannten Schwierigkeiten machen deutlich, daß der Weg zu intersubjektivem Unterricht von unterschiedlichen Niveaus ausgeht und gleichzeitig erarbeitet werden muß. Auf einheitlichem Niveau zu arbeiten ist vollkommen zwecklos und eine Negation des Gestaltansatzes. Die entgegenwirkenden Kräfte der anderen Niveaus sind so groß, daß das Gegenteil erreicht wird: Menschen, die verändern wollen, werden desillusioniert und akzeptieren die bestehende Ordnung. Deshalb ist es nicht sinnvoll, z. B. in Lehrerseminaren mit Intersubjektivität zu arbeiten, wenn dabei nicht gleichzeitig Lehrende und Lernende miteinbezogen werden. Geschieht das nicht, so entstehen starke Frustrationen bei den Studenten, die in der Praxis nicht üben können, was sie in ihrer Ausbildung erfahren haben.

Am sinnvollsten ist es, mit kleinen Projekten für Lehrer und für die Ausbilder von Lehrern anzufangen. Dann können die Projektteilnehmer selbst die Verantwortung übernehmen, z. B. die Eltern an Entwicklungen und Veränderungen innerhalb des Unterrichts zu beteiligen.

Derartige Projekte beschränken sich selbstverständlich nicht auf eine Anzahl von Vorlesungen über Intersubjektivität, sondern ziehen Aktivitäten nach sich, die z. B. den Bewußtwerdungsprozeß und das Wachstum der Teilnehmer stimulieren. Nur für diejenigen, die ein persönliches, direktes Interesse und Bedürfnis haben, an der Entwicklung von intersubjektivem Unterricht mitzuarbeiten, sind diese Aktivitäten sinnvoll.

Praxis

Einige Stundenbeispiele

Zum Schluß gebe ich einige Stundenbeispiele, die von intersubjektiven Grundgedanken ausgehen.

Zuerst Ausschnitte aus dem Literaturunterricht und dann Teilbeispiele aus dem mündlichen Sprachunterricht.

A. Literatur

Die Schüler einer Klasse aus der Sekundarstufe erhalten folgende Anregungen:

1.

– Wähle aus der Zeitung oder den Nachrichten im Fernsehen ein Geschehen aus, das dich anspricht. Denke, du wärst an dem bestimmten Ort anwesend. Du schreibst als Korrespondent eines Tageblattes (wähle, für welche Zeitung du arbeiten willst), und schildere den Verlauf des Ereignisses. Das was dir am wichtigsten erscheint, läßt du am stärksten in den Vordergrund treten.

– Du bist jetzt ein Abonnent der Zeitung aus dem vorigen Auftrag. Du liest den Bericht und empfindest ihn als falsche Wiedergabe des wirklichen

Geschehens. Als Leserbrief schreibst du eine scharfe Kritik zu deinem eigenen Bericht (oder zu dem eines Klassenkameraden).
– Redet in Gruppen oder mit der ganzen Klasse über Bericht und Leserbrief.

Jetzt ein Beispiel aus der Literatur. Im Jahr 1896 erscheint in einem literarischen Wochenblatt ein Bericht über die Krönung des russischen Zaren. Der Verfasser spricht lobend über die Festlichkeiten, von den vornehmen Mänteln, den vergoldeten Schlitten und von der Menge der Hofleute. Er begeistert sich für den Mann, der der Welt ein derartiges Schauspiel von Luxus bietet. Nach kurzer Zeit erscheint im selben Wochenblatt eine Kritik zu dem Bericht. Der Verfasser wirft dem Schreiber vor, daß er sich durch ein Märchen beeindrucken läßt. Hinter diesem Zeichen von Macht seien Millionen von Menschen versteckt, die in Elend leben und notwendige Lebensbedürfnisse nicht befriedigen können.

Zum Schluß ein Gespräch, in dem die Schüler sagen, wie sie die *Aufgabe des Künstlers* betrachten. Zur Vorbereitung des Gesprächs bringen die Schüler Materialien mit, mit denen sie Gedanken und Gefühle verstärken können.
2. *»romantisch«*
– Welchen Gefühlswert hat für dich das Wort »romantisch«?
– Zähle Wörter auf, die für dich im Zusammenhang mit »romantisch« stehen.
– Mache etwas Romantisches. Gehe von den Punkten deiner Aufzählung aus. Das Romantische kannst du soweit wie möglich interpretieren. Einige Beispiele: eine Zeichnung, ein Lied, ein Kleid, Wandschmuck, Gedicht etc.
– Verabredet miteinander, wann ihr die Ausarbeitung mit zur Schule bringt, und gestaltet mit den fertiggestellten Sachen während eines Tages (oder mehrerer) in eurem Klassenraum einen romantischen Arbeitsraum. Paßt die Stellung der Tische und Stühle euren Vorstellungen an. Verabredet mit den anderen Lehrern adäquate Mitarbeit, daß sie z. B. ein romantisches Thema in ihren Stunden (sogar Geographie und Mathematik) verarbeiten.
3. *Poesie*
– Schreibe Wörter/Sätze auf, an die du denkst, wenn du das Wort »Wasser« hörst oder aussprichst. Sprich es ständig in wechselnder Form zu dir selbst oder zu deinem Partner. Schreibe dann jeweils auf, woran du zuerst denkst, wenn du das entsprechende Wort hörst. Alles, was dir einfällt, ist richtig.
– »Air« aus der Wassermusik von *G. F. Händel* zu hören.
Versuche dich in das einzufühlen, was *Händel* ausdrücken will. Was hat das mit Wasser zu tun? Welche Stimmung herrscht vor?
– Kombiniere, während du noch einmal die Musik hörst, deine Wörter so, daß du mit ihnen eine Idee der Musik wiedergibst. Mische die Laute der Wörter so, daß daraus eine Wortmusik entsteht. Es geht nicht mehr um die

Bedeutung der Wörter, die du wählst, sondern um ihren Gefühls- und Lautwert.

4. *Poesie*

»Ich bin der Blaubackengorgel
Mein Vater war ein Porgel
Meine Mutter war eine Porulan
Daraus gibt es komische Kinder, Mann
Raban, Raban, Raban«

– Jeder von euch wählt eine Zeile des Gedichts.

– Setze dich auf den Boden, nicht weit von deinen Klassenkameraden, stelle dir vor, du seist ein Stück Ton und mache einen Blaubackengorgel aus dir selbst.

(Wie sieht er aus, liegt er, geht er, wieviel Füße hat er, hat er einen Rüssel, einen Buckel oder einen Schwanz, oder sogar mehrere, welche Laute gibt er von sich?)

Bewege dich nun ganz nach deiner Vorstellung, als Blaubackengorgel, gehe zu deinen Klassenkameraden und sprich mit den dir eigenen Lauten, Tönen oder Sprachgestalten.

– Jeder stellt sich dem anderen auf seine eigene, spezifische Gorgelweise vor.

– Was hältst du von euren »Gorgeln«?

– Was hältst du von dem Gedicht? Spricht dich eine solche Aufgabe an, oder würdest du lieber nur über ein solches Gedicht reden?

– Kannst du dir noch andere Aufgabenstellungen zu diesem Gedicht ausdenken?

Welche Merkmale weisen die Aufgaben auf?

Ich verdeutliche jetzt kurz, welche Merkmale von intersubjektivem Unterricht wir in diesen Aufgaben wiedererkennen können. (Die Nummern hinter den Bemerkungen kennzeichnen die gegebenen Aufgaben.)

– Es handelt sich um eine Einheit von Leib-Seele-Geist; die Schüler erfahren die Arbeit sowohl physisch, emotional als auch intellektuell (2, 3, 4).

– Der Ausgangspunkt aller Aktivitäten ist in dem Schüler selbst, in seinen Gefühlen, Gedanken, Assoziationen usw. In diesem Bereich arbeiten wir mit der genannten Literatur. Das steht im Gegensatz zu dem sonst üblichen Literaturunterricht, wo der Ausgangspunkt außerhalb des Schülers gehalten wird, z. B. im Verfasser oder im Text.

– Die Aktivitäten sind sowohl individuell als auch gruppenbezogen und stellen die Schüler nicht in eine Leistungs-, Wettbewerbs- oder Konkurrenzatmosphäre.

– Die Aufträge sind so weit gehalten, daß jeder Schüler die Möglichkeit hat, das zu finden und zu erschließen, was für ihn wichtig ist. Außerdem werden sich die Schüler ihrer eigenen Entscheidung und der eigenen Verantwortlichkeit bewußt.

– Das Bewußtwerden von gesellschaftlichen Umständen erfolgt nicht bei allen Beispielen (1). Wo es der Fall ist, ist der Ausgangspunkt auch die eigene Position und Erfahrung, von der wir Zusammenhänge zu anderen gesellschaftlichen Strukturen knüpfen können.

– Wir appellieren stark an das Einfühlungsvermögen und die Kreativität, sowohl im physischen und emotionalen Bereich (1, 2, 3) als auch im rationalen.

– Sehr wichtig ist die Möglichkeit einer horizontalen Lehrsituation: nirgends gibt es die Rolle des Beurteilenden oder lenkenden Lehrers. Im Gegenteil: von ihm erwartet man, daß er an den Aufgaben mitarbeitet, daß er auch Stellung nimmt (1), aufzeigt, was »romantisch« für ihn bedeutet (2), wiedergibt, welche Assoziationen das Wort »Wasser« bei ihm erzeugt. Der Lehrer muß ständig versuchen, mit jeder Gruppe von Schülern auf die neue Situation und auf seine Gefühle in solchen Augenblicken zu reagieren. Wenn er in Wiederholungen und Klischees verfällt, dann gibt es, was ihn betrifft, keine offene Lernsituation mehr. Wie jeder Schüler hat er auch das Recht und die Möglichkeit zu sagen, wenn er seiner Aufgabe nichts entnehmen kann.

B. *Mündlicher Sprachunterricht*

1. *Interesse*

– Schüler und Lehrer stellen sich einander vor, indem sie etwas von sich erzählen, was sie gerne erzählen wollen.

– Schüler und Lehrer gehen durch den Raum. Jeder befragt fünf Minuten lang so viele andere wie möglich, und zwar subjektiv, d. h. persönlich (z. B. über bevorzugte Bücher, politische/religiöse Überzeugung, Hobbys).

– Die Gruppe setzt sich in einen Kreis und inventarisiert gemeinsam, was sie jetzt von A, B usw. weiß.

– Man bildet kleine Gruppen, die über Genanntes noch mehr reden wollen. Bemerkung: jedes Gruppenmitglied wird zuerst gefragt, ob es einverstanden ist, daß erhaltene Informationen auch in der ganzen Gruppe erzählt werden.

2. *Einander helfen*

– Schüler sprechen paarweise über Dinge, die sie leicht und schwierig finden.

– Wählt gemeinsam eine der folgenden Aufgaben, die ihr in der Klasse erledigen könnt,

– etwas, das ihr beide schwierig findet, aber machen müßt,

– etwas, das einer von euch sehr schwierig findet, und das für den anderen nicht so schwierig ist, aber euch beide interessiert.

– Besprecht gemeinsam das Ergebnis der Zusammenarbeit: wie war es, was verursachte Schwierigkeiten, wie sind sie gelöst worden, welches waren angenehme Augenblicke, welche Vorurteile zeigt diese Art von Zusammenarbeit?

3. *Einem Partner auf Papier begegnen*
– Die Partner setzen sich einander gegenüber, mit einem großen Bogen Papier in der Mitte (am besten auf dem Boden).
– Die Partner stellen ihren Kugelschreiber auf einen Punkt am Rand des Papiers. Sie versuchen sich mit dem Kugelschreiber zu identifizieren und suchen so in der leeren Welt einen anderen oder entfernen sich von ihm. Es darf nicht gesprochen werden, und der Kugelschreiber muß auf dem Papier bleiben.

Am Ende der Begegnung sprechen die Partner miteinander über ihre Gedanken und Gefühle in den verschiedenen Augenblicken der »Wanderung«: wie habe ich und wie hast du reagiert, welche Gefühle tauchen bei der Betrachtung der Linien auf?

4. *Gefühle in Bewegungen und Sprache wiedergeben*
– Jeder versucht sich an ein Ereignis zu erinnern, das ein starkes Gefühl ausgelöst hat. Einige Minuten lang wird das Ereignis ins Gedächtnis zurückgerufen. Dann steht jeder auf und bewegt sich, indem er sich von diesem aktualisierten Gefühl leiten läßt, frei im Raum. Die ganze Haltung, die Bewegung und der Rhythmus der Bewegung soll das Gefühl ausdrücken. (Beachte z. B. den Rücken, die Haltung des Kopfes, die Bewegung der Arme und Beine.)
– Nachdem jeder für sich selbst die Gefühle deutlich in Bewegungen u. ä. ausgedrückt hat, fährt einer aus der Gruppe fort, während die anderen der Gruppe innehalten und ihn beobachten. (Beachtet Fragen wie: In was für einer Welt ist der andere, welches Gefühl drückt seine Bewegung aus, wie würde ich mich selbst in dieser Welt fühlen und bewegen?) Hat einer ein deutliches Bild dieser Welt, so tritt er auch in die Welt, jedoch nicht als eine Kopie, sondern als er selbst, so wie er diese Welt erlebt.
– Jeder, der sich in dieser Welt befindet, wählt nun auch eine Sprache, die für ihn am besten paßt: Vokale, Konsonanten, Namen, Musikinstrument . . . Versucht, mit Hilfe dieser Sprache miteinander zu kommunizieren.
– Diejenigen, die das Bedürfnis haben, können über ihre Erfahrungen sprechen.

Intersubjektive Merkmale in diesen Aufgaben

– Sprache wird als eine Aktivität des totalen Menschen betrachtet: gebunden an physische (2, 3), emotionale (2, 3), geistige (1, 2) und beziehungsmäßige Aspekte.
– Aus der Beziehung zum Partner wächst die Arbeit mit dem Stoff.
– Jede Aktivität geht von der eigenen Erfahrung aus. In der Vergangenheit (2, 3) und in der Gegenwart (2, 3, 4) bestimmt jeder selbst, ausgehend von eben genannter Basis, das gewünschte und/oder erreichte Niveau der Aktivitäten.
– Jeder wird mit Entscheidungen (1, 2, 3), der Entwicklung und der eigenen Verantwortung (2, 3) konfrontiert.

– Dem anderen begegnet man immer als Subjekt. Jedem wird die Möglichkeit gegeben, sich als Subjekt so transparent wie möglich zu zeigen.
– Auch hier gibt es optimale Möglichkeiten für eine horizontale Lernsituation. Vom Dozenten/Lehrer erwarte ich, daß er aktiv teilnimmt und das Geschehen nicht wie ein distanzierter Beobachter wahrnimmt.

Ich habe versucht, Theorie und Praxis des intersubjektiven Unterrichts in der Integrativen Pädagogik vorzustellen. Vieles muß noch präzisiert, weitergedacht und vertieft werden. Vieles erfordert noch Experimente, versteht sich als Experiment und wird, so wünsche ich, zum Experimentieren anregen. Ich denke jedoch, daß ich vermitteln konnte, in welche Richtung wir gehen müssen, wenn wir zu einem menschlicheren Unterricht für eine menschlichere Welt kommen wollen.

Anmerkungen

1 *Brentano*, 11.
2 *Adorno*, 524; *Habermas*, 251.
3 *Houten*, 27; *Adorno*, 300.
4 *Metz*, 19.
5 *Choufour*, 55.
6 *Cohn*, 152.
7 *Schaik*, 21.
8 *Habermas*, 238.
9 *Erp*, 57.
10 *Habermas*, 238.
11 *Lefèbvre*, 57; *Merleau-Ponty*, 1976, 198.
12 *Peperzak*, 45, 54.
13 *Peperzak*, 57.
14 *Lefèbvre*, 61.
15 *Sartre* 1972, 97.
16 *Sartre* 1967, 54; *Choufour*, 38.
17 *Yeomans*, 146, 152; *Goodman*, 1965.
18 *McCarthy*, 47.
19 *Petzold*, 1974, 289; *Brown*, 101; *Merleau-Ponty*, 1966.
20 *Cohn*, 122.
21 *Lefèbvre*.
22 *Petzold* 1974, 293.
23 *Politzer*, III.
24 Streifeler.
25 *Lefèbvre*, 73.
26 *Sartre 1967*.
27 *Marcel* 1965; *Maurer-Groeli*, *Petzold* 1977.
28 *Choufour*, 52.
29 *Husserl*, 181; *Choufour*, 48.
30 Universelle Erklärung der Rechte des Menschen, 1948 art 1.
31 *Erp*.
32 *Cohn*, 114. 33 *Shapiro*, 132. 34 *Cohn*, 122. 35 *Shapiro*, 113. 36 *Cohn*, 121.

Literatur

Adorno, Th., Soziologie und Empirische Forschung, in: *Topitsch, E.*, Logik der Sozialwissenschaft, Köln 1971.

Brentano, M., Die unbescheidene Philosophie. Der Streit um die Theorie der Sozialwissenschaften, in: Das Argument, 9. Jahrgang, Juli 1967.

Brown, G. I., The live classroom, New York 1975.

–, Human teaching for human Learning, New York 1971.

Choufour, H. G., Prolegomena voor een toekomstige in team-work samen te stellen alternatieve anthropologie, Amsterdam 1975.

Cohn, R. C., Von der Psychoanalyse zur themenzentrierten Interaktion, Stuttgart 1975.

Erp, M./Soutendijk, S., Sociaal milieu en lesgebeuren, Amsterdam 1973.

Goodman, P., Growing up absurd, New York 1965.

–, Drawing the line, New York 1962.

Habermas, J., Theorie und Praxis, Berlin 1969.

Houten, B. C. v., Tussen aanpassing en kritiek, Deventer 1970.

Husserl, E., Cartesianische Meditationen und Pariser Vorträge.

Lefèbvre, H., Der dialektische Materialismus, Frankfurt a. M. 1971.

Marcel, G., Die Menschenwürde und ihr existentieller Grund, Frankfurt a. M. 1965.

–, Die Erniederung des Menschen, Frankfurt a. M. 1964.

–, Dialog und Erfahrung, Frankfurt a. M. 1969.

–, Der Philosoph und der Friede, Frankfurt a. M. 1964.

–, Gegenwart und Unsterblichkeit, Frankfurt a. M. 1961.

Maurer-Groeli, Y., Petzold, H., Die therapeutische Beziehung in der Gestalttherapie, in: *Battegay, R.* (Hrsg.), Die therapeutische Beziehung, Huber, Bern 1977.

McCarthy, D. N., Gestalt as learning theory, in: *Brown* 1975.

Merleau-Ponty, M., Phänomenologie der Wahrnehmung, Berlin 1966.

–, Die Struktur des Verhaltens, Berlin 1976.

Metz, G., Gestalt and the transformation, in: *Brown* 1975.

Peperzak, A., Vrijheid, Bilthoven 1972.

Perls, F. S., Gestalttherapie in Aktion, Stuttgart 1975.

–, Grundlagen der Gestalttherapie, München 1976.

Petzold, H., Psychotherapie und Körperdynamik, Paderborn 1974.

–, Kreativität und Konflikte, Paderborn 1973.

Petzold, H., Bubolz, E., Bildungsarbeit mit alten Menschen, Stuttgart 1976.

Politzer, G., Kritik der klassischen Psychologie, Köln 1974.

–, De beginselen van de filosofie, roofdruk.

Sartre, J. P., Marxisme et existentialisme, Paris 1962.

–, Over het existentialisme, Utrecht 1967.

–, Existentialism, in: *Rich*, Readings in the philosophy of education, Belmont 1972.

Schaik, C., Naar een materialistische dramabenadering, Nijmegen 1974.

Shapiro, S. B., Developing models by ›unpacking‹ confluent education, in: *Brown* 75.

Streifeler, F., Die Marxsche Konzeption des Individuums und Probleme des Verhältnisses von Psychologie und Marxismus, in: *Bruder, K.*, Kritik der bürgerlichen Psychologie.

Yeomans, Th., Search for a working model: Gestalt, Psychosynthesis and Confluent Education, in: *Brown* 1975.

Kapitel 4
Kurt Guss

Über die gestalttheoretischen Grundlagen der Integrativen Pädagogik

1. Vorbemerkung

Das Konzept einer Integrativen Pädagogik, wie es in den USA von *George I. Brown* und seinen Mitarbeitern unter dem Namen »confluent education« und in Deutschland von *Hilarion Petzold* unter dem Begriff »Integrative Pädagogik« entwickelt wurde, fußt auf bestimmten theoretischen und erkenntnistheoretischen Grundlagen, die bislang noch nicht ausreichend reflektiert und oft nur beiläufig vermerkt werden, was an dem mehr praxisbezogenen Anliegen der Integrativen Pädagogik liegen mag. Ähnliches gilt für den Begriff der »Gestalttherapie« (*Perls,* 1974), der erst kürzlich eine vertiefte theoretische Begründung erfahren hat (*Petzold,* 1974, *Walter,* 1975; 1977). Es ist daher wenig sinnvoll, auf den Begriff Gestaltpädagogik zurückzugehen; letzterer wäre auch zu unspezifisch, da *alle* pyschologisch und pädagogisch bedeutsamen Tatbestände gestaltet sind und als solche unter gestalttheoretischen Gesichtspunkten interpretiert werden können. Andererseits signalisiert das Beiwort »integrativ« nur *einen,* wenn auch sehr wesentlichen Aspekt des gestaltungsbedürftigen und gestaltungsfähigen Seins. Ungeachtet dieser Einwände wird der Verfasser den Begriff »Integrative Pädagogik« beibehalten und in diesem Aufsatz versuchen, für ihn eine theoretische Perspektive in den Blick zu rücken, die die Konzepte von *Petzold, Sieper* (dieses Buch) und *Besems* (dieses Buch) komplementieren kann.

2. Was ist Gestalttheorie?

Die Gestalttheorie[1], die u. a. für den Ansatz der Integrativen Pädagogik Pate steht, ist eine psychologische Schule[2], die sich mit den ganzheitlichen Zusammenhängen menschlichen Erlebens und Verhaltens beschäftigt und in deren Vordergrund die Frage nach der *Ordnung* seelischen Geschehens steht.

Sie entwickelte sich zu Beginn dieses Jahrhunderts im Zuge der Auseinandersetzung mit den assoziationistischen und elementaristischen Ansätzen der Psychologie. Ihr hervorragendes Interesse galt dabei zunächst den Problemen der Wahrnehmung. Wie sich im Laufe der diesbezüglichen Forschungsarbeit herausstellte, werden die älteren Ansätze der Psychologie den Tatsachen unserer Wahrnehmungswelt nicht gerecht. Wir erleben kein Chaos ungeordneter Einzelreize (»Empfindungen«), die erst nachträglich nach Maßgabe ihres raum-zeitlichen Zueinanders miteinander verbunden (»assoziiert«) werden, sondern eine geordnete, strukturierte und organisierte Welt. Nicht Teile, sondern Ganzheiten (»Gestalten«) sind die Grundeinheiten unseres Erlebens und Verhaltens – Ganzheiten, die sich während der weiteren ontogenetischen Entwicklung differenzieren, sich auf der anderen Seite aber auch zu umfassenderen Ganzheiten zusammenschließen (»Ausgliederungsannahme« und »Zusammensetzungsannahme« nach *Metzger*, 1963). Die grundlegende Erkenntnis vom Primat des Ganzen wurde in der griechischen Philosophie und in der fernöstlichen Überlieferung vorbereitet, aber erst 1890 von dem österreichischen Philosophen *Christian v. Ehrenfels* expliziert. *Christian v. Ehrenfels* hielt zwar noch an dem Begriff »Element« ausdrücklich fest, postulierte aber Eigenschaften von Gestalten, die aus ihren Teilen nicht abgeleitet werden können. Den Leitsatz »Das Ganze ist mehr als die Summe seiner Teile« veranschaulichte er am Beispiel der Melodie, die als »Verlaufsgestalt« nicht mit der (additiven) Summe der einzelnen Töne gleichzusetzen ist, sondern wesentlich durch deren Zueinander, deren Struktur bestimmt ist (»Übersummativität«), die bei der Übertragung in eine andere Tonart sogar erhalten bleiben kann (»Transponierbarkeit«). Diese überörtlichen Eigenschaften von Gestalten, Übersummativität und Transponierbarkeit, werden seitdem als Gestaltkriterien oder im Andenken an *Christian von Ehrenfels* als Ehrenfelskriterien bezeichnet. – Die Väter der Gestalttheorie im engeren Sinne sind *Max Wertheimer, Wolfgang Köhler* und *Kurt Koffka,* welche die nach dem Ort des gemeinsamen Schaffens von *Wertheimer* und *Köhler* benannte »Berliner Schule« der Gestalttheorie gründeten, der sich dann später *Kurt Lewin* anschloß. *Wertheimers* (1912, 1922, 1923) Verdienst lag in der Erkenntnis, daß beim Zusammenschluß von Teilen zu Ganzen nicht nur neue Eigenschaften entstehen, (»Gestaltqualitäten« nach *Chr. v. Ehrenfels*), daß die Teile darüber hinaus in dem jeweiligen Ganzzusammenhang unter Umständen etwas völlig Neues darstellen. So wird etwa ein und derselbe Tisch in verschiedenen Wahrnehmungszusammenhängen (Möbellager, Wohnung, Stall, Wald) bemerkenswerte phänomenale Veränderungen erleiden, ähnlich wie ein Mensch durch Eintritt in eine neue soziale Gruppe (Berufswechsel, Ehe, Bande) durchgreifende seelische Veränderungen durchmachen kann – Tatsachen, die allen assoziationistischen und elementaristischen Erklärungsversuchen hohnlachen. – *Wolfgang Köhler* ging der Frage nach, ob die (phänomenalen) Gestalten ein physikalisches Gegenstück haben, eine Frage, die er 1920 theoretisch bejahte. Er ist seitdem der Psychophysiker der Gestalttheorie. – Diese knappe Übersicht ist abzurunden durch den Hinweis auf die Arbeiten von *Kurt Koffka* zur Allgemeinen Psychologie und zur Entwicklungspsychologie

(1922, 1966), *Kurt Lewins* zur Sozial-, Affekt- und Willenspsychologie (1926, 1972) und schließlich *Wolfgang Metzgers* zur Wahrnehmungspsychologie und zu verschiedenen Problemen der Pädagogischen Psychologie (1962, 1967, 1971, 1975); *Metzger* ist ebenfalls eine umfassende Gesamtdarstellung der Gestalttheorie zu verdanken (1963). Über den neusten Stand der Gestalttheorie informiert der Sammelband von *Ertel, Kemmler und Stadler* (1975).

Von den Grundgedanken der Gestalttheorie, die im Rahmen eines theoretischen Begründungsversuches der Integrativen Pädagogik diskutiert werden müssen, wird in den folgenden Abschnitten dieses Aufsatzes die Rede sein. Zum besseren Verständnis sollen noch kurz Begriffe der Gestalttheorie geklärt werden, die von allgemeiner Bedeutung sind.

Von *Gestalten* wird in zweierlei Bedeutung des Wortes gesprochen: in einer gegenständlichen (»Ich sehe zwei verdächtige Gestalten«) und in einer eigenschaftlichen (»Sie ist von zarter Gestalt«). Die Gestalttheorie beschäftigt sich dementsprechend einmal mit den überörtlichen Ganzheiten als solche und zweitens mit deren Aufbau, Gefüge, Struktur, eben mit deren Gestalt. In beiden Fällen sind Sachverhalte gemeint, die man nicht als bloße Und-Summe ihrer Elemente begreifen kann. Die *Gestalteigenschaften* (»Gestaltqualitäten«) lassen sich aufteilen in Wesens- oder Ausdruckseigenschaften (anheimelnd, häßlich), in Eigenschaften der Struktur oder des Gefüges (symmetrisch, verzerrt) und in solche des Materials (glatt, blaß). Es zählen zu ihnen auch die dynamischen Gestalteigenschaften oder Richtungseigenschaften (vgl. *Guss*, 1977), welche die Kräfteverhältnisse innerhalb der jeweiligen Gestalt bezeichnen (bewegt, spannungsvoll). Letztere schließen die pädagogisch und therapeutisch hochbedeutsamen Kategorien »Wert« und »Sinn« ein. Unter *Gestaltfaktoren* (Gestaltgesetze) sind die Gesetzmäßigkeiten zu verstehen, nach denen sich Teile zu Ganzheiten zusammenschließen; von ihrem Wirken wird sich der unbefangene Beobachter beim Anblick des Sternhimmels anschaulich überzeugen können. Der Begriff *Gestalttendenz*, der hier schließlich noch anzuführen ist, bezeichnet den Umstand, daß beim Zusammenschluß von Teilen zu Ganzem von mehreren möglichen Ordnungen der jeweils prägnantesten (»ausgezeichneten«) der Vorzug gegeben wird. Insofern sind Gestaltgesetze immer Prägnanzgesetze. Das Erreichen eines solchen ausgezeichneten Endzustandes wird dabei nicht unbedingt durch starre Festlegungen und Leitungen gewährleistet. Prägnante Ordnungen können dem freigeordneten Kräftespiel der Gestalt entspringen. Als Beispiel für Gestalten in diesem dynamischen Sinne mag der Wassertropfen dienen, der aus eigenen Kräften entsteht und (innerhalb gewisser Grenzen) Störungen aus eigenen Kräften auszugleichen vermag. Dem Tropfen als Gestalt kann man die Kugel als feste Form gegenüberstellen.

3. Der Kritische Realismus

Der Kritische Realismus (vgl. *Bischof*, 1966; *Schneider*, 1967) ist die erkenntnistheoretische Grundlage oder die Meta-Theorie der Gestalttheorie und hat sich auf der anderen Seite aber in wesentlichen Teilen und in manchen gedanklichen Verästelungen gerade dank der gestalttheoretischen Forschung und der dabei auftretenden Begründungsprobleme entwickelt. Ohne diesen – keineswegs leicht verständlichen – erkenntnistheoretischen Ansatz bleiben zahlreiche Phänomene namentlich des psychologisch-pädagogischen Bereichs unbegreiflich, hängen gewissermaßen im luftleeren Raum, was in der Wissenschaftsgeschichte zu mancherlei Kuriositäten geführt hat (z. B. die Philosophie des »Als Ob«, *Vaihinger*, 1927). Die Zielsetzung dieses Beitrages gebietet, kritisch-realistisches Denken zumindest in seinen Grundzügen vorzustellen, um seinen Ansatz auch für die Integrative Pädagogik fruchtbar zu machen; denn wenn sie die Gestalttheorie zu einer ihrer wichtigsten theoretischen Quellen macht, übernimmt sie damit deren metatheoretische Implikationen[3].

Im Kern beinhaltet der Kritische Realismus die auf den ersten Blick überflüssig erscheinende, bei eingehenderer Betrachtung aber zwingende Aufspaltung der Wirklichkeit in zwei Bereiche oder Aspekte: den *phänomenalen* (anschaulichen) und den *physikalischen* (erlebnisjenseitigen). Die Wahrnehmung des vor mir stehenden Tintenfläschchens beispielsweise hat einen Doppelaspekt: einmal die physikalische Reizgrundlage (Lichtwellen bestimmter Intensität, Länge etc.), die ich als solche *nicht* erlebe, und zweitens das Phänomen Tintenfläschchen, also das, was ich sehe (erlebe). Die Beziehungen zwischen diesen beiden Wirklichkeitsebenen sind dabei keineswegs eindeutig. Zwar zeigen physikalische und phänomenale Wirklichkeit gewisse strukturelle Ähnlichkeiten, Übereinstimmungen, Gestaltverwandschaften (»Isomorphie-Theorem« nach *Köhler*, 1920), doch lassen sie oft genug exakte Entsprechungen vermissen. Dessenungeachtet gebührt beiden Wirklichkeiten die gleiche Aufmerksamkeit und der gleiche wissenschaftliche Ernst bei ihrer Erforschung, dies auch dann, wenn man bei Tatbeständen unserer phänomenalen Welt vergeblich nach physikalischen Gegenstücken, Grundlagen und Ursachen sucht und sich solche auch nur schwer vorstellen kann. Zwischenmenschliche Phänomene wie Zuneigung, Liebe, Sympathie, Kameradschaft, Mitleid, Verantwortung, Gefühle der Zugehörigkeit und der seelischen Verbundenheit sind im phänomenalen Sinne *wirklich*, völlig unabhängig davon, daß die Annahme entsprechender physikalischer Anziehungs- oder Abstoßungskräfte eher verwegen anmutet. Die zentralnervösen Regionen, auf denen sich Individuum und Umwelt, die Beziehung des Ich zur gegenständlichen und sozialen Umwelt »abbilden«, auf denen sich die physikochemischen Prozesse abspielen, die sich zu unseren anschaulichen Person-Umwelt-Bezügen umsetzen, hat *Köhler* (1920) das »psychophysische Niveau« getauft.

Es ist hier nicht der Platz, die Entstehungsgeschichte des Kritischen Realismus aufzurollen und die gedanklichen Engpässe zu schildern, aus denen er herausgeholfen hat. Dem besseren Verständnis des Kritischen Realismus wird es aber dienen, einige Worte zur Leistungsfähigkeit dieses Ansatzes zu sagen.

Aus dem kritisch-realistischen Ansatz ergeben sich einige Begriffsverdoppelungen, die unentbehrlich sind, wenn man psychologisch-pädagogisch bedeutsame Sachverhalte angemessen beschreiben und erklären will. Neben anderem ist dies die Unterscheidung der physikalischen und der phänomenalen Bedeutungen der Begriffe »Reiz« und »Reaktion« (vgl. *Metzger*, 1963, 295 f.). Vermengt man diese grundverschiedenen Sachverhalte, dann zahlt man für die solchermaßen erkaufte begriffliche Sparsamkeit einen hohen Preis: die zu erklärenden Phänomene werden auf einen nebensächlichen, unter Umständen sogar irreführenden Teilgesichtspunkt verkürzt. (Beispiel: Nach *Watson* ist das Denken nichts anderes als eine nach innen verlegte Kehlkopfreaktion; nach *Freud* ist Liebe nichts anderes als die Reizung gewisser Sinneszellen.) Es führt weiter auf Abwege und zu absurden Schlußfolgerungen, wenn man erzieherische Belohnungen und Bestrafungen einfach mit gespendeter Lust bzw. zugefügter Unlust gleichsetzt, statt diese quasi-physikalischen Kategorien von Belohnungen und Bestrafungen im phänomenalen Sinn, also dem, was Lust oder Unlust erst zum Erziehungsmittel werden läßt, klar abzusetzen (vgl. hierzu *Guss*, 1975 a).

4. Einige Bemerkungen zum Problem der Freiheit

Wenn es um Fragen der Erziehung geht, dann interessieren aus gestalttheoretischer Sicht dabei vor allem die Tendenzen und Verlaufsformen, die an diesem Geschehen zu beobachten sind. Von entscheidender Bedeutung ist dabei die Erkenntnis, daß es – neben anderen – Geschehensverläufe gibt, deren Ordnung und Verlaufsstruktur durch die innere Dynamik der betreffenden Gestalten (offenen Systeme) selbst zustande kommt (vgl. hierzu *Metzger*, 1963, Kap. 6). Ermöglicht wird dies durch die Rückwirkung des Geschehens auf sich selbst. Die in Gestalten, Systemen, »Systemgestalten« (*I. Kohler*, 1967), »Gestaltkreisen« (*V. v. Weizsäcker*, 1940) herrschende dynamische Wechselwirkung geht über die Rückkoppelungsprozesse in kybernetischen Systemen hinaus, da in ersteren die fraglichen Normen, Standards oder Soll-Werte aus der inneren Dynamik des Geschehens selbst zu entstehen vermögen und nicht von außen festgesetzt zu werden brauchen. Die hierdurch begründete Entwicklungs- und Differenzierungsfähigkeit des Menschen, aber auch seine Entwicklungs- und Differenzierungs*willigkeit* läßt sich unter mehr formalen und erkenntnistheoretischen Gesichtspunkten als Gerichtetheit, Zielstrebigkeit (*v. Bertalanffy*, 1957) und Finalität (*Alfred Adler*) bezeichnen; sie hängt eng zusammen mit dem von *Köhler* (1920) entwickelten Begriff des Fließgleichgewichts (stationärer Zustand, steady state), der es erlaubt, Aktivität und Entwicklung als Normalzustand aufzufassen (im Gegensatz zu dem passiven Ruhegleichgewicht). Die pädagogische Bedeutung dieser Erkenntnisse liegt auf der Hand: es ist grundsätzlich nicht unumgänglich, die Ziele der Erziehung (und auch solche des Unterrichts) an die zu Erziehenden und an die mit Erziehung Beauftragten gewissermaßen von außen heranzutragen und die zu Erziehenden einer bestimmten Vorstellung oder Norm gemäß zu formen. Ordnung und Freiheit schließen einander nicht aus; im Gegenteil scheinen alle Versuche, Ordnung zu erzwingen, den Keim des Scheiterns in sich zu tragen.

Die Unabhängigkeit frei geordneten Geschehens von Festlegungen, Kanälen, Leitungen und Zwängen begründet die Fähigkeit des Menschen, auf verschiedenen Wegen zum gleichen Ziel zu gelangen (»Äquifinalität«); es ist dies ein Recht des jungen Menschen, das bereits *Rousseau* gefordert hat und das sich mit dem heute so beliebten Streben nach technologischer Perfektion schlecht verträgt.

Das frei geordnete Kräftespiel in Gestalten und offenen Systemen wirft einiges Licht auf die Bedeutung, die der Begriff der Integration im Zusammenhang mit Erziehungsfragen haben kann. Systemen der eben genannten Art wohnt die Fähigkeit inne, Störungen und Abweichungen vom Optimalzustand aus eigenen Kräften auszugleichen. Dies setzt voraus, daß die im Spiel befindlichen Kräfte entgegengerichtet sind (negatives Feed-back). Der Seiltänzer, der aus dem Gleichgewicht zu geraten droht, sich aber noch rechtzeitig fängt, mag hier als Beispiel dienen: die Abweichung aus seiner Optimallage ruft eine Bewegung in entgegengesetzter Richtung hervor. In erzieherischer Hinsicht ist es daher möglich und sinnvoll, »abweichendes Verhalten« nicht zu ahnden und zu verdammen, sondern mit erhöhter Zuwendung zu bedenken – oder sagen wir einfach: auf Haß mit Liebe zu antworten. Beispiele und Erfahrungen, welche den Erfolg dieses Weges belegen, sind den Berichten über freie Erziehung zu entnehmen (*Neill*, 1970; *Ritter*, 1972) und auch den Schriften von *Rogers*, der den Grundsatz freien dynamischen Geschehens in der Psychotherapie (1973) und in der Erziehung (1974) verwirklicht hat.

Die dynamische Wechselwirkung und Gerichtetheit des Geschehens in Gestalten und Systemen (zu denen nicht nur der einzelne Mensch, sondern ebenso das Erzieher-Zögling-Verhältnis als überindividuelles System zählt) sind in zweifacher Hinsicht von Wichtigkeit. Zunächst kennzeichnen sie die Vorgänge im Individuum selbst; hier ist zu denken an die Prozesse der Selbstregulation (Kleidung, Schlafenszeiten, Nahrungsaufnahme, Reinlichkeit), die sich ohne alle – meist nur schädlichen – äußeren Einwirkungen und Einmischungen vollziehen. *Maria Montessori* (1968) vor allem hat in ihrer mehr intuitiven Art diese Fähigkeit des Kindes erkannt und sich in ihrer Arbeit vom Vertrauen in diese Fähgikeit leiten lassen. In bezug auf das pädagogische Verhältnis (*Petersen*, 1932; *Stach*, 1975) besagt frei geordnetes Geschehen, daß dieses Verhältnis von Maßnahmen des Zwanges, des Drills, der Dressur freigehalten werden kann und freizuhalten ist, da diese Mittel der natürlichen Dynamik innerhalb überindividueller Systeme zuwiderlaufen (zur wissenschaftstheoretischen Seite dieses Problems vgl. *Guss,* 1975b, zu den didaktischen Implikationen die »Schöpferische Freiheit« von *Metzger,* 1962). – Integration hat in dynamischer Hinsicht mithin sowohl einen intra- als auch einen interindividuellen Aspekt.

5. Mechanistische und Humanistische Psychologie

Um das Konzept der Integrativen Pädagogik und seine Begründung von der wissenschaftstheoretischen und erkenntnistheoretischen Seite aus abzuklären, bedarf es eines kurzen Eingehens auf den mechanistischen und den humanistischen Ansatz der Psychologie.

Die *Mechanistische* Psychologie ist aus dem Bemühen der Psychologie entstanden, sich von der Philosophie zu lösen, sich nicht mehr mit Spekulationen und Deutungen seelischen Geschehens zu begnügen, sondern dieses erfahrungswissenschaftlich zu erforschen. Dem Vorbild der Naturwissenschaften folgend, bevorzugte sie dabei die induktive Methode und setzte sich zum Ziel, die kleinsten Einheiten (»Elemente«) seelischen Geschehens und seelischer Tatbestände zu analysieren. Größere übergeordnete Einheiten wurden demgemäß als Zusammenfügung, Verbindung, Verknüpfung solcher kleinster seelischer Einheiten aufgefaßt. Der weitere Schritt bestand folgerichtig darin, die Gesetzmäßigkeiten zu erforschen, nach denen diese Verknüpfungen zustande kommen. Diesen Bemühungen lag die Überzeugung zugrunde, daß solche Verbindungen dem Prinzip der *Newton*schen linearen Kausalität folgen und daß sich seelisches Geschehen daher völlig erklären, völlig beeinflussen und völlig vorhersagen läßt. Grundlegend für die Mechanistische Psychologie ist das Modell einer Maschine, die aus einer Anzahl voneinander unabhängiger Teile besteht, die durch raum-zeitliche Verbindung dieser Teile und durch von außen zugeführte Energie erst in Gang gebracht und in Gang gehalten wird, die sich von allein nicht regulieren (jedenfalls nicht über einen eingegebenen Standard hinaus) und die sich nicht aus eigenen Kräften weiterentwickeln kann, sondern immer einen Überwacher, einen Konstrukteur und Ingenieur braucht. Ein solches Modell läßt, sofern man es auf den Menschen überträgt, gar keine andere Art der Menschenbehandlung zu als die technologische. Zum Ziel setzt man sich dabei nicht die ganzheitliche Betrachtung des Menschen und die Erfassung überindividueller Bezüge, sondern die Formung eines bestimmten Verhaltens (»shaping«), das von einer beliebigen Autorität vorgeschrieben wird. Den schärfsten Ausdruck findet mechanistisches Denken in den sogenannten Theorien des Lernens und Verhaltens (*Watson,* 1968; *Skinner,* 1938, 1971) sowie in den entsprechenden pädagogischen Entwürfen (in Deutschland z. B. *Correll,* 1971). Insofern Integrative Pädagogik sich auf den *ganzen* Menschen bezieht (und nicht nur auf bestimmte Verhaltensausschnitte), insofern Integrative Pädagogik die Durchdringung und Verschmelzung aller am Erziehungsvorgang Beteiligten bedeutet (und nicht die dynamisch eingleisige Beeinflussung des einen durch den anderen), insofern schließen sich Integrative Pädagogik und Mechanistische Psychologie aus.

Die *Humanistische* Psychologie (*Maslow,* 1961; *Ch. Bühler* und *Allen,* 1974) wurde 1962 von *Maslow* ins Leben gerufen und bezeichnet seitdem die »Dritte Kraft« der Psychologie, die sich von den behavioristischen und psychoanalytischen Spielarten mechanistischen Denkens abhebt. Humanistische Psychologie verfolgt das Anliegen, neben dem äußerlich wahrnehmbaren und objektiv registrierbaren Verhalten das menschliche Erleben, Vorstellung, Phantasie, Wahrnehmung, Ängste, Fürsorge, Liebe, Träume, Wert- und Sinnbezüge, also für das Verständnis menschlichen Seins ganz unverzichtbare Inhalte, wissenschaftlich zu untersuchen. Humanistisches Welt- und Menschenverständnis folgt der ganzheitlichen Betrachtungsweise der Gestalttheorie. Der Mensch wird nicht als »black box«, als »leerer Organismus« (vgl. *Ashby,* 1961) betrachtet, sondern als handelndes, auf seine Umwelt einwirkendes Wesen. Er ist wohl von seiner Umwelt abhängig, er gestaltet diese Umwelt aber auch selbst. Erst diese – von *Lewin* (1951) unermüdlich betonte – Doppelrolle des Menschen als Wirkender und Bewirkter begründet die »pädagogische Situation«, die phänomenale Grundkategorie der Erziehung, die eine Mechanistische Psychologie nicht zu erklären, streng genommen nicht einmal als ein Stück Wirklichkeit zu begreifen vermag. Die Annahme der Zielstrebigkeit menschlicher Aktivität, welche die Humanistische Psychologie in den Mittelpunkt rückt (*v. Bertalanffy,* 1951; *Ch. Bühler* und *Massarik,* 1969), bedeutet das Bezogensein einzelner Teilhandlungen auf die phänomenalen Kategorien »Sinn« (*Frankl,* 1972; *Maslow,* 1959, 1964) oder »Absicht« (*Lewin,* 1926; *Miller, Galanter, Pribram,* 1973); sie ist eine gerade für das Verständnis *und* die Erklärung menschlichen Handelns hochbedeutsame dynamische Gestaltqualität. Sosehr untersuchungsbedürftig die Grundannahmen der Humanistischen Psychologie auch noch sein mögen – es sind keine Spekulationen, sondern Annahmen, die naturwissenschaftliche Würde in Anspruch nehmen dürfen (*v. Bertalanffy,* 1950, 1953; *Matson,* 1969; *Polanyi,* 1958).

Humanistische Psychologie und Integrative Pädagogik stimmen in vielen Grundzügen überein. Beide wenden sich gegen die Vorstellung vom Menschen, der durch Verstärkungen zu formen, der mit Daten zu füttern ist, der – kurz gesagt – »gemacht« werden muß. Beide sehen den Menschen als handelndes, als wollendes Wesen, als Wesen, das den Herausforderungen seiner Welt begegnet und Wagnisse riskiert, beide sehen den *ganzen* Menschen.

6. Was heißt Integration?

In einem Aufsatz über die Grundlagen der Integrativen Pädagogik wird man nicht darauf verzichten können, den Begriff Integration (von lat. *integer* = ganz, vollständig, unversehrt) etwas mit Inhalt zu füllen.

Er stammt von *Janet* und bedeutet nach *Dorsch* (1976, 277) »das einheitliche Zusammenwirken mit gegenseitiger Durchdringung der verschiedenen psychischen Prozesse«, nach *Strunz* (1970, 1323) »die wechselseitige Durchdringung seelischer Funktionen«, er bezieht sich nach *Lichtenstein-Rother* (1970, 300) auf das »Verhältnis von Vielheit und Einheit in einem gegliederten Ganzen« und meint die »Herstellung oder Wahrung des Zusammenhangs, der Gemeinsamkeit, der Einheit«. Das Wesentliche dieser und anderer Definitionsversuche ist das Aufeinanderbezogensein und Miteinanderverschmolzensein der Teilbereiche, also der System- und Ganzheitscharakter der integrierten Einheiten gegenständlicher oder sozialer Art. Wie weiter oben bereits angedeutet wurde, läßt sich Integration als intraindividueller und als interindividueller Sachverhalt auffassen. Im intraindividuellen Sinne spricht etwa *Jaensch* (1929) von integrierten und desintegrierten Persönlichkeitstypen, die er nach dem Grad der Durchdringung bzw. Abkapselung ihres Denkens, Fühlens und Wollens unterscheidet. Interindividuelles ist gemeint, wenn man von »sozialer Integration« spricht und damit (im Gegensatz zur Segregation) gemeinsames Erleben, die Übernahme gemeinsamer Ordnungen und Normen, die Verfolgung gemeinsamer Ziele beschreibt (vgl. »Sozialintegral« nach *Hellpach,* 1933).

In *schulisch-organisatorischer* Hinsicht kennzeichnet der Begriff Integration die Projekte der Einheitsschule, der miteinander verwobenen (»integrierten«) Schul- und Ausbildungssysteme.

Den *pädagogischen* Integrationsbegriff umreißt *Lichtenstein-Rother* (1970, 300) wie folgt: Es sei für ihn kennzeichnend, heißt es, »daß seit der reformpädagogischen Bewegung das Erziehungs- und Unterrichtsgeschehen vorwiegend als ein ganzheitlicher Lebenszusammenhang aufgefaßt wird und daß, beeinflußt durch Psychologie und Soziologie, die soziale Komponente alles Lernens und die erzieherische Bedeutung des Gruppengeschehens erkannt wurde, so daß eine integrationsbetonte Führung der Klasse sowie sozialintegratives Verhalten des Lehrers einen Erziehungsstil fordert, bei dem Lehrer und Schüler auf gemeinsame Ziele hinarbeiten.«

7. Zusammenfassung

Der Verfasser hat sich die Aufgabe gestellt, die gestalttheoretischen Grundlagen integrativer Pädagogik darzulegen. Erforderlich und sinnvoll erschien dieses Vorhaben, da die theoretischen und erkenntnistheoretischen Grundlagen der Integrativen Pädagogik selten expliziert worden sind; zudem soll dieser Aufsatz zum besseren theoretischen Begreifen der übrigen Beiträge dieses Buches beitragen.

Unter Gestalttheorie ist eine psychologische Schule zu verstehen, in deren Vordergrund die Frage nach der *Ordnung* menschlichen Erlebens und Verhaltens steht. Kennzeichnend ist dabei die *ganzheitliche Betrachtungsweise* ihres Gegenstandes.

Die Gestalttheorie fußt auf dem *Kritischen Realismus*, der die Aufteilung der Wirklichkeit in einen phänomenalen und einen physikalischen Aspekt verlangt. Ohne diese Unterscheidung können eine Reihe – gerade für das Anliegen Integrativer Pädagogik wichtiger – Phänomene theoretisch nicht gefaßt werden.

Innerhalb von Gestalten und offenen Systemen gibt es Geschehensarten, die sich aus der inneren Dynamik des Geschehens selbst ordnen, differenzieren und regulieren. Dieses *frei geordnete Kräftespiel* ermöglicht in der Erziehung den grundsätzlichen Verzicht auf Maßnahmen des Zwanges. Die freie Dynamik innerhalb überindividueller Systeme ist eine wesentliche Grundlage Integrativer Pädagogik.

Die gegenwärtigen Strömungen der Psychologie lassen sich in einen *mechanistischen* und einen *humanistischen* Ansatz aufteilen. Mechanistisches Denken und Integrative Pädagogik schließen sich aus, während das humanpsychologische Menschenbild (Systemcharakter, Zielstrebigkeit des Menschen) die Grundzüge Integrativer Pädagogik untermauert.

Es wurden schließlich die psychologischen und pädagogischen Bedeutungsvarianten des Begriffs Integration besprochen.

Ziele und Leitideen einer Erziehung, die den ganzen Menschen im Blick hat, die ihn und seine Umwelt als integriertes Ganzes sieht, hat *Jean Paul* schöner und treffender auszudrücken vermocht, als es dem Verfasser gegeben ist. Er soll hier daher zu Wort kommen:

»Einzelne Regeln ohne den Geist der Erziehung sind ein Wörterbuch ohne Sprachlehre; nicht nur kann kein bloßes Regelbuch die Unendlichkeit der Einzelwesen und der Verhältnisse erschöpfen, sondern dasselbe würde, gesetzt es sei vollendet, doch einer Heillehre ähnlich sein, welche nur gegen die einzelnen Ansichten einer Krankheit stritte. Aber dies taugt nicht! Ungleich dem gewöhnlichen Erzieher begieße nicht die einzelnen *Zweige*, sondern die *Wurzel*, die jene schon wässern und entfalten wird! Weisheit, Sittlichkeit sind kein Ameisenhaufen abgetrennter zusammentragender Tätigkeiten, sondern organische Eltern der geistigen Nachwelt, welche bloß der weckenden Nahrung bedürfen. Wir kehren die Unwissenheit der Wilden, welche Schießpulver *säten*, anstatt es zu *machen*, bloß um, wenn wir etwas *zusammensetzen* wollten, was sich nur *entfalten* läßt« (1948, 24).

Anmerkungen

1 Der Begriff Gestalt*psychologie* unterschlägt den verallgemeinernden Charakter der Gestalttheorie; er ist zudem wissenschaftsgeschichtlich weniger korrekt. Die *Ganzheitspsychologie* hat mit der Gestalttheorie vieles gemein, grundsätzlich hat sie sich aber *neben* der Gestalttheorie entwickelt.

2 Zur Problematik des psychologischen Schulbegriffs vgl. *Metzger* (1973) und *Guss* (1977).

3 Es sei darauf verwiesen, daß die Integrative Pädagogik in starkem Maße auf der wissenschaftstheoretischen Position *Merleau-Pontys* basiert und seiner Rezeption,

Kritik und philosophisch-anthropologischen Entfaltung der Gestalttheorie. Auch seine Kritik an der Position des Realismus wird berücksichtigt. Bekanntlich nimmt *Merleau-Ponty* eine wissenschaftstheoretische Position ein, die als »synthetisch« oder »integrativ« gekennzeichnet werden kann. Eine »zwingende Aufspaltung der Wirklichkeit« (*Guss*) ergibt sich von dieser Position her nicht, allenfalls eine Unterscheidung von Aspekten in der »Einheit der wahrgenommenen Wirklichkeit« (vgl. *W. Müller,* Etre-au-monde. Grundlinien einer philosophischen Anthropologie bei Merleau-Ponty, Bonn 1975 – Anmerkung von H. Petzold).

Literatur

Ashby, R., An introduction to cybernetics, London 1961.

Bertalanffy, L. v., The theory of open systems in physics and biology, Science, 111, 1950, 23–29.

–, Theoretische Biologie, Bern 1951.

–, Biophysik des Fließgleichgewichts, Braunschweig 1953.

–, Allgemeine Systemtheorie, Deutsche Universitätszeitung, 12, 1957, 8–12.

Bischof, N., Erkenntnistheoretische Grundlagenprobleme der Wahrnehmungspsychologie, in: *Metzger, W.*, und *Erke, H.* (Hrsg.), Wahrnehmung und Bewußtsein, Hdb. d. Psychol., Bd. I/1, Göttingen 1966, 21–78.

Bühler, Ch., und *Allen, M.*, Einführung in die Humanistische Psychologie, Stuttgart 1974, erstm. 1972.

Bühler, Ch., und *Massarik, F.* (Hrsg.), Lebenslauf und Lebensziele. Studien in humanistisch-psychologischer Sicht, Stuttgart 1969.

Correll, W., Pädagogische Verhaltenspsychologie, München 1971, erstm. 1964.

Dorsch, F., Psychologisches Wörterbuch, Bern, Stuttgart, Wien 1976.

Ehrenfels, Chr. v., Über »Gestaltqualitäten«, Vierteljahrsschr. f. Wiss. Philos., 3, 1890, 249–291.

Ertel, S., *Kemmler, L.*, *Stadler, M.* (Hrsg.), Gestalttheorie in der modernen Psychologie, Darmstadt 1975.

Frankl, V. E., Der Mensch auf der Suche nach dem Sinn, Breisgau 1972.

Guss, K., Psychologie als Erziehungswissenschaft. Eine theorienkritische Untersuchung des Themas Lohn und Strafe, Stuttgart 1975a.

–, Erziehungsziel und Erziehungsmittel, in: *Guss, K.* (Hrsg.), Gestalttheorie und Erziehung, Darmstadt 1975b.

–, Einführung in die Gestalttheorie, in: *Guss, K.* (Hrsg.), Gestalttheorie und Fachdidaktik, Darmstadt 1977.

Hellpach, W., Elementares Lehrbuch der Sozialpsychologie, Berlin 1933.

Jaensch, E. R., Grundformen menschlichen Seins, Berlin 1929.

Jean Paul, Levana oder Erzieh-Lehre, Stuttgart 1948.

Köhler, W., Die physischen Gestalten in Ruhe und im stationären Zustand, Braunschweig 1920.

Koffka, K., Perception; an introduction to the Gestalt-Theory, Psychol. Bull., 19, 1922.

–, Die Grundlagen der psychischen Entwicklung, Darmstadt 1966, erstm. 1921.

Kohler, I., Gestaltbegriff und Mechanismus, in: *Weinhandl, F.* (Hrsg.), Gestalthaftes Sehen, Darmstadt 1967.

Lewin, K., Vorsatz, Wille und Bedürfnis, Psychol. Forschung, 7, 1926, 330–385.

–, Feldtheorie in den Sozialwissenschaften, Bern, Stuttgart 1972, erstm. 1951.
Lichtenstein-Rother, I., Stichwort: Integration, in: *Rombach, H.* (Hrsg.), Lexikon der Pädagogik, Freiburg, Basel, Wien 1970.
Maslow, A. H., New knowledge in human values, New York 1959.
–, Toward a psychology of being, Princeton 1961.
–, Religion, values and peak-experiences, Columbus 1964.
Matson, F. W., Rückkehr zum Menschen, Freiburg 1969, erstm. 1964.
Metzger, W., Schöpferische Freiheit, Frankfurt a. M. 1962.
–, Psychologie, Darmstadt 1963, erstm. 1940.
–, Stimmung und Leistung, Münster 1967, erstm. 1957.
–, Psychologie in der Erziehung, Bochum 1971.
–, Gibt es noch psychologische Schulen?, West. Päd. Beitr., 25, 1973, 314–325.
–, Gesetze des Sehens, Frankfurt a. M. 1975, erstm. 1936.
Miller, G. A., Galanter, E., Pribram, K. H., Strategien des Handelns, Stuttgart 1973, erstm. 1960.
Montessori, M., Grundlagen meiner Pädagogik, Heidelberg 1968.
Neill, A. S., Theorie und Praxis der antiautoritären Erziehung, München 1970, erstm. 1960.
Perls, F. S., Gestalt-Therapie in Aktion, Stuttgart 1974.
Petersen, P., Pädagogik, Berlin 1932.
Petzold, H. G., Psychotherapie und Körperdynamik, Paderborn 1974.
Polanyi, M., Personal knowledge, Chicago 1958.
Ritter, P., und *Ritter, J.*, Freie Kindererziehung in der Familie, Reinbek 1972, erstm. 1959.
Rogers, C. R., Entwicklung der Persönlichkeit, Stuttgart 1973.
–, Lernen in Freiheit, München 1974, erstm. 1969.
Schneider, F., Kennen und Erkennen, Bonn 1967.
Skinner, B. F., The behavior of organisms, New York 1938.
–, Beyond freedom and dignity, New York 1971.
Stach, R., Die konstituierenden und erschließenden Momente der pädagogischen Situation, in: *Guss, K.* (Hrsg.), Gestalttheorie und Erziehung, Darmstadt 1975.
Strunz, K., Stichwort: Integration, in: *Horney, W., Ruppert, J. P., Schultze, W.* (Hrsg.), Pädagogisches Lexikon, Gütersloh 1970.
Vaihinger, H., Die Philosophie des als ob, Leipzig 1927.
Walter, H. J. P., Der gestalttheoretische Ansatz in der Psychotherapie, in: *Guss, K.* (Hrsg.), Gestalttheorie und Erziehung, Darmstadt 1975.
–, Gestalttheorie und Psychotherapie, Darmstadt 1977.
Watson, J. B., Behaviorismus, Köln, Berlin 1968, erstm. 1930.
Weizsäcker, V. v., Der Gestaltkreis, Frankfurt 1973, erstm. 1940.
Wertheimer, M., Experimentelle Studien über das Sehen von Bewegungen, Z. f. Psychol., 61, 1912.
–, Untersuchungen zur Lehre von der Gestalt, Psychol. Forschung, 1, 1922; Psychol. Forschung, 4, 1923.

Kapitel 5
Klaus W. Vopel

Lernen zwischen Thema und Interaktion
Die Themenzentrierte Interaktion nach Ruth C. Cohn

Vorbemerkung

Ich freue mich, daß ich an dieser Stelle das System der Themenzentrierten Interaktion (TZI) darstellen und darüber nachdenken darf. Meine erste Begegnung mit der themenzentrierten interaktionellen Methode (TIM), wie dieses Gruppenverfahren damals genannt wurde, fand im Jahre 1971 statt. Ich beschäftigte mich mit der Hochschuldidaktik und war auf der Suche nach wirksamen Lernverfahren, die für studentische Lerngruppen hilfreich sein könnten. Ich war damals fasziniert insbesondere von dem persönlichen Charisma *Ruth Cohns* und ihrem brillanten Stil, themenzentriert interaktionelle Gruppen zu leiten. Ich verdanke *Ruth Cohn,* ihrer Haltung als Gruppenleiterin und ihren Ansichten über die Leitung von Gruppen außerordentlich viel. Was ich davon assimilieren konnte, ist im wesentlichen: die Präsenz des Gruppenleiters im Sinne intellektueller und emotionaler Verfügbarkeit für sich selbst und die Teilnehmer, die Wertschätzung von Strukturen, die Freiheit ermöglichen, sowie das Konzept des Balancierens zwischen den verschiedenen Ansprüchen, die sich aus der Gruppenaufgabe, den Bedürfnissen von Gruppenmitgliedern und Gruppenleiter sowie dem Gruppenprozeß ergeben.

Was damals offenblieb bei meiner ersten Beschäftigung mit der TZI (vgl. *B. Genser* u. a., 1974), ist heute auch noch z. T. offengeblieben, nämlich die Frage: Auf welche Weise geschieht Lernen durch TZI und welche spezifischen Instrumente gibt sie dem Gruppenleiter an die Hand, um in seiner Gruppe planmäßig lebendiges Lernen zu ermöglichen?

Mit dieser Fragestellung blieb ich damals z. T. frustriert sitzen, und ich verdanke diesem Umstand den wichtigen Anstoß, mich intensiver mit anderen Lernverfahren der humanistischen Psychologie auseinanderzusetzen, insbesondere mit dem Gestalt-Awareness-Training, Psychosynthesis und Confluent Education. Aus dieser Beschäftigung heraus habe ich mich dann in den letzten Jahren eingehend mit Theorie und Praxis der Interaktionsspiele befaßt, in welchen ich heute eine wesentliche Ergänzungsmöglichkeit für die TZI sehe.

Im Augenblick bin ich neugierig, wohin mich die erneute Beschäftigung mit der TZI führen wird und zu welcher Einschätzung ich diesmal gelangen werde.

Das System der TZI

1. Der philosophisch-therapeutische Hintergrund des Systems

Als ich *Ruth Cohn* 1970 zum ersten Mal auf der Jahresversammlung des DAGG in Ulm traf, gab sie eine kurze Definition der TZI: »Die themenzentrierte interaktionelle Methode ist eine Verbindung von Stofflernen und Persönlichkeitsförderung.« Damit sind die beiden wichtigsten Quellen dieses Gruppenverfahrens angedeutet: einmal die pädagogische Tradition und zum anderen der therapeutische Bereich. Aus der pädagogischen Tradition stammt die Wertschätzung des Themas, das die Gruppenaufgabe präzisiert und auf diese Weise die intellektuelle und emotionale Energie der Teilnehmer auf einen Punkt konzentriert. Aus dem therapeutischen Bereich stammt die Betonung der Interaktion, und zwar sowohl im Innern jedes Gruppenmitgliedes als Kommunikationsprozeß zwischen den verschiedenen Persönlichkeitselementen (wie z. B. zwischen Kopf und Herz oder Herz und Hand etc.) als auch innerhalb der Gruppe als Kommunikationsprozeß zwischen den verschiedenen Gruppenmitgliedern. Was nun die Quellen des therapeutischen Hintergrundes anbelangt, so ist einmal die Psychoanalyse und das analytische Grundwissen der hervorragenden Gruppentherapeutin *Ruth Cohn* zu nennen, zum anderen die Gestalt-Therapie nach *Fritz Perls* und ihre Assimilation durch *Ruth Cohn*. Das grundlegende Arbeitsprinzip der Gestalt-Therapie, daß ich jederzeit für mich verantwortlich bin, findet sich z. B. in dem TZI-Axiom »Be your own chairman«, die gestalttherapeutischen Prinzipien »Ich-Sprache« und »Frustrationen von Klientenfragen« finden sich in TZI-Hilfsregeln wie: »Sprich per Ich« und »Vermeide nach Möglichkeit Fragen«. Die wichtige (früher in den Hilfsregeln enthaltene) Empfehlung »Beachte Signale aus deinem Organismus« dürfte ebenfalls durch die Gestalt-Therapie inspiriert sein.

In ihrem Denken geht *Ruth Cohn* von einer holistischen Philosophie aus. Für sie ist der Mensch eine Einheit aus Wahrnehmung, Gefühl und Denken. Die psychosomatische Existenz des Menschen integriert Vergangenheit und Zukunft im lebendigen bedeutungsvollen Augenblick. *Ruth Cohn* akzeptiert, daß der Mensch gewissen Kausalitätsgesetzen unterworfen ist, zugleich hat er für sie die Möglichkeit der freien Entscheidung. Er ist ein individuelles Wesen und gleichzeitig ein Glied der menschlichen Gesellschaft und Teil des Universums. Diese Gleichzeitigkeit von biologischer Autarkie (Ich bin eine Insel) und sozialer Abhängigkeit (Ich kann ohne Dialog mit einem Du nicht existieren) führt jeden von uns zu Konflikten, unerfüllten Wünschen und der Notwendigkeit, immer neu für unser inneres und äußeres Gleichgewicht zu sorgen. Aus diesen Annahmen folgt für *Ruth Cohn*, daß wir alle gleichzeitig autonom und interdependent sind. Das Bewußtsein meiner Autonomie kann mich zu einer realistischen Selbsteinschätzung, zu Selbstvertrauen und zur Partnerschaftsfähigkeit mit einem Du führen. Auf diese Weise unterscheidet sich Autonomie von Autismus und Selbstüberschätzung.

Das Bewußtsein meiner Interdependenz ermöglicht mir das Eingehen sozialer Bindungen, ohne meine persönliche Selbständigkeit aufzugeben. Im ständigen Geben und Nehmen in menschlichen Beziehungen unterscheidet sich Interdependenz von illusionärer Unabhängigkeit oder hilfloser Dependenz. Meine Persönlichkeitsentwicklung erfordert nun, daß ich mir mehr und mehr dieser beiden Daseinstatsachen bewußt werde, nämlich gleichzeitig autonom und interdependent zu sein.

2. Die beiden existentiellen Postulate

Aus ihren philosophischen Grundannahmen leitet *Ruth Cohn* zwei wichtige existentielle Postulate ab. Das erste Postulat heißt: »Sei dein eigener Chairman.« Dieses existentielle Postulat betont zweierlei, nämlich einmal meine Wahrnehmungsfähigkeit und zum anderen meine Verantwortlichkeit. Zunächst werde ich ermutigt, möglichst offen für meine eigenen Erfahrungen zu sein. Offenheit nach innen heißt, den Strom meiner Empfindungen und meines Bewußtseins wahrzunehmen, die Bedürfnisse meines Körpers zu erkennen und den Zugang zu den eigenen Ideen, Intuitionen, Werten, Plänen, Phantasien, Ängsten und Hoffnungen zu finden. Zugleich werde ich aufgefordert, diese gegebene innere Welt zu akzeptieren, ohne dabei meinen Wunsch nach bestimmten Veränderungen auszuschließen. Darüber hinaus bin ich aufgefordert, meine soziale Umwelt und ihre Ansprüche an mich wirklichkeitsgerecht und unverzerrt wahrzunehmen. Zum anderen betont das Chairman-Postulat, daß ich verantwortlich bin: »Nimm jede Situation als Angebot für deine Entscheidungen. Nimm und gib, wie du es verantwortlich für dich selbst und andere willst« (*Cohn*, 1975, 121). Für meine Teilnahme an einer Gruppe heißt das, daß ich aufgefordert bin, mir meiner Autonomie und Interdependenz bewußt zu werden unter Berücksichtigung meiner Bedürfnisse nach Selbstentfaltung und sozialem Kontakt. Ich werde also zu einer respektvollen Haltung jedem einzelnen Gruppenmitglied gegenüber aufgefordert und gleichzeitig ermutigt, mich verantwortlich an der Gestaltung der Gruppe zu beteiligen. Wenn ich mir bewußt bin, daß ich wichtig bin in der Gruppe und daß andere mit meiner Verantwortlichkeit rechnen, wird es mir leichter fallen, mit der funktionalen Autorität des Gruppenleiters auszukommen, und ich werde vielleicht auch williger sein, konstruktiv an der Gruppenaufgabe mitzuwirken. Die Beachtung dieses Postulats entlastet mich also ebenso vom Mitläufertum wie vom Revoltieren.

Das zweite existentielle Postulat lautet: »Beachte Hindernisse auf deinem Weg, deine eigenen und die von anderen. Störungen haben Vorrang (ohne ihre Lösung wird Wachstum erschwert oder verhindert)« (*Cohn*, 1975, 121).

Hier sind nun nicht allein Störungen gemeint, die in der Gruppe zwischen den Teilnehmern auftreten, sondern auch Konflikte, die ich in mir selbst entdecke. Wenn ich meine Konflikte als Ausdruck meiner Lebendigkeit anerkennen kann, kann ich mir leisten, gelegentlich nicht zu funktionieren. Ich werde dann die widersprüchlichen Stimmen in meinem Innern hören und sie alle zur Kenntnis nehmen. Dann kann ich mich fragen: Welcher dieser Stimmen will ich im Augenblick den Vorrang einräumen? Wenn ich meine inneren und äußeren Konflikte bewußt anerkenne, werden sie sich am leichtesten auflösen. Im Blick auf die Gruppeninteraktion bedeutet das, daß jeder Teilnehmer die Arbeit am Thema sofort unterbrechen soll, sobald er nicht wirklich mitarbeiten kann, um seine Störung auszudrücken. Die Störung bleibt so lange im Zentrum der Gruppendiskussion, bis das betreffende Mitglied sich in die Gruppenaktivität reintegriert hat. Es ist eine erstaunliche Tatsache, daß die Zeitverluste, die durch die anfangs häufige Bearbeitung von Störungen entstehen, bald aufgewogen werden durch eine wesentlich verstärkte Gruppenkohäsion und Arbeitsfähigkeit der ganzen Gruppe. Die hohe Wirksamkeit, die das Störungspostulat für eine lebensfreundliche und vitale Gruppenkultur besitzt, ergibt sich daraus, daß die Teilnehmer ihre Schwierigkeiten ausdrücken dürfen, daß sie Schwächen zeigen können und somit natürlich auch viel intensiveren Zugang zu ihren Stärken gewinnen.

Beide Postulate sprechen therapeutische Prinzipien aus, die insbesondere in der Gestalt-Therapie Geltung finden. Darüber hinaus beinhalten sie jedoch auch lebenspraktische Grundsätze, die in vielen Kulturen und zu vielen Zeiten respektiert worden sind. Dadurch, daß in den Postulaten der TZI in einprägsamer und leicht verständlicher Weise wichtige Daseinstatsachen vermittelt werden, die von den meisten Lernenden schnell intuitiv verstanden und dann zunehmend auch umgesetzt werden können, spricht die TZI viele Menschen unmittelbar an.

3. Das dynamische Dreieck

Von den vielen Faktoren, die in Gruppeninteraktionen eine Rolle spielen, hat sich *Ruth Cohn* auf drei wichtige und wiederum unmittelbar einleuchtende Faktoren konzentriert, die in jeder Gruppensituation eine Rolle spielen:

das Ich (die Persönlichkeit des einzelnen Lernenden),

das Wir (das kommunikative Zusammenwirken aller Lernenden einschließlich des Leiters), das Es (das Thema, das die Gruppenaufgabe formuliert).

Bildlich kann man sich diese drei Faktoren als Endpunkte eines gleichseitigen Dreiecks vorstellen, das im Gruppenprozeß rotiert. Abwechselnd dominiert entweder das Thema, das Wir oder das Ich.

Die wichtige Aufgabe des Gruppenleiters ist es, eine optimale dynamische Balance zwischen Anforderung von Ich, Wir und Thema herzustellen. »Dynamisches Balancieren ist ein Kerngedanke der TZI. Damit ist die Aufgabe gemeint, innerhalb des existentiellen Paradoxons (biologische Einheit und zugleich sozial-kosmischer Anteil zu sein) immer wieder die Balance herzustellen: Balance zwischen den Ich-, Wir-, Es-Faktoren der Gruppe, Balance zwischen physischen, emotionalen, intellektuellen und spirituellen Bedürfnissen und Wünschen, Balance zwischen Geben und Empfangen, Hören und Sprechen, Aktivität und Ruhe« (*Cohn,* 1975, 161).

Dabei kann das Balancieren nie in einem statischen Gleichgewichtszustand bleiben, erreicht werden soll ein subtiles Fließgleichgewicht, indem Ich-, Wir- und Es-Phasen abwechselnd in den Vordergrund treten. Die Hauptregel für das Balancieren besagt, daß der jeweils am stärksten vernachlässigte Faktor der Gruppeninteraktion durch den Leiter in den Vordergrund gebracht und betont werden soll. Denn wenn die Gruppe zu lange dem Thema-Faktor Vorrang gibt, verwandelt sich die Gruppe leicht in eine akademische Lerngruppe, wenn die Gruppe zu lange den Ich- oder Wir-Faktor betont, wird sie sich allzuleicht in eine therapeutische Gruppe verwandeln.

Bedeutsam an dieser Konzeption des Balancierens ist wiederum die Überzeugungskraft des Gedankenganges. In jeder Gruppe rechne ich auch als Laie mit verschiedenen Ichs, einem Wir und einem Thema. Zunächst überraschend und dann überaus einleuchtend ist die Betrachtungsweise, daß von diesen drei Faktoren immer nur einer zur Zeit im Vordergrund stehen kann und daß jeder Faktor das Recht hat, immer wieder aus dem Hintergrund aufzutauchen. Wenn beispielsweise längere Zeit das Thema im Mittelpunkt steht, konzentriert sich die Energie der Teilnehmer auf diesen Faktor und geht somit den anderen Faktoren, dem Ich und dem Wir, verloren. Irgendwann beginnen dann Schwierigkeiten, Machtkämpfe brechen aus oder Müdigkeit und Apathie greifen um sich. Das heißt, daß die vernachlässigten und in den Hintergrund gedrängten Faktoren der Gruppeninteraktion sich jetzt von selbst melden. Normalerweise melden also Störungen das Bedürfnis nach einer neuen Balance an. Der TZI-Leiter versucht dementsprechend, durch sein Balancieren eine Art Störungsprophylaxe sicherzustellen, indem alle Ansprüche aus Ich, Wir und Thema abwechselnd in den Vordergrund gebracht werden. Je elastischer die einzelnen Faktoren aus dem Hintergrund in den Vordergrund wechseln können, desto weicher und konstruktiver wird der Gruppenprozeß verlaufen. Das stellt natürlich hohe Anforderungen an die Kompetenz des Leiters. Er muß zum einen genügend fachliche Geschicklichkeit haben, um der Gruppe bei ihrer Aufgabe zu helfen und die sich daraus ergebenden thematischen Ansprüche zu gewährleisten, zum anderen muß er in der Lage sein, die affektiven und sozialen Bedürfnisse des einzelnen und der Gruppe zu erkennen, antizipierend einzuschätzen und ihnen Geltung zu verschaffen.

4. Die Hilfsregeln

Wesentlich erleichtert wird die Tätigkeit des Gruppenleiters dadurch, daß die Gruppenkultur durch die TZI-Hilfsregeln Normen erhält, die für die Balance von Ich, Wir und Thema förderlich sind. Auch hier zeigt sich, wie wichtig es ist, daß jedermann einsichtige Zusammenhänge einmal klar ausgedrückt werden. Die Hilfsregeln scheinen auf den ersten Blick unserer normalen Interaktionsmoral in einigen Punkten zu widersprechen. Andererseits drücken sie aus, was viele von uns gern tun möchten, und vor allem haben sie den großen Vorteil, daß sie sich, wenn sie befolgt werden, in der Regel schnell auszahlen. Im einzelnen sind die Hilfsregeln sozusagen die »Zehn Gebote der TZI«, die sich aus den existentiellen Postulaten ableiten lassen und der Gruppe dazu verhelfen, eine lebensfreundliche soziale Struktur zu entwickeln:

1. Vertritt dich selbst in deinen Aussagen; sprich per Ich und nicht per Wir oder per Man.

2. Wenn du eine Frage stellst, sage, warum du fragst und was deine Frage für dich bedeutet. Sage dich selbst aus und vermeide das Interview.

3. Sei authentisch und selektiv in deinen Kommunikationen. Mache dir bewußt, was du denkst und fühlst, und wähle, was du sagst und tust.

4. Halte dich mit Interpretationen von anderen so lange wie möglich zurück. Sprich statt dessen deine persönlichen Reaktionen aus.

5. Sei zurückhaltend mit Verallgemeinerungen.

6. Wenn du etwas über das Benehmen oder die Charakteristik eines anderen Teilnehmers aussagst, sage auch, was es dir bedeutet, daß er so ist, wie er ist (d. h. wie du ihn siehst).

7. Seitengespräche haben Vorrang. Sie stören und sind meist wichtig. Sie würden nicht geschehen, wenn sie nicht wichtig wären. (Vielleicht wollt ihr uns erzählen, was ihr miteinander sprecht?)

8. Nur einer zur gleichen Zeit bitte.

9. Wenn mehr als einer gleichzeitig sprechen will, verständigt euch in Stichworten, über was ihr zu sprechen beabsichtigt. (*Cohn*, 1975, 124 ff.)

10. Beachte Signale aus deiner Körpersphäre und beachte Signale dieser Art bei anderen Teilnehmern. (Diese Regel ist ein Gegengewicht zur kulturell bedingten Vernachlässigung unserer Körper- und Gefühlswahrnehmung.) (*Cohn*, 1975, 116).

Die letzte Hilfsregel ist bedauerlicherweise in dem neueren Aufsatz von *Ruth Cohn* »Zur Grundlage des themenzentrierten interaktionellen Systems. Axiome, Postulate und Hilfsregeln« (1975) nicht mehr enthalten. (Ich halte sie jedoch für so wichtig, daß ich sie hier wiederum zitieren möchte.) Diese Hilfsregeln werden vom TZI-Leiter in der Anfangsphase der Gruppe mitgeteilt und erklärt. So erhält die Gruppe ein gewisses Normensystem, das das Kommunikationsverhalten der Teilnehmer strukturiert.

5. Der TZI-Leiter

Der TZI-Leiter ist ein *partizipierender Leiter*, ein Gruppenmitglied mit der besonderen Funktion, für die dynamische Balance im Kommunikationsprozeß und die Einhaltung der Hilfsregeln zu sorgen. Seine fachlichen Kenntnisse und seine Gruppenleiter-Begabung stellen in erster Linie eine

Hilfe für die Gruppe dar, ohne daß der Gruppenleiter damit den Anspruch erhebt, für den Lernprozeß der Teilnehmer die gesamte Verantwortung zu übernehmen.

Charakteristisch für den TZI-Leiter ist es, daß er seine Einstellungen und menschlichen Grundhaltungen für die Lern- und Arbeitsprozesse der Gruppe für genauso wichtig hält wie die Art und Weise, wie er die Gruppe technisch leitet und wie er die konzeptionellen Elemente der Methode handhabt. Besonders wichtig ist die *Echtheit* des Gruppenleiters. Echtheit bedeutet, daß ich als Gruppenleiter für die Teilnehmer transparent werde sowohl in meiner Funktion als auch in meiner Persönlichkeit. Es bedeutet weiter, daß ich in der Lage bin, meine eigenen Stimmungen, Gefühle und Motivationen wahrzunehmen, zu erkennen und mit ihrer Erkenntnis zu leben. Dadurch, daß ich mich selbst akzeptiere, bin ich auch in der Lage, die Teilnehmer zu respektieren und ihnen Vertrauen entgegenzubringen. Ich bin dann weiter dazu in der Lage und bereit, meine eigenen Gefühle auszudrücken und in geeigneter Weise anderen in der Gruppe mitzuteilen.

»Nicht-Transparenz, schweigendes Beobachten, analytische Interventionen rühren im Teilnehmer die Hilflosigkeit des Kindes dem undurchsichtigen Erwachsenen gegenüber an: Es kann ihn noch nicht erkennen und verstehen und unterliegt doch seiner Macht. Der ›neutrale‹, abstinente Leiter, der nicht beeinflussen will, geht an der Tatsache vorbei, daß er eine viel größere (Übertragungs-)Macht durch sein Schweigen ausübt, als er je durch Meinungsäußerung oder offenes Einflußnehmen bewirken könnte. Denn, wann immer seine Führung undurchsichtig ist, muß der Teilnehmer raten, was für eine Person der Leiter denn sei und welche Motive, Gedanken, Gefühle er wohl habe« (*Cohn*, 1975, 189/190). Echtheit ist mit Sicherheit eine Grundvoraussetzung für den Gruppenleiter von TZI-Gruppen. Hier grenzt sich *Ruth Cohn* auch entschieden gegen die klassische analytische Haltung ab.

Eine weitere wichtige Haltung des Gruppenleiters ist *Empathie*. Hiermit ist die Fähigkeit gemeint, Reaktionen und Handlungsweisen anderer von deren Voraussetzungen her zu verstehen. Je empathischer ich als Gruppenleiter bin, desto leichter fällt es mir, im Sinne der TZI zu balancieren. Empathie als angstfreies Verständnis für die Teilnehmer versetzt mich in die Lage, zutreffende Informationen über die affektive Situation in der Gruppe zu erhalten und elastisch auf sie einzugehen und somit ein Gruppenklima zu fördern, das dem einzelnen gestattet, Vertrauen zu entwickeln und nicht-defensiv Gefühle, Stimmungen, Ideen usw. zu erforschen und mitzuteilen.

Wichtig für den TZI-Leiter ist weiter, daß er allen Teilnehmern gegenüber *positive Wertschätzung* und *Vertrauen* ausdrückt. Ich akzeptiere die Teilnehmer als unabhängige Persönlichkeiten, die grundsätzlich mein Vertrauen verdienen. Das gilt auch dann, wenn die Teilnehmer gelegentlich lern- und arbeitsunlustig sind, Furcht oder Aggressivität zeigen bzw. vom Thema abschweifende Interessen verfolgen, d. h. wenn sie meinen Erwartungen nicht entsprechen und mich frustrieren.

Schließlich sollen zwei weitere Einstellungen des TZI-Leiters genannt werden, nämlich *Permissivität* und *Interdependenz.* Sie ergeben sich aus der Respektierung der beiden Axiome. Unter Permissivität verstehe ich die Bereitschaft, daß ich als TZI-Leiter den Teilnehmern soviel Freiheit wie möglich gewähre, ihre eigenen Lernziele zu bestimmen, gemäß ihren eigenen Motivationen zu handeln und selbst über ihre Lernstrategien zu entscheiden. Als permissiver Leiter ermutige ich die Teilnehmer zu spontanem Handeln und nehme meine Planung nicht im stillen Kämmerlein vor, sondern plane soweit wie möglich gemeinsam mit der Gruppe. Gelassenheit zeige ich auch in Streß-Situationen, wenn z. B. die Gruppe stagniert und die Arbeit nicht vorangeht oder wenn starke Konflikte ausbrechen. Auch in solchen Situationen verliere ich als permissiver Leiter nicht die Ruhe und verzichte auf die Übernahme der Alleinverantwortlichkeit.

Unter Interdependenz verstehe ich eine Haltung, die ein ausgewogenes Verhältnis zwischen den eigenen Machtbedürfnissen des Leiters und den Selbständigkeitswünschen der Teilnehmer zeigt. Als interdependenter Gruppenleiter bin ich in der Lage, mit den Teilnehmern gemeinsam an Zielfindungs- und Problemlösungsprozessen zu arbeiten, ohne mich allzusehr anstrengen zu müssen und ohne die Teilnehmer in konterdependenter Weise zu behandeln oder selbst in Abhängigkeit von ihnen zu geraten. Ich kann die Balancierungsfunktion locker und entspannt ausüben, indem ich meinen eigenen Bedürfnissen und den Bedürfnissen der Teilnehmer in gleicher Weise gerecht werde. Eine solche Haltung wirkt sich dahin aus, daß ich als Gruppenleiter entlastet bin von der Übernahme einer Alleinverantwortlichkeit für den Erfolg der Gruppe, und sie stellt weiter sicher, daß ich als Gruppenleiter nur eine funktionale Rolle, nicht jedoch einen Autoritätsstatus anstrebe. Ich fördere so die Persönlichkeitsentwicklung der Teilnehmer und ihre Mitverantwortung bei der Erreichung der Gruppenziele.

Der TZI-Leiter wird also von seiner Strukturierungsaufgabe relativ sparsam Gebrauch machen, er begreift seine eigene Autorität funktional; durch klare Kommunikation vermindert er Übertragungsprozesse und wird mit seiner emotionalen und intellektuellen Präsenz den Teilnehmern helfen, sich darüber klarzuwerden, was sie jeweils tun, wie sie es tun und was sie eigentlich tun möchten.

6. Der TZI-Lernprozeß

Eine wichtige Frage, die von Teilnehmern bei TZI-Seminaren immer wieder gestellt wird, lautet: Auf welche Weise lernen wir eigentlich hier?

Nun, ich denke, es ist möglich, einen Teil des Lernens durchaus in Konzepten der Gestalt-Therapie zu beschreiben, was mir persönlich auch besonders sympathisch ist. Ich glaube, zunächst lernen die Teilnehmer von TZI-Gruppen ihre *Verantwortlichkeit* stärker zu realisieren. Sie werden mit dem Axiom »Sei dein eigener Chairman« bereits auf ihre Selbstverantwortlichkeit hingewiesen, sie werden durch die verschiedenen Hilfsregeln angehalten und unterstützt, per Ich zu sprechen und das zu sagen, was sie wirklich sagen wollen. Durch die Balancierung des Kommunikationsprozesses werden die Teilnehmer immer wieder daran erinnert, daß das ihre Gruppe ist und daß es um ihr Lernen geht.

Darüber hinaus wird die *Kontaktfähigkeit* der Teilnehmer weiterentwikkelt. Kontakt heißt, daß ich deutlich wahrnehme, was in mir und was um mich herum passiert und daß ich meine intellektuellen und emotionalen Energien mobilisieren kann, um neue Dinge, neue Prozesse kennenzulernen, die mich stimulieren und die ich assimilieren bzw. zurückweisen will. Die Kontaktfähigkeit der Teilnehmer im Sinne der TZI wird zunächst auf die Gruppenaufgabe gelenkt. Durch die pointierte Formulierung des Themas stimuliert, kommen die Teilnehmer in einen engen intellektuellen und emotionalen Kontakt zu der jeweiligen Gruppenaufgabe, Kontakt wird daneben erleichtert durch die TZI-Hilfsregeln.

Weiter wird uns das Konzept der *Assimilation* aus dem Bereich der Gestalt-Therapie helfen, die TZI-Lernprozesse zu verstehen. *Norman Liberman* hat das Wort vom lebendigen Lernen geprägt, und er meinte damit ein Lernen, das vom Lernenden als anregender und engagierter Prozeß erlebt wird – und zwar im Gegensatz zum toten Lernen, das ohne große Energie stattfindet, weil es erzwungen oder routinemäßig ist. Assimilation bedeutet hier nun, daß ich als Lernender selbst darüber entscheiden kann, auf welche Weise ich mich mit bestimmten Dingen beschäftigen will, auf welche Weise ich diese Dinge mit mir und meinen Gedanken, mit meinen Empfindungen in Kontakt bringe und was ich davon als bedeutsam für mich speichern möchte bzw. was ich als unverdaulich in den Orkus des Vergessens zurückweise. Assimilation wird als Prozeß dann möglich, wenn ich aktiv wahrnehme, wenn ich kritisch urteile und meine Bedürfnisse befrage: Wieweit ist dieses oder jenes, mit dem ich mich beschäftige, für mich wichtig? Was möchte ich daran verstehen? Mit welchen Problemen möchte ich mich auseinandersetzen? Wie will ich das tun? Wie lange will ich das tun? Und was will ich dann davon als wesentlich und förderlich in mich aufnehmen, in meine Fertigkeiten, in meine Einsichten und in meine Planungen?

Schließlich ist *Konfluenz*, die permanente Koppelung von intellektueller Arbeit am Thema mit emotionaler Arbeit am Thema, ein wichtiges Lernprinzip. Ich werde angeregt, mir ständig beides bewußtzumachen: »Was denke ich über ein bestimmtes Thema?« und: »Was bedeutet das für mich gefühlsmäßig?« Auf diese Weise erhalten die Teilnehmer einen mehrdimensionalen Zugang zur Gruppenaufgabe, der einer der Herzstücke der TZI ist.

Das alles bedeutet, daß die TZI den Teilnehmern nicht nur hilft, sich mit beliebigen Sachthemen auseinanderzusetzen, sondern daß die Teilnehmer darüber hinaus auch in ihrer Persönlichkeitsentwicklung gefördert werden, und zwar auf eine sehr milde Weise. Insofern möchte ich der TZI eine doppelte Qualifikation bescheinigen: Sie ist einmal ein pädagogisches Verfahren, das hilft, lebendig, aktiv und neugierig zu lernen, und gleichzeitig ist sie auch therapeutisch wirksam, weil sie nämlich eine Therapie antizipierend ersetzen kann (vgl. *Cohn,* 1975, 176). Darüber hinaus kann die Leichtigkeit, mit der der einzelne in der TZI-Gruppe Erfahrungen machen kann, zu einem subtilen therapeutischen Prozeß führen, der langfristig einen intensiven und weiterreichenden Prozeß der Persönlichkeitsentwicklung in Gang setzen kann. »Der unbewußte Konflikt wird nicht durch Durcharbeiten seiner Herkunft, sondern auf dem Wege der Reduktion von Angst seinen Auswirkungen gegenüber angegangen« (*Cohn,* 1975, 197).

Handhabung der TZI

1. Themenfindung und Themensetzung

Das Thema ist das Zentrum der Gruppenaktivität und der gemeinsame Fokus für die Anstrengung der Teilnehmer. Damit das Thema diese Funktion auch tatsächlich übernehmen kann, ist es wichtig, daß der Gruppenleiter ein für die Gruppe wirklich relevantes Thema findet, das für alle Teilnehmer und nach Möglichkeit auch für ihn selbst Bedeutung haben kann. Die Ausgangsfrage bei der Themenfindung lautet dementsprechend: Wo stehen die Teilnehmer? Wo stehe ich als Gruppenleiter? Was ist im Moment für uns von Bedeutung? Gibt es gemeinsame Lern- und Lehrinteressen? Was ist wichtig im Hinblick auf die institutionellen Rahmenbedingungen der Gruppe?

Es ist ganz klar, daß eine Gruppe, die relativ wenig externe Anforderunnen hat, wie z. B. eine TZI-Ausbildungsgruppe, sehr frei ist in der Wahl ihrer Themen, die sich weitgehend aus den augenblicklichen Interessen der Teilnehmer ergeben können. Sehr viel komplizierter ist es, wenn eine Gruppe oft unter externen Anforderungen steht, wie z. B. eine Schulklasse, wo es fertige Curricula gibt, oder eine Organisationsgruppe, die an bestimmten Aufgaben zu arbeiten hat, die von der Organisation vorgegeben werden. Hier kann es natürlich zu Konflikten zwischen den augenblicklichen Interessen der Teilnehmer und den institutionellen Interessen kommen. Auch in diesem Fall ist es möglich, das Thema personalis zu formulieren und damit zu fragen: Was bedeutet mir diese Aufgabe bzw. diese Problemstellung? Wenn im schlimmsten Fall das Was des Themas extra vorgegeben ist, habe ich als Gruppenleiter – und haben wir als TZI-Gruppe – immer noch die Möglichkeit, über das Wie der Bearbeitung zu entscheiden und hier unseren Freiraum zu finden.

Wichtige Prinzipien für die Themensetzung sind u. a. folgende:
Das Thema soll . . .
. . . so konkret sein, daß es die persönliche Betroffenheit stimuliert,
. . . kurz und klar und so anregend formuliert sein, daß es leicht im Gedächtnis bleibt,
. . . die Interessen aller Teilnehmer einschließlich des Gruppenleiters ansprechen und nach Möglichkeit eine Zukunftsperspektive enthalten,

...eine Verbindung von der gegenwärtigen Situation der Gruppe zur Aufgabenstellung schaffen,

...ein gewisses Maß an intellektueller und emotionaler Unsicherheit erzeugen, damit die Teilnehmer wirklich herausgefordert werden,

...die Kompetenz der Gruppe berücksichtigen und den gegenwärtigen Stand des Gruppenprozesses angemessen einbeziehen,

...zwischen externen Anforderungen und internen eigenen Bedürfnissen jedes einzelnen und der gesamten Gruppe vermitteln. (Vgl. *Cohn,* 1975, 168/169.)

2. Einführung

Ein gut formuliertes Thema entfaltet bereits eine starke suggestive Wirkung und lenkt die Energie der Teilnehmer während der Sitzung auf ein bestimmtes gedankliches und emotionales Feld. Gleichwohl ist es notwendig, daß das Thema darüber hinaus spezifisch eingeführt wird. Dazu gibt es wiederum sehr verschiedene technische Möglichkeiten.

Eine Möglichkeit der Einführung ist es, die assoziative Erinnerung der Teilnehmer auf die Vergangenheit zu lenken, so daß ich mir bewußtmachen kann, auf welchem persönlichen Hintergrund ich das Thema bedenken und erleben möchte.

Der Gruppenleiter kann visuelle Vorstellungen anregen. (»Schließe die Augen und stelle dir vor, daß unser Thema mit Kreide auf eine schwarze Tafel geschrieben ist. Schau auf die Tafel und warte ab, welche Veränderungen sich ergeben.«) Der Gruppenleiter kann eine einleitende Kurzvorlesung (etwa 5 Minuten) an den Anfang der Stunde stellen, um das kognitive Feld vorzustrukturieren.

Er kann ein gelenktes Schweigen anbieten, so daß die Lernenden ihre eigenen thematischen Interessen weiter erforschen können.

Er kann das Thema in einen Bezug zur Zukunft bringen, um die Energie der Teilnehmer auf eigene neue Aktivitäten hinzulenken.

Er kann das Thema mit der gegenwärtigen Situation der Teilnehmer und der Gruppe verbinden.

Er kann das Thema durch Interaktionsspiele, Simulationen, Planspiele usw. verlebendigen.

3. Strukturierung des weiteren Lernprozesses

Im Verlauf jeder TZI-Sitzung muß der Leiter dafür sorgen, daß die Teilnehmer das Thema bzw. die Gruppenaufgabe in den wichtigen Aspekten entfalten. Er muß darauf achten, daß der jeweils am stärksten vernachlässigte Aspekt der Gruppeninteraktion wieder in den Vordergrund gebracht wird, so daß im Verlauf der Sitzung eine Rotation zustande kommt zwischen thematischen, Ich- und Wir-Aspekten. Darüber hinaus muß der Gruppenleiter sicherstellen, daß der gesamte Lernprozeß so strukturiert wird, daß wirklich lebendiges, bedeutungsvolles Lernen stattfinden kann.

Und hier gibt es zur Zeit noch weiße Flecken in der Landkarte der TZI-

Theorie. Es fehlen immer noch spezifische Anleitungen dafür, wie der TZI-Leiter vorgehen muß, damit die Lernenden wichtige strukturelle Zusammenhänge eines bestimmten Faches lernen können. Es kommt allzu häufig vor, daß TZI-Lerngruppen, trotz der Versuche des Leiters zu balancieren, in ein relativ steriles Lernklima geraten. Der Grund liegt m. E. darin, daß die TZI von ihren Ursprüngen her allzusehr von dem psychosozialen Diskussionsverfahren einer Therapiegruppe inspiriert wurde, so daß sie in ihrer heutigen Ausprägung immer noch eher eine Diskussionsmethode als ein auf jeden Lerngegenstand anwendbares Lernverfahren ist. Wenn es z. B. darum geht, in einer Schulklasse die verschiedenen Aggregatzustände des Wassers zu besprechen, dann ist es zu wenig, wenn die Kinder über ihre persönlichen Erfahrungen mit Eis, Wasser und Wasserdampf sprechen. Sie werden viel mehr und lebendiger lernen, wenn sie z. B. den Prozeß des Übergangs von Eis zu Wasser, von Wasser zu Wasserdampf im Rahmen eines naturkundlichen Schauspiels selbst darstellen. Die Kinder können das Wasser spielen und sich mit ihm in den verschiedenen Phasen identifizieren. Sie werden dann sozusagen am eigenen Leibe erleben, was geschieht und wie sie sich fühlen, wenn sie Eis sind, zu Wasser werden oder sich in Dampf verwandeln. Dies ist ein einzelnes Beispiel dafür, wie ein TZI-Leiter die Lernstrategien der Identifikation und der Simulation in seine Stunde einbaut, um einen strukturellen Zusammenhang durch Handlung unmittelbar erfahrbar zu machen und damit über die bloße Diskussion hinauszugelangen (vgl. *Vopel*, 1976, 3 ff.).

Das theoretische Defizit für die Strukturierung des Lernprozesses nach der Themenstellung erschwert die Anwendung der TZI vor allem auch in allen nichthumanwissenschaftlichen Fächern.

4. Einbeziehung anderer Lernverfahren

Die TZI ist darauf angewiesen, durch andere Lernverfahren ergänzt zu werden. Genauso wie bestimmte gestalttherapeutische Elemente in TZI-Gruppen gut angewendet werden können (vgl. die Beispiele, die *Ruth Cohn* in ihrem Artikel »Pädagogisch-therapeutische Interventionen«, 1975, 201 ff. anführt), eignen sich m. E. viele Methoden aus der Psychosynthesis, aus der Confluent Education, aus Interaktions- und Simulationsspielen und anderen Verfahren der humanistischen Psychologie für die Integration in die TZI.

Sie helfen dem Gruppenleiter, lebendiges Lernen auch dann zu ermöglichen, wenn der Stoff keine Verwandtschaft mit psychologischen und anthropologischen Fragestellungen hat.

Herausforderung für den TZI-Leiter

Durch Themensetzung, die Einführung von Axiomen und Hilfsregeln und durch sein Balancieren vermittelt der Gruppenleiter den Teilnehmern von Anfang an erhebliche Sicherheit, indem er die Gruppenkultur mit bestimmten Normen strukturiert, die sonst auf dem Wege des trial-and-error-Lernens erst selbst von den Teilnehmern herausgefunden werden müßten. Dieses Vorgehen des Gruppenleiters, das relativ schnell eine freundliche und akzeptierende Gruppenatmosphäre schafft, birgt aber auch gewisse Gefahren in sich. Dadurch, daß am Anfang der Gruppe möglicherweise zu wenig Konflikte ausgetragen werden, kann in der Gruppe eine geheime Norm entstehen, daß das Austragen von Konflikten überhaupt unerwünscht ist, so daß eine latente Hostilität in der Gruppe entsteht und die Teilnehmer nicht das Gefühl wirklicher Nähe entwickeln können. Hier muß der TZI-Gruppenleiter außerordentlich wachsam sein, um sicherzustellen, daß Konflikte klar und offen ausgetragen werden können. Viele TZI-Leiter können dabei von dem gestalttherapeutischen Lernprinzip der dosierten Frustration profitieren.

Eine weitere Herausforderung für den TZI-Gruppenleiter ist es, daß er selbst mithelfen muß, die Lerntheorie der TZI weiterzuentwickeln. Ich bedauere es, daß bisher viel zuwenig anregende Erfahrungsberichte von TZI-Leitern veröffentlicht worden sind, und hoffe sehr, daß diese Stagnation bald überwunden sein wird und daß diejenigen, die mit der TZI arbeiten, sich untereinander stärker anregen. Der geschickte Umgang mit der TZI ist sicherlich eine Mischung von Handwerk und Kunst, und es ist notwendig, daß das Kunsthandwerk durch einen soliden Ausbau des Zunftwissens vorangebracht wird.

Literatur

Betz, O., Schramm, T., Gruppenarbeit nach der themenzentrierten interaktionellen Methode. Katechetische Blätter, April 1974.

Cohn, R. C., Von der Psychoanalyse zur themenzentrierten Interaktion, Klett, Stuttgart 1975.

Dzick, E., Themenzentrierte interaktionelle Methode (R. C. Cohn) im Mathematikunterricht – ein Erfahrungsbericht, in: Gruppenpsychotherapie und Gruppendynamik, 1975, Bd. 9, Heft 2.

Garlichs, A., Gruppentherapeutische Ansätze im Unterricht: Versuch einer kritischen Würdigung der TZI-Methode von Ruth Cohn, in: Neue Sammlung 5 (1974).

Genser, Vopel, Heinze, Buttgereit, Lernen in der Gruppe: Theorie und Praxis der themenzentrierten interaktionellen Methode, in: Blickpunkt Hochschuldidaktik, 1974, Nr. 25.

Gordon, M., Liberman, N., Theme-Centered Interaction. Baltimore, Maryland (Nat. Educational Press), 1972.

Heigl, Fr., Die themenzentrierte interaktionelle Gruppenmethode, in: Gruppenpsychotherapie und Gruppendynamik, 1973, Nr. 3.

Kröger, M., Themenzentrierte Seelsorge nach C. Rogers und R. Cohn. Urban-Taschenbuchreihe 605, Kohlhammer, Stuttgart 1973.

Rückert, G., Lebendiges Lernen in der Lehrerbildung, in: Gruppendynamik 3 (1974).

Schramm, T., Vopel, K., Cohn, R. C., Methode der Gruppenarbeit, in: Wissenschaft und Praxis in Kirche und Gesellschaft, 1972, 308–317.

Vopel, K., Handbuch für Gruppenleiter. Zur Theorie und Praxis der Interaktionsspiele (ISKO-PRESS), 1976.

Kapitel 6
Hilarion G. Petzold

Die Medien in der Integrativen Pädagogik

Jede pädagogische oder therapeutische Konzeption ist in einem Weltbild und einem Bild von Menschen begründet. Diese kosmologische und anthropologische Grundlage ist wiederum in einen historischen, ökonomischen und politischen Rahmen eingebettet. Alle diese Elemente bestimmen das Konzept der Didaktik als Theorie des Unterrichts (*Klafki*, 1965) und konstituieren die Ziele und Inhalte pädagogischen Handelns als in die Tat umgesetzte Weltanschauung und Erkenntnistheorie (*Freire*, 1973), die sich in der Praxis durch Methoden konkretisieren. Die Methode wiederum bedarf der Techniken und Medien, um zur Wirkung kommen zu können. Ich möchte *Methode* definieren als *»in sich konsistente Strategien des Handelns, die durch ein theoretisches Konzept abgesichert sind, zusammenhängen und über ein Repertoire von Handlungstechniken und spezifischen Medien verfügen«*. Methoden in der Integrativen Pädagogik sind z. B. Rollenspiel, Bewegungserziehung, Awareness-Training. *Techniken* können definiert werden *»als Instrumente zur Erreichung bestimmter Zielsetzungen im Rahmen der Methode«*. Rollentausch, Bewegungsübungen und Sensibilitätsübungen können hier als Beispiel genannt werden. *Medien* sind *»die Träger von oder Systeme von Informationen in einem kommunikativen Prozeß, die methodisch vermittelt werden sollen«*. Aus dieser Ableitung folgt, daß Methoden ohne theoretische Fundierung genauso unsinnig sind wie Techniken ohne Methode und Medien ohne theoretischen und methodologischen Rahmen. Wenn *Frese* (1976, 118) »eine *Methode* als den zielgerichteten Einsatz eines *Mittels*« bezeichnet, so sagt er damit ähnliches aus, nimmt aber damit eine Nachordnung der Medien gegenüber den Methoden und Techniken vor, die sich bei Zugrundelegung eines komplexen Medienbegriffes (Medium = »Zeichen- bzw. Informationsträger, aber auch Zeichen und Informationssystem . . ., welches die Kommunikation zwischen mindestens zwei Partnern unterstützt und/oder erst ermöglicht«, *Dichanz/Kolb*, 1974, 21) nicht halten läßt, denn Methoden und Techniken können durchaus als Medien klassifiziert werden, wie dies in den Medientaxonomien von *Edling* (1966), *Briggs* (1966) geschieht (vgl. *Schwittmann*, 1973). Wenn *van Beugen* (1972, 63) vertritt, daß es bei einer Methode um Zielsetzungen, bei einer Technik aber lediglich um eine praktische Fertigkeit gehe, so sieht er nicht, daß Techniken ohne Methoden und die dahinterstehenden Theorien sinnlos sind. Selbst wenn man davon ausgeht, daß im Praxisfeld sich häufig Techniken finden, die dann nachträglich theoretisch geordnet und begründet werden, so wird man bei genauer Untersuchung feststellen, daß diese Techniken schon und in einem im »common sense« präsenten theoretischen Zusammenhang standen, der, wenn er systematisch reflektiert und empirisch untersucht wird, aus den vorwissenschaftlichen Vorstellungen in eine wissenschaftliche Theorie überführt werden kann (*v. Hentig*, 1973; *Weinrich* 1973). Für eine Vielzahl der Techniken und Medien, die in der Integrativen Pädagogik und der Humanistischen Psychologie und Psychotherapie verwandt werden und im Praxisfeld einen konsistenten Zusammenhang aufzeigen, ist die methodische Durchdringung und theoretische Einordnung noch nicht mit wissenschaftlicher Akribie geleistet worden, obgleich ihre praktische Effizienz sich erwiesen hat und auch schon ein grober theoretischer methodologischer Rahmen vorhanden ist. Ich möchte mich an dieser Stelle auf die Darstellung einiger wichtiger *Konzepte* zu Medien im Bereich der Integrativen Pädagogik (und Therapie) beschränken, ohne auf eine Theorie der Techniken einzugehen. Auch der theoretische Ansatz zur Stellung und Funktion der Medien kann nur skizziert werden.

I. Das Medium im Kommunikationsprozeß

Wir haben das Medium als Informationsträger oder Informationssystem bezeichnet. Informationen aber werden in kommunikativen Prozessen weitergegeben, woraus zu folgern ist, daß ohne Medien Information nicht möglich ist. Das Medium der Sprache, des geschriebenen Wortes, des Bildes und der Mimik und Gestik können als Konstituenten der Kommunikation betrachtet werden.

Kommunikative Prozesse sind durch folgende Strukturelemente und Operationen gekennzeichnet:

1. Senden, Sender, einkodieren der Information
2. Übermitteln, Medium, kodierte Information
3. Empfangen, Empfänger, dekodieren der Information

Ein solches formales Modell des Kommunikationsprozesses, wie es *Koszyk* und *Pruys* (1970, 191) beschrieben haben, wird noch durch eine vierte Variable bestimmt:

4. Den situativen Kontext, in dem sich Sender und Empfänger befinden.

Dieser vierte Aspekt macht eine weitere Differenzierung des kommunikativen Prozesses möglich:

1. One-way-Kommunikation. In ihr hat der Empfänger keine Möglichkeit der Rückwirkung auf den Sender. *Kolb* (1973, 57) spricht hier vom indirekten Modell der Kommunikation. So wie es z. B. bei der Informationsübermittlung durch Massenmedien praktiziert wird.

2. Zirkuläre oder »direkte Kommunikation«, bei der der Empfänger die Möglichkeit der unmittelbaren Rückwirkung auf den Sender hat.
3. Selbstgerichtete Kommunikation (Autokommunikation). Hier kommuniziert der Sender über ein Medium mit sich selbst.

Die beiden letztgenannten Kommunikationsformen können als relativ geschlossene Kommunikationssysteme bezeichnet werden, die durch eine unmittelbare zirkuläre Rückwirkung (*feed back*) gekennzeichnet sind. Es ergibt sich damit folgender Ablauf:

1. Der Sender will Informationen übermitteln.
2. Für diesen Zweck wird Information kodiert, d. h. in Zeichen gefaßt, und ein Medium »geladen«.
3. Über ein Medium wird Kontakt zum Empfänger aufgenommen und die »Ladung« befördert.
4. Der Empfänger »entlädt« das Medium und macht sich die Information über Dekodierung verfügbar.
5. Der Empfänger wertet die Information aus.
6. Der Empfänger kann aufgrund der Auswertung dem Sender eine neue Botschaft übermitteln. Er wird damit selbst zum Sender.

Dieser Vorgang setzt voraus, daß Sender und Empfänger über Medien verfügen, die sie kennen und handhaben können (z. B. Sprache, Mimik, Gestik, Schrift). Weiterhin sind gemeinsame Zeichen, z. B. Wörter, Bilder, notwendig, damit Information kodiert und entschlüsselt werden kann. Im Kommunikationsprozeß ist dabei zwischen dem Vorgang der *Kodierung*, des symbolhaften Fassens der Information und dem Vorgang der *Ladung*, d. h. der Einspeicherung der Information in ein bestimmtes Medium, zu unterscheiden[1].

Die *Kodierung* ist die intentionale Verschlüsselung von Information aus dem zerebralen Speicher. Die *Ladung* des Mediums ist der Vorgang der Vorbereitung für die mediale Übermittlung der Information, wobei nichtintendierte (d. h. »unbewußte«) Inhalte, die aus dem zerebralen Speicher einfließen, »mitgeladen« werden können. Diese Anteile sind zum einen vom situativen Kontext bestimmt, in dem sich der Sender befindet, d. h. aber auch durch seine Beziehung zum Empfänger. »Wenn man untersucht, was jede Mitteilung enthält, so erweist sich ihr Inhalt vor allem als Information. Gleichzeitig enthält jede Mitteilung einen weiteren Aspekt, der viel weniger augenfällig, doch ebenso wichtig ist – nämlich einen Hinweis darauf, wie ihr Sender sie vom Empfänger verstanden haben möchte. Sie definiert also, wie der Sender die Beziehung zwischen sich und dem Empfänger sieht, und ist in diesem Sinne seine persönliche Stellungnahme zum anderen« (*Watzlawick et al.*, 1969, 53).

Die Unterscheidung *Watzlawicks* zwischen Inhalts- und Beziehungsaspekt müssen wir im Hinblick auf Information, die über ein Medium zwischen zwei Personen vermittelt wird, noch näher spezifizieren. Die *Ladung* eines Mediums wird von folgenden Faktoren bestimmt:

1. Intendierte Information (Inhaltsaspekt).
2. Periintentionale* Information, d. h. die Informationen, die nicht bewußt einkodiert wurden, aber in die Ladung als »um die intendierte Information angesiedelt« einfließen.
3. Informationen aus dem situativen Kontext, der zeitlichen, räumlichen, sozialen Gegebenheit, die direkt oder indirekt die Ladung mitbestimmen.
4. Die »natürliche Ladung«, d. h. den Aussagewert des Mediums selbst.

Wir haben damit eine Einwirkung des situativen Kontextes und einen »Zwang des Mediums auf die Aussage« (*Maletzke*, 1972) zu berücksichtigen. Diese intervenierenden Variablen im Prozeß der Informationsübermittlung können nur in direkter oder zirkulärer Kommunikation reduziert oder geklärt werden. Der Kommunikationsmodus der Massenmedien, der keine unmittelbare Rückwirkung auf den Sender zuläßt, bietet hierzu keine Möglichkeit. Die Autokommunikation hingegen läßt über den Selbstausdruck im Medium und seine Reflexion die Klärung nichtintendierter Informationen zu.

II. Medien und Ausdruck

Medien können nicht ausschließlich unter dem Aspekt der Kommunikation gesehen werden. Kommunikation kommt ja erst zustande, wenn ein geladenes Medium in der Interaktion eingesetzt wird, d. h. als *aktives Medium* verwandt wird. Intendiert geladene Medien können als »Konserven« gelagert und aufgehoben werden, um später und vielleicht überhaupt nicht aktiv im Kommunikationsprozeß zum Einsatz zu kommen (z. B. eine besprochene Tonbandkassette). Eine derart intendiert geladene »Konserve« (*Moreno*, 1969) wird u. a. dadurch charakterisiert, daß sie »Ausdruck« der jeweiligen Person ist, die das Medium »geladen« hat. Aber auch in der aktiven Kommunikation über Medien kommt dem *Ausdruckswert* Bedeutung zu. Das Medium ist immer Ausdruck der Person oder Gruppe, die sich seiner bedienen. Das *Medium als Selbstausdruck der Person* vermag dieser durch die nichtintendierten Anteile der Ladung Aufschluß über sich selbst zu geben. Wenn z. B. das Medium Ton dadurch geladen wird, daß es zu einer Plastik gestaltet wird, so vermag der Hersteller in der Aussage seines Tongebildes Anteile seiner selbst zu entdecken, die er neben der intendierten Information hineingegeben hat. Das Medium vermittelt ihm also selbst Informationen, die zuvor nicht zugänglich waren. Auf diese Weise kann über den Ausdrucksaspekt des Mediums eine Kommunikation des Herstellers mit sich selbst geschehen, und es entsteht ein kommunikatives Feld. Praktisch alle künstlerische Produktion kann auf diesem Hintergrund betrachtet wer-

* Die Begriffe »perintentional« und »nichtintendiert« stehen in dieser Arbeit synonym.

den. Der Maler gibt in sein Bild eine Aussage hinein, die für andere Menschen bestimmt ist, die aber auch für ihn selbst bedeutungsvoll werden kann, ja, im Prozeß des Entstehens seines Bildes wird sein Selbstausdruck ihm immer wieder neue Information übermitteln, die die Darstellung entfaltet und vorantreibt.

Die Betrachtung von Medien unter dem Aspekt von *Kommunikation* und *Ausdruck* erschließt insbesondere für das Verständnis von Material-Medien (Ton, Collagen, Farben usw.) wichtige Aspekte wie den der Autokommunikation, d. i. der Dialog mit sich selbst über ein Medium, oder der projektiven Produktion, d. i. das Zutagekommen von »unbewußten«, nichtintendierten Ladungsanteilen aus der eigenen Persönlichkeit über das Medium.

Durch die bisher gemachten Ausführungen dürfte deutlich geworden sein, daß ein Medium jenseits eines situativen Kontextes und eines kommunikativen Feldes seinen Sinn verliert. Wo und zu wem sollte sonst vermittelt werden? Bei aller Bedeutung, die dem Medium selbst, dem Potential seiner natürlichen Ladung und seinen Wirkungsmöglichkeiten zukommt, sind es doch die intendierten Botschaften, die den entscheidenden Einfluß ausüben. Eine flimmernde Fernsehröhre ohne Sendeprogramm wird kaum Wirkungen zeitigen. Medien mit intendierter Ladung sind von Einzelpersonen oder Interessengruppen gestaltet und mit Ladungen bestimmten Inhalts versehen worden. Dieser Inhalt aber *wird* erst zur Botschaft, wenn das Medium eingesetzt wird und damit zur Wirkung kommt. Medien wirken nie an sich über ihre »natürliche Ladung« hinaus, sondern immer als Verlängerung von Personen und Interessengruppen (*McLuhan*, 1964b). Insofern ist die inspirierende und umstrittene Aussage von *Marshal McLuhan* (1964, 1967), *»the medium is the message«*, durchaus zutreffend. Die natürliche Ladung des Mediums *ist* schon Botschaft, und das intendiert geladene Medium *wird* Botschaft, d. h. *Ausdruck* von Intentionen und Interessen. Je potenter ein Medium in seiner Wirkkraft ist, desto stärker und größer sind auch die Manipulationsmöglichkeiten derjenigen, die über Medien verfügen und über sie ihre Informationen verbreiten.

III. Zur Klassifikation von Medien

Versuche zur Klassifikation von Medien sind verschiedentlich aufgestellt worden. Dabei wurden unterschiedliche Zielsetzungen im Hinblick auf Kriterien der Klassifikationen, den Zweck und die Systematik verfolgt und z. T. Taxonomien aufgestellt. *R. M. Gagné* (1970, 220) versteht die Medien als »Quellen der Reizung«, die Teile der Lernumgebung darstellen. Dabei geht *Gagné* aber nicht, wie man annehmen könnte, auf den Aufforderungscharakter der natürlichen Ladung ein. Es handelt sich vielmehr um nicht systematisch gebildete und nicht theoretisch begründete Klassifikationen, die mehr einen heuristischen Aspekt haben. *L. J. Briggs* versteht Medien als *»any means of presenting stimuli«* und postuliert eine *»taxonomy of stimulus characteristics«*, die künftige Forschung zu leisten habe. Die von ihm vorgelegte Taxonomie scheint, pragmatisch zusammengestellt, in der Unterrichtspraxis zu wurzeln, ohne daß eine theoretische Begründung versucht wird. *J. V. Edling* (1966) versucht Medien nach der *Menge der Reize*, die durch das jeweilige Medium vermittelt werden, zu klassifizieren. Die Begrenzung auf diese Dimension der Stimulusmenge scheint auf den ersten Blick das Problem einer Medientaxonomie zu vereinfachen und würde das auch tun, wenn eine Begrenzung auf die »natürliche Ladung« des Mediums stattfände, d. h. auf den Aufforderungscharakter, die Menge der Stimuli, die das Medium selbst aussendet. Aber selbst für diese müßte man noch eine Bemessungsgrundlage finden. Die vermittelte Reizmenge eines »geladenen Mediums« hängt aber wesentlich von dem Inhalt der Ladung, der Intention des Senders, der Situation des Empfängers, kurz dem situativen Kontext ab. *Heidt* (1974) hat diese Problematik von Medientaxonomien aufgezeigt.

Der Wert von Taxonomien liegt darin, Medien unter bestimmten Funktionen zu betrachten. Ihre Praxisrelevanz scheitert an dem Problem der Objektivierung solcher Begriffe wie z. B. »Stimulusmenge«, der Vielfältigkeit des situativen Kontextes und der Interessen des Senders. Welches Medium in welchem Kontext, d. h. an welchem Ort, zu welcher Zeit, in welcher sozialen Situation das günstigste ist, läßt sich eben nur aus der jeweiligen Situation und den in ihr vom Sender verfolgten Intentionen entscheiden. Es ist z. B. durchaus möglich, daß ein Medium mit einer geringen Stimulusmenge, z. B. ein ausgesprochenes Wort, gegenüber dem Medium mit einer hohen Stimulusmenge, z. B. einem Rollenspiel (vgl. *Edling*, 1966), eine weitaus höhere Reizmenge vermittelt, dadurch, daß es den Empfänger im richtigen Moment *betrifft*. So kann z. B. ein Trauernder durch ein »richtiges Wort im richtigen Moment« stärker berührt werden als durch eine Beerdigungszeremonie von hoher Stimulusintensität.

Die Kategorie des situativen Kontextes, mit der verbunden ist, daß die Wirkung des Mediums von der »sozialen und emotionalen Lage« von Sender und Empfänger bestimmt ist, legt es nahe, den Gebrauch des Mediums jeweils im situativen Kontext zu entscheiden. Das heißt aber nicht, daß eine Kenntnis potentieller Wirkweisen von Medien überflüssig wird. Nur auf Grund einer solchen Kenntnis kann ein Medium *»intuitiv richtig«* in Prozessen des Lehrens und Lernens oder auch in der therapeutischen Interaktion eingesetzt werden, wobei ich *Intuition* definieren möchte *»als das Zusammenwirken von situativ wahrgenommener Information und vorgängiger Erfahrung«*. In die vorgängige Erfahrung sind Erlebnisse aus dem Praxisfeld und theoretische Kenntnisse und Konzepte eingeschlossen. Zu diesen Konzepten gehören Raster, die eine Klassifikation von Medien für jeweils gegebene Situationen ermöglichen. Die Kategorie »Stimulusmenge«

z. B. hat hier durchaus heuristischen Wert. Ich habe für die Verwendung von Medien in der Integrativen Pädagogik versucht, ein heuristisches Ordnungsschema zu erstellen, und unterscheide Medien 1. nach ihrer *Modalität,* 2. ihrem *Substrat* und 3. ihren *Qualitäten.*

IV. Modalität

Unter Modalität verstehe ich die Ausgangslage eines Mediums, den Zustand, in dem es sich im Hinblick auf seine kommunikative und Ausdrucksfunktion befindet. Wir können hier drei Modalitäten unterscheiden:

1. *Natürliche Medien* (ungeladene Medien bzw. Medien mit natürlicher Ladung)
2. *Geladene Medien* (Medien mit primär intendierter Ladung und periintentionalen Anteilen)
3. *Aktive Medien* (geladene Medien, die von Personen oder Interessengruppen zum Einsatz gebracht werden).

In der Integrativen Pädagogik sind alle drei Medientypen von Bedeutung. Der Pädagoge muß über die ungeladenen Medien, d. h. ihre »natürliche Ladung«, informiert sein, damit er sie optimal einsetzen kann. In dem Moment, wo er den Schülern ein Tonbandgerät, Farbstifte oder Musikinstrumente anbietet, wird das Medium zur Message – wenn auch noch nicht zu einer sehr spezifischen. Im Umgang mit den natürlichen Medien lernen die Schüler, diese »intendiert« zu laden, d. h. Informationsträger herzustellen und schließlich diese Informationsträger angemessen zu gebrauchen. Auf diese Weise wird nicht nur Information übermittelt, sondern der Prozeß der Informationsverarbeitung und -weiterleitung wird transparent und für den Schüler erlebbar. Diese Erfahrung ist in einer Gesellschaft, in der die Manipulation durch Medien ein kaum noch zu überschauendes Ausmaß angenommen hat, für das Individuum und für die Gesamtheit notwendig. Die Unterscheidung, die *McLuhan* in diesem Zusammenhang vornimmt, nämlich in »kalte« und »heiße« Medien, wird von ihm sehr willkürlich gehandhabt. Sie erscheint mir jedoch grundsätzlich sinnvoll. Das entscheidende Kriterium für ein kaltes Medium ist der Grad der Partizipation des Empfängers an der »Dekodierung« der Information (*Bourdin,* 1970). Bei heißen Medien ist ein so hohes Maß an Eindeutigkeit gewährleistet, daß der Empfänger die Information weder durch seine eigene Vorstellungskraft ergänzen muß noch an ihrer Gestaltung mitwirken kann. Ich halte *McLuhans* Konzept der Partizipation für unpräzise, weil es so verschiedene Vorgänge wie das eigenständige Mitgestalten an der Kommunikation (wie z. B. in einem Gespräch) und das mehr rezeptive Ergänzen einer Information (wie z. B. ein Nachrichtenteil einer Fernsehsendung) zusammenfaßt. Unter einer politischen Perspektive könnte man die Medien als »kalt« bezeichnen, bei denen das größtmöglichste Maß an Partizipation, d. h. aktiver Mitgestaltung und Kontrolle möglich ist; die Medien als »heiß«, deren intendierte Ladung nicht überprüft und deren aktive Auswirkung nicht kontrolliert oder beeinflußt werden kann. Aus sozialpsychologischer Optik will *Michael Argyle* (1975, 372) die heißen Medien mit der verbalen und die kalten Medien mit der nonverbalen Kommunikation vergleichen. In jedem Falle sind die Begriffe *hot* and *cool media* nur im Hinblick auf die geladenen und aktiven Medien sinnvoll.

V. Substrate

Als Substrat eines Mediums verstehe ich seine »materielle« Grundlage, den Stoff, aus dem es gemacht ist. Dieser Stoff kann sowohl ein Material, ein Handlungssystem, ja ein personales System sein.

Wenn wir ein Medium als »Träger von Information« definiert haben, so könnte man in weitem Sinne all das als Medium bezeichnen, was Information übermittelt. Dabei ist der Prozeß der Ladung und der Übermittlung als ganzheitlicher aufzufassen, d. h., ein Medium vermittelt nicht nur auf einer Dimension seiner natürlichen Ladung, sondern durch das Zusammenwirken der verschiedenen Dimensionen (»Kanäle«) der natürlichen Ladung, der intendierten Ladung, der periintentionalen Ladung und der Ladung aus dem situativen Kontext. Auf Grund einer solchen ganzheitlichen Betrachtungsweise können nicht nur Gegenstände (Musikinstrument, Kassettenrekorder), sondern auch Handlungsabläufe – wie eine Entspannungsübung oder psychodramatisches Rollenspiel – als Medium betrachtet werden. Wir sehen damit, daß auch Techniken und Methoden als Medium charakterisiert werden können. Wenn man einen weitgefaßten Medienbegriff zugrunde legt, wie er im vorausstehenden vorgetragen wurde, so können selbst Personen, die als solche Information vermitteln, als Medien bezeichnet werden. Es bietet sich damit eine Unterscheidung in 1. Personale Medien, 2. Handlungsmedien und 3. Sachmedien an.

1. Personale Medien

Als personales Medium wird die jeweilige Person im kommunikativen Prozeß bezeichnet, die Information vermittelt. *McLuhans* Devise, *»the medium is the message«*, erweist sich hier in der Tatsache, daß Medium und Information koinzidieren. Der Lehrer wird mit seiner ganzen Person, mit seinen Haltungen und seinem Verhalten Medium, ähnlich wie in der Gestalttherapie der Therapeut in seinem ganzen Habitus, der Art und Weise, wie er sich gibt, Intervention *ist*. Der Lehrer selbst als »personales Medium« inkorporiert in seinem Verhalten alle Sach- und Handlungsmedien, die er verwendet.

2. Handlungsmedien

Als Handlungsmedien können Handlungssysteme, wie z. B. Techniken und Methoden, bezeichnet werden, durch die Information im kommunikativen

Prozeß übermittelt werden. Hierzu sind z. B. zu rechnen: Sprache, Mimik, Gestik, Rollenspiel, Interaktionsspiele u. ä. Die Handlungsmedien inkorporieren zum Teil Sachmedien. Sie zeichnen sich durch hohe Komplexität und die Tatsache aus, daß sie in das Repertoire personaler Medien gut integriert werden können.

3. Sachmedien

Unter Sachmedien sind alle materiellen Informationsträger zu verstehen, die in der Kommunikation eingesetzt werden können. Wir können untergliedern in *Materialmedien:* Schreibmaterialien, Farben, Ton, Instrumente, Collagen; und *technische Medien:* etwa Tonband, Video, Film. Die Sachmedien haben unterschiedliche natürliche Ladung, d. h. sehr variierende Kapazität, Aufforderungscharakter und Möglichkeit, in das Repertoire eines »personalen Mediums« integriert zu werden.

Ich werde in den folgenden Ausführungen noch näher auf diese drei Kategorien von Mediensubstraten eingehen, für die alle drei Medienmodalitäten möglich sind.

VI. Qualitäten

Die Eigenschaften von Medien sind in den verschiedenen Klassifikationsversuchen mehr oder weniger faßbar beschrieben worden. Beim jetzigen Stand der theoretischen Diskussion und der empirischen Forschung ist mehr als ein heuristisches Schema nicht zu leisten. Unter den verschiedenen Versuchen (vgl. Abschnitt III) scheint mir der Beitrag von *Boulding* (1969) beachtenswert, der in der Diskussion um den Ansatz *McLuhans* versucht, den Begriff des Mediums durch drei Kategorien zu spezifizieren: 1. durch das Maß an Zuverlässigkeit, 2. an Kapazität und 3. an Retroaktion, d. i. das Potential an Feedback, das ein Medium auslöst bzw. zuläßt. Ich selbst habe für die natürlichen Medien folgende – auch auf intendiert geladene und aktive Medien anwendbare – Eigenschaften herausgestellt:

1. *Aufforderungscharakter:* Hierunter verstehe ich die stimulierende Wirkung durch den natürlichen Informationsgehalt des Mediums. Diese Wirkung ist auch vom »Empfänger« der Stimulierung abhängig, seinen Erfahrungen und Bedürfnissen. So kann ein Kästchen mit bunter Kreide für einen Dreijährigen einen größeren Aufforderungscharakter haben als ein ausrangiertes Radio.
2. *Ausdrucksmöglichkeiten:* Unter Ausdrucksmöglichkeiten verstehe ich Vielzahl und Variabilität im Hinblick auf die Informationsaufnahme (vgl. *Bouldings* Kapazitätsbegriff) und Weitervermittlung, d. h. die Qualität und Quantität, was Ladung und Übermittlungen betrifft.
3. *Wirkungsmöglichkeit:* Die Wirkungsmöglichkeiten eines Mediums setzen bei den Sinnen an. Je direkter ein Medium auf möglichst viele Sinne Einfluß gewinnen und je klarer es seine Botschaft an sie weitervermitteln kann, desto größer wird seine Wirkung sein. Medienkomplexe bzw. -kombinationen wie z. B. das Fern-

sehen, in dem Bild, Ton, Film, Sprache verbunden werden, haben eine weitere Ansatzfläche und deshalb oft eine umfassendere Wirkung.

4. *Rückwirkungsmöglichkeiten:* Die Rückwirkungsmöglichkeiten eines Mediums bestimmen seine Effizienz in der zirkulären Kommunikation. Je unmittelbarer das Feedback auf eine Information zurückkommen kann, desto kommunikationsfördernder ist das Medium. Die Aspekte 2–4 wirken vielfach in den des Aufforderungscharakters (1) hinein.

Die voranstehend aufgezeigten vier Aspekte gelten natürlich nicht nur für Medien mit »natürlicher Ladung«, sondern genauso für Medien mit »intendierter Ladung«.

Wir können all diese Eigenschaften als das *»kommunikative Potential«* eines Mediums bezeichnen. Dieses kommunikative Potential variiert mit dem Kontext der Kommunikationsform. Ein Medium, das in einer zirkulären Kommunikation mit anderen Personen ein hohes Potential hat, z. B. Sprache, kann in der Autokommunikation einem anderen Medium, z. B. Ton oder Plastelin, unterlegen sein, in einer Einwegkommunikation (z. B. Radio) jedoch wieder einen hohen Stellenwert gewinnen.

VII. Personale Medien

Das Theorem *Watzlawicks*, »man kann nicht *nicht* kommunizieren«, kann im Hinblick auf das Konzept der »personalen Medien« die These fundieren, daß jede Person eine »natürliche Ladung« hat, die sich als Information übermittelt. Es geht hier nicht darum, den Lehrer, Therapeuten oder irgendeinen Menschen auf den Begriff und die Funktion »Medium« zu reduzieren, sondern es soll deutlich gemacht werden, daß hier eine wichtige Komponente des Lehr- und Lerngeschehens gesehen werden muß, die weitgehend unberücksichtigt geblieben ist. Der Lehrer muß sich seiner »natürlichen Ladung«, d. h. seines Aussehens, seiner Haltung, seiner Bewegungen, seiner Stimme, seines Sprechduktus bewußt sein und damit überblicken, was er neben intendierten Ladungen beiläufig durch seine persönliche Charakteristik, die Art, wie er ist, vermittelt.

So sollte ein großer, massig-bullig wirkender Mann mit buschigen Augenbrauen und grollendem Baß – um einmal ein starkes Bild zu verwenden – wissen, wie er wirkt, welche Informationen er durch seine äußere Erscheinung vermittelt und wie diese Informationen seine intendierten Ladungen beeinflussen, damit er eventuelle Negativ- oder Seitenwirkungen auffangen kann.

Für die pädagogische und therapeutische Situation ist es von höchster Wichtigkeit, sich selbst als Medium zu kennen und handhaben zu können, um seine Mimik und Gestik, Bewegung, Stimmintonation, Emotionalität in der Kommunikation intendiert einzusetzen. Um sich als Medium zu verwenden, muß der Pädagoge sich kennen. Er muß seine Fähigkeiten und Möglichkeiten erfahren haben, und das nicht nur auf der Handlungs- und Ausdrucksebene, sondern auch im Hinblick auf seine gesamte Person. Im Unterschied zu Sach- und Handlungsmedien, die von Personen, einzelnen oder Gruppen, »geladen« und eingesetzt werden, bestimmen personale Medien ihre intendierten Ladungen weitgehend selbst. Der Lehrer entscheidet, zumindest durch Konsens mit dem Curriculum, was er an Information vermitteln will, wie er es vermitteln will, d. h., wie er sich als Medium einsetzt und welche Sach- und Handlungsmedien er dabei integriert.

Man muß sich darüber im klaren sein, daß das »personale Medium Lehrer« in seiner Ladung auch fremdbestimmt ist: zum einen durch die curricular vorgegebenen Inhalte. Der Lehrer wird hier zum Vermittler von Informationen, die die jeweilige Gesellschaft gezielt an den Schüler weitervermitteln will. Je stärker sich der Lehrer mit diesen gesellschaftlich determinierten Inhalten identifizieren kann, desto klarer wird er die Informationen weitergeben können, da keine Diskongruenz zwischen seinen persönlichen und den kollektiv bestimmten Intentionen eintritt.

Zum anderen wird der Lehrer durch seine Lebensgeschichte, das, was ihn zu dem gemacht hat, was er ist, bestimmt. In die persönliche Lebensgeschichte gehen Erfahrungen aus der Primärgruppe und dem unmittelbaren persönlichen Umfeld im Lebensverlauf ein; über diese und vermittelt durch diese aber auch Informationen aus dem übergeordneten gesellschaftlichen und kulturellen Gefüge.

Diese biographischen Elemente, die sich in Einstellungen und Verhalten konkretisieren, können als nichtintendierte Informationen in Ladungen eingehen. Es gibt deshalb verschiedene Möglichkeiten der Diskongruenz:

1. Diskongruenz zwischen gesellschaftlich intendierter Ladung und persönlicher Intention.
2. Diskongruenz zwischen persönlich intendierter Ladung und nichtintendierten Elementen.
3. Diskongruenz zwischen nichtintendierter Ladung und gesellschaftlich bestimmter Ladung.
4. Diskongruenz zwischen gesellschaftlicher Ladung, persönlich intendierter und nichtintendierter Ladung.

Derartige Diskongruenzen führen nicht nur innerhalb der Persönlichkeit des Lehrers zu Konflikten, sondern werden, da sie durch das »Medium Lehrer« als Information übermittelt werden, bei den Lernenden zu Konflikten führen, indem es zu einer pädagogischen »double-bind«-Situation kommt. Es ist aus diesem Grunde unbedingt erforderlich, daß der Lehrer eine komplexe Bewußtheit (awareness) seiner selbst hat. Er muß nicht nur seine natürliche Ladung im Hinblick auf seine äußere Erscheinung und ihre Wirkung kennen, er muß auch über Selbsterfahrung sein persönliches So-geworden-Sein kennen und verstehen, um auf diese Weise nichtintendierte Anteile von Ladungen in intendierte zu überführen, d. h., daß er sie ausklammern oder durch Gegenakzente korrigieren kann. Diese Forderung verlangt ein hohes Maß an Reflexion, Introspektion und ein Einlassen auf die eigenen Gefühle und die eigene Leiblichkeit. Die Wichtigkeit der biographischen Dimension des Lehrers für den Lehr- und Lernprozeß ist in der Pädagogik noch nicht annäherungsweise erkannt.

Das eigene Gewordensein darf in unserem Zusammenhang nicht nur individualistisch auf dem Hintergrund der persönlichen Biographie gesehen werden, sondern gehört in einen größeren Zusammenhang gestellt, da der Lebensverlauf in ein Sozialisationsfeld eingebunden ist und jede Persönlichkeit auch Ausdruck der jeweiligen politischen, ökonomischen, kulturellen und historischen Situation ist. Die Reflexion muß deshalb diese Dimensionen umgreifen, um nichtintendierte Ladungen, die als »kulturelles Erbe«, als gesellschaftlich bestimmte und durch die Sozialisation individuell rezipierte Werte und Normen aufgenommen wurden und im Lernprozeß weitervermittelt werden, in intendierte Information zu überführen. So sind denn persönliche und politische Bewußtheit nicht voneinander zu trennen.

Über die Rolle und Funktionen des Lehrers, die sich in konkretem Handeln als Informations- und Zeichensysteme manifestieren, ist an anderer Stelle in diesem Buch geschrieben worden. Es soll deshalb hier der Hinweis genügen, derartige Ausführungen auch unter dem Aspekt zu sehen, *daß der Lehrer Medium und als solches »Message« ist.*

VIII. Handlungsmedien

Die Handlungsmedien sind so vielfältig und teilweise in ihrer Methodologie und ihren Techniken so differenziert, daß hier nur eine kursorische Darstellung gegeben werden kann.

1. Psychodramatisches Rollenspiel

Das von *Moreno* entwickelte psychodramatische Rollenspiel (*Moreno,* 1924, 1969) hat nicht nur im therapeutischen Raum weite Verbreitung gefunden (*Leutz,* 1974), sondern ist zu einem der wichtigsten Handlungsmedien im pädagogischen Feld geworden. Es hat sowohl in der Vorschulpädagogik (*Seidl* et al., 1976), in der Schulpädagogik (*Petzold/Schulwitz,* 1972; *Shaftel/Shaftel,* 1973; *Chesler, Fox,* 1966) Verwendung gefunden, es wurde in der Erwachsenenbildung (*Sturm,* 1967; *Petzold/Sieper,* 1973), in der Altenbildung und der Heil- und Sonderpädagogik eingesetzt (*Petzold,* 1977).

Psychodramatisches Rollenspiel als »Medienkomplex« kann gleichzeitig als Methode eingestuft werden, die über ein reichhaltiges Arsenal an Techniken verfügt (*Schützenberger,* 1970). Die »natürliche Ladung« des Rollenspiels ist ausgesprochen hoch. Das Spiel hat einen hohen *Aufforderungscharakter* und bietet durch die Inkorporation der Medien Mimik, Gestik, Sprache reiche *Ausdrucksmöglichkeiten,* durch die vielfältige und differenzierte Informationen vermittelt werden können. Die *Wirkungsmöglichkeiten* auf Kommunikationspartner sind sehr unmittelbar. Er kann direkt und »auf vielen Kanälen« erreicht werden und hat unmittelbare *Rückwirkungsmöglichkeiten.* Durch Techniken wie Rollentausch, Spiegel und Doppelgänger (*Petzold*, 1977) können die intendierten Ladungen verdeutlicht und nichtintendierte Ladungen geklärt werden. Im Unterricht bietet das psychodramatische Rollenspiel vielfältige Möglichkeiten, Informationen erlebnisnah zu vermitteln und zu erarbeiten. Es kann besonders im Literatur-, Sozialkunde-, Geschichts-, Sprach-, Heimatkundeunterricht eingesetzt werden.

2. Pantomime

Von der Pantomime gilt im Hinblick auf ihre Vielfältigkeit ähnliches wie vom Psychodrama. Im pädagogischen Bereich wurde sie in Vorschule und Schule von *Gording* (1971), *Pickersgill* (1969) u. a. eingesetzt. Die Beschränkung auf den nonverbalen Ausdruck bedeutet keineswegs eine Verarmung gegenüber dem psychodramatischen Rollenspiel, vielmehr werden Erlebnisqualitäten freigesetzt, die von der Verbalisation überdeckt worden sind und gerade für das affektive Lernen hohe Bedeutung haben. In der Pantomime kann der Schüler weit intensiver als im dramatischen Spiel erleben, wie er auf Situationen und Inhalte reagiert. Pantomime kann in allen Unterrichtsbereichen eingesetzt werden, die für das Psychodrama schon genannt wurden. Besonders in der freien mimischen Improvisation, die nach spontanen Einfällen oder zu vorgegebenen Themen durchgeführt wird, kommt häufig »nichtintendiertes Material« ins Spiel, das in nachfolgenden Gesprächen in der Lerngruppe deutlich gemacht werden kann.

3. Theaterspiel

Theaterspiel unterscheidet sich von dem improvisierten psychodramatischen Rollenspiel dadurch, daß Texte oder zumindest Szenarien vorgegeben werden, die einen Rahmen abgeben. In verschiedenen Varianten hat es im pädagogischen Bereich Eingang gefunden: als »didaktisches Theater« (*Petzold, Iljine, Zenkovskij*, 1972), als »Creative Drama« (*Barnfield*, 1968), als »Dramapädagogik« (*Figge*, 1975) oder »*Jeux* Dramatiques« (*Hofer-Moser*, 1976). In der Regel werden in diesen Ansätzen auch die Ausdrucks- und Beweglichkeitsübungen des Schauspielunterrichts mit verwertet. Das Theaterspiel als pädagogisches Mittel hat eine Tradition, die bis in das alte Griechenland zurückreicht (*Coggin*, 1956), und läßt sich mit Kindern und Erwachsenen in fast allen Unterrichtsfächern hervorragend einsetzen, insbesondere wenn die Schüler in das Erarbeiten von Stücken durch die Dramatisierung eines Themas miteinbezogen werden (*Way*, 1967; *Wethered*, 1973).

4. Bewegung

Bewegung als Element integrativer Pädagogik begrenzt sich nicht auf den sportlichen Bereich oder auf die Bewegungserziehung im engeren Sinne (*Petzold*, 1977). Sie hat in einem integrativen Ansatz, der auch auf die körperliche Wirklichkeit gerichtet ist, hervorragende Bedeutung (*Petzold/Berger*,

1974). Bewegung kann als Gestaltungselement im sachbezogenen Unterricht eingesetzt werden und fällt dabei oft in den Bereich der Pantomime oder des Tanzes. Als Ausdrucksmedium hat die Bewegung besonders in der Grundschule und in Unterstufenklassen durchaus ihre Berechtigung. Das stundenlange Sitzen in den Klassen ist den natürlichen Antriebsimpulsen von Kindern entgegengerichtet. Bewegungsübungen oder Spiele, in den Unterricht eingestreut, haben eine auflockernde und entspannende Wirkung, fördern die soziale Interaktion und den Ausdruck von Gefühlen, so daß kognitives Lernen danach freier und effektiver erfolgen kann.

Auf Bewegungserziehung als Methode und auf die in ihr verwandten Medien und Techniken kann an dieser Stelle nicht näher eingegangen werden (vgl. *Laban,* 1975). Es sei nur erwähnt, daß gerade in der Arbeit mit Erwachsenen, aber auch in der Oberstufe die Atem- und Relaxationsübungen der Bewegungspädagogik einen ausgezeichneten entkrampfenden und damit konzentrationsfördernden Wert haben. Außerdem fördert die körperliche »fluency« den Fluß der Gedanken, so daß in kreativen Unterrichtseinheiten Bewegungselemente einen sehr nützlichen Effekt haben.

5. Puppenspiel

Pädagogisches Puppenspiel hat nicht nur im Bereich der Vorschule (*Petzold/Geibel,* 1972) oder im therapeutischen Rahmen (*Pfeiffer,* 1965; *Petzold,* 1975) Verwendung gefunden, sondern kann auch im Schulunterricht, in der Andragogik und Geragogik eingesetzt werden, besonders wenn man Großpuppen verwendet. Mit diesen und mit Marionetten ist Puppenspiel auch in der Sekundarstufe im Literatur-, Gemeinschaftskunde-, Sprachunterricht zu verwenden. Der Aufforderungscharakter und Ausdruckswert des Puppenspiels ist ähnlich hoch wie der der Pantomime, des Masken- oder Märchenspiels (*Petzold,* 1975). Auch beim Puppenspiel wird intendiertes Material aktualisiert, was z. T. schon in der Wahl der Puppen und insbesondere in ihrer Herstellung zum Ausdruck kommt – sofern man diese in den Arbeitsprozeß miteinbezieht. Die Schüler entdecken an ihrer Puppe oder Maske Züge ihrer eigenen Persönlichkeit, die sich ihnen in der spielerischen Interaktion verdeutlichen. Soziales und affektives Lernen, insbesondere ein tieferes Kennen- und Verstehenlernen der eigenen Persönlichkeit, sind Resultate integrativer Puppenarbeit.

6. Imaginationstechniken

Von gleicher Bedeutung wie das psychodramatische Rollenspiel ist für den Integrativen Unterricht das Medium der Imagination oder Visualisierung. Die aus dem therapeutischen Raum stammenden Methoden und Techniken verschiedener Provenienz (*Frétigny/Virel,* 1968; *Desoille,* 1961; *Leuner,* 1970) sind für die Pädagogik insbesondere im Ansatz der Psychosynthesis von *Assaglioli* (1971; 1973) und seiner Mitarbeiter (*Carter-Haar,* 1975) sowie von den Praktikern der Confluent education in den USA (*Yeomans,* 1975) fruchtbar gemacht worden. Imagination und Visualisierung als Medium bieten hervorragende Möglichkeiten der Erlebnisaktivierung in allen Unterrichtssparten und bei allen Zielgruppen pädagogischer Arbeit. Bei den Imaginisationstechniken gibt es keine Beschränkung der Vorstellungskraft und der Erlebnisqualitäten. Nicht nur Bilderleben, auch Geruchs-, Geschmacks- und Geräuschvorstellungen können induziert werden (*Petzold/Geibel*, 1972). Zu einem literarischen Stück die entsprechenden Szenen »bildern«, geometrische Figuren farbig imaginieren, »Phantasietrips« durch die Geschichte machen oder in der Imagination durch fremde Länder gehen – all das sind Möglichkeiten, die über dieses Medium erschlossen werden können. Es findet daher in der Integrativen Pädagogik – oft in der Kombination mit psychodramatischem Rollenspiel – häufig Verwendung. Durch die Mitteilung der imaginierten Inhalte und die sich auf diese Weise ergebenden Gruppenprozesse ist auch Rückwirkung möglich. Bei freier Imagination oder Vorstellungen zu bestimmten Themen kommt wiederum häufig nichtintendiertes Material auf und wird der Lerngruppe und dem Schüler, der die Bilder und Phantasien produzierte, zugänglich.

IX. Sachmedien

Die Sachmedien können wir in zwei Gruppen unterteilen:

1. Technische Medien, 2. Materialmedien.

Diese beiden Gruppen werden oft als die Medien im engeren Sinne bezeichnet. Über technische Medien besteht inzwischen eine kaum noch zu überschauende Literatur. Ich möchte deshalb an dieser Stelle auf den Einsatz technischer Medien nicht ausführlich eingehen. Ein Beitrag zur Verwendung des Videorekorders in der Integrativen Pädagogik von *L. Grizzard* findet sich in *Brown/Petzold* (1977).

1. Technische Medien

Für die Integrative Pädagogik ist wesentlich, daß technische Medien nicht außerhalb oder jenseits eines intersubjektiven Lernprozesses eingesetzt werden, daß sie in ihrem Gebrauch und in ihrer Wirkung vom Lernenden verstanden werden, so daß er die manipulative Kraft technischer Medien einschätzen lernt. Im Integrativen Unterricht sind wir besonders auf das »Laden« technischer Medien gerichtet. Die Schüler sollen aktiv in den Prozeß der Medienaufbereitung eintreten. So ist es sehr anregend und lerneffektiv, wenn man mit einer Klasse z. B. eine Tonbildschau herstellt und von der Recherche der Informationen und des Bildmaterials bis zur technischen Verarbeitung die Schüler das Zustandekommen eines geladenen Mediums mitvollziehen läßt. Es können auf diese Weise ganze Unterrichtsprogramme und -einheiten von den Schülern selbst erstellt werden.

Bei guter technischer Ausstattung kann das Verfahren der *»multimedialen Selbsterfahrung«* (*Petzold*, 1974b, 50) eingesetzt werden, was besonders für die Arbeit in der Erwachsenenbildung und im Oberstufenunterricht geeignet ist. Zu einem Themenkomplex werden Diapositive, Musikstücke, Textstellen gesammelt und so vorbereitet, daß sie in einer spontanen Aktion verarbeitet werden können. Die Arbeit geschieht während der Präparationsphase in Kleingruppen. Die eigentliche Gruppenarbeit geschieht im Medienraum. Ich habe z. B. an einer Volkshochschule ein fünfteiliges Seminar zum Thema »Der Mensch in der Katastrophe« abgehalten, in dessen Rahmen ich multimediale Selbsterfahrung verwandte. Es wurden verschiedene Lichtbildserien zu Katastrophensituationen, *persönlichen* Katastrophen (Trauer, Tod, Bilder von weinenden Kindern, Verunglückten), *kollektiven* (Kriegsbilder, Bilder aus Hungergebieten), *technischen* (Bilder von Unfällen, Bränden, Havarien) und *Naturkatastrophen* (Bilder von Flut, Sturm, Vulkanausbruch) mit mehreren Projektoren spontan gemischt und vorgeführt. Dazu wurden über verschiedene Tonbänder am Mischpult von einer Gruppe entsprechende Musikstücke eingeblendet. Eine weitere Gruppe sorgte mit farbigen Lampen und Zerhacker für Lichteffekte. So wurde mit den verschiedenen Medien improvisiert. Spontan entwickelten sich hierzu Tanz- und Pantomimegruppen.

In »breaks«, kurzen Pausen, wurde das emotionale Erleben durch Gesprächsrunden aufgegriffen. Nach größeren Frequenzen erfolgte ein Durcharbeiten und Auswerten. Diese Arbeitsweise ist zwar einigermaßen aufwendig, aber ausgesprochen dicht, was die kreative Entfaltung und die emotionale Beteiligung, die Tiefe der Einsichten und die Kohäsion der Gruppe anbetrifft, so daß eine intensive Lernerfahrung bereitgestellt werden kann.

2. Materialmedien

Die Materialmedien als nicht-technische Sachmedien haben ein z. T. intensives Aktivierungspotential, sind aber vielfach auf den Aspekt des *Ausdrucks* und der *Kommunikationen* mit der eigenen Person *(Autokommunikation)* gerichtet. In ihnen und durch sie können nichtintendierte Elemente ausgezeichnet zum Ausdruck kommen und integriert werden. Sie bieten Möglichkeiten projektiver Gestaltung und lassen einen Dialog mit dem eigenen Selbst zu. Die Verwendungsmöglichkeiten der Materialien sind besonders in dem Bereich der affektiven und kreativen Erziehung zu sehen. In der Heil- und Sonderpädagogik leiten sie oft zur Therapie über. Im Kreativitätstraining tragen sie dazu bei, unbewußte schöpferische Kräfte freizusetzen und den *spontanen Ausdruck* zu fördern.

a) Ton

Ton hat nicht für alle Menschen einen unmittelbaren *Aufforderungscharakter*. Erst wenn man ihn in die Hand nimmt, spürt, knetet, wird er zu einem Medium, das zum Gestalten stimuliert. Die *Ausdrucksmöglichkeiten* sind von der Vielfalt her eingeschränkt, doch von der Qualität her intensiv. Der Schüler gestaltet »aus dem Gefühl« und versucht seine inneren Gestimmtheiten, seine Gedanken und Phantasien über die Hände in den Ton hineinzuleiten. Beim Formen und Betrachten entdeckt der Gestaltende häufig Elemente, die ihn überraschen, die ihm Gefühle, Vorstellungen, Anteile seiner selbst verdeutlichen und ihre Integration ermöglichen. Die gesamte Arbeit wird im »Continuum of Awareness« (*Petzold,* 1973) durchgeführt, d. h., der Arbeitende benutzt die gestalttherapeutische Grundhaltung wacher Aufmerksamkeit, um für alles sensibel zu werden, was aus ihm durch seine Hände hindurch in den Ton hineingeprägt wird. Die Erschließung der Inhalte kann z. T. über gestalttherapeutische Techniken erfolgen, auf die wir noch näher eingehen werden. Die *Wirkungsmöglichkeiten* für den Gestaltenden selbst sind groß, insoweit Tongebilde eine hohe affektive Ladung gewinnen können. Auch die *Rückwirkungsmöglichkeiten* sind gut, da das Tongebilde beständig umgestaltet werden kann, solange es weich und plastisch ist. So kann der Gestaltende Themen entwickeln und sie nach dem inneren Fluß seiner Gefühle und Phantasien entfalten.

Das kommunikative Potential der Tonarbeit ist relativ gering. Im gemeinsamen Tongestalten an einem größeren Tonklumpen können allerdings wichtige Erfahrungen auf einer basalen Ebene gemacht werden. Die Grenzen zu einer therapeutischen Arbeit werden hier sehr schnell fließend.

b) Farben

Die Arbeit mit Wachsmalstiften, Fingerfarben, Filzstiften, Wasserfarben o. ä. bietet vielfältige Ausdrucksmöglichkeiten. Auch hier sind die Selbsterfahrungselemente groß, weil reiches projektives Material aufs Papier gebracht werden kann. Ich lasse Teilnehmer an Gruppenexperimenten zunächst »ihre Farben« auswählen und mit dieser Farbe linear und flächig improvisieren. Eine andere Einstiegsmöglichkeit besteht darin, zwei Farben auswählen zu lassen und beidhändig zu malen. Es entstehen auf diese Weise manchmal Dialoge zwischen den gestaltenden Händen, die zum Ausdruck innerer Polaritäten werden. Malen oder Zeichnen »aus dem Gefühl heraus« führt oftmals zu starken emotionalen Reaktionen: Glücksgefühl, Heiterkeit, Schmerz, Zorn, insbesondere, wenn der Teilnehmer angehalten wird, in das Zeichnen die Bewegung des Körpers miteinzubeziehen. *Wirkungs-* und *Rückwirkungsmöglichkeiten* sind ähnlich wie beim Ton, nur daß die Umgestaltung des Bildes nicht so vollständig geschehen kann wie mit der plastischen Erdmasse. Intensive Selbsterfahrung vermittelt das Zeichen der »Lebenslinie«. Der Teilnehmer wird aufgefordert, vom Zeitpunkt seiner Geburt seine Lebenslinie zu zeichnen, auf ihr oder durch sie figürlich oder abstrakt die wichtigen Ereignisse seines Lebens auszudrücken. Ist er bei der Gegenwart angelangt, so kann die Lebenslinie auch noch projektiv in die Zukunft fortgezogen werden, so daß sich auf diese Weise Wünsche, Erwartungen, Befürchtungen konkretisieren können. Die Auswertung dieser Arbeit erfolgt wiederum mit gestalttherapeutischen Techniken, wobei die Wahl der Farben, die Qualität des Striches, der Wechsel von figürlichen und abstrakten Darstellungen, von Form und Fläche für die Auswertung berücksichtigt werden müssen.

c) Collage

Unter den Materialien hat das Medium der Collage besonders vielfältige Verwendungsmöglichkeiten. Sein Ausdruckspotential ist ebenso hoch wie der stimulierende Aufforderungscharakter, den Collagematerialien meistens haben. Natürlich ist es wesentlich, reichhaltiges und aussagestarkes Grundmaterial zur Verfügung zu stellen. Am besten eignen sich anspruchsvolle Illustrierte und Magazine. Zu vorgegebenen Themen oder »aus dem Gefühl heraus« gehen die Teilnehmer die Ausgangsmaterialien durch und sammeln Bilder, Überschriften, Zeichnungen, um sie zu eigenständigen Kompositionen zusammenzufügen. Dabei geht in der Regel sehr viel nichtintendiertes Material in die Komposition ein. Wegen des hohen Aufforderungscharakters der Ausgangsmaterialien, die zahlreiche Assoziationen wachrufen und anregen, ist die Collage den anderen Gestaltungsmaterialien in mancher Hinsicht überlegen.

Beim freien Gestalten aus dem Gefühl wird im Sinne eines projektiven Tests »unbewußtes« Material zugänglich, finden Wünsche, Bedürfnisse und Interessen des Individuums in der Collage ihren Niederschlag und können im Durcharbeiten erschlossen werden. Die Collage wird somit Ausdruck der persönlichen Befindlichkeit des Herstellers und vermag ihm Aufschluß über verborgene oder zumindest nicht klar bewußte Anteile seiner aktualen Lebenssituation und seiner Lebensgeschichte zu geben. Die *Wirkungsmöglichkeiten* der Collagen sind sehr groß. Sie sprechen den Betrachter unmittelbar emotional an und vermögen durch die Kombination von Bild und Wort sowohl quantitativ als auch qualitativ eine große Menge von Informationen zu vermitteln. Im Hinblick auf die *Rückwirkung* ist die Collage ähnlich einzustufen wie die Produktionen, die mit Farben, Stiften oder Aquarell angefertigt wurden. Wenn man mit Gummilösung arbeitet, sollten die einzelnen Bildelemente wieder leicht abzuziehen sein. Damit ist die Veränderbarkeit der Collage recht gut gegeben. So können Rückwirkungen aus dem »Dialog mit sich selbst« durchgeführt werden, die Entwicklungen möglich machen. Für die Autokommunikation ist die Collagearbeit gut geeignet. Sie ist aber auch in der Gruppen- und Paararbeit ein ausgezeichnetes Medium. Ähnlich wie mit Farbmaterialien eine Gruppe gemeinsam ein »Gruppenbild« malen kann und zwei Menschen nur über Zeichnen an einem Bild kommunizieren können, so können auch Collagen Ausdruck einer Stimmung in der Gruppe und eine Kommunikationsmöglichkeit zwischen Gruppenmitgliedern bieten. Es wird durch die emotional geladenen Bilder, d. h. Materialien mit hoher natürlicher Ladung, die in den Dienst intendierter Aussagen gestellt werden, die affektive Kommunikation stark angeregt, und die Teilnehmer können sich Aussagequalitäten vermitteln, die im rein verbalen Ausdruck nicht aufscheinen können.

X. Zum Aufarbeiten der Materialien

Zum Aufarbeiten der Materialien verwenden wir die Techniken und Methoden der Integrativen Gestalttherapie, die als eine Form kreativer Therapie hier vielfältige Möglichkeiten bietet (*Petzold*, 1977; *Zinker*, 1977; *Rhyne*, 1973; *Frings/Keyes*, 1974). Auch Methoden aus der Gestaltungstherapie (*Franzke*, 1977), der psychoanalytischen Kunsttherapie (*Naumburg*, 1966) und Art Therapy (*Kramer*, 1975; *Ulman/Dachinger*, 1975) können herangezogen werden.

Zunächst wird nach Fertigstellung des Tongebildes, der Zeichnung oder der Collage, der Hersteller aufgefordert, sich sein Produkt »als Ganzes« anzusehen und auf sich wirken zu lassen: »Was empfindest du, wenn du dein Bild (deine Collage, deine Tonplastik) betrachtest?« Die Gesamtwirkung löst im Betrachter oft starke emotionale Reaktionen, z. B. Staunen, Erschrecken, Freude, aus, denen er auf verschiedene Weise Ausdruck verleihen kann. So ist es möglich, daß er »zum Bild spricht«. Er tritt zum Bild in einen verbalen Dialog, indem er in einer Art »inneren Rollentausch« als Bild antwortet. Eine weitere Möglichkeit besteht darin, daß der Klient sich mit dem ganzen Bild identifiziert und »als Bild spricht«. Auf diese Weise kann die Gesamtaussage des Bildes erfaßt und integriert werden. Die Zwiesprache mit dem Bild, mit der Collage oder Tonplastik darf sich aber nicht auf die Ganzheit beschränken. Die Ganzheit ist zwar mehr und etwas anderes als die Summe der Teile, aber sie entwertet die Bedeutung des Teils dadurch nicht. Die Verarbeitung eines geladenen Materialmediums muß deshalb nicht nur auf der Ebene der *Primärqualität*, d. h. der übersummativen Ganzheit erfolgen, sondern sie muß auch die *Sekundärqualität* der einzelnen Teile bzw. Unterganzen einbeziehen und schließlich auch die *Tertiärqualität* berücksichtigen, d. h. die Anmutungsqualitäten, die das Ganze und die Details im Betrachter auslösen, z. B. Erinnerungen, »Atmosphärisches«. Die Ganzheit ist nicht ohne das Detail und das Detail ist nicht ohne die Ganzheit zu sehen, und beides kann nicht ohne die persönlichen Erlebnisqualitäten des Betrachters erfaßt werden (*Metzger*, 1968). Die Dinge werden von Menschen gesehen, nicht von Computern. Eine wesentliche Aufgabe der Auswertung besteht deshalb darin, *Primär-, Sekundär- und Tertiär-Qualität* zu verbinden bzw. die Verbindung bewußtzumachen. Das wesentlichste Verfahren zu diesem Zweck ist die Erhöhung der Awareness gegenüber dem Wahrgenommenen, das Wahrnehmen der Wirkungen und die Vertiefung und Intensivierung dieser Wirkungen. Eine wichtige Methode hierzu ist die Identifikation mit den einzelnen Teilen des Bildes, der Collage oder der Tonplastik. Die Produktion wird wie in der klassischen gestalttherapeutischen *Traumarbeit* angegangen: »Welcher Teil deines Bildes bzw. deiner Collage spricht dich am meisten an, springt dir ins Auge?« Die nähere Exploration erfolgt dann durch die Bearbeitung. »Wie wirkt dieses Teil auf dich?« – »Was sagt dir dieses Teil?« Mit diesem Ansatz gehen wir »von außen« an das jeweils Dargestellte heran. Auch das Ansprechen eines Teils wäre diesem Ansatz zuzuordnen: »Was kannst du zu diesem Baum sagen? – Sprich diesen Stein an.« Ausgehend von der theoretischen Annahme, daß kreative Produktion als intendierte und nichtintendierte Ladung eines Mediums aufzufassen ist, d. h. als projizierte Anteile der eigenen Persönlichkeit, besteht die direkteste und intensivste Form der Aufarbeitung darin, durch die Identifikation mit den einzelnen Elementen des Bildes oder mit dem Gesamtbild den Inhalt zu erschließen: »Sei der Baum und versuche als Baum zu sprechen! Beginne einfach mit dem Satz: Ich bin der Baum ...!« In der Identifikation mit dem Dargestellten werden die persönlichen Anteile deutlich, einsichtig und emotional erfahrbar. Ein weiterer Schritt ist der Dialog mit dem Teil. Der Betrachter tritt mit einem Teil seines Bildes oder seiner Collage in ein Zwiegespräch. Eine weitere Möglichkeit besteht darin, einen Dialog zwischen einzelnen Elementen des Bildes führen zu lassen. Dabei ist es besonders fruchtbar, Polaritäten zwischen Form, Farbe, zwischen inhaltlichen Elementen, zwischen Wort und Bild aufzugreifen. In einer Art »inneren Psychodramas« übernimmt der Hersteller des Bildes die Rolle der verschiedenen Bildelemente. Wenn z. B. in der Tonarbeit mehrere Tongebilde hergestellt wurden, so könnte der Dialog zwischen solchen Elementen, z. B. einer Kugel und einer Schale, laufen.

Geladene Materialmedien können weithin nach inhaltlichen Elementen, dem, *was* sie darstellen, betrachtet werden und nach formalen bzw. prozessualen Gesichtspunkten, der Art und Weise, *wie* sie es darstellen. Es können Zusammenhänge zwischen diesen beiden Aspekten hergestellt werden, und es besteht die Möglichkeit, einen »roten Faden«, einen »gemeinsamen Nenner« für die vielfältigen Bildinhalte und Darstellungsweisen zu finden. Die Gesamtaussage des Produkts wird damit in einer tiefen Dimension erschlossen, die bei oberflächlicher Betrachtung verborgen bleibt. Es ist eben nicht nur wichtig, daß etwa ein Baum dargestellt wurde, sondern es ist ebenso wichtig zu sehen, daß dieser Baum in roter Farbe, ohne Blätter oder mit weiter Krone gezeichnet wurde. Die Aussage der roten Farbe, der Inhalt der weiten Krone können mit den oben geschilderten Techniken erschlossen werden. Andere Verfahren setzen mit einer assoziativen Methodik an: »Was fällt dir zu diesem Baum ein? Vielleicht kannst du einmal eine Phantasie zu der roten Farbe bilden? Was verbindest du mit der ausladenden Krone?« Gerade bei Bildgestaltungen finden wir häufig eine innere Dynamik und Bewegtheit, die eine eigenständige Aussagekraft hat, und einen wichtigen Aspekt der Gesamtaussage darstellt. Diese Dimension kann u. a. dadurch erschlossen werden, daß die Bewegungen der Linienführung durch Körperbewegungen nachvollzogen werden. Das kann den Übergang zu einer multimedialen Arbeitsweise darstellen. Z. B. kann man ein Bild tanzen, zu einem Bild singen, auf Instrumenten improvisieren, zu einem Bild Worte, Laute improvisieren. Die Auswertung des geladenen Mediums bedient sich wieder neuer Medien, die dann stärker auf den Ausdrucksaspekt des Mediums zentriert sind.

Die geschilderten Methoden sind natürlich auch in der Gruppenarbeit einzusetzen. So kann eine Gruppe zu dem Bild eines Teilnehmers Phantasien bilden. Einzelne Teilnehmer können die Rollen von Bilddetails übernehmen und sie spielen. Die Gruppe kann zu einem Bild tanzen, musizieren oder kollektive Sprachimprovisationen im Sinne der Poesietherapie (*Leedy*, 1969) produzieren. So ist es möglich, daß jeder Gruppenteilnehmer versucht, in Pantomime darzustellen, wie das Bild auf ihn wirkt, welche Aussage es für ihn hat.

Es dürfte ersichtlich geworden sein, daß die Möglichkeiten der Aufarbeitung ausgesprochen vielfältig sind und daß es der Kreativität des Gruppenleiters anheimgestellt ist, neue Verfahren und Techniken zu erfinden oder die Gruppe dazu zu stimulieren, selbst neue Möglichkeiten zu ersinnen (*Petzold*, 1977). Die geschilderten Verfahren der Arbeit mit Materialmedien sind auf Selbsterfahrung, affektives Lernen und personale Begegnung zentriert. Sie können aber auch bei der Bearbeitung von Sachthemen eingesetzt werden, bei denen die emotionale Komponente und die Tertiärqualitäten stärker ins Spiel gebracht werden sollen.

Den Reichtum, den uns die Medien durch ihre vielfältigen *»messages«* übermitteln, den sie uns in der Kommunikation mit anderen und uns selbst erschließen, und ihre fundamentale Bedeutung im Prozeß der Informationsvermittlung beim Lehren und Lernen macht die Medienkunde und die Arbeit mit Medien zu einem der wichtigsten Gebiete der Integrativen Pädagogik.

Anmerkung

1 Vgl. *C. Lévi-Strauss*, Mythologica, Frankfurt 1976, Bd. IV, 2, 769, der in anderem Zusammenhang, den »eigentlichen sprachlichen Ausdruck auch auf Moleküle, die sowohl mit Ton wie mit Sinn *geladen* sind«, bezieht. »Wenn sie einander begegnen, übermittelt jede Art der anderen die komplementäre Ladung.«

Literatur

Argyle, M., Bodily Communication, London 1975; dtsch. bei *Junfermann*, Paderborn 1978.
Assaglioli, R., Psychosynthesis, New York 1971; dtsch. bei *Junfermann*, Paderborn 1978.
–, The Act of Will, New York 1973; dtsch. bei *Junfermann*, Paderborn 1977.
Barnfield, G., Creative Drama in Schools, Glasgow 1968.
Beugen, M. van, Sociale technologie, bijdrage tot sociale emancipatie?, in: *B. van Gent, T. T. ten Have*, Andragologie, Alphen aan den Rijn 1972.
Briggs, L. J., u. a., Introductional Media: A Procedure for the Design of Multimedia Instruction. A Critical Review of Research and Suggestions for future Research, American Institutes for Research, Monograph No. 2, Pittsburgh 1966.
Boulding, K. E., in: Pour ou contre Mac Luhan, Paris 1969.
Bourdin, A., McLuhan, Edition universitaire, Paris 1970.
Brown, G. I., Petzold, H. G., Gefühl und Emotion. Gestaltmethoden im integrativen Unterricht, Frankfurt 1977.

Carter-Haar, B., The Theory: Identity and Personal Freedom, in: *Synthesis,* 2 (1975) 55–91.
Chesler, M., Fox, R., Role-playing methods in the classroom. Science Research Associates, Chicago 1966.
Coggin, P. A., Drama and education. A historical survey from Ancient Greece to the present day, London 1956.
Desoille, R., Théorie et pratique du rêve éveillé dirigé, Genéve 1961.
Dichanz, H., Medien im Unterrichtsprozeß, München 1974.
Dichanz, H., Kolb, G., Mediendidaktik – Entwicklungen und Tendenzen, in: *Dichanz* (1974) 16–42.
Edling, J. V., Media Technology and Learning Processes, in: *Loughary, J. W.* (Hrsg.), Man Machine Systems in Education, New York 1966.
Figge, P., Lernen durch Spielen. Praktische Dramapädagogik und Dramatherapie, Heidelberg 1975.
Franzke, E., Der Mensch und sein Gestaltungserleben, Bern 1977.
Freire, P., Pädagogik der Unterdrückten, Reinbek 1973.
Frese, H., Erwachsenenbildung eine Praxistheorie, Freiburg 1976.
Frétigny, R., Virel, A., L'Imagerie mentale, Genéve 1968.
Frings-Keyes, M., The inward Journey, Millbrae, California 1974.
Gagné, R. M., Die Bedingungen des menschlichen Lernens, Hannover 1970.
Gording, E., Dramatisches Spiel, Friedrich, Velber 1971.
Heidt, E. U., Klassifikationsprobleme von Medien in Lehr- und Lernprozessen, in: *Dichanz* (1974) 210–240.
Hentig, H. v., »Komplexitätsreduktion« durch Systeme oder »Vereinfachung« durch Diskurs?, in: *Maciejewski, F.*, Theorie der Gesellschaft, Frankf. (1973) 115–145.
Hofer-Moser, A., Jeux Dramatiques. Eine Gruppenmethode zur Entfaltung individueller, kreativer Fähigkeiten, in: Integrative Therapie 4 (1976) 190–197.
Klafki, W., Studien zur Bildungstheorie und Didaktik, Weinheim 1965.
Kolb, G., Kommunikationsorientierte Mediendidaktik, in: *Dichanz* (1974) 42–82.
–, Kommunikationstheoretische Überlegungen zu einer Mediendidaktik, in: Unterrichtswissenschaft 2/3 (1973).
Koszyk, K., Pruys, K. H., Wörterbuch zur Publizistik, München 1970.
Kramer, E., Kunst als Therapie mit Kindern, München 1975.
Laban, R., Modern Educational Dance, London 1975.
Leedy, J., Poetry therapy, Philadelphia 1969.
Leuner, H. C., Katathymes Bilderleben, Unterstufe, Stuttgart 1970.
Leutz, G., Psychodrama. Theorie und Praxis, Heidelberg 1974.
Lévi-Strauss, C., Mythologica, 4 Bd. Frankfurt 1975, 1976.
Maletzke, G., Massenkommunikation, in: Handbuch der Psychologie, Bd. 7, 2. Halbband: Forschungsbereiche der Sozialpsychologie, Göttingen 1972.
McLuhan, M., The Gutemberg Galaxy: The making of Typographic Man, Toronto, Canada 1964a.
–, Understanding media: The extension of man, New York 1964b.
–, The Medium is the Message: an inventory of effects, New York 1967.
Metzger, W., Psychologie, 4. Auflage, Darmstadt 1968.
Moreno, J. L., Das Stegreiftheater, Berlin 1924.
–, Psychodrama, Bd. 1–3, Beacon 1969.
Naumburg, M., Dynamically oriented Art Therapy: Its Principles and Practice, New York/London 1966.

Petzold, H., Angewandtes Psychodrama, Paderborn 1972, 2. Aufl. 1977.
–, Gestalttherapie und Psychodrama, Kassel 1973a.
–, Kreativität und Konflikte, Paderborn 1973b.
–, Psychotherapie und Körperdynamik, Paderborn 1974a.
Petzold, H., Drogentherapie, Paderborn 1974b.
–, Die Arbeit mit Puppen und Großpuppen in der Integrativen Therapie, in: Integrative Therapie 4 (1975) 197–208.
–, Masken und Märchenspiel in der Integr. Ther., ebda. 1 (1975) 44–49.
–, Psychodrama als Methode der klinischen Psychotherapie, in: Handbuch der Psychologie, Bd. 8, 2, Göttingen 1977.
–, Integrative Therapie ist Kreative Therapie, in: Integrative Therapie 2/3 (1977).
–, Psychodramatische Initial-, Handlungs- und Abschlußtechniken, in: *Petzold, H.*, Angewandtes Psychodrama, 2. Auflage 1977.
–, Integrative Bewegungs- und Körpererziehung, in: *Brown, Petzold*, Gefühl und Aktion. Gestaltmethoden im integrativen Unterricht, Frankfurt 1977.
Petzold, H., Geibel, Chr., »Komplexes Kreativitätstraining« in der Vorschulerziehung durch Psychodrama, Puppenspiel und Kreativitätstechniken, in: *Petzold* 1972, 331–345.
–, *Schulwitz, I.*, Tetradisches Psychodrama in der Arbeit mit Schulkindern, in: *Petzold* 1972, 310–331.
–, *Iljine, V., Zenkovskij, B.*, Das didaktische Theater in der schulischen Erziehung, Internationale Zeitschrift für Erziehungswissenschaften 2 (1972) 232–237.
–, *Sieper, J.*, Zur Verwendung des Psychodramas in der Erwachsenenbildung, in: *Petzold* 1973b, 56–86.
–, *Berger, A.*, Integrative Bewegungserziehung, in: *Petzold* 1974a, 405–425.
Pfeiffer, W. M., Das Spiel mit Handpuppen in der Therapie der Psychosen, in: Zeitschrift f. Psychother. med. Psychol. 15 (1965) 135–139.
–, Handpuppen in der psychiatrischen Therapie, in: Beschäftigungs- und Gruppentherapie, 2. Folge (1966), Bayer, Leverkusen.
Pickersgill, G. M., Practical Miming, London 1969.
Rhyne, J., The Gestalt Art Experience, Belmont, California 1973.
Schützenberger, A. A., Précis de psychodrama, Paris 1970.
Schwittmann, D., Ansätze zur Medientaxonomierung, in: Unterrichtswissenschaft 2/3 (1973) 37–52.
Seidl, E., et al., Rollenspiele für Grundschule und Kindergruppen, München 1976.
Shaftel, G., Shaftel, F., Rollenspiel als soziales Entscheidungstraining, UTB, München 1973.
Sturm, I. E., Psychodrama in an adult education program, in: Group Psychotherapy 3/4 (1967) 181–183.
Ulman, E., Dachinger, P., Art Therapy, New York 1975.
Way, B., Development through Drama, London 1967.
Watzlawick, P. u. a., Menschliche Kommunikation. Formen, Störungen, Paradoxien, Bern 1969.
Weinrich, H., System, Diskurs, Didaktik und die Diktatur des Sitzfleisches, in: *Maciejewski, F.*, Theorie der Gesellschaft, Frankfurt 1973.
Wethered, A. G., Drama and Movement in Therapy, London 1973.
Yeomans, Th., Toward a Confluent Theory of Teaching English, in: *G. I. Brown*, The Live Classroom, New York 1975.
Zinker, J., Gestalt Therapy and creative process, New York 1977.

Kapitel 7
Walter Zünd

Schule und Integrative Pädagogik

George Brown, von dem der Begriff »Confluent Education« stammt, der bei uns meistens mit »Integrativer Pädagogik« übersetzt wird, arbeitet gewöhnlich mit einem einfachen Modell.

Er teilt die Welt in vier konzentrische Kreise ein. Im innersten Kreis liegt der Bereich des *Intrapersonalen.* Was geschieht innerhalb des Individuums, in seiner Haut?

Im zweiten Kreis, im *Interpersonalen* Bereich, interessieren uns Fragen wie: Was passiert zwischen Menschen, zwischen Lehrer und Schüler, zwischen Schüler und Schüler, etc. Der dritte Kreis beschäftigt sich mit dem *Extrapersonalen.* Wie sehen die Systeme außerhalb von uns aus? Die Schulstruktur, die Lehrpläne, das Gesellschaftssystem. Wir sehen spätestens hier, daß die Kreise nicht unabhängig voneinander sind. Wird z. B. ein neuer Lehrplan eingeführt, so hat das Auswirkungen auf die Beziehung Lehrer–Schüler wie auch auf die Befindlichkeit einer Einzelperson. Umgekehrt gilt dasselbe gewöhnlich nicht im gleichen Ausmaß.

Den vierten und äußersten Teil nennt Brown den *Transpersonalen* Bereich. Hier siedelt er die Religion, das Transzendentale, das Kosmische an. Das was uns miteinander verbindet.

Die vier Teile fassen den Menschen als ganzes System zusammen, in dem jeder Teil vom andern abhängig ist. Das Ziel der »Confluent Education« (zusammenfließende Erziehung) ist die Integration (Zusammenfluß) der intellektuellen/kognitiven Seite mit der emotionalen/affektiven Seite. Aber auch eine Integration der vier Bereiche untereinander, so daß ganzheitliches Leben möglich ist.

Was bisher in Integrativer Pädagogik im deutschsprachigen Raum geschah, war Entwicklung einer ziemlich ungewöhnlichen »Methode« zur Humanisierung des Lernens. Dies geschah vor allem mit dem Gedankengut der Gestalt-Therapie. Dem affektiven Bereich sollte im Unterricht mehr Raum, d. h. Bedeutung gegeben werden. Dazu gibt es eine Menge aufregender Unterrichtsprotokolle und Übungen. Eine zweite Arbeit war, die Lehrer zuerst das erfahren zu lasen, was sie nachher in der Schule umsetzen wollten. Dahinter steht die Überzeugung, daß der Lehrer die Schüler nur bis zu dem

Punkt führen kann, an dem er selbst steht. Das hieß in erster Linie Gestalt-Arbeit mit Lehrern, Erfahrungen im intra- und interpersonalen Bereich zu fördern.

Wenn Integrative Pädagogik die Veränderung von Individuum und Umwelt zum Ziel hat, wie müssen dann die Bedingungen sein, in der eine solche Pädagogik wirksam werden kann? Wie muß eine Schule aussehen, die eine humane Schule ist? Die Frage setzt noch eine andere voraus: Was macht die heutige Schule inhuman oder menschenfeindlich?

»Wir lernen über alles nachzudenken, und dann üben wir unsere Augen darin, die Dinge so zu sehen, wie wir über sie denken« (*Don Juan in C. Castaneda*).

Schule ist für mich wie eine bizarre Landschaft. Mal sticht mir das in die Augen, mal jenes. Es ist nicht so, daß ich mir beim Schreiben dieser Arbeit sage, ich beginne hier unten, schaue dann nach rechts, dann hinauf usw. Ich kann durch diese Landschaft keine Führung machen, die bei A beginnt und bei Z aufhört. In jedem Moment ist was anderes wichtig genug hervorzutreten, so daß ich mir dies genauer ansehen kann.

Lassen Sie mich erzählen, warum es für mich interessant ist, über Schule und Integrative Pädagogik zu schreiben. Ich bin ein gebranntes Kind der Studentenunruhen, d. h. ich schloß meine Lehrerausbildung zur Zeit der Begeisterung für das Antiautoritäre ab. Schule war für mich ein Übungsfeld für all die verrückten Ideen und Ideale, die ich im Kopf hatte. Natürlich kam dann nach etwa drei Jahren die Ernüchterung und die Enttäuschung, daß es so nicht geht, daß es so, wie ich bin, nicht geht und daß es vor allem allein nicht geht. Ich verschwand aus dieser Schule, begann eine Ausbildung zum Gestalt-Therapeuten und machte an etwa zehn verschiedenen Schulen kurze oder längere Aushilfen, die mein Verständnis und meine Erfahrungen gegenüber der Schule entscheidend beeinflußten. Da war die Alternativschule, wo es keine Stundenpläne, keine Klassen, keine Noten etc. gab. Wo ich das erste Mal erfuhr, daß Kinder mich nicht mochten und dies offen aussprachen. Wo ich sah, in welcher geschützten Machtposition ein Lehrer sitzt, der in einer öffentlichen Schule seine Schüler zum Schweigen erzieht. Da war die Sanatoriumsschule, in der die Asthmakinder mit viel Begeisterung in den Unterricht kamen. Wo ich vor allem lernte, Unterrichtsvorbereitungen aus dem Fenster zu schmeißen, weil die Kinder aus 14 verschiedenen Kantonen kamen und ebenso viele verschiedene Lehrmittel mitbrachten, mit denen sie weiterarbeiten wollten. Da war die Mini-Dorfschule, wo ich lernte, wie unendlich viel Zutrauen wir miteinander entwickeln mußten, bis die Schüler und ich sich in dieser intimen Schule näherkamen. Da war die Abschluß-Schule, wo sich bei uns die Gescheiterten, die Dummen herumtreiben. Wo mir aufging, welch pädagogischer Irrsinn es ist, Schüler, die dem Prüfungswettrennen nicht gewachsen sind, in eine Sonderschule zu stecken, wo ihre Gleichgültigkeit, ihr Haß und ihre tiefe Unfreundlichkeit gegen alles, was Schule ist, fortbestehen konnte.

Aber die Schule existiert nun mal – damit müssen wir uns abfinden.

Sie kommt mir manchmal vor wie jemand, der an Anorexia nervosa (Magersucht) leidet. Sie weigert sich, Essen zu sich zu nehmen, damit sie sich nicht zum Leben bekennen muß. An ihr wird herumgedoktert, man entwickelt Techniken und Verfahren, um sie attraktiver zu machen. Ich erinnere mich an einen Workshop mit *Ruth Cohn,* in dem sie die Teilnehmer aufforderte, sich an Situationen in ihrem Leben zu erinnern, wo wichtiges Lernen stattfand. Von den 24 Lehrern brachten nur zwei solche Lernerlebnisse, die in der Schule passierten. Die restlichen Antworten waren Ereignisse »aus dem Leben«. Das erste Mal radfahren. Abgeblitzt bei einem Mädchen. Verlust der beiden Eltern. Es war für uns Pädagogen ernüchternd festzustellen, wieviel die Schule bei uns hinterlassen hatte.

Es ist eine Wirklichkeit, daß Lernen zum großen Teil ohne die Schule und häufig trotz dieser geschieht. Lernen wie man lebt, fühlt, denkt, politisiert, sich durchsetzt, spielt, verlieren kann, sich unterhält, liebt usf. Daß wir in der Schule vorgeben, »fürs Leben zu lernen«, kommt mir dabei absurd vor.

Die Schule abzuschaffen wäre für uns keine Alternative, weil die Industrie mit ihrem organisierten Arbeitsprozeß die Kinder nicht aufnehmen kann. Gerade weil wir das Leben aus der Schule verbannt haben, bleibt sie so hartnäckig in ihrer Form bestehen. Sie ist so zum größten Unternehmen der Erde geworden, größer als die Landwirtschaft, Industrie oder Krieg. Sie verkauft Curricula wie Handelswaren. Der Lehrer als Verteiler liefert das Endprodukt an den Verbraucher (Schüler). Dieser hat seine Wünsche den absetzbaren Waren anzupassen. Der Kreis ist geschlossen. Diese Ideen von *Illich* und *Reimer* weisen uns darauf hin, wo wir den Teufelskreis Schule unterbrechen müssen, um sie zu dem zu machen, was sie vielleicht einmal war. Die »Lebensschule« stellte den *Schüler* ganz klar in das Zentrum ihrer Bemühungen. Ich habe in meiner Ausbildung zum Lehrer und später an der Universität davon wenig gespürt. Die Bildungsexperten und Erziehungswissenschaftler, die die Pädagogik durch die Unterwerfung unter sozialwissenschaftlich-statistisch-empirische Methoden zu strenger Wissenschaftlichkeit erheben, sichern die bestehende Schule nur, indem sie am Schüler vorbeigehen. Natürlich wird gefragt, was der Schüler will, was für ihn gut sein, wie man seine Motivation steigern könne; aber meistens geschieht das so, daß er am Ende doch ihre Vorstellungen von Schule erreicht.

Für den Schüler hat das wichtig zu sein, was für den Lehrer (Schule) wichtig ist. Damit wird unmöglich, was *Polster* einen »dynamischen Lernprozeß« nennt oder *Perls* mit der Selbstwahrnehmung (Vordergrund) und der Nicht-Selbstwahrnehmung (Hintergrund) meint. Der dynamische Wechsel von Figur–Grund findet nicht statt; Lernen im Sinn von Wachsen wird eine Leerformel. Für den Schüler gibt es zwei Möglichkeiten zu reagieren auf das, was er vorgesetzt bekommt. Entweder er verschlingt alles, d. h. er setzt seine Interessen rigoros zurück – er paßt sich an. Damit ist erreicht, was man »Charakter« nennt, die Erstarrung des Figur-Grund-Wechsels. Charakterbildung ist somit durchaus im Interesse der bestehenden Schule. Oder der Schüler spuckt all das aus, was ihm nicht bekommt. Das hat unangenehme Folgen. Sicher kann er nicht verdauen, weil die Dinge an ihn herangetragen werden, die für ihn vielleicht bedeutungslos sind. Oder es ist zu viel, was es da z. B. für einen Zehnjährigen zu bewältigen gibt. Sie reagieren mit sogenannten Schulkrankheiten: chronische Bauchkrämpfe, schweres Kopfweh, unregelmäßige Periode, Bettnässen, Nägelbeißen, bis hin zum Selbstmord. »Es ist doch eine Illusion, daß die Generation, die jetzt in den Schulen so strapaziert wird, zu leistungsfähigen Menschen heranwächst« (Kinderpsychiater *R. Lempp*). Daneben gibt es eine Reihe von Diagnosen, die Schulpsychologen so schnell bei der Hand haben, wenn es gilt, ein Kind, das unangenehm auffällt, zu untersuchen: kontaktgestört, lesegestört, lerngestört, verhaltensgestört, arbeitsgestört. Wer stört hier eigentlich wen? Ist es nicht so, daß diese »Störungen« eben normal sind, gemessen an der gestörten Umwelt und Schule? Bekommt die Schule gestörte Kinder oder verpaßt sie es, die Kinder zu »entstören«; macht die Schule die Kinder selbst gestört, oder ist sie in ihrem System gestört? Früher genügte es, daß wichtige Einsichten und Tätigkeiten durch Zeigen und Sagen und vor allem durch Tun gelernt wurden. Man lernte nur das, was für das unmittelbare Leben notwendig war. Das Ausmaß der Problemstellungen entsprach etwa dem der Problemlösungsmöglichkeiten. Man fand in seiner nächsten natürlichen Umgebung Antwort auf seine Fragen. Die Erziehung oder Schulung geschah bei Arbeiten in der Gemeinschaft (auf dem Feld, im Wald, im Haus), in der Lehre zwischen Meister und Lehrling, bei Spielen und Wettkämpfen, bei sexuellen Einweihungsriten und bei religiösen Bräuchen. Diese »Incidental Education«, wie sie *Goodman* nennt und beschreibt, entsprachen dem Kern des Lernens sicher mehr als die Methode der systematischen Unterrichtung. Lernen bedeutete Wachsen, Grenzen erweitern und Grenzen wahrnehmen; sehen, daß etwas möglich war. Dieses Lernen hatte unmittelbare Folgen, d. h. es wurden immer wieder neue Handlungsmöglichkeiten geschaffen. Das Kind konnte die Wirklichkeit in *seiner* Weise, zu *seiner* Zeit, in Verbindung mit *seinen* Interessen erfassen. Es fand für sein Handeln unmittelbar Anerkennung oder Ablehnung.

Diese Art von Lernen können wir heute bei Kleinkindern beobachten, wenn sie mit ihren Sinnen schrittweise Kontakt mit der Welt aufnehmen. Sie erfahren, daß man Anteil daran nimmt, und finden das Grund genug, mehr von dieser Welt zu erfahren. Natürlich stoßen sie auch auf Widerstand oder sogar Haß. Aber wenn sie primär zu spüren bekommen, daß man sie, so wie sie sind, gern hat, entwickeln sie genug Vertrauen, auch Rückschläge zu verkraften.

Lernen gibt es nur im ununterbrochenen Zusammenhang von Erfahrungen (*Dewey*). Alles was das Kind an Erfahrungen macht, ist um seine Person angeordnet – das ist seine Welt. Das, was es an Neuem entdecken will, scheint ihm noch geheimnisvoll, und es macht unsicher und vielleicht sogar Angst. Aber ist gleichzeitig auch reizvoll und einladend. Dieses Vor und

Zurück zeigt ihm deutlich seine Möglichkeiten, und es erfährt, daß seine Welt noch klein ist, wenn es Erwachsene beobachtet. Das muß aber nicht so bleiben.

Das Kind wartet darauf, daß wir ihm die Welt mehr öffnen, es schrittweise dahin führen. Es beginnt zu sprechen mit den Erfahrungen, die es mit seiner »ersten Sprache, dem Weinen«, gemacht hat (*Dennison*). Weinen hatte für das Kleinkind meistens unmittelbare Veränderung der Umwelt zur Folge. Es wurde in den Arm genommen, gewickelt, an einen andern Ort gebracht oder gestillt. So mit der Sprache. Sie bedeutet gesteigerte Anteilnahme an seiner Umwelt, erweiterte Aufnahme in den Kreis der »Großen«, Gliederung seiner Erfahrungen oder einfach Grenzerweiterung. Es merkt, daß die Sprache eine wunderbare Sache ist, mit der man die Welt differenzierter verändern kann. Es lernt nicht zuerst die Fähigkeit des Sprechens und benutzt diese dann, um irgendwo und irgendwann zu sprechen. Es lernt eben sprechen, *indem* es spricht.

Mit dem Eintritt in die Schule wird seine Sprache mit System abqualifiziert. Bei uns in der Schweiz wird das sogenannte Hochdeutsch zur Unterrichtssprache. Die Muttersprache, also der Dialekt, wird in die Fächer Singen, Turnen und Zeichnen verbannt. Wenn dies auch nicht überall geschieht, so soll der Umgang mit der Muttersprache doch gepflegt sein. Das Kind merkt, daß es nicht alle Dinge so benennen kann, wie es das gewöhnt ist. Die Erfahrungen, die unmittelbar mit seiner Sprache zusammenfallen, werden umbenannt. Das Kind ist zunächst einmal verwirrt. »Chotze« heißt jetzt »sich erbrechen«. Man höre mal 3.- oder 4.-Kläßler in einem offenen Kreisgespräch, wenn sie sich Hochdeutsch über die Maus unterhalten! Die Erfahrung wird sprachlos, weil die Kontinuität der Erfahrung zerstört ist. Wir belügen den Schüler, wenn wir ihm abstrakte Fähigkeiten beibringen. Was nichts anderes heißt als: »Du kannst später draußen was ganz andres machen, aber dazu mußt du jetzt das lernen.«

Andererseits sagen wir zu den Kindern, daß sie in die Schule gehen, um zu lernen. Und wir Lehrer meinen, unsere Aufgabe wäre es, ihnen das Lernen beizubringen. Dabei haben die Kinder schon immer gelernt, bevor sie uns getroffen haben, und wahrscheinlich viel besser.

Wir führen sie ein in eine Welt, die ihnen fremd ist und ihnen Angst machen muß. Sie können sich ihre Erfahrungen nicht selber aussuchen, sie werden verängstigt von vielen Eindrücken, und niemand findet Zeit, sich mit ihnen zu unterhalten. Die einzige Vermittlung zwischen seinen Eltern und der Schule liegt darin, wenn die Mutter das Kind am ersten Schultag begleitet. Die Tragweite von dem, was wir den Schülern in unseren Schulen antun, sehen und hören wir beim wilden Hurrageschrei einer Klasse, wenn sie erfährt, daß die Schulstunden morgen unerwartet ausfallen würden. Was tun wir den Kindern mit der Schule an, daß sie sich so irrsinnig freuen, wenn sie nicht stattfindet?

Kinder haben ein großes Bedürfnis nach Zuwendung, Geborgenheit, Zutrauen, Zärtlichkeit. Sie wollen beachtet werden, sie wollen ihren »Platz« haben. Unsere Schule ist aber in erster Linie eine Lern- und Leistungsschule und ist von dieser Zielsetzung her völlig ungeeignet, den Kindern zu helfen. Das kann nur eine Schule, die auch oder mehr Erfahrungsräume offenhält. Schulen müssen kleine, überschaubare Einheiten anbieten, in denen die Schüler wieder gesehen und gekannt werden. Das heißt, keine Bildungspaläste mehr, sondern Räume, in denen sich die Kinder zurückziehen können, Burgen oder Höhlen bauen können, wo sich innerhalb der Schule feste Beziehungsgruppen bilden können (nicht nur Arbeitsgruppen). Es braucht Lehrer, die in erster Linie mit Kindern umgehen können und diese ernst nehmen mit ihren Bedürfnissen. Hier kommen mir die Bemühungen in der Lehrerausbildung und Lehrerfortbildung als sinnlos vor, wo in Gruppendynamik und Lehrerverhaltenstraining eine konformistische Lehrergesellschaft herantrainiert wird, deren Sinn vor allem im Erlernen von bestimmten Techniken im sozialen Verhalten liegt. Ein Heer von Technokraten, die in jeder Situation »richtiges« Verhalten zeigen. Wenn wir unter Kindern als Walter oder Karl, als Gertraude oder Monika anwesend sind, ihnen von uns und von unserem Leben erzählen, von der Arbeit, von unseren Interessen und von dem, was uns Freude oder Ärger macht, können wir ihre Vorstellung von dem, was möglich ist, erweitern. Wir brauchen so keine umständlichen Spiele »aus dem sozialen Lernen«, um ihnen zu beweisen, daß wir sie gern haben oder daß wir ihren Kummer verstehen.

Kinder kommen primär ohne Interesse in die Schule. So wie sich die Schule heute versteht, kann sie die Schüler nur mit tausend Tricks bei der Stange halten. Die Motivationspsychologie kann sich bei ihr bedanken. Im Grunde genommen ist die Sache wirklich einfach; geht ein Thema oder ein Inhalt den Schüler etwas an, berührt es ihn wirklich, kann er es mit seinen bisherigen Erfahrungen in Beziehung bringen – dann ist für ihn Grund genug vorhanden, sich damit auseinanderzusetzen.

Die heutige Schule wird für die Schüler bedeutungsloses Absitzen bleiben, wenn sie weiterhin an der Tatsache vorbeigeht, daß die übergroßen Lebensschwierigkeiten der Kinder sich vor die Lernschwierigkeiten schieben, weil jene von den Kindern als viel überwältigender erlebt werden. Das heißt, die Schule muß den Schülern auf einer elementaren Ebene helfen können. *Perls* sagt: »Ein Neurotiker ist einer, der das Offensichtliche nicht sieht.« So müssen wir beginnen, das, was der Schüler uns jeden Tag mitbringt, als seinen Vordergrund zu betrachten. Dies und nichts anderes beschäftigt ihn jetzt und so lange, bis er jemanden gefunden hat, der es bemerkt oder mit dem er darüber sprechen kann. Er kann aber auch damit spielen, tanzen, zeichnen, rechnen, lesen oder schreiben. Bevor dieses Verspielte, Sinnliche, Verträumte, Kampflustige, Leidenschaftliche, Traurige, Eifersüchtige, Uninteressierte, Selbstsüchtige in der Schule keinen Platz findet, wird auch kein Lernen stattfinden. Wir müssen den Schülern Handlungsmöglichkeiten schaffen, damit die Schule nicht einfach eine Kunstwelt ohne Folgen bleibt. Dazu gehört: Wir müssen die Schule wieder öffnen, hinausgehen in die Umwelt und diese hereinbringen. Die Mauern durchbrechen zwischen Schule und Umwelt, indem man z. B. die Eltern mehr beteiligt, so daß Schule mehr zu einem Lebensort wird, wo auch außerhalb der Schulzeit viel Nichtschulisches Platz findet. Szenen aus dem Alltag nicht aus der Schule verbannen. Es ist für die Buben eben wichtig, daß der FC Zürich gestern gewann und wie Kuhn ein raffiniertes Tor schoß. Ich erlebte oft, daß auch die Lehrer sich brennend dafür interessierten, darüber aber in der Schulstunde kein Wort fallen ließen. Und was läuft in den Schulen ab, wenn in der Gemeinde über irgend etwas abgestimmt wird oder Wahlen sind? Die gehen meist spurlos an den Schulgebäuden vorbei, als ob Lehrer und Schüler alles geschlechtslose Engel wären. Die Schule ist überzeugt, daß man jetzt, wo man lernt, nichts tun kann, nichts ändern kann. Sie vertröstet auf später und meint, daß man erst in der Position des Kompetenten, die man durch die Schule erreicht, etwas ändern kann. Natürlich stimmt das, weil sie die Schüler wie Narren behandelt.

Zu den Handlungsmöglichkeiten gehört auch, daß unsere Schulen kleiner werden müssen. Was spricht dagegen, daß wir gemeindliche Schulen in kleinere, überschaubare Einheiten teilen, wo den Lehrern auch mehr Kompetenzen im Schulbetrieb eingeräumt werden? Schule kann so ein vermittelnder Übergang sein von der kleinen realen Erfahrung bis hin zu den komplexeren. Hier ist es für Kinder möglich, schützende Gruppen aufzubauen, in der sie eine Rolle spielen. *P. Goodman, G. Dennison* und *A. Neill* haben mit ihrer Art, Schulen zu führen, eine Menge von andern realisierbaren Handlungsmöglichkeiten aufgezeigt.

Die Schule erzeugt ein gewaltiges Mißverhältnis von Wissen und Erfahrungen. Diese Tatsache werden wir nicht aus der Welt schaffen, solange das Schulwissen über die »Position der Menschen am Futternapf« entscheidet (*Reimer*). Was wir tun können, ist, das Wissen viel mehr mit Erfahrungen in Beziehung zu bringen. Erfahrbares Wissen trägt seinen Sinn unmittelbar in sich.

Unterstufenschüler wissen heute viel mehr, als sie anwenden können. Was wir sie lehren, berührt sie nur vom Hals an aufwärts. Dabei merken wir nicht, daß wir den besten Freund des Lernens, den Körper, völlig vernachlässigen. Die Kinder haben sich langsam daran gewöhnt, ihn vor der Schultür zu deponieren. Wir müssen uns einmal vorstellen, was es heißt, so stundenweise auf einem Sessel auszuharren. Ich kenne Lehrer, bei denen die Schüler sich Erlaubnis holen müssen, wenn sie etwas im Schulzimmer aufheben wollen, Hände waschen, einen Kameraden irgend etwas fragen oder aufs Klo gehen müssen. Zur Auflockerung ist bei uns ein fünfminütiges Haltungsturnen empfohlen worden. Die Schule produziert dauernd Mißstände und versucht diese mit untauglichen Mitteln aufzuheben. Somit versagt sie wieder von neuem. Meditative Übungen, Körperbewußtheitstraining oder ganz einfach Austoben sind gut, aber sie behandeln Symptome. Was uns fehlt in den heutigen Schulen, sind Unterrichtsräume, die das erfüllen, was Integrative

Pädagogik mit Lernen meint: Grenzen erweitern, erfahren, was möglich ist, wachsen können, den andern wahrnehmen. Oder auf eine einfache Formel gebracht – Lernen ist Bewegung. Solche Lernräume müssen einfach und veränderbar sein. Solche Lernräume können einmal draußen auf dem Betonplatz sein, ein andermal in der Garage, auf der Wiese, bei einem Schüler zu Hause, auf dem Bahnhof oder im Wald, je nachdem, wo unser Thema uns hintreibt.

Es sind Unterrichtsräume zu schaffen, mit denen wir arbeiten können, die wir mit Stühlen, Bänken, Kartonschachteln, Papier, Kunststoff in Kürze verändern können. Ich erinnere mich an die Alternativschule, die natürlich ideal in einem Bauernhaus untergebracht worden ist. Wir hatten die notwendigen Schulmöbel bereitgestellt. Sie wurden wenig benutzt, aber die Schüler bauten sich jeweils in Gruppen oder allein ihre »Lern-Nester«. Was hindert uns daran, dies in einem normalen Bildungspalast auch zu machen, wenn der Lehrer zusammen mit den Schülern die Verantwortung für das Aufräumen der Unordnung z. B. am Ende der Woche übernimmt?

Für die Planung von Schulhausneubauten heißt das, fortschrittliche Lehrer müssen mitplanen im Hinblick auf kinderfreundliche Schulhäuser. *Hugo Kükelhaus* hat hier entscheidende Arbeit geleistet. Er spricht davon, daß in unserer Schule ein klinisch sauberes Gegenbild von dem herrscht, was sie umgibt – das Chaos. Alles ist sauber verpackt, was technische Funktionen zeigen oder erläutern könnte, Kunststoffböden, kein Ausblick, Astronautengänge etc. In solchen supersterilen Schulhäusern werden Menschen krank. Unsere Sinne, unser Körper stoßen nirgends auf Widerstand, der Organismus bekommt keine Anreize mehr, um ein Gleichgewicht zwischen wechselnden Umweltbedingungen herzustellen, weil die Unterschiede vorher ausgeglichen wurden.

Um das Wissen für den Schüler bedeutungsvoll zu machen, müssen wir es neu ansiedeln. Wir legen es in seine unmittelbare Umgebung. Das bedeutet, daß wir dem Schüler mehr Freiraum geben, selber zu bestimmen, wann für ihn etwas wichtig ist. Niemand kann uns Lehrer dazu verpflichten, unsere eigenen Stunden in einer bestimmten Reihenfolge abzuhalten. Das gibt mehr Raum für Arbeitsprojekte, und die Schule wird mehr zur Initiative für Schüler und Lehrer, die in gemeinsamer Verantwortung sich für etwas entscheiden und die Schwierigkeiten, die dabei auftauchen, mit Mut und Phantasie zu bewältigen versuchen.

Wir hatten an der Alternativschule neben festgelegten Stunden, wo wir gewöhnlich miteinander an einer Sache arbeiteten, für die Schüler viel Zeit freigehalten, wo jeder an einem bestimmten Pensum in einem bestimmten Fach arbeitete. Wir setzten mit den Schülern einen Zeitpunkt fest, wo die Sache »sitzen mußte«. Das Wie, Wo, Wann und mit Wem, das bestimmten sie selber. Für mich war erstaunlich, mit welcher Kraft sie an diese manchmal langweiligen Dinge herangingen. Sie wußten, sie hatten einen Vertrag gemacht, zu dem sie auch etwas zu sagen hatten – diesen wollten sie erfüllen. So hatten sie die Möglichkeit, leidige Sachen schneller zu erledigen, damit ihnen mehr Zeit blieb für Dinge, die sie vielleicht lieber mochten.

In der heutigen Schule wird meistens verpaßt, die Kräfte der Kinder zu unterstützen. Man gibt Kindern keine Extrazeit für Dinge, die sie gern machen und in denen sie gut sind. Im Gegenteil, man plagt sie mit Überzeit in Fächern, wo sie schlecht sind, um ihnen dies ständig wieder zu demonstrieren.

Ich weiß, daß es nicht um die Alternative »nur Erfahrung, Spontaneität, Handeln und Erlebnis« geht. Wenn wir zur Schule ja sagen, muß auch Wissensvermittlung, Abstraktes, Passivität möglich sein. Das bedeutet nicht, dieses oder jenes zu tun; vielmehr ist es wichtig, die Mischung, den Zeitpunkt, den Ort, die richtige Folge der Mittel und Verfahren zu wählen. Dazu braucht es kluge Lehrer. Solche, die dazu stehen, daß sie auch Vermittler von Wissen, Fertigkeiten, Vorstellungen und Erkenntnissen sind. Sie sollen dies tun in der Rolle des Erwachsenen, der eine Menge von Fähigkeiten und Wissen den Schülern voraus hat. Sie organisieren Lernprozesse und Lernsituationen. Sie helfen den Schülern bei der Wahl der Mittel und Gelegenheiten; sie stellen Räume und Materialien zur Verfügung. Sie stellen zusammen mit den Schülern Maßstäbe für Prüfungen und Beurteilungen auf.

Gegenwärtig werden in unserem Kanton Richtlinien zur Behebung des Lehrerüberflusses gemacht. Dabei sollen Lehrer, die in eheähnlichen Verhältnissen wohnen, und solche, die eine antidemokratische Haltung haben, nicht mehr gewählt werden. Die Sache stößt auf starken Widerstand in der Bevölkerung; mit Recht. Daß aber auf 2–3 Lehrer, die vielleicht berechtigterweise nicht mehr gewählt werden, Hunderte von Lehrern treffen, die ohne großes Risiko viel mehr Freiheiten, Freiraum und Neuerungen in ihren Klassen einführen können, wird vergessen. Die meisten Lehrer haben wahrscheinlich weniger Handlungsfreiheit, als sie gern haben möchten. Ganz sicher haben sie aber mehr Freiheit, als sie *meinen.*

Ich will hier abschließen im Wissen, daß diese Ideen ein Anfang sind für mich, weiter in diese Richtung zu gehen, um zu mehr unmittelbar realisierbaren Vorschlägen zu kommen.

Literatur

Brown, G., Human Teaching for Human Learning, Viking, New York. Viele wertvolle Praxisberichte.

Castaneda, C., Reise nach Ixtlan (Bd. 2), Erzählungen der Macht (Bd. 3), Frankfurt 1975. Raubdrucke. Ein alter Indianer spricht über das Leben. Gestalttherapie für Fortgeschrittene.

Cohn, R., Von der Psychoanalyse zur Themenzentrierten Interaktion, Stuttgart 1975. Der Titel ist das Schlechteste am Buch. Ich habe von *Ruth C.* sehr viel gelernt.

Freire, P., Pädagogik der Unterdrückten, rororo TB 6830. Räumt anständig auf mit der Schule.
Guss, K., Gestalttheorie und Erziehung, Stuttgart, UTB 508. 2–3 nützliche Artikel, Recht wenig engagiert.
Hentig, H. v., Schule als Erfahrungsraum?, Stuttgart 1973. Realistische und fortschrittliche Ideen.
Holt, J., Wozu überhaupt Schule?, Ravensburg 1975. Ein gescheiter Einzelkämpfer.
Illich, I., Entschulung der Gesellschaft, München 1972. Eine Bombe für jeden Schulinteressierten.
Krishnamurti, J., Autorität und Erziehung, Bern 1973². Sehr beschauliche östlich/westliche Ideale.
Laing, R., Das geteilte Selbst, rororo TB 6978; Das Selbst und die Anderen, Kiepenheuer & Witsch; Der Illich der Psychiatrie, Pocket 68.
Lederman, J., My rocking chair, Deutsches Manuskript. Gestaltarbeit mit verhaltensgestörten Kindern.
Lindenberg, Ch., Waldorfschulen, rororo TB 6904. Sehr gute Lehrplanideen, Durchführung veraltet und undemokratisch.
Maslow, A., Psychologie des Seins, München 1973. Ungemein umfassende Ideen über Humanistische Psychologie.
Perls, F., Gestalt-Therapie in Aktion, Stuttgart 1974; Grundlagen der Gestalt-Therapie, München 1977². Für mich immer noch das beste, was es über Gestalt gibt.
Petzold, H., Psychotherapie und Körperdynamik, Paderborn. Verweist auf den Körper als Grundlage allen Wahrnehmens und Handelns.
Rogers, C., Lernen in Freiheit, München 1974. Gute Ideen – aber das Ganze hat mir zu wenig Biß.
Vestin, F., Alle Macht den Kindern, gerhardt. Kampfschrift im Telegrammstil.

Kapitel 8
Urs und Damaris Kägi-Romano

Die demokratisch-kreative Schule oder der Versuch, das Mögliche zu verwirklichen

Anstelle einer Einleitung

D. befand sich mit ihren Schülern auf dem mehrjährigen Weg. Er war noch von vielen anderen Schulklassen bevölkert. In regelmäßigen Abständen waren querüber Hürden aufgestellt, mit sorgfältig abgestuften Höhen. Wer weiterkommen wollte, mußte sie überspringen. Der Weg führte durch eine abwechslungsreiche Landschaft. Links und rechts gab es Blumen, Gräser, Schnecken, Bäume, Moorpfützen. Man konnte sammeln, im Unterholz spielen, sich suhlen, balgen. D. tat dies mit ihren Schülern in einer kindlichen Selbstverständlichkeit. Pflichtbewußt und pünktlich kehrten alle wieder vor der nächsten Hürde auf den Weg zurück. Man konzentrierte sich, jeder überlegte sich, welche Höhe er meistern könne. Im Springen waren die meisten erfolgreich, die übrigen machten einen zweiten Versuch. Hernach kehrten sie wieder zu ihren Spielen zurück.

D. beobachtete ihre Kollegen und erschrak. Ein Großteil von ihnen blickte starr immerfort zum nächsten Hindernis. Ihre Schüler hießen sie in Reih und Glied bis zum Anlauf marschieren. Dabei redeten sie ohne Unterlaß drohend, beschwörend, verheißend auf sie ein. Viele Zuschauer säumten den Weg, und die Lehrer hatten Angst, daß ihre Schüler sie blamieren würden. Dann gaben sie den Kindern die Sporen. Wen wundert's, daß so viele strauchelten. Das Gift der Erwartung hatte das eigene Vermögen gelähmt.

Manchmal kamen D.s Kinder zu ihnen und zeigten ihnen ihre Funde. Die Lehrer merkten, wie sehr sich die eigenen Schüler dafür interessierten. Schädliche Einflüsse mußten aber von ihnen ferngehalten werden. So jagten sie sie weg, Undeutliches von Arbeitsmoral und Ernst des Lebens vor sich hin zeternd.

D. sah weiter, daß sich einzelne Kinder vor gewissen Hürden verzweifelt mühten, jedoch immer wieder scheiterten. Spott und seichtes Erbarmen blitzte aus den Augen der Zuschauenden vor den nachfolgenden Kindern. Nach einiger Zeit zog man sie diskret in kleinen Grüppchen zusammen und führte sie um das Hindernis herum. Dies galt als philantropischer Akt, und niemand dachte an die Demütigung. Die Grüppchen wurden dann für den Rest des Weges lustlos am Wegrand entlanggeführt. Die Hilfe bestand also letztlich darin, daß man sie absonderte.

Indem man es den Kindern unmöglich machte, Erfahrungen zu sammeln, blieben vom ganzen Weg nur noch die Hürden übrig. D. ahnte, daß eine derartige Erziehung die gesunden Kinder zu Krüppeln, die mit Handicaps zu Schwachsinnigen machen müsse. *Pestalozzis* Wort, daß der Endzweck aller Erziehung sei, leben zu lernen, wurde mit Füßen getreten.

Für D.s Kinder waren die Hürden kein Alptraum, sie fügten sich ein in den Weg. Leichter und erfolgreicher war deshalb auch ihr Überspringen. Dies aber schürte Neid bei den Lehrerkollegen – wohl aber auch Angst, weil ihre Arbeit ein stetes Messen und Vergleichen mit den anderen ist. Der Erfolg hatte D. zum schädlichen Außenseiter gemacht, den es auszurotten galt. Die Hüter der Wegordnung indes tolerierten D.s Tun. Erst als sie mit dem Anspruch an sie herantrat, ihre Erfahrungen und Erkenntnisse auch weiterzuverbreiten, wähnten sie den Status quo in Gefahr und werteten ihr Ansinnen als Einbruch in die heiligen Bezirke. Man hieß sie schweigen. D. aber stand am Anfang ihres tätigen Lebens. Vom Virus der Resignation war sie nicht befallen. So nährte das Erkennen des Verfehlten und der Wunsch, Besseres an seine Stelle zu setzen, ihren Traum von einer menschlichen Schule.

Das Modell

Den Anfang bildeten die Vision einer Integrierten Schule und ein sehr großes Haus mit Garten, alten Bäumen, einer Spielwiese in Hombrechtikon (Zürich). Die Schule hatte bereits ihren Namen (er sollte unser Grundverständnis von sozialer und individueller Erziehung chiffrieren). Das Eröffnungsdatum war festgesetzt, Schüler und Mitarbeiter hatten wir noch keine. Planmäßig konnten wir dann nach drei Monaten mit 12 Kindern im 5. Schuljahr beginnen. Wir legten keine elaborierte theoretische Konzeption zugrunde, die wir mit gelebter Praxis anfüllen wollten. Vielmehr sollte die gelebte Wirklichkeit erst die detaillierteren Strukturen unseres Modells herausbilden. Es war die pädagogische Intuition von Damaris (von uns beiden ist sie Pädagogin und leitet auch die Schule), die als Kristallisationskeim den Wachstumsprozeß initiierte und ihm seine bestimmte Richtung gab. Wir wollten praktische und nicht theoretische Alternativen setzen. (Das letztere hat ja die moderne Reformpädagogik zur Genüge getan und ist dabei mit ihren hypertrophierten Theorien in wirklichkeitsfremde Gestade abgedriftet, wo sie nur noch emphatisch Postulate in die Welt setzt, die sich im Hinblick auf die gesellschaftliche Realität auch mit dem besten Willen nicht praktisch umsetzen lassen.)

Jede Erziehung gründet auf einem bestimmten Menschen- und Weltbild. Die Normen, Leitbilder, Antizipationen weisen den Erziehungsprozeß in eine bestimmte Richtung, legen Erziehungsziele fest, die wir bewußt oder unbewußt anvisieren. Wir orientieren uns an einer humanistischen und vernunftkritischen Erziehung. Es soll hier nicht der Versuch gemacht werden, unser Menschenbild zu skizzieren, denn dieser müßte in der Formulierung einer philosophischen Anthropologie und Ethik münden. Für das Verständnis unseres Erziehungskonzepts genügt es, die Tragsäulen zu benennen. Unbefriedigend ist dabei allerdings, daß auf abgegriffene Stichworte zurückgegriffen werden muß, deren Inhalte einerseits nicht preisgegeben werden können, deren Prägeformen andererseits aber erst wieder hervorgeschabt werden müßten, was auf diesen wenigen Seiten nicht geschehen kann.

Das Skelett bilden drei Axiome, aus denen wir drei Erziehungspostulate ableiten:

1. Axiom: Der Mensch ist ein ganzheitliches Wesen, ein Leib-Seele-Geist-Organismus.

Postulat: Die Erziehung soll sich so orientieren, daß diese Ganzheitlichkeit nicht zerstört wird, sondern uneingeschränkt zur Entfaltung kommen kann.

2. Axiom: Es gibt im Menschen eine fundamentale Antinomie – der Mensch als Einzelwesen und als soziales Wesen.

Postulat: Die Erziehung soll im Kind einen dialektischen Prozeß in Gang bringen, der eine Vermittlung schafft.

3. Axiom: Der Mensch ist ein vernunftbegabtes Wesen.

Postulat: Die Erziehung soll im Kind einen Nährboden schaffen, auf dem sich diese Vernunft aktualisieren kann und es seine Mündigkeit erlangt.

Trivialitäten – im Zuge der aktuellen Verballhornungen von jedem Erzieher, jedem staatlichen Erziehungssystem eifrig bejaht, wenngleich in praxi diametral gelebt. Wir wollen aber nicht im Jargon der Eigentlichkeit Gymnastik treiben. Uns sind sie ernst zu nehmende, handlungsleitende Kriterien. So ist auch schon die äußere Rahmenstruktur unseres Modells auf diese Zielsetzungen hin orientiert.
– Wir versuchen, die scharfen Grenzen zwischen Schule (Arbeit) und Freizeit zu verwischen, indem wir sie zu einem Lebensalltag verflechten, in dem Leistung, Entspannung, Freude, Spiel in einem stetigen Wechsel stehen.
– Wir benutzen die curriculare Elastizität, um die Schule nicht einseitig dem kognitiven Lernen zu verpflichten, sondern auch die Dimension des sozialen und emotionalen Lernens in gleicher Weise miteinzubeziehen.
– Wir versuchen, die Trennwand zwischen Schulerziehung und familiärer Erziehung möglichst abzubauen und beide zu einer einheitlichen Erziehung zu koordinieren.
– Wir schaffen ein soziales Übungsfeld.
– Wir räumen dem Erziehungsdialog als vernunftstiftendes Instrument im sprachlichen Umgang den absoluten Vorrang ein.

Was diese Abbreviaturen meinen

1. Unsere Kultur ist der einheitlichen Mensch-Werdung, dem einheitlichen Mensch-Sein wenig förderlich. Die Zerrissenheit, die wachsende Kluft zwischen zerebral-intellektueller Funktion und affektiv-emotionalen Erfahrungen wurzeln in den Lebens- und Arbeitsbedingungen unserer Zeit, die Arbeit und Muße in zwei disparate Teile ohne organischen Zusammenhang aufspalten. Auch unsere Schulen tragen von ihrer Anlage her diesen schädlichen Keim. Anstatt die spontane Leistungs- und Lernbereitschaft der Kinder aufzunehmen, zerstören sie diese, indem sie Leistungen einseitig in Form kognitiver Fertigkeiten, als intellektuelles Sachwissen verlangen und damit die Schule mit der gleichen Patina von Zwang und Freudlosigkeit überziehen, wie sie ihren Eltern die tägliche Arbeit vergällt.

2. Wir pflegen unsere Konzeption durch ein ineinandergeschachteltes Dreirahmensystem zu schematisieren:

Zuinnerst befindet sich punktförmig das Individuum mit seinen Veranlagungen, seinen Bedürfnissen, Wünschen, Nöten, gleichsam in einem Kokon. Mehrere solcher zusammen werden von einem zweiten Rahmen umschlossen, der den Personenkreis der Schule (Mitschüler, Lehrer, Betreuer) umspannt. Der äußerste Rahmen, der nach außen keine klare Abgrenzung hat, ist das umfassende Sozialgebilde, die Gesellschaft.

Die individuelle Erziehung ist der direkte zwischenmenschliche Umgangsprozeß zwischen dem Erzieher und dem Kind als einem in sich geschlossenen Ganzen. Ihr Verhältnis hat das eines ›sui generis‹ zu sein, d. h., als Menschen sind sie gleichwertig (Kindsein ist keine Vorstufe, sondern ein Modus von Menschsein!). Dagegen besteht eine faktische Ungleichheit, die sich im Führungsverhältnis äußert. Denn Erziehen ist immer eine Einwirkung in Richtung auf ein Ziel hin. Erfolgt diese in direkter kommunikativer Interaktion, so geschieht dies bei größeren Kindern meist in sprachlicher Form. Die Art des sprachlichen Umganges zwischen Erzieher und Kind wirft ein unzweideutiges Licht auf die Art und die Absicht der Erziehung. Meint man es wirklich ernst mit der angestrebten Mündigkeit, will man wirklich, daß die Kinder die Fähigkeit erlangen, selbständig zu denken und zu entscheiden, Verantwortung zu tragen etc., so kann dieser nur ein dialogischer sein. Denn im Dialog tut der Erzieher dem Kind als dem Adressaten seiner erzieherischen Bemühungen Ziele und Mittel im Rahmen der kindlichen Verständnismöglichkeiten kund, stellt also nicht nur dekretorisch Forderungen und hemmt damit die Vernunftbildung. Im Gegenteil, er leitet das Kind an, sich aktiv damit auseinanderzusetzen. Dies ist insbesondere im Hinblick auf die zum menschlichen Dasein gehörenden Fremdbestimmungen und die daran geknüpften Frustrationen von absoluter Notwendigkeit.

Die soziale Erziehung erfolgt durch die Interaktion zwischen dem Kind und einer Gruppe. Diese ist eine unmittelbare Folge der Permeabilität der Kokonhülle des Individuums hin in den Raum des zweiten Rahmens. Durch Schaffung eines sozialen Übungsfeldes wollen wir erreichen, daß sich die soziale Erziehung weitgehend verselbständigt, so daß sie Sozialisation wird. Unser Übungsfeld ist die spezifische Gruppenstruktur im zweiten Rahmen. Sie ist pluralistisch und überschaubar, vergleichbar mit der einer Großfamilie. In dieser Gruppe hat das Kind in direktem zwischenmenschlichen Bezug die Möglichkeit, soziale Verhaltensweisen (z. B. demokratische Lebensformen) zu erlernen. Im Alltag erfährt das Kind so die menschliche Existenz bestimmende Dialektik von Subjektivität und Sozialität und kann sie zu leben beginnen. Unser soziales Übungsfeld steht im Kontrast zur modernen Kleinfamilie, welche ihre Rolle als ›Sozialisationsagentur‹ kaum mehr wahrnehmen kann, weil ihr die Breite sozialer Interaktionsmöglichkeiten fehlt. Während es in der familiären Rollenkonstellation oft fast keine Dynamik mehr gibt, d. h. die Rollen erstarrt sind, bei den Kindern nicht selten schon in der Soziabilitätsphase neurotisch verbogen, erleben bei uns die Kinder gerade das Entgegengesetzte. Die Rollen der einzelnen kristallisieren sich erst durch die sozialen Lebensprozesse heraus und verändern sich ständig.

Das Kind lebt nur eine kurze Lebensspanne in der Geborgenheit unseres zweiten Rahmens. Deshalb muß es unser Ziel sein, daß es sich bis zum Schluß auch wieder davon emanzipiert, daß es das Erlernte auch in anderen, variablen Gemeinschaften wie auch in einem anonymen Sozialgefüge praktizieren lernt. Übungsgelegenheiten ergeben sich durch die natürliche Durchlässigkeit zwischen dem zweiten und dem dritten Rahmen.

Wenngleich noch kaum von einer Aufhellung des theoretischen Hintergrundes (die Praxis hat in der Zwischenzeit auch eine Theorie hervorgebracht!) gesprochen werden darf, dürfen wir nicht weiter Prinzipielles erörtern, damit die Sache, um deren Darstellung es hier auch geht, zu Worte kommen kann.

Vom Modell zur Praxis

Ein pädagogischer Entwurf hat immer von den konkreten Voraussetzungen auszugehen, will er über den Stand von Wunschvorstellungen hinauskommen. Wir möchten hier unterscheiden zwischen allgemeinen und speziellen Voraussetzungen. Die ersteren betreffen alle Kinder, die letzteren einzelne. Zur ersten Kategorie gehören etwa:

– die Tatsache, daß wir in einer Welt leben, Glieder einer Gesellschaft sind, die mit teuflischem Instinkt auf ihre eigene Zerstörung hinarbeitet, die insbesondere die Saat der Vergiftung bereits auf den offenen Ackerboden der Kinder wirft und ohnmächtig zusieht, wie sie aufgeht. Auch die Kinder, die zu uns kommen, zeigen die pathologischen Züge von Passivität, Langeweile, Destruktivität;

– unsere Kinder kommen aus mehr oder weniger sogenannten normalen Familien und sind normalbegabt.

Von den speziellen Prämissen sind hier zu erwähnen:

– die ›Schultraumatisierung‹ durch die ersten Volksschuljahre, in denen die emotionalen und körperlichen Bedürfnisse der Kinder weitgehend unberücksichtigt geblieben sind;
– die Tatsache, daß einige Kinder aus Sonderklassen kommen (welche als pädagogische Innovationen überall aus dem Boden schießen, tatsächlich aber eine Erscheinungsform der modernen Gettoisierung der Randständigen sind, d. h. die Isolierung all jener, die außerhalb der Toleranzbreite des Normalen liegen);
– daß die meisten Kinder neurotisch gestört sind, insbesondere daß sie aus symptomneurotischen und charakterneurotischen Familien kommen;
– daß uns Psychologen und Kinderärzte Kinder zuweisen, an denen sie ein POS-Syndrom diagnostiziert haben, mit häufigen Symptomen: Legasthenie, leichte Verhaltensgestörtheit, Konzentrationsunfähigkeit.

Bei der Auswahl der Kinder achten wir darauf, daß eine Gruppe entsteht, deren Heterogenität ein homogenes Zusammenwachsen nicht verunmöglicht. Extreme heißen wir willkommen, wenn sie von einer stabilen Mitte getragen werden, denn sie vergrößern die Erfahrungsmöglichkeiten der Kinder. So haben wir beispielsweise erstmals ein geistig behindertes Mädchen in die Gruppe von Normalbegabten aufgenommen. Ihre Mitschüler behandeln es wie eines ihresgleichen, ja es hat in der Gruppe sogar einen guten Platz. Bei uns sind Arbeiter- und Direktorenkinder, Überangepaßte und Unangepaßte, Kinder mit einem IQ von 80 und solche mit einem von 140. Die Gruppenstruktur unterscheidet sich nicht markant von einem beliebigen Ausschnitt aus der Bevölkerung. Untypisch ist bloß die Ballung der kindlichen Probleme.

Die Aufzählung von psychologischen und medizinischen Indikationen (Etiquetten, die wir den Kindern hurtig abnehmen, wenn sie zu uns kommen, um ihnen die Qualität ›Mensch‹ wiederzugeben) dürfte für den Außenstehenden die Frage aufwerfen, ob bei uns nicht mehr Therapie als Erziehung im Vordergrund zu stehen hätte. Wir verneinen dies. Gewiß sind bei uns Kinder, die wegen ihrer klaffenden Wunden ihrer Vorgeschichte therapiebedürftig sind, und unsere Arbeitsweise ist auch von therapeutischen Elementen durchwirkt (die Erläuterung des Therapiebegriffes erfolgt in den nachfolgenden Darstellungen). Die Erziehungskonzeption als Ganzes ist aber nicht bestimmt durch diese kindlichen Probleme, sondern wir betrachten unser Erziehungsmodell als ein ganz allgemeines, zugeschnitten auf die aktuelle Situation, daß im Kind seine genuine Leib-Seele-Geist-Einheit von frühen Kindesbeinen an stranguliert wird. Die Erfahrungen aus der Arbeit mit unseren Kindern lassen daher auch interessante Rückschlüsse auf eine mögliche Auswirkung unserer Erziehung auf Kinder ohne solche Probleme zu.

Die Kinder kommen im 5. Schuljahr aus der öffentlichen Schule zu uns. Wir fassen in unserer Konzeption ihre Reintegration nach zwei Jahren ins

Auge. Der Wille, das Kind auch in sozialer Hinsicht in einem gesamtheitlichen Zusammenhang zu sehen, würde es uns verbieten, ein insuläres Erziehungsparadies zu schaffen. Auch eine alternative Erziehungsinstitution wie die unsrige muß sich stets in der Nähe des öffentlichen Bildungssystems halten, will sie weitsichtig den Interessen der Kinder dienen und nicht eigennützig nur Thesen beweisen, die ihre Kritik an letzterem untermauern. In unserer Schule wird nach dem offiziellen Lehrplan unterrichtet. Kontrolle üben die öffentlichen Schulbehörden aus. Wir haben erreicht, daß auch Lehramtskandidaten und Sozialpädagogen ihr Praktikum bei uns absolvieren können. Indem ein Teil unserer Kinder Probleme mitbringt, mit denen die öffentliche Schule nicht zu Rande kam, gleichen wir ihre Defizite aus. Indem wir zeigen, wie man sie lösen könnte, bekommen wir Modellfunktion, ohne allerdings den Anspruch auf Reproduzierbarkeit zu stellen.

Die Schulwoche dauert von Montag bis Freitag. Auf die drei Vormittagsstunden sind die Fächer angesetzt, in denen Sachwissen erarbeitet wird. Wenn immer es geht, geschieht dies in der Gruppe. Dann wieder löst jeder allein seine Aufgaben, um zu prüfen, ob er das Gelernte auch verstanden hat. Die Nachmittage gehören den kreativen Fächern, gehören dem Spiel, dem Gartenanbau, der Musik und dem Theater. Dazwischen liegt das Mittagessen, an dessen Zubereitung sich die Kinder abwechslungsweise beteiligen.

Das soziale Leben spielt sich in und außerhalb der Schulstube in Gruppen ab. Wöchentlich findet in der Schulklasse eine Gruppensitzung statt, ebenso in der Wohngruppe (6 Kinder), in der alle während der Woche aufgetauchten ungelösten zwischenmenschlichen, schulischen und persönlichen Probleme besprochen werden.

Die Elternarbeit schließlich ist ein Eckstein im ganzen Konzept. Die Kinder verbringen jedes Wochenende zu Hause, damit das familiäre Zusammenleben, das nach den zwei Jahren auch wieder die Lebensform der Kinder sein wird, nicht entfällt. Wir wollen, daß sie all das, was sie unter unserer Ägide gelernt, verändert, aufgebaut haben, zu Hause durchziehen und anwenden. Das Elternhaus wird damit aus unserer Sicht zum Übungsfeld, aber auch zum Prüfstein.

Die Bereitschaft der Eltern, sich an der wöchentlichen Gruppensitzung zu beteiligen, ist eine ›conditio sine qua non‹ für die Aufnahme der Kinder. Dies hat zwei Gründe: Zum ersten wurzeln psychische Störungen der Kinder meistens in kranken sozio-emotionalen Familienstrukturen. Das Kind einzeltherapeutisch zu behandeln ist daher wenig effektiv, wenn nicht gar sinnlos. Zum zweiten würden die eingeschliffenen, unbewußten Mechanismen in den Familien die emanzipatorischen Keimlinge im Kind sofort wieder ersticken, würden wir nicht versuchen, in den Eltern einen Bewußtwerdungsprozeß in Gang zu bringen.

Die gelebte Wirklichkeit

Am Scheideweg angelangt, wo sich die alltägliche Wirklichkeit artikulieren möchte, beginnt der Sprachfluß zu stocken. Worte, in theoretischen Erörterungen dem Zugriff allzeit willfährig, erscheinen blutleer, inkongruent. Mit neuen, unverbrauchten müßte man die Vielschichtigkeit des Lebens wiedergeben, seine Facetten aus vielen Perspektiven mit Sprachlicht ableuchten. Die Notwendigkeit, auf wenigen Seiten das Wesentliche zu bannen, sträubt sich dem freilich. So kann das Folgende auch nur ein schüchterner Versuch sein, wenigstens einige Aspekte anzudeuten.

Auf dem Weg zur Sprache

Der Weg zum Bewußtsein führt über die Sprache. Sie ist Vehikel und Ausdruck. Ziel jeder Erziehung sollte es sein, das Kind bis zu jenem Gipfelpunkt zu geleiten, wo es aus seiner Mitte heraus sagen kann: »Ich bin ich« – drei weltenumspannende, in einem Kontinuum von Leib, Seele und Geist ruhende Buchstaben. Für uns ist es ein zentrales Anliegen, sowohl die Kinder als auch die Eltern ihrer authentischen Sprache ein kleines Wegstück näherzubringen. Nicht selten ist dieses sogar ein großes.

Als ich (U. K.) einmal nach Hause kam und Gedichte las, die an den Wänden hingen, konnte man mich fast nicht überzeugen, daß diese die Kinder (nach $1^1/_2$ Jahren bei uns) geschrieben hatten – chthonische Worte, die ihre Quelle in der Verschmelzung von Denken und Fühlen hatten.

Wenn die Kinder allerdings zu uns kommen, gleicht ihre Sprache, wie die der meisten Kinder unserer Zeit, ihr ›Haus des Seins‹, schon in der Aufbauphase mehr einem Trümmerhaufen: sie sprechen, wie man es ihnen im TV und in den Comics vorexerziert; wenn sie reden, sieht man hinter ihnen die Schattengestalten ihrer Eltern stehen; sie sagen ›man‹ und meinen ›ich‹; sie verheddern sich in Paradoxien, welche die ungeheuren Verdrängungsleistungen erahnen lassen.

Die erste Schulstunde in einer neuen Kindergruppe:

Alle sitzen im Kreis. Damaris fordert jedes Kind auf, den anderen seinen Namen so zu sagen, wie es wünscht, angesprochen zu werden. Es ist für die Kinder eigenartig, im eigenen Namen, der ihnen von der Umwelt täglich Dutzende Male schroff um die Ohren geschlagen wird, eine Sprachmusik zu entdecken, Variationen im Wortklang, das Wohlbefinden beim Anhören. Die Vornamen allein verbinden als erster dünner Faden alle miteinander. Zum Abschluß darf jedes seinen Namen noch auf ein großes Blatt Papier schreiben und am Ort seiner Wahl im Schulzimmer aufhängen. Jedes hat nun allseits sichtbar seinen Platz in dieser Gruppe.

Die ersten Gruppensitzungen:

Innerhalb des festen Rahmens, den wir aufgrund unserer pädagogischen Vorstellungen selber abstecken, gilt es, in einem gemeinsamen Prozeß organisatorische Strukturen zu erarbeiten, Regelungen für die Gestaltung des Schulunterrichts und des Zusammenlebens zu finden. Es soll so lange daran modelliert werden, bis es allen wohl ist und sich alle mit den getroffenen Vereinbarungen identifizieren können. Zur Diskussion stehen sachliche Themen, welche die Gruppe autonom und demokratisch regeln kann. Damaris gibt einige Regeln für das Gruppengespräch bekannt:

– Es spricht immer nur einer, die anderen hören während dieser Zeit (aktiv!) zu.

– Alle versuchen, mit ›ich‹ und nicht mit ›man‹ oder ›wir‹ zu reden.

– Wir versuchen, uns möglichst ans Thema zu halten und uns nicht in weitschweifigen Verallgemeinerungen und Geschichtchenerzählen zu verlieren.

Für die Kinder ist fast alles neu: das Mit-einander-Reden (Klassengespräche und ›Familienkonferenzen‹ sind recht rar), die Möglichkeit zur Selbstbestimmung, die Arbeit in der Gruppe, die Verweisung auf das Ich.

Von Schule und Elternhaus zumeist durch das Rivalitätsprinzip vergiftet, beginnt bald das Gerangel um die Hackordnung. Die aggressiven Zwei- und Mehrkämpfe sind unvermeidlich, auch wenn wir jedem Kind betont das Gefühl geben, seinen unbestrittenen Platz in der Gruppe zu haben. Wir nutzen die Chance, holen die ersteren vom Hausplatz ins Klassenzimmer und zeigen den Kindern Möglichkeiten, die Faust mit dem Wort zu vertauschen. Konflikte konstruktiv auszutragen muß aber erst gelernt sein. Der Weg vom rechthaberischen Argumentieren bis zur Aussage: »Ich war unfähig, dir zu sagen, daß du mich belästigst, daß ich in jenem Moment allein sein wollte. Und so gab ich dir einfach eine Ohrfeige«, ist recht lang und mühsam. Die ersten haben ihn nach einem halben Jahr zurückgelegt.

Die Sprache ruht in einem rationalen und einem emotionalen Grund. Die kindliche Sprache verrät, daß die Wurzeln im zweiten bereits weitgehend vertrocknet sind. Auf die Frage, was es in einer Situation empfinde, weiß es anfänglich meist nichts zu antworten. Schon wuchert die chronische Diastase von Verstand und Gefühl. In sprachlicher Begegnung allein kann dieser Graben nicht zugeschüttet werden. Wir versuchen daher, die emotionalen Saiten durch direktes Anzupfen wieder zum Schwingen zu bringen.

Sensibilisierung

Theater und Musik sind wichtige Instrumente unserer Pädagogik. Das erstere ist als Jeux dramatiques fest verankert. Bei den Jeux handelt es sich um ein frei gestaltetes Ausdrucksspiel aus dem Erleben zu Themen aus dem Alltag, aus der Natur, aus Geschichten und Märchen. Die Jeux sind kein konventionelles Theater, weil jeder seine Rolle ganz nach eigenem Empfinden gestaltet. Ein Stück wird nicht eingeübt, sondern improvisiert. Die Sprache steht ganz im Hintergrund, meist wird averbal gespielt. Bevor wir mit neuen Kindern Jeux spielen, bereiten wir sie während einiger Monate gezielt darauf vor. Es geht darum, ihre meist lädierte Sensibilität spielerisch zu reaktivieren. Neben Entspannungsübungen, Hör-, Riech- und Tastübungen mit mehr artifiziellem Charakter gehen wir auch in Lehmgruben, rutschen in strömendem Regen Abhänge hinunter, bauen Staudämme etc.... Die Kinder erwachen aus ihrer Narkose, die Spontaneität kehrt wieder. Wenn sie sich dann ganz auf das Erleben konzentrieren können, daß jedes bei sich bleiben kann, beginnen wir in den Jeux mit einfachen Themen (z. B. Ich bin ein Bach oder Fluß). Nach einigen Monaten, in denen auch die sozialen Interaktionsprozesse im Zusammenleben in Gang gekommen sind, kann die Gruppe auch an einem gemeinsamen Thema arbeiten. Die Intensität der Spiele verblüfft Außenstehende immer wieder. Es sind die psychodramatischen Elemente, die sie erzeugen. Der Hauptantrieb zum Spiel ist das eigene Gefühl. Wer mitspielt, kann in der anschließenden Reflexion auch sagen, was er empfunden hat. Der Nichtspielende weiß immerhin, daß ihn irgend etwas blockiert hat.

Der Rhythmus oder der Herzschlag des Lebens ... Im eigenen Rhythmus findet man die Resonanzstellen des Körpers. Wir führen die Kinder zu dieser Entdeckung hin. Manchmal mit einem großen Blatt Papier, auf dem wir so lange Figuren komponieren, bis der ganze Körper mitzuschwingen beginnt, manchmal mit Instrumenten (mehrheitlich selbstgebaute, einfache Klangkörper). Auch die Gruppe als Ganzes hat einen Rhythmus. Wir lassen die Kinder zuerst ihren individuellen finden und lassen sie diesen dann in die fluktuierende Einheit des Zusammenspielens einbetten. Dabei entsteht eine faszinierende Polyphonie, in der die Kinder miteinander kommunizieren, Botschaften austauschen. Wir haben schon wahre Klang- und Improvisationsräusche erlebt.

In Theater und Musik kann sich das Kind ganz als psychosomatisches Wesen erleben, kann seiner ganzen Emotionalität Ausdruck verleihen. Auf diese Basis möchten wir auch den Schulunterricht stellen, in dem Lernstoff erarbeitet wird. Die Tatsache, daß in der öffentlichen Schule die Gefühlsbildung ganz in den Hintergrund gedrängt ist, verleitet uns nicht, konträr ihr den Primat zuzugestehen und gleichzeitig die überbetonte Sachbildung zu verfemen. Unser Ziel ist, ein organisches Ganzes zu schaffen.

Non scholae, sed vitae discimus

Dynamisches Balancieren zwischen Ich – Wir – Thema, Balancieren zwischen physischen, emotionalen, intellektuellen und spirituellen Bedürfnissen und Wünschen ist nach *Ruth Cohn* das Fundament jeder humanistischen Theorie und Praxis. Wir können dem nur zustimmen: just nach diesen Prinzipien haben wir unsere Schule konzipiert und auch geführt, bevor wir ihre Theorien über themenzentrierte Interaktion gekannt haben.

Die Schule will Bildung vermitteln. In der öffentlichen Schule richtet sich das ganze Interesse auf das Resultat, verstanden als das gegenstandhafte Verfügen von Ergebnissen und Fakten, d. h. Bildung als Habensmodus. Für uns steht die prozessuale Seite im Vordergrund, die auch der ursprünglichen Bedeutung als Sich-Gestalten, Werden entspricht. Aus anthropologischer Sicht ist der Mensch ein weltoffenes Wesen, das im Gegensatz zum Tier nicht über vorhandene Deutungsschemata verfügt. Phänomene deuten zu lernen sollte daher als existentielle Aufgabe im Mittelpunkt von allem Lernen stehen. Das tote Stofflernen widerspricht dem nicht nur, es paralysiert auch die spontane Lernbereitschaft des Kindes. Bekannte Folgen sind die Erscheinungsformen des Musterschülers und des Schulversagers.

Wir nehmen das gleiche Stoffpensum wie an den Staatsschulen durch. Ein größerer Teil der Themen ist vorgegeben (Grammatik und Einmaleins gehören nun einmal zu den Voraussetzungen für das tägliche Leben). Kein öffentliches Curriculum ist aber so starr, daß nicht noch genügend Spielraum bliebe für eine freie Themenfindung, die dem spontanen Interesse der Klasse entwächst. Relevant für die Frage, ob ein Klassenzimmer zur Lebensschule oder zur Wissensvermittlungsagentur wird, ist weniger das spezifische Thema, als vielmehr die Art, wie es erarbeitet wird. Wir verstehen Schüler und Lehrer zusammen als eine Gemeinschaft, in der der Lehrer als Initiator und Hüter der Balance zwischen Ich – Wir – Thema zu agieren hat, den Lernprozeß steuern soll und für die Kinder als Autorität in Wissensfragen dazustehen hat. In gewissen Situationen kann auch ein Schüler die eine oder andere Funktion übernehmen. In einer derartigen Lehr- und Lernorganisation partizipieren alle als gleichwertige Menschen (horizontales Modell) und jeder hat den Anspruch, von den anderen als solcher behandelt zu werden. Dies gilt in gleicher Weise für die Schüler untereinander als auch für den Lehrer. Kein Erzieher ist unfehlbar. Wir animieren deshalb die Kinder auch, anzuzeigen, wenn sie sich falsch behandelt oder unverstanden fühlen. Um die Lernprozesse nicht allzuoft unterbrechen zu müssen, versuchen wir, solche Kritik nach Möglichkeit auf die wöchentliche Gruppensitzung zu vertagen, in der regelmäßig der Verlauf einer Schulwoche reflektiert wird, es sei denn, daß ein Problem einer sofortigen Klärung bedarf.

Im Vergleich zur Volksschule gehört ein größerer Anteil unserer Schüler zu den sogenannten Schulversagern. Es sind insbesondere drei Faktoren – nämlich kindliche psychische Störungen, der schulische Zwang, Lernstoff nach einem bestimmten Programm zu rezipieren und zu reproduzieren, sowie der Erwartungsdruck von seiten der Eltern –, die jedes Kind potentiell zum Schulversager machen. Alle drei abzubauen ist unser Bestreben. Die letzten beiden gehören zu den Hauptverursachern der kindlichen Schulangst. Angst aber macht dumm, wie man immer wieder beobachten kann. Wir weisen daher auch Eltern, denen es in den ersten Schuljahren des Kindes vor allem um eine Optimierung seiner Leistungen ging, darauf hin, daß Verbesserungen überhaupt nur möglich sind, wenn wir das Kind zunächst von allem Druck befreien, d. h. die Fesseln seiner Ängste lockern, die sein Leistungsvermögen beeinträchtigen. Unser Schulunterricht ist nicht auf ein normiertes Mittelmaß zugeschnitten, sondern er ist insofern individuell, als Themen zwar gemeinsam erarbeitet werden, es dann aber den individuellen Fähigkeiten der Kinder überlassen bleibt, wie weit sie sie ausbauen und vertiefen (z. B. durch Absprache des Aufgabenpensums). Es ist sehr wichtig, daß die Anforderungen dosiert sind, damit nicht die einen unter- und die anderen überfordert sind. Das heißt aber nicht, daß ein Kind nicht durch besondere Aufgabenstellungen animiert werden soll, sein ganzes Leistungsvermögen auszuschöpfen. Seine Befriedigung über eine gelungene Arbeit ist nicht weniger groß als die unsrige – und sei dies nun eine gute Schularbeit, ein selber geflochtener Korb, ein vor den Ferien sauber geputztes Haus. Arbeit kann und soll Freude sein.

Auf detailliertere Ausführungen über ganzheitliches Schullernen muß hier aus Platzgründen verzichtet werden. Auf einen Aspekt sei immerhin noch hingewiesen: auf die körperlichen Bedürfnisse der Kinder, die auch während der Schulstunden bestehen, selbst wenn sie ignoriert werden, wie dies in der Volksschule geschieht (angefangen vom Zwang, den Harndrang zu unterdrücken, bis zur erzwungenen Kasteiung des Bewegungstriebes). Den psychologischen Kausalnexus zwischen motorischer Einengung und Beeinträchtigung der Lernfähigkeit kennt man (und trotzdem nimmt man lieber eine permanente Unruhe im Klassenzimmer in Kauf, statt die Kinder sich kurz draußen austoben zu lassen). Es gilt aber auch noch subtileren Faktoren Beachtung zu schenken, etwa – daß man das Kind seinen Standplatz im Schulzimmer aussuchen lassen muß (wir heißen sie von Zeit zu Zeit mit ihren Einerbänklein rotieren), daß es sich wohl fühlt (z. B. bezüglich Lichteinfall, Nachbarschaft zu Mitschülern, Nähe zum Lehrer etc.); – der Notwendigkeit, auch während der Schulstunden Entspannungspausen einzuflechten.

Das therapeutische Spezifikum

Zieht sich durch die naturwüchsige Ganzheitlichkeit des Kindes bereits ein Riß, der Denken und Fühlen scheidet, muß dieser – vermittels einer reintegrativen Erziehung – etwas zugenäht werden, um eine Integrative Pädagogik erst zu ermöglichen. In den vorangegangenen Abschnitten klang an, auf welche Weise und mit welchen Mitteln dies bei uns etwa geschieht. Unsere Erziehungsarbeit ist durch die zusätzliche Hypothek belastet, daß eine biophile Entfaltung der Kinder erst einsetzen kann, wenn sie sich aus ihrer neurotischen Umklammerung etwas befreit, ihrer lähmenden Angst etwas Herr geworden sind. Dies allein zu tun steht aber nicht in ihren Kräften, weshalb eine gewisse therapeutische Hilfe unsererseits unabdingbar ist. In der ersten Phase besteht diese vorwiegend darin, den Kindern Geborgenheit und Vertrauen zu vermitteln, sie zu ermutigen, sich als ganze Menschen zu begegnen. Der Befreiungsprozeß wird dabei durch das Medium der Sprache massiv vorangetrieben. Es dauert oft nur wenige Wochen, bis die Kinder anfangen, ihre Ängste zu artikulieren. Damit legen sie aber den Grundstein, sie auch abzubauen.

In einer zweiten Phase (nach etwa einem Vierteljahr) haben die meisten Kinder so viel Sicherheit gewonnen, daß einige ihrer Probleme pädagogisch-therapeutisch thematisiert werden können, z. B. aggressives Verhalten, Destruktivität in der Gruppe, wiederholtes Verletzen gemeinschaftlicher Regeln, Unselbständigkeit etc. Abgesehen von wenigen Einzelgesprächen, erfolgt die Arbeit in der Gruppe. Diese beginnt nämlich nach einiger Zeit, ihre selbstregulierende Kraft zu entwickeln und unsere Bemühungen zu unterstützen. Insbesondere bei Schwierigkeiten im Zusammenhang mit dem sozialen Zusammenleben verstehen es einzelne Schüler, andere sehr feinsinnig auf gewisse Abnormitäten im Verhalten hinzuweisen, ihnen hilfreiches Feedback zu geben. Zumeist muß aber eine Schwelle von Widerständen überwunden werden, bis sich ein Kind kooperationsbereit gibt. Wir scheuen uns nicht, dosiert ›kreative Frustration‹ einzusetzen. Oft lassen wir sie in den Jeux Szenen spielen, die psychodramatische Effekte evozieren. Mit der Zeit verstopfen wir auch den einen oder anderen Kanal, durch den einzelne ihre Probleme permanent ausagieren, z. B. indem wir die Eßquantitäten bei oralneurotischen Kindern begrenzen oder indem wir einem hyperaggressiven Kind (das von seiner Mutter nie angenommen wurde) verbieten, schwächere zu schlagen. Dies geschieht natürlich im Gespräch, wobei wir unsere Argumentation auf Unmittelbares abstützen (z. B. unerwünschte Freßsucht). Auf der anderen Seite gehen wir aber auch wieder in den Wald, schreien uns alle Wut aus dem Leib und hauen mit Stecken auf Baumstrünke.

Wenn es den Kindern gelingt, die entscheidende Hürde zu nehmen (beim einen dauert dies 3 Monate, beim anderen reichen 2 Jahre kaum), setzt ein rascher Entwicklungsprozeß ein, der von periodischen Regressionsphasen unterbrochen wird. Diese deuten darauf hin, daß die Kinder nicht ›geheilt‹, ihre Probleme nicht aus der Welt geschafft sind. Doch sie, die geknickten Blumen, stehen wieder aufrecht. Und dann gibt es sogar solche, die sich durch ihre neue Sprache, durch das einsetzende Fließendgleichgewicht von Denken und Fühlen fast so augenfällig entfalten wie die riesige Trauerbuche in unserem Garten, die anfangs Mai innerhalb von nur wenigen Tagen ihr dichtes Blätterkleid um sich hüllt.

Sich öffnende Kinder zeigen ein großes Bedürfnis, ihre Grenzen auszuloten, Widerstand zu spüren, um sich – so ehemalige Schüler – zu orientieren. Dies kommt den Intentionen unserer Anpassungs- und Vernunfterziehung sehr zustatten. Als Dialogpartner können wir sie den Unterschied zwischen infantilem Trotzwiderstand und dem unentbehrlichen qualitativen Widerstand, zwischen destruktiver und konstruktiver Kritik im alltäglichen Umgang lehren. Ihr Bedürfnis, den Erzieher zu spüren, lappt bis ins Physische über: beim Abschiedsabend inszenierten die Kinder, die nach zwei Jahren wieder nach Hause zurückkehrten, spontan auf der Wiese einen Ringkampf, in dem sich alle, inklusive Erzieher, miteinander ein letztes Mal in ernstem Ritual maßen.

Ja, was ist nun aus den Kindern geworden, die wir zwei Jahre nach den dargelegten Prinzipien erzogen haben? In fast allen Fällen verlief ihre Reintegration in die Familien und die öffentliche Schule fast reibungslos. Nicht aber, weil sie stumm in ihre alten Rollen zurückfielen, sondern weil sie genügend Resistenz aufgebaut hatten, weil ihre Selbstfindung so weit gediehen war, daß sie ihre Persönlichkeitsentfaltung auch ohne unser wachsames Auge autonom weiterführen konnten. Die gelungene Wiedereingliederung in die Schule beantwortete uns zwei Fragen positiv:

– Ist es innerhalb des zweiten Rahmens möglich, in genügendem Umfang auf die soziale Realität des dritten, zu dem die öffentliche Schule gehört, vorzubereiten?

– Ist ein Kind, das während zwei Jahren nach ganzheitlichen Prinzipien erzogen worden ist und außerdem ein psychisches Handikap hat, den physischen Belastungen der öffentlichen Schule (z. B. in bezug auf Erbringung von Leistungen) gewachsen?

Daß die Rückkehr ins Elternhaus relativ problemlos vonstatten gehen würde, war zwar nicht unbedingt vorauszusehen, aber aufgrund der familientherapeutischen Arbeit immerhin zu erhoffen. Sie war der eigentliche Prüfstein unserer Konzeption.

Die Eltern

Die Gründe wurden bereits genannt, weshalb wir prinzipiell nur mit Kindern und Eltern zusammen arbeiten. Wenngleich die Elternarbeit in unserem Konzept von eminenter Wichtigkeit ist, müssen wir uns hier aus den leidigen Platzgründen auf wenige Stichworte beschränken.

Die Elterngruppe hat strukturell nur die Funktion eines Aussprache- und Informationsforums. In gewissen Belangen muß sie aber eo ipso zur Selbsterfahrungsgruppe werden. Denn unser Ziel ist es, die Eltern zur echten, d. h. erlebten Erkenntnis zu führen, daß ein gestörtes Verhalten ihres Kindes, seine Probleme und Nöte zu einem großen Teil aus Störungen im familiären Zusammenleben resultieren. Dies setzt natürlich ein langsames Bewußtwerden des eigenen Beitrages, des eigenen Verhaltens in diesem vernetzten Komplex voraus.

Der Weg führt auch hier über die Sprache (im Rationalisieren kann er allerdings auch ein Irrweg sein). Naturgemäß liegt das Gefühl bei vielen Eltern unter einem noch viel mächtigeren Schuttberg als bei den Kindern. Diesen abzutragen ist nicht Aufgabe und Ziel der wöchentlichen Zusammenkunft. Wir wollen lediglich, daß die Eltern für die Interaktionsprozesse mit ihren Kindern sensibilisiert werden, daß sie ihnen den Raum für eine Entfaltung des ganzen Menschenwesens vorbehaltlos freigeben.

In den ersten Monaten wird fast nur am Teppich des Vertrauens gewoben. Man redet über ... Wir nutzen die Zeit, die Eltern über unser Erziehungskonzept aufzuklären, es ihnen verständlich zu machen, sie mit einfachen verbalen Übungen leicht anzutupfen. Nach einigen Monaten haben dann die ersten genügend Vertrauen gefunden, um persönliche Probleme in die Gruppe zu bringen. Dies wirkt auf die übrigen enthemmend, eine Kettenreaktion setzt ein. Immer mehr Eltern gelingt es, sporadisch zu ihren Gefühlen vorzudringen. Das Kind rückt aus dem Zentrum, das eigene Ich mit seinen Problemen tritt an dessen Stelle. (Beispielsweise hat ein Vater in der Elterngruppe eine Bereinigung seiner familiären Situation durcharbeiten können, die darin gipfelte, daß er eine längst fällige Trennung von seiner Frau in die Tat umsetzte und seinen Sohn, den seine Frau verstieß, zu sich nahm.) Freilich wollen wir nicht, daß das Kind aus dem Blickfeld verschwindet, da unsere Interessen den Eltern nur im Hinblick auf die Erziehung des Kindes gelten. Während es uns in der ersten Zeit darum gehen muß, das Kind aus dem familiären Spinnennetz zu befreien, eine generelle Entwirrung vorzunehmen, müssen wir uns nach etwa einem Jahr auch wieder darum bemühen, daß sich das Kind in einer neuen Form reintegrieren kann. Dies jedoch darf nicht selbsttätigen Mechanismen überlassen bleiben, weil diese das Kind automatisch wieder in das alte Prokrustesbett zwängen würden. Wir inszenieren gezielte Begegnungen (die in den meisten Familien nicht stattfinden, wenngleich sich alle ständig auf den Füßen herumtrampeln), leiten sie an, miteinander wirklich zu kommunizieren. In periodischen Abständen veranstalten wir zu diesem Zweck Eltern-Kinder-Gruppensitzungen, in denen sich die meist schon merklich veränderten Kinder und die offeneren, problembewußteren Eltern begegnen können. Wir lehren sie und üben die Grundformen des elementaren Gesprächs, der Brücke von Mensch zu Mensch, die nur in wenigen Familien existiert.

Der Erfolg in der Arbeit mit den Eltern ist in gleicher Weise wie der mit den Kindern unterschiedlich. Signifikant ist die Interdependenz zwischen elterlicher Mitarbeit und kindlicher Entwicklung. Kinder von Eltern, die sich ganz investieren können, die bereit und offen für Veränderungen sind, haben viel größere Gesundungschancen. Es gibt ein Beispiel, wo sich ein anfänglich verhaltensgestörtes Kind nach zwei Jahren wieder ganz normal benehmen konnte, ein anderes, wo in einer charakterneurotischen Familie die Mutter an einem Punkt, an dem ihr System ins Wanken geriet, innerlich den Riegel vorschob, und das Kind, das bislang gute Fortschritte gemacht hatte, verfiel in eine Regression, von der es sich kaum mehr erholte.

Unsere Art von koordinierter Erziehung erwies sich auch in Familien, in denen es keine größeren Probleme gab, als sehr fruchtbar. Durch die Konfrontation mit unserer Sehweise, durch Vergleich und Identifikation mit anderen Gruppenteilnehmern und ihrem Feedback konnten sie neue Distanz zu ihrem erzieherischen Handeln gewinnen, die unentbehrlich ist, um die Ziele nicht aus den Augen zu verlieren.

Ob das Ganze eine Sisyphusarbeit ist? Die Beglückung, mitten im Lebensfluß schöpferische Arbeit zu leisten, und der Glaube an die subversive Kraft des Humanen läßt die Skepsis verstummen.

Kapitel 9
Barbara Huber

Die Veränderung der Lehrerrolle bei der Anwendung von ›confluent education‹ im Deutsch- und Religionsunterricht an der Eingangsstufe eines deutschen Gymnasiums

»Mein Geist scheint eine Art Maschine geworden zu sein, die aus großen Massen von Tatsachen allgemeine Gesetze fabriziert; warum jedoch gerade das eine Verkümmerung gerade jenes Teils des Gehirns verursacht haben soll, von dem die höheren Neigungen abhängen, kann ich nicht begreifen ...

Der Verlust dieser Neigungen ist ein Verlust an Glück und möglicherweise eine Schädigung des Intellekts und wahrscheinlich auch des moralischen Charakters, indem er die Gefühlsseite unserer Natur schwächt.«[1]

Charles Darwin

Auch deutsche Pädagogen werden immer mehr einsehen müssen, daß die einseitige Ausbildung des Intellekts in unserem gegenwärtigen Bildungssystem solche Folgen für unsere Schüler haben werden, wie sie schon *Darwin* an sich selbst erkannt hat. Auf der Suche nach meiner eigenen Alternative zur gegenwärtigen pädagogischen Praxis[2] fand ich in der Methode der ›confluent education‹ oder »Integrativen Pädagogik« einen für mich gangbaren Weg, wie ich die Prinzipien der Gestalttherapie, in der ich mich neben meiner beruflichen Tätigkeit habe ausbilden lassen, auf den Unterricht übertragen kann.

Versuche Integrativen Unterrichts

Als ich zu Schuljahresbeginn 1975 den Unterricht in einigen Klassen an der Eingangsstufe eines deutschen Gymnasiums übernahm, hatte ich mir vorgenommen, Lösungen der Frage zu finden: »Was kann ich der einseitigen Ausbildung des Intellekts hinzufügen, damit für die Kinder ganzheitliches, für ihr gegenwärtiges Leben bedeutungsvolles Lernen stattfinden kann?«[3] (Ich arbeitete unter einem verständnisvollen Schulleiter, der pädagogische Experimentierfreiheit unter der Bedingung zugestand, daß *auch* die vom Lehrplan vorgeschriebenen kognitiven Lernziele erreicht werden.)

Ich bin der Überzeugung, daß nur eine wirkliche, heilsame Veränderung unseres Schulsystems geschehen kann, wenn aus »Unterrichtsbeamten«[4] kreative Lehrerpersönlichkeiten werden, die ihren Schülern dazu verhelfen, immer mehr Verantwortung für sich, ihr Lernen und ihr Leben zu übernehmen.

Probleme der Bereitschaft (»readiness«)

Wie jeder Lehrer, der in seinem Unterricht den affektiven Bereich neu integrieren will, mußte auch ich mich zunächst mit der Frage eingehend beschäftigen: »Wie kann ich die Bereitschaft (readiness) meiner Schüler gewinnen, ihre Affekte und Gefühle zu akzeptieren und zu äußern?« Hierbei stieß ich immer wieder auf Äußerungen von Kollegen und Schülern, die mir deutlich zeigten, in welcher Weise der »geheime Lehrplan« an unseren Schulen seine Wirkung tut: am eindrücklichsten zeigte mir Beate (5. Klasse), wie sie gelernt hatte, zwischen ihrem eigenen Leben und Erleben und den Unterrichtsstunden in der Schule eine deutliche Grenze zu ziehen. Unser erstes Thema im Religionsunterricht war: Freundschaft: neue Freunde finden, keine Freunde haben. Die gegenwärtige Situation der Klasse, in der durch Zufall sowohl bestehende Freundschaftsgrüppchen als auch vereinzelte Schüler zusammengewürfelt waren, sollte bewußtgemacht werden, damit eine neue, alle Schüler integrierende Gemeinschaft aufgebaut werden konnte. In einem Interaktionsspiel sollte für einen Teil der Schüler – auch den Angehörigen der schon bestehenden Cliquen – die Erfahrung des Abgelehntwerdens ermöglicht werden. Als die beliebte, forsche Beate aus ihrer Gruppe »ausgestoßen« wurde, antwortete sie zunächst auf meine Frage, wie sie sich *jetzt* fühle: »Och, ist nicht so schlimm.« Aber als sie merkte, daß ich noch nicht ganz überzeugt war, setzte sie hinzu: »Wenn das hier ernst wäre, dann wäre ich ganz schön traurig.« Dabei konnte sie nur mit Mühe ihre Fassung bewahren, indem sie die hochkommenden Tränen hinunterschluckte.

Der »systematische Abkühlungsprozeß« unseres Schulwesens, das »die Vitalität der Menschen auf das reduziert, was die Gesellschaft befriedigen und ertragen kann«[5], hat vier Jahre lang so auf Beate und ihre Klassenkameraden gewirkt, daß sie nicht mehr in der Lage sind, ihre augenblicklichen Gefühle wahrzunehmen, geschweige denn angemessen zu äußern.

Beates Schwierigkeit, sich mit ihrem augenblicklichen Gefühl zu identifizieren, war beispielhaft für fast alle Schüler, die ich in diesem Jahr unterrichtete. Deshalb griff ich Beates Flucht in die Vorstellung in einer Spielsituation auf und arbeitete zunächst mit Rollenspielen, um die Schüler ihre emotionale Ebene bewußter erleben zu lassen. In einer 6. Klasse brachten uns Geschichten aus dem Lesebuch auf das Thema: »Macht und Unterdrükkung«, das wir an verschiedenen historischen Beispielen im Deutsch- und Religionsunterricht durchspielten. Um das Problem des Rassismus für die Kinder nachvollziehbar zu machen, ließ ich sie in Partnergruppen ein Rollenspiel spielen, in denen ein schwarzer Student in Deutschland ein Zimmer sucht. Die »weißen Vermieter« waren durch vorherige Regieanweisung dazu angehalten, das Zimmer nicht an einen Farbigen zu vermieten. Hier wurden lautstarke, leidenschaftliche Verhandlungen geführt, über deren Verlauf und die begleitenden Emotionen von den Schülern bereitwillig gesprochen wurde, denn es war ja nur Spiel. Als wir dann vier mögliche Reaktionsweisen der »Unterdrückten« an der Tafel herausgestellt hatten, meldete sich Udo mit der Aha-Erkenntnis: »So wütend reagiere ich immer, wenn ich nicht das kriege, was ich will.« Darauf konnten sich auch andere mit ihrem zunächst nur gespielten Verhalten identifizieren.

Zwei Arten von Rollenkonflikt des Lehrers

a) Umgang mit den Rollenerwartungen des Umfeldes

Ich bin mir bewußt, daß es sich hier bisher nur um bescheidene, vorsichtig tastende Anfänge handelt, ›confluent education‹ einzuführen. Dennoch erlebte ich, während in der Gruppenarbeit der Lärmpegel über das von mir als normal angesehene Maß erheblich anstieg, daß ich mich im Geiste außerhalb des Klassenzimmers stehen sah und gleichsam in die Rolle eines Kollegen oder Vorgesetzten schlüpfte, der Vermutungen über diesen Lärm anstellte. Seine Schlußfolgerungen mußten sein, daß ich nicht in der Lage war, die von mir erwartete Disziplin aufrechtzuerhalten (für viele Kollegen eines der wichtigsten Kriterien, an denen man eigene oder fremde pädagogische Fähigkeiten oder Unfähigkeit ablesen kann). Als Reaktion auf diesen für mich auftauchenden Konflikt versuchte ich jedesmal, die Schüler zu größerer Ruhe aufzufordern, also meine Kontrolle einzuschalten. Oft wurde ich mir bewußt, daß ich dadurch wichtige Prozesse, die die Schüler gerade in Gang gesetzt hatten, unterbrach und den Unwillen der Schüler auf mich zog. Im nachhinein ist mir klar, daß ich den Schülern einerseits einen kleinen Freiraum gab, den sie auf ihre Weise strukturieren durften (z. B. in der Gruppenarbeit). Da ich aber andererseits als kontrollierende Instanz immer wieder eingriff, verunsicherte ich meine Schüler, die ihren Unmut über diese Ambivalenz so äußerten: »*Sie* müssen sich mehr durchsetzen!« Damit forderten sie, daß ich die alte, vertraute und deshalb Sicherheit signalisierende Lehrerrolle wieder übernahm, weil sie unter solchen halbherzigen Bedingungen die neue Haltung der Selbstkontrolle bzw. Selbstverantwortung nicht lernen konnten.

Ich sehe mich also mit zwei unterschiedlichen Rollenerwartungen konfrontiert: a) den Erwartungen des mich kontrollierenden Umfeldes (Vorgesetzte, Kollegen, Eltern meiner Schüler), die in meinen Vorstellungen gegenwärtig sind und mich zu bestimmten, meiner eigenen Intention zuwiderlaufenden Handlungen veranlassen; b) den Forderungen meiner Schüler, die ich selbst durch mein ambivalentes Verhalten bedingt habe. Um mich vor allen den unter a) genannten Erwartungen erfolgreich widersetzen zu können, benötige ich ein Maß an Ich-Stärke, über das ich zum jetzigen Zeitpunkt noch nicht verfüge.

Wenn ich der Frage nachgehe, warum ich mich von den Erwartungen anderer wider mein besseres Wissen derart beeinflussen lasse, entdecke ich möglicherweise, daß sie mich mehr angehen, als ich wahrhaben will. Ich kann sie nämlich als »Stimme in mir« wiederfinden, habe sie also verinnerlicht (Introjektion). Andererseits projiziere ich diesen Anteil meiner Persönlichkeit wieder nach außen, um mich nicht mit ihm identifizieren zu müssen. Auf diese Weise wird eine wirkliche Auseinandersetzung beider Seiten in mir immer wieder verhindert[6].

b) Der innere Rollenkonflikt

An einem mir noch sehr gegenwärtigen Beispiel wurde mir bewußt, daß sich solch ein bisher nur vermuteter Konflikt in mir selbst abspielte: Eine 6. Klasse hatte für ein Weihnachtsliedersingen mit ihrer Englischlehrerin einen Teil meiner Religionsstunde beansprucht. Anschließend baten mich die Schüler, mir sozusagen die »Uraufführung« vorführen zu dürfen. Spontan wollte ich diesem Wunsch zustimmen, doch die Fachlehrerin in mir hatte sofort folgende unausgesprochene Bedenken: Wir haben schon so viel Zeit von der Stunde verloren. Wie sollen wir den vorgegebenen Stoff denn schaffen? – Diesmal siegte die erste Regung in mir, und ich gestand den Kindern ihren Wunsch zu. In Erinnerung geblieben ist mir dieses Ereignis deshalb, weil ich unerwartet reich »belohnt« wurde für die zunächst von mir nur widerwillig geopferten 10 Minuten; denn obwohl dies alles in einer 5. Unterrichtsstunde stattfand, schloß sich ein sehr intensives Unterrichtsgespräch an, das ohne die sonst üblichen Störungen bis zum Ende der Stunde verlief. Durch eine »zufällig« richtige Entscheidung war mir das in den Schoß gefallen, worum ich mich gewöhnlich durch sorgfältige Planung bemühte, was ich aber in diesem Maße nicht erreichte: a) das individuelle Interesse der Schüler zu wecken; b) eine gute, warme Beziehung zu meinen Schülern zu haben; c) eine Unterrichtsstunde zu halten, in der bedeutsames Lernen für die Schüler stattfand.

Wenn ich darüber so erstaunt war, daß sich meine Entscheidung, Zugeständnisse an die augenblicklichen Wünsche der Schüler zu machen, so positiv auf den Verlauf des Unterrichts und auf den Lernwillen der Kinder auswirkte, läßt sich daraus folgern, daß ich mich in anderen Situationen gewöhnlich für die andere Seite – die Durchnahme des Stoffes – entschied. Allerdings scheint dieser Konflikt jedesmal unbemerkt mit großer Schnelligkeit in mir abzulaufen und fast automatisch entschieden zu werden, ohne daß ich abwägen kann.

Ein ähnliches, zwischen zwei Extremen schwankendes Verhalten entdeckte ich an einem Kollegen, der von der Schulleitung gerade den Bescheid erhalten hatte, daß sein Antrag auf Fortbildungsurlaub nicht genehmigt würde. Der sonst von mir als wenig autoritär erlebte Lehrer, der mit fundierten intellektuellen Argumenten einen kooperativen Unterrichtsstil vertritt, brüllte plötzlich einen auf ihn wartenden Schüler an und schickte ihn in die Klasse, ohne ihn anzuhören. Ich erlebte hier an dem Aus-der-Rolle-Fallen meines Kollegen die Widerspiegelung meines eigenen Verhaltens. Wie er stehe ich in der Gefahr, daß ich immer dann, wenn ich selber auf irgendeine Weise labilisiert bin (hier: durch die Erfahrung der Abhängigkeit von der Schulbehörde), *zurückfalle* in die von mir eigentlich abgelehnte autoritäre Lehrerrolle. Augenscheinlich greife ich in solch einem Falle, wenn mein »System« zusammenbricht, auf altvertraute Verhaltensweisen zurück und benutze sie als Stütze, um mich wieder zu stabilisieren.

Als ich versuchte, die mir einsichtigen Zusammenhänge meinem Kollegen in einer Art Feedback zu verdeutlichen, zeigte er mit seiner Reaktion, daß mein Versuch, auf diese Weise Anstoß zur Selbstreflexion geben zu wollen, scheitern muß. Er verteidigte sich mit einer nachträglich rationalisierenden Antwort: »Es war Zeit, daß dieser Schüler einmal zurechtgestaucht wurde« – was mich um so mehr erstaunte, weil wir uns gerade über diese an dem Beispiel deutlich gewordenen Zusammenhänge einmal schon theoretisch ausgetauscht hatten.

Fazit: a) Theoretisches Durcharbeiten solcher Fragen und Problemkreise muß noch keinerlei Wirkung auf mein vor allem in Krisensituationen gezeigtes Verhalten haben; b) Feedback und Selbstreflexion, die nur auf der Verstandesebene bleiben, sind unwirksam, wenn für mich nicht erfahrbar und damit einsichtig wird, *was* mich eigentlich veranlaßte, hier so und nicht anders zu reagieren.

Einsicht in die Hintergründe des Rollenkonflikts durch Erleben im Rollenspiel

Auf der Suche nach einer Möglichkeit, den von mir nicht wahrgenommenen Konflikt in mir für mich und andere bewußtzumachen, fällt mir ein Spiel ein, das den oben beschriebenen Rollenkonflikt beinahe im Zeitlupentempo verzögert erlebbar macht.

Ich habe die schon vorgefundene Idee verwendet, um daraus eine »konfluente« Stunde für Lehrer zu konzipieren, die ich 1975 in einem Workshop unter Supervision von Prof. *G. I. Brown* für die anderen Gruppenteilnehmer gehalten habe:

An die Teilnehmer werden vorbereitete Zettel verteilt, auf denen ihnen eine Rolle zugewiesen wird, die sie pantomimisch darstellen sollen. (Z. B.: »Du bist eine Tänzerin«. Man sollte möglichst »Berufe« finden, die *nicht* von vornherein so kommunikativ sind wie z. B. Reporter.) Für etwa 10 bis 15 Minuten haben die Teilnehmer die Aufgabe, ihre Rolle darzustellen und das Spiel zu genießen. Dann wird ihnen der Auftrag gegeben, nonverbalen Kontakt mit den anderen Darstellern aufzunehmen. Diese meist sehr frustrierend verlaufende Phase sollte nur 5 Minuten dauern. Danach setzen sich alle zur Auswertung in einen Kreis.

Folgende Fragen können zur schriftlichen Beantwortung gestellt werden:

a) Wie hast du dich bei der Darstellung deiner Rolle gefühlt?
b) Wieweit ist es dir gelungen, mit anderen Kontakt aufzunehmen?
c) *Wie viele Rollen der anderen konntest du wiedererkennen und kannst du jetzt noch aufzählen?* (schriftlich!)

Bei der Besprechung dieser letzten Frage ergibt sich, daß die Fremdwahrnehmung bei vielen Teilnehmern stark herabgesetzt war und sie deshalb nur wenige Berufe, auch wenn sie gut dargestellt waren, nachträglich nennen konnten. Es besteht meist eine Korrelation zwischen besonders gut dargestellter Rolle (Sich-ganz-Hineingeben) und geringer Fremdwahrnehmung.

Sowohl durch die *nachträglich* gestellte Aufgabe, Kontakt aufzunehmen, als auch durch das zum Schluß genannte Ratespiel fühlen sich die Teilnehmer häufig böswillig hereingelegt, weil sie sich darauf nicht von vornherein einstellen konnten und deshalb bei den Fragen b) und c) keine großen Erfolgsmeldungen machen können.

Einmal halten sie es für unmöglich, während des Pantomimespiels einen anderen ins eigene Spiel miteinzubeziehen, denn dann müßte ja mindestens einer von beiden aus der Rolle fallen; zum anderen gelingt es vielen Teilnehmern nicht, alle Darsteller zu beobachten.

Bei der Besprechung der eingeplanten Frustrationsphase kann der Spielleiter den Transfer auf das Interaktionssystem Schule ansetzen. Durch die Frage: »Seht ihr Möglichkeiten, die im Spiel gemachten Erfahrungen auf das Problem: Lehrerrolle–Schülerrolle zu übertragen?« werden viele Lehrer daran erinnert, daß sie ähnliche Frustrationen im Schulalltag häufig erleben: die Lehrerrolle ist so vorstrukturiert, daß wenig Raum für menschliche Kontakte zu den Schülern bleibt. (1 Lehrer – 35 Schüler; alle 45 Minuten eine neue Klasse, etc.)

Wie im Spiel ist uns in unserer schulischen Praxis zunächst nur diese Rolle mit Spielanweisungen (Erlasse, Verfügungen etc.) übertragen worden. Je perfekter ich glaube, sie spielen zu müssen, weil ich im Spiel der Rolle die Bestätigung meiner Identität finde, um so mehr werde ich erleben, daß Interaktionen zwischen mir und Kollegen sowie meinen Schülern nur insofern möglich sind, als sie sich auf ihre Eigenschaft als Rollenträger beziehen. Wirkliche menschliche Kontakte werden erst möglich, wenn ich hinter der Rolle die Person sehe, also aus der Rolle falle. Wie im Spiel stehen Lehrer häufig vor der Entscheidung, ob sie der ersten Spielanweisung, ihre Rolle perfekt zu spielen, weiter folgen wollen, oder ob sie neues, bisher ungeübtes Verhalten ausprobieren wollen auf einem Gebiet, für das sie sich durch unser Bildungssystem schlecht vorbereitet sehen – das Gebiet der menschlichen Kommunikation[7]. Das Verharren in den alten, vertrauten Strukturen erscheint für viele das Bequemere, Krisensichere zu sein, weil sowohl die Ich-Stärke fehlt, sich den Rollenerwartungen (Spielanleitung am Anfang) zu widersetzen, als auch der offensichtlich nötige Mut nicht vorhanden ist, spontan und kreativ zu reagieren, wenn es um persönlichen Kontakt zu meinen Mitmenschen (meinen Schülern) geht.

Ein Beispiel für die Einbeziehung tieferer Persönlichkeitsschichten in die Konfliktlösung:

Die im Spiel gemachte Erfahrung und die sich anschließende Reflexion können nur Anstoß dafür geben, welcher Problembereich für jeden einzelnen anschließend erarbeitet werden muß: Z. B. wie kann ich lernen, aus der Rolle zu fallen? Wie kann ich spontaner und flexibler werden, ohne mich ständig auf die vorgegebene Rolle zurückziehen zu müssen? Wie kann ich die Rolle mit meiner Persönlichkeit füllen? Alle diese Fragen beziehen sich auf meinen persönlichen Wachstumsprozeß. Die wirksamsten Antworten darauf finde ich in den tieferen Schichten meiner Person: z. B. in meinen Träumen, die nach *Fritz Perls* meine gegenwärtige Situation besonders deutlich aufzeigen – allerdings z. T. bildlich verschlüsselt – und oft eine Botschaft für mich enthalten, also einen Hinweis darauf, wo die Lösung zu suchen ist[8]. Ein solcher beispielhafter Traum verhalf mir, die Lösung meines Konfliktes für mich zu finden.

Kurz vor Wiederbeginn des Unterrichts nach den Osterferien träumte ich, wie ich mich sorgfältig auf die 1. Stunde nach den Ferien vorbereitet hatte. Ich hatte mir eine Reihe von Fragen ausgedacht, die den Kindern helfen sollten, sich wieder an den voraufgegangenen Stoff zu erinnern.

Als ich jedoch den Klassenraum betrat, hatten die Schüler diesen völlig verändert. Zwei große Tische standen in der Mitte, die festlich dekoriert waren mit Osterschmuck. Alle Schüler schauten mich erwartungsvoll an und teilten mir mit, daß sie Ostern mit mir feiern wollten. Ich zögerte: in meinem Kopf meldeten sich Bedenken: 1. Jetzt haben sie noch nicht einmal Platz zum Schreiben gelassen! Oder besser: Was wird aus meinem Plan? 2. Was soll ich denn nur ins Klassenbuch schreiben? oder besser: Wie kann ich dieses vom Lehrplan nicht vorgesehene »Unterrichten« rechtfertigen vor meinen Kontrollinstanzen? (Schulleiter, Eltern) 3. Wenn ich auf das Interesse der Kinder eingehe, wie gehe ich dann eine ganze umstrukturierte Stunde lang mit diesen Kindern um? Dann muß ich spontan und kreativ sein, um mich im menschlichen Umgang mit diesen Kindern zu üben.

Bei diesem letzten Punkt lagen offensichtlich meine verborgenen Unsicherheiten und Ängste, mit denen mich der Traum in Kontakt brachte. Um sie überwinden zu können, mußte ich erst einmal wahrnehmen, daß sie vorhanden sind. Das ist schon ausreichend, um das Wagnis einzugehen, die als kritisch empfundene Situation einfach herbeizuführen und zu sehen, was mit mir und den anderen darin geschieht.

Auswirkung der Rollenveränderung auf den Unterricht

Ich faßte also den Entschluß, diesen Traum meinen Schülern zu erzählen. Schon dadurch, daß ich ihnen etwas Persönliches anvertraute, war ein guter Kontakt zwischen uns hergestellt, und ich hatte sehr aufmerksame Zuhörer. Einige Kinder schlugen sofort vor, daß wir dieses Fest wirklich feierten. Als ich aber zu bedenken gab, dies sei *mein* Traum und nun müßten sie herausfinden, was sie wirklich machen wollten, kamen bald mit Begeisterung vorgetragene, andere Vorschläge aus der Klasse, z. B.: Ferienerlebnisse erzählen oder aufschreiben. An der hartnäckigen Diskussion der Frage, ob man die Erlebnisse nur mündlich erzählen oder sie besser aufschreiben sollte, ersah ich, daß nur einige Schüler in der Lage waren, den gegebenen Freiraum mit ihren eigenen Interessen und Wünschen zu füllen. Die anderen schlossen sich wie gewohnt den zuerst geäußerten Meinungen an, ohne über ihre eigenen Wünsche nachzudenken. Ich schaltete deshalb eine kurze Besinnungspause für alle Schüler ein und stellte ihnen Fragen, die ihnen helfen sollten, ihre gegenwärtige Situation deutlicher wahrzunehmen:

1. Wie fühlst du dich hier in der Schule nach den langen Osterferien?
2. Bist du gern hier oder möchtest du jetzt woanders sein?
3. Was willst du in dieser Stunde tun?
   a) selbst erzählen?
   b) zuhören?
   c) etwas anderes tun? (nenne es).

Ein lebhafter Austausch des Aufgeschriebenen schloß sich an, bei dem die meisten über Punkt 1 und 2 sprachen: Offensichtlich war die Kluft Ferien–Schule für sie noch nicht überbrückt worden. Aber auch die sehr engagierte und deshalb durchsetzungsfähige »Partei« der Geschichtenerzähler kam zu ihrem Recht, und wir hörten noch ein Ferienerlebnis über einen verlorengegangenen Autoschlüssel.

Am Ende der Stunde stellten einige Schüler verwundert fest: »Jetzt haben *wir* in dieser Stunde doch etwas getan, obwohl *Sie* ja nichts geplant hatten.« Damit wollten sie vermutlich ihr Verwundern über die für sie neue Erfahrung ausdrücken, daß sie ohne Vorstrukturierung durch den Lehrer in der Lage sind, *selbständig* zu arbeiten und zu lernen.

Eine zweite Unterrichtsstunde – nach dem Stundenplan eine Religionsstunde – schloß sich dieser ersten an, in der die neue Erfahrung der Schüler Bestätigung finden mußte, wenn sie nicht eine einmalige und damit bedeutungslos bleiben sollte. Darum begann ich mit der Frage: »Was wollt Ihr nun tun?« Die bisher nicht gehörten Schüler, die auch ihre Geschichte erzählen wollten, äußerten sofort ihre *Frustration* über diese Tatsache und stimmten für eine Fortsetzung des Geschichtenerzählens. Eine andere Gruppe bildete sich, die das Thema der letzten Religionsstunde vor den Ferien wieder aufgreifen wollte, eine dritte Gruppe stellte Fragen zum Osterfest. Wir beschlossen, diese drei Themen gleichzeitig in drei verschiedenen Gruppen zu bearbeiten (in einem Klassenraum!). Die Streitgesprächsgruppe spielte im Rollenspiel eine vorgegebene Konfliktsituation in einer Schulklasse durch und erarbeitete drei verschiedene Lösungen, die sie später der Klasse vorspielten. Die Technik war den Schülern seit einem halben Jahr vertraut, und deshalb brauchten sie keinerlei weitere Anleitung oder Aufsicht. Die zweite Gruppe brauchte zur Klärung ihrer Wissensfragen den Lehrer als Fachspezialisten. In dieser noch lehrerzentrierten Gruppe wurde der Zusammenhang zwischen unseren Osterbräuchen und dem christlichen Sinn des

Osterfestes diskutiert. Die unruhigste Gruppe mit der größten Fluktuation war die der Geschichtenerzähler. Sie ahmte die Marktplatzszene orientalischer Geschichtenerzähler nach: die Zuhörer setzten sich um den »Geschichtenerzähler« herum und schenkten ihm ihre Aufmerksamkeit oder zogen sich zurück (entweder in Störungen oder zu anderen Gruppen). Nach diesen beiden Stunden hatte ich das beglückende Gefühl, daß hier wirklich *»lebendiges Lernen«* für meine Schüler und mich stattgefunden hatte. Deutlichstes äußeres Zeichen dafür war, daß mit dem Klingelzeichen am Ende der Stunde die Kinder nicht wie gewohnt fluchtartig das Klassenzimmer verließen, sondern warteten, bis sich alle wieder zusammenfanden, um einen gemeinsamen Abschluß der Stunde zu finden.

Veränderung der Unterrichtsplanung

Jeder Lehrer wird Rechenschaft darüber fordern, wie effektiv diese beiden Stunden im Hinblick auf die vom Lehrplan vorgegebenen kognitiven Ziele waren. Erstaunlicherweise haben die beiden Gruppen, die ohne Lehrer gearbeitet hatten, die größere Wirkung auf die gesamte Klasse gehabt mit dem, was sie für sich erarbeitet hatten. Die Streitgesprächsgruppe schaffte die Überleitung zu dem vor den Ferien noch nicht abgeschlossenen Thema, so daß alle Schüler daran im Religionsunterricht weiterarbeiten konnten. Als die Geschichtenerzähler der Klasse mitteilten, daß sie die Erfahrung gemacht hätten, nicht zu wissen, wie man Geschichten so spannend erzählt, daß die Zuhörer gefesselt werden und nicht weglaufen, gaben sie so den besten Einstieg für die in meiner Planung vorgesehene Behandlung der »Geschichte von den drei Geschichtenerzählern« (*James Krüss*), an der der Aufbau einer Erzählung anschließend erarbeitet werden konnte. Die vorausgegangenen Stunden hatten besondere Auswirkungen auf die *Motivation* meiner Schüler. Die neue Aufgabe war wirklich zum Lernbedürfnis der Schüler geworden. Sie setzten deshalb mehr Energie ein, sie zu bewältigen, als sie es in normal geplanten Stunden gewöhnlich tun, die wir Lehrer häufig mit der verräterischen Phrase beginnen: »Wir wollen heute ...«

Damit es nicht bei solchen einmaligen Sternstunden bleibt, muß ich als Lehrer daraus Konsequenzen für meine künftige Unterrichtsplanung ziehen. Ich muß in jeder Unterrichtsstunde ernst machen mit dem Hier und Jetzt – Prinzip der Gestalttherapie –, um die jeweilige Befindlichkeit meiner Schüler zu erspüren. Das widerspricht unserer Praxis, Unterrichtsstunden am Schreibtisch vorauszuplanen. Geübte »awareness« – die Fähigkeit, mich und meine Umwelt bewußt wahrzunehmen – kann Hilfe für mich sein, die Bedürfnisse meiner Schüler besser wahrzunehmen und sie im Unterricht zu berücksichtigen. Mein vorher starres Konzept muß ich jedoch durch Flexibilität ersetzen, die es mir ermöglicht, entweder mit den Schülern gemeinsam zu planen oder spontan auf wichtige, im Augenblick im Vordergrund stehende Bedürfnisse zu reagieren und sie aufzugreifen, um sie für wichtige Lernerfahrungen zu nutzen. Mit mehr Spontaneität allein gelingt es allerdings noch nicht, den affektiven Bereich in umfassenderem Maße in den Unterricht zu integrieren. Das setzt sorgfältige Planung voraus, indem jedes kognitive Ziel daraufhin befragt wird, welche affektiven Zugänge in ihm enthalten sind (auch die umgekehrte Fragestellung ist möglich[9]).

Beispiele für die Integration kognitiver und affektiver Lernziele

Am sichersten gewinnt man die Bereitschaft der Kinder, auf der emotionalen Ebene Lernerfahrungen zu machen, wenn man für sie positive, lustbetonte Erfahrungsmöglichkeiten vorbereitet. Nach der Behandlung des zweiten Schöpfungsberichtes im Religionsunterricht stellen Kinder gewöhnlich die Frage nach der Bedeutung des hier beschriebenen Paradieses: Was ist das Paradies? Wo liegt es? Hier ist es möglich, sie durch ein »Experiment« auf der imaginativen Ebene ihr Paradies erleben zu lassen.

»Setzt euch so bequem wie möglich auf einen Stuhl ... Entspannt euch, schließt eure Augen ... Achtet auf euren Atem ... Ihr steigt in einen Zug, der euch weit fort von hier bringt ... Jetzt hält der Zug und ihr steigt aus. Ihr steht auf einer Wiese ... Ihr geht über die Wiese bis zu einem Tor ... Das Tor öffnet ihr und geht hinein ... Ihr seid jetzt in *eurem Paradies* ... Schaut euch genau um und achtet darauf, was ihr seht und mit wem ihr hier seid ... Wenn ihr lange genug in eurem Paradies wart, geht zur Pforte zurück ... Geht wieder hindurch ... schließt sie von außen zu und geht über die Wiese zurück zum Zug ... Der Zug bringt euch hierher zurück ... Öffnet langsam die Augen und schaut euch um, wo ihr seid.

Die spontane Reaktion des größten Teils der Kinder ist der beglückte Ausruf: »Ach, war das schön!« – »Da möchte ich immer bleiben!« Allerdings gelingt es manchen Kindern schon nicht mehr zu bildern, andere haben wenig erfreuliche Paradiese, die ihre gegenwärtige, wenig erfreuliche Situation widerspiegeln. (Z. B. sieht ein Junge, der unter der Überforderung des Gymnasiums leidet, einen finsteren Gang, der mit Ratten und Mäusen bevölkert ist.) Aber schon das Erzählen dieser Bilder kann eine Art Erleichterung sein, die etwa dem Gefühl beim Mitteilen eines angstmachenden Traumes gleicht. Der persönliche Wert liegt darin, daß das betroffene Kind erfährt, daß es auch diese dunkle Seite mit in den Unterricht einbringen darf und ihm ebenso aufmerksam zugehört wird wie allen anderen. Durch das »Verständnis« der anderen lernt es selbst, seine Ängste mehr zu akzeptieren, sie also nicht mehr zu verbergen.

Manchmal gelingt es sogar, die heilsame Botschaft aus solch einem Problemparadies herauszufinden, wie bei Solveig, die ein sehr symbolträchtiges Paradies zeichnete, in dem kleine Vögel und Mäuse die Hauptrolle spielten. Im Hintergrund war ein Siegerpodest, auf dem eine Maus mit einer Krone auf dem Kopf die höchste

Stufe besetzte. Ich bot ihr an, mit ihr gemeinsam zu versuchen, das ihr Unverständliche zu entschlüsseln. Als ich nach ihrer Familiensituation fragte, erzählte sie mir von ihrem über 10 Jahre älteren, sehr klugen Bruder, der schon studierte. Ich fragte sie, ob sie sich ihm gegenüber manchmal wie eine kleine Maus fühlte. Das bejahte sie mit sichtlicher Freude darüber, ein wenig mehr zu verstehen. Als ich ihr dann noch meinen Eindruck zurückspiegelte, daß ich im Unterricht beobachtet hatte, wie verbissen sie sich oft einsetzte, als gelte es, eine Art Olympiasieg zu erringen, gelang es ihr, den Sinn ihres Paradieses zu verstehen. Eine Änderung ihrer Haltung konnte dadurch erreicht werden, daß ich ihr sagte, daß so viel Einsatz meiner Meinung nach nicht nötig sei und sie ruhig mehr Geduld mit sich haben könnte. Bald zeigte Solveig größere Gelassenheit, und am Ende des Schuljahres ertappte ich sie sogar dabei, wie sie nichtgemachte Hausaufgaben unter der Bank während meiner Stunde abschrieb. Ich lächelte ihr akzeptierend zu, und Solveig beteiligte sich danach produktiv am Unterrichtsgespräch. (Welch eine Veränderung der Lehrerrolle!)

Mit diesen auf der Ebene der Imagination, des Bilderlebens, gemachten Erfahrungen gelingt es gleichzeitig, ein tieferes Verständnis für die aus diesem Bereich schöpfenden literarischen Formen wie die Urgeschichten des Alten Testamentes, Märchen oder märchenhaften Kinderbücher bei den Kindern vorzubereiten. Bei der Behandlung von Märchen gingen wir von der Erzählung der Lieblingsmärchen aus der Kindheit aus. Sie haben oft Skriptcharakter, d. h. sie haben insofern existentielle Bedeutung für die Kinder, als sie ein Lebensproblem ihrer Kindheit deuten, indem sie Lösungswege aufzeigen, die auch im späteren Leben unbewußt bedeutsam bleiben[10]. (So wählte z. B. das jüngste Kind einer kinderreichen Familie das Märchen: »Der Wolf und die sieben Geißlein«; ein körperlich klein gebliebener Junge erkannte die Darstellung seines Lebensproblems und mögliche Lösungswege in »Däumerlings Wanderschaft«.)

Die persönliche Involviertheit einiger Kinder in den von ihnen vorgetragenen »Stoff« ermöglicht auch den anderen Kindern Einsichten in die nicht nur kognitiver Art besondere Bedeutung der literarischen Gattung Märchen; nämlich »Träume des Volkes« zu sein[11].

Nach der Behandlung von motivgleichen Märchen – hier Wunschmärchen – können die Kinder in Kontakt gebracht werden mit ihren eigenen Wünschen, indem man nach einer imaginativen Reise das Spiel »Marktplatz der Wünsche« spielt. Hier können sie erfahren, a) in welcher Richtung eine eventuelle Erfüllung zu suchen ist; b) daß nicht alle Wünsche unerfüllbar sind, man muß nur meistens etwas für die Realisierung tun oder hergeben.

Wenn den Kindern solche positiven emotionalen Erfahrungen vermittelt werden, ist ihre Bereitschaft größer, auch negative Gefühle zuzulassen und zu äußern. Im Anschluß an die Schöpfungsberichte wollte eine Klasse die Beantwortung der Frage erarbeiten, warum nach der Erzählung der Bibel der Mensch aus dem Paradies ausgestoßen wurde und es nun verschlossen ist. Um das Bild der Schlange zu erklären, ließ ich die Kinder sich auf folgende Fragen besinnen: »Was ist gut an mir? Was ist schlecht an mir?«

Danach sollten sie sich Partner suchen, mit denen sie austauschen sollten: »Ich finde gut an dir, daß ... ich finde schlecht an dir, daß ...« Vor allem an diesem Feedback waren sie besonders interessiert, und als es klingelte, war die Unterrichtsstunde viel zu kurz, um alle wichtigen Rückmeldungen zu empfangen oder zu geben. Als die Schüler in der nächsten Stunde nach ihren Einsichten und Erkenntnissen gefragt wurden, fanden sie heraus, daß es offensichtlich zu unserer Realität gehört, eine gute und eine schlechte Seite in uns zu finden und das von anderen bestätigt zu bekommen. So wurde auf einmal das Bild der Schlange verständlich als Evas schlechte Seite (Projektion), für die sie keine Verantwortung übernehmen will (»Die Schlange hat mich überredet«). Die Kinder erkannten, daß sie auch häufig so mit ihren schlechten Seiten verfahren, um nicht die Verantwortung dafür zu übernehmen.

Um ihnen eine neue Möglichkeit zu zeigen, wie sie mit diesen beiden in sich wahrgenommenen Seiten umgehen können, führte ich die Schüler in die Technik des Rollentausches ein, indem ich ihnen an einem persönlichen Beispiel zeigte, wie diese beiden Seiten miteinander einen Dialog führen können. Danach war Isabel bereit, ihren Dialog vor der Klasse durchzuspielen.

Isabels Rollentausch

I1: Ich finde nicht gut an dir, daß du immer so ängstlich bist, auch dann, wenn das gar nicht nötig ist.

I2: (entschuldigend) Aber du weißt doch, daß ich schlechte Erfahrungen gemacht habe, wenn ich zu mutig bin. Z. B. falle ich beim Laufen häufig hin und mache mir mein Knie kaputt.

I1: (lebhaft) Warum probierst du nicht einfach einmal was Neues aus? (vorwurfsvoll) Wenn du immer so vorsichtig bist, dann kannst du gar keine neuen Erfahrungen machen.

I2: (verteidigend) Ich lasse mich immer noch zu sehr von denen beeinflussen, die mir gesagt haben, daß ich vorsichtig sein muß.

I1: Aber in anderen Dingen widersprichst du ihnen doch, z. B. bist du ziemlich aufsässig deiner Mutter gegenüber.

I2: Ja (denkt lange nach, dann etwas zaghaft), du siehst, ich versuche ja schon, mich zu bessern.

I1: (sitzt stumm auf ihrem Stuhl) Auf die Frage: »Was ist jetzt, Isabel?« sagt sie: »Sie hat mich jetzt besiegt.«

»Wie?« – »Sie sagt jetzt das gleiche wie ich!«

Auf die Frage, wie sie sich jetzt fühlt, sagt sie: zufrieden! Auch den Mitspielern wird an Isabels Beispiel deutlich, daß sich die beiden Seiten nun nicht mehr gegenseitig bekämpfen und behindern, nachdem sie sich einmal miteinander auseinandersetzen konnten. Jetzt ist der Weg für Isabel frei, eine Änderung in der gewünschten Richtung vorzunehmen[12]. Ich mache ihr bewußt, daß schon dieses eben durchgeführte Experiment Mut erfordere, und als ich sie frage, wie es ihr dabei ergangen sei, stellt sie lächend fest: »Gut.«

Mit Hilfe dieser Technik ist es möglich, eine Verständnisgrundlage vorzubereiten für die Bedeutung christlicher Vergebung, wie sie im »Gleichnis vom verlorenen Sohn« dargestellt ist. Als die Kinder nach einer etwas abgeänderten Spielanweisung (Einer von euch hat als Sohn oder Tochter nicht das getan, was die Eltern von ihm erwartet haben, dennoch kehrt ihr zu den Eltern zurück. Spielt, was dann geschieht) im Rollenspiel Lösungen finden, wird deutlich, daß die Forderung nach einer gerechten Strafe vor allem bei den Gerechten (Vater und Mutter und das »brave« Kind) vorherrscht. Gleichzeitig geben die Bestraften Rückmeldung, wie das auf sie wirkt: werden trotzig, eingeschüchtert, leugnen ihr Vergehen ab, werden verstockt etc. Nur da, wo der Sohn bedingungslos aufgenommen wird, ist er bereit, sich zu ändern (wie zwei »Familien« von insgesamt neun). Ein Zusammenhang kann hergestellt werden zwischen den Ergebnissen aus diesem Rollenspiel und der vorher eingeführten Technik des Rollentausches: Bereit zur »Vergebung« ist nur der, der auch für sich bereit ist, seine Fehler nicht nur zu bekämpfen, sondern sie akzeptiert, sich ihrer annimmt, und sich damit die Möglichkeit zu einer wirklichen Änderung verschafft. Obwohl im »Verlorenen Sohn« die beiden Seiten in zwei verschiedenen Personen dargestellt werden, macht der Sünder die gleiche Erfahrung: er erhält durch die vorbehaltlose Annahme des Vaters die Möglichkeit zur Umkehr.

Nach diesem Rückblick habe ich das Gefühl, daß einige Unterrichtsstunden mit mehr Leben und persönlicher Bedeutung für meine Schüler angefüllt waren als bisher. Einen Teil dieser Stunden habe ich versucht hier darzustellen. Ich habe bewußt darauf verzichtet, von den vielen Stunden zu sprechen, die der einseitigen Stoffvermittlung gewidmet waren, um dem Lehrplan gerecht zu werden. Jedoch hatte ich dabei das Gefühl, nicht mehr mit so großem Kraftaufwand die Schüler »bei der Stange halten« zu müssen, vielleicht deshalb, weil wir – jedenfalls in Ansätzen – gelernt haben, nicht mehr gegeneinander, sondern miteinander zu arbeiten.

Auch wenn ich noch nicht herausgefunden habe, wie ich deutsche Grammatik »konfluent« unterrichten kann, hat mir dieses Jahr des Experimentierens neue Freude an meinem Beruf gebracht; ich finde es wieder anregend und aufregend, Lehrerin zu sein, wenn ich gemeinsam mit meinen Schülern weiterwachsen kann – sie trugen wichtige Dinge zu meinen hier aufgezeichneten Erkenntnissen bei –, und wenn es mir gelingt, ihre ganze Persönlichkeit ein Stück zu fördern und nicht nur kluge Köpfe auszubilden.

Anmerkungen

1 *Charles Darwin* in seiner Selbstbiographie, zitiert bei: *E. F. Schumacher,* Es geht auch anders, München 1974, 170.

2 Vgl. *H. v. Hentig,* Cuernavaca oder Alternativen zur Schule? Stuttgart 1972.
–, Vier Generationen – vier Welten? In: Scheidewege, Jg. 6, Heft 1, Stuttgart 1976, 49 ff.

3 *Jürgen Fritz,* Gruppendynamisches Training in der Schule, Heidelberg 1975, 87.
4 *H. v. Hentig,* Vier Generationen – vier Welten? In: Scheidewege, Jg. 6, Heft 1, Stuttgart 1976, 67.
5 Ebd., 61.
6 *Fritz Perls,* Gestalttherapie in Aktion, Stuttgart 1974, 73.
7 *Jürgen Fritz,* a.a.O., 70 ff.
8 *Fritz Perls,* a.a.O., 74–78.
9 *Gloria A. Castillo,* Left-Handed Teaching, New York 1974, 25 ff.
10 Vgl.: *Eric Berne,* What du you say after you say hello, New York 1972, dt. 1976; und *Th. A. Harris,* Ich bin o. k. – Du bist o. k., Hamburg 1973.
11 Vgl.: O. *Graf Wittgenstein,* Märchen, Träume, Schicksale, München 1973; und *Hermann Hellgardt,* Märchen und Märchentherapie in der Sicht der Individualpsychologie, in: Integrative Therapie, 1. Jg. 1975, Heft 4, 178–195.
12 *Fritz Perls,* a.a.O., 77.

Kapitel 10
David N. McCarthy

Schreiben und der rote Gummiball

In *Thomas Bergers* Roman »Little Big Man« bemerkt der Cheyenne-Häuptling: »Die menschlichen Wesen glauben, daß alles lebendig ist: nicht nur Menschen und Tiere, sondern auch Wasser, Erde und Steine, und auch tote Dinge, die zu ihnen gehören, wie z. B. dieses Haar ... Aber der weiße Mann glaubt, daß alles tot ist: Steine, Erde, Tiere und Leute, sogar seine eigenen Leute. Und wenn Dinge trotzdem versuchen zu leben, so löscht der weiße Mann sie aus ... Das ist der Unterschied zwischen dem weißen Mann und den menschlichen Wesen.«

Dieser Unterschied manifestiert sich auch in unserem Sprachgebrauch. Der Mensch hat die Sprache als Symbolsystem geschaffen, das angewandt wird, um mit anderen Menschen zu kommunizieren. Es scheint sicher zu sein, daß die erste geschriebene Sprache eine Bilderschrift war. Dabei waren das Symbol und das von ihm dargestellte Objekt einander sehr ähnlich. Die Formel, daß das Bild gleich dem Objekt ist, implizierte, daß die geschriebene Sprache die Erfahrung unmittelbar wiedergab. Das war vor allem so, bevor diese Bilderschrift standardisiert wurde. Folglich konnte ich irgend jemandem von meiner Jagd auf eine Antilope erzählen, indem ich ein Symbol meiner Antilope zeichnete, dem Tier aus meiner eigenen Erfahrung.

Der Mensch schuf die Sprache, um sich selbst zu befreien. Aber als die Symbole abstrakter und auch effektiver wurden, erstarrte der Mensch in seinen eigenen Wörtern. Die Sprache, die ursprünglich dazu bestimmt war, das zu beschreiben, was er sah und erlebte, beschränkte ihn nun darauf, nur das zu sehen und zu erfahren, was beschrieben werden konnte. Generalisierungen und Abstraktionen trennen uns von der Unmittelbarkeit des Erlebens. Das Einordnen des Erlebens in vorgegebene Kategorien begrenzt die Wahrnehmung.

Wenn ein Kind ein Spielzeug einmal als »roten Ball« sieht, wird er zu einem Ding, das man benutzen kann. Mit diesem Akt der »reinen« Erkenntnis rollt das Kind jetzt den Ball, aber nicht viele Male, um sich darüber zu freuen, wie der Ball rollt, sondern einmal, um sein Wissen zu bestätigen, daß nämlich Bälle rollen. Auf diese Weise behindern Abstraktionen und Verallgemeinerungen die kreative Vorstellungskraft von uns allen. Diese »Tyrannei der Sprache« muß nicht so sein! In den nun folgenden Teilen eines Curriculums werden Wege vorgeschlagen, wie die Fähigkeit, Sprache zu gebrauchen, zusammen mit der Fähigkeit, zu sehen und zu hören, entwickelt werden kann.

Ansätze für den Schreibunterricht sind im allgemeinen strukturell. Sie beginnen, indem sie beschreiben, welche Elemente in einem guten Satz, Absatz oder Aufsatz sein müssen. Sie stellen bestimmte »Dinge« heraus, wie z. B. Überschrift, Geschlossenheit eines Abschnittes, Übergänge, Abschlüsse. Wie bei der Definition: »Dies ist ein roter Gummiball, er springt und er rollt«, beginnen diese Ansätze, indem sie Kategorien aufstellen. Statt den Schüler zu ermutigen, das zu beschreiben, was er erlebt, beschränken sie ihn darauf, nur das zu erleben, was in den vorgegebenen Kategorien beschrieben werden kann.

Ich bin nicht gegen Ordnung und Struktur beim Schreiben, aber ich meine, daß der traditionelle Ansatz im wesentlichen rückständig ist. Wer meine These akzeptiert, daß »Lernen ein Prozeß der Selbst-Aktualisierung« ist, wird erkennen, daß das Schreibenlernen, wie jedes andere Lernen, mit einem unmittelbaren Erleben im Lernenden anfangen sollte. Mit dem eigenen Selbst anfangen und nach außen gehen, mit dem Aufwecken seiner eigenen Sinne beginnen, läßt den Schüler die Sprache erfahren, indem er mehr und mehr von seinem Erleben der Welt artikuliert.

Freie Schreibübung mit Tierphantasie (Aaron Hillman)

I. Phantasieübung

1. Die Schüler werden gebeten, sich entspannt, bequem und mit geschlossenen Augen hinzusetzen. Sie werden ermutigt, Widerstände in ihrem Geist und in ihrem Körper aufzugeben.

2. Sie werden angeregt, sich nacheinander die Person vorzustellen, die sie am meisten hassen und lieben, sowie sich selbst. Danach stellen sie sich für jede Person ein entsprechendes Tier vor und schreiben den Namen des Tieres zusammen mit einigen kennzeichnenden Adjektiven auf.

3. In drei aufeinanderfolgenden Phantasieübungen sollen die Schüler sich ein Feld vorstellen, das von einem großen Wald umgeben ist. Sie sollen in Kontakt kommen mit den Geräuschen und Gerüchen des Waldes und des Feldes und sich dann auf dem Feld ein Zusammentreffen vorstellen mit:

a) dem Tier, das die geliebte, und dem Tier, das die gehaßte Person darstellt,

b) dem Tier, das die geliebte Person, und dem Tier, das sie selbst darstellt,

c) dem Tier, das die gehaßte Person, und dem Tier, das sie selbst darstellt.

II. Schreiben

Nach jeder Übung sollen die Schüler das aufschreiben, was sie gerade erlebt haben. Das was sie geschrieben haben, braucht nicht abgegeben zu werden.

III. Diskussion

1. Das Sprechen über Erlebnisse dieser Art in Kleingruppen oder mit der ganzen Klasse ist abhängig von der Risikobereitschaft der Schüler. Nachdem die Schüler Gelegenheit gehabt hatten, über ihre Phantasien zu sprechen, kann der Lehrer (und das hängt wieder von der Bereitschaft der Klasse ab) Fragen stellen: »Was hast du erlebt, als das geliebte Tier das gehaßte Tier traf?« Wenn die Schüler nicht darüber sprechen wollen, kann der Lehrer vorschlagen, daß jeder für sich über diese Fragen nachdenkt.

2. Wenn in der Klasse nicht über den Inhalt der Phantasieübung gesprochen wird, kann der Lehrer fragen: »Wie habt ihr das Aufschreiben erlebt? War es einfach oder schwierig für euch? Hast du lange oder kurze Sätze gemacht? Viele Kommas?«

3. Diese Art von Gespräch kann direkt zu den formalen Aspekten der Zeichensetzung und der Satzbildung führen.

IV. Tagebuch

Die Schüler werden gebeten, alle Gedanken in ihr Tagebuch zu schreiben. Sie sollen über die Frage nachsinnen: »Was habe ich über mich gelernt?«

Auch andere »freie Schreibphantasien« sind nützlich. Zum Beispiel können sich das »Ich, jetzt« und das »Ich, in zehn Jahren« mit den Fragen beschäftigen: »Was mache ich jetzt, um dahin zu kommen, wo ich in zehn Jahren sein will?« oder »Wie hindere ich mich daran, meine Wunschvorstellung in zehn Jahren zu erreichen?«

Pädagogische Bedeutung

1. Blockaden und Interessen

Gewöhnlich sträubt sich der Schüler gegen seine Schreiberfahrungen mit Äußerungen wie »Ich kann nicht schreiben«, »Ich mag nicht schreiben« oder »Ich weiß nicht, worüber ich schreiben soll«. Darauf antwortet der Lehrer meist wie folgt (oder impliziert das Folgende): »Vielleicht kannst du nicht schreiben, aber das ist ja das Ziel des Unterrichts, es dir beizubringen.«

»Du magst vielleicht nicht schreiben, aber das kommt, weil es schwierig ist, und meistens sind es die schwierigen Dinge, die für uns am besten sind.« »Mach dir mal keine Sorgen darüber, was du schreiben sollst. Lies diesen faszinierenden und provokativen Aufsatz über Drogen und Abtreibung bei Teenagern. Das sollte dich interessieren. Dann wirst du auch Ideen dazu haben. Aber denk daran, zuerst diese Ideen zu ordnen: Unterthemen, Überschrift ...« Man beachte, wie diese »Lösungen« nicht nur den Schüler lächerlich machen, sondern ihm auch erlauben, seine Umgebung zu manipulieren.

Im Gegensatz dazu leiten diese und andere Phantasieübungen die Energie, die der Schüler dazu benutzt, sich zu blockieren, in eine positive Richtung. Er merkt, daß er etwas hat, worüber er schreiben kann, denn er schreibt über sich selbst. Er hat nicht nur etwas, worüber er schreiben kann, sondern er hat etwas, was ihm persönlich wichtig ist. Die Phantasie ist er selbst. Schließlich wird das Erlebnis, über etwas Interessantes zu schreiben, die Ichgrenzen des Schülers erweitern und ihm das Fremde (Schreiben) vertraut machen. Sein »Nichtmögen« wird nach und nach schwinden.

2. *Affektive Ladungen*

a) Orientierungsladungen

Zunächst einmal sei festgestellt, daß die meisten Menschen eine positive Haltung dem Tagträumen gegenüber einnehmen und das in gesteigertem Maße in der Klasse. Wenn sie aufgefordert werden zu phantasieren, heißt das, daß sie etwas tun sollen, was sie schon immer tun wollten, ihnen aber während ihrer ganzen Schulzeit nicht erlaubt war. Erst dann, wenn die Energie, die benutzt wird, um sich vom Träumen in der Klasse abzuhalten, mit der für die normale Unterrichtsarbeit vorhandenen Energie verbunden wird, bewegt sich der ganze Schüler in eine bestimmte Richtung. Zweitens, wenn die Phantasie bedeutungsvoll war, wird der Vorgang, diese Phantasie zu artikulieren, selbst die nötigen Worte hervorbringen. Wenn die Worte zu »fließen« beginnen, wird eine unvollständige Gestalt geformt. Dadurch ist der Schüler emotional engagiert und gewinnt eine positive Einstellung (Orientierung) zu der Schreibübung.

b) Verbindungsladungen

Der Schüler nimmt an einer Schreiberfahrung teil, die für ihn persönlich relevant ist. Er artikuliert eine der reinsten Formen einer existentiellen Aussage über sich selbst. Sein und Wissen werden miteinander integriert.

c) Vollendungsladungen

Der Schüler erkennt, daß er tatsächlich schreiben kann und daß das Geschriebene für ihn bedeutungsvoll ist. Seine Tagebucheintragung wird besonders bedeutsam, wenn sie mit einer Einsicht verbunden ist. Schließlich sind Vollendungsladungen so wirksam, daß sie mithelfen, Blockierungen bei der nächsten Schreibübung zu überwinden.

Der Schüler entdeckt, daß Sprache benutzt werden kann, um sich selbst zu entdecken.

Sehen

I. Dias

1. Die Schüler werden gebeten, sich eine Reihe von stilistisch sehr unterschiedlichen Gemälden anzuschauen und ihre Reaktion mitzuteilen: *Van Gogh, Turner, Poussin, De Chirico.* Es wird darüber gesprochen, welche Gefühle jeweils durch die Bilder ausgelöst werden.

2. Den Schülern wird das Dia eines modernen Fotografen gezeigt, der ein Ghetto, ein Schlachtfeld oder eine Party aufgenommen hat. Die Fotografie sollte visuell stimulierend sein und unterschiedliche Interpretationen ermöglichen.

II. Schreiben: Bilder werden zu Worten

Die Schüler werden gebeten, fünf Minuten lang ihre Reaktion auf diese Fotografien aufzuschreiben und jeden Satz mit »Ich sehe« oder »Ich fühle« anzufangen.

III. Diskussion

Die Schüler arbeiten in Kleingruppen und sprechen darüber, was sie in bezug auf das Bild gefühlt und gesehen haben. Das Gespräch sollte sich um die Frage drehen: »Wieviel von dem, was ich sehe, wird von dem bestimmt, was ich bin?«

IV. Schreiben:

Wörter werden zu Bildern und Worten

Den Schülern wird eine Reihe von emotional beladenen und bildhaften Wörtern, Ausdrücken und Sätzen gesagt, z. B.: Gammler und Bulle; lässiger Typ; Hau ab; der Berg schimmerte ihnen entgegen und der schweigende Schnee forderte sie auf, den Gipfel zu bezwingen: Mann, das ist ein Schlitten; sie warf alle Sorgen über Bord. Zu jedem Punkt sollen die Schüler einen oder zwei Sätze finden, die das in ihnen entstandene Bild beschreiben.

V. Diskussion

In Kleingruppen sprechen die Schüler über ihre Sätze. Das Gespräch dreht sich um die Behauptung: Wie wir auf Wörter reagieren, sagt uns etwas darüber, wie wir sind.

VI. Tagebuch

Die Tagebucheintragungen beschreiben die Reaktionen auf den Unterricht. Die Hauptfrage lautet: Was habe ich über mich selbst gelernt und darüber, wie ich sehe?

VII. Aufsatz

Die Schüler sollen zu einem Ort gehen, den sie noch nicht kennen, und beschreiben, was sie sehen. Die Sätze müssen entweder mit »Ich sehe« oder »Ich höre« anfangen und in der Gegenwart geschrieben sein.

Hören

I. Von Gehörtem zu Wörtern: Diskussion

1. Die Schüler werden gebeten, sich selbst langsam folgende Ausdrücke vorzulesen und sich bewußt zu sein, was sie hören: Bumm, bumm, bumm; Lucy am Himmel mit Diamanten (LSD); jeder muß einen Trip einwerfen; meine Damen und Herren; Maria hatte ein kleines Schaf.

2. In Kleingruppen wird über die Fragen gesprochen: Wie habe ich gehört? Könnte ich hören, ohne auch zu sehen? Was hat das, was ich gelesen und gesehen habe, mir über mich gesagt?

II. Von Gehörtem zu Wörtern: Schreiben

1. Die Schüler werden gebeten, sich entspannt hinzusetzen, die Augen zu schließen und sich auf ein Musikstück zu konzentrieren. Sie sollen einfach die Bilder, die in ihnen aufsteigen, kommen lassen. Am besten eignen sich das symphonische Gedicht oder eine bildhafte Musik von *Rimski-Korsakow, Smetana, Debussy, Borodin* und anderen.

2. Die Schüler werden gebeten, fünf Minuten lang die Gedanken und Bilder, die ihnen während des Zuhörens kamen, aufzuschreiben.

3. Gespräch: Beim Sprechen über die Erlebnisse geht es um die Fragen: Wie hören wir? Wie erfahren wir durch die Art, wie wir hören, etwas über uns selbst?

III. Von Wörtern zu Gehörtem: Rollenspiel

1. Die Schüler werden gebeten, leise einige Reden von *Malcolm X, George Wallace, Gloria Steinem* und *Spiro Agnew* zu lesen.

2. Wer möchte, kann eine oder mehrere dieser Reden laut vorlesen, und zwar mit der Stimme und den Gesten, die er für angemessen hält. Schüler, die damit nicht einverstanden sind, können die Reden auf ihre Art vorlesen.

3. Diskussion: Wieviel von dem, was du aus diesen Reden herausgehört hast, stammte aus deinem Wissen über die Verfasser? Wieviel war durch die Art, wie die Worte zusammenpaßten, bestimmt? Ist das, was wir hören, durch unsere Prägung vorbestimmt?

IV. Tagebuch

Die Schüler werden gebeten, ihre Gedanken und Reaktionen zu dieser Übung aufzuschreiben und sich dabei mit der Frage »Was habe ich über mich gelernt?« zu beschäftigen.

V. Aufsatz

Die Schüler sollen an einen ihnen unbekannten Ort gehen und einen Aufsatz über das schreiben, was sie hören. Jeder Satz muß mit »Ich sehe« oder »Ich höre« anfangen.

Pädagogische Bedeutung

Wie bei der Phantasie-Schreibübung beschäftigen wir uns wieder mit den »Ich-mag-nicht- – Ich-kann-nicht- – Ich-weiß-nicht«-Blockierungen, indem wir den Schüler etwas schreiben lassen, das auf seiner persönlichen Erfahrung im Jetzt beruht. Der Ausdruck »über etwas schreiben« (write about) impliziert eine Subjekt-Objekt-Trennung, die durch diese Übungen verhindert wird. Das bedeutet, daß der Schüler sich selbst ausdrückt. Zurück zu unserer Metapher vom roten Gummiball: der Schüler macht keine generalisierenden Abstraktionen, sondern beschreibt eher sein spontanes Verhältnis zu ihnen.

Schlußfolgerungen

Diese Unterrichtsstunden können mit den Themen: Riechen, Schmecken und Tasten fortgesetzt werden. Der Lehrer kann an geeigneten Punkten Verbindungen zu den mehr formalen Aspekten des Schreibens, wie Gliederung und Einteilung, herstellen. Es ist viel bedeutungsvoller für den Schüler, wenn über Einteilung gesprochen wird, nachdem er verschiedene Abschnitte selbst geschrieben hat. Dann nämlich wird über *seine* Einteilungen gesprochen, und nicht über irgendein allgemeines Modell. Ähnlich kann mit Besinnungsaufsätzen und anderen Formen der logischen schriftlichen Auseinandersetzung verfahren werden, und auch hier können angemessene, affektive Übungen sehr nützlich sein.

Indem wir mit den persönlichen, imaginativen und emotionalen Reaktionen des Schülers anfangen und von dort aus weiterarbeiten, geben wir ihm die Möglichkeit, seine Sprache mit der angemessenen Unmittelbarkeit auszudrücken. Sprache wird dann zu einem Vehikel für Selbst-Ausdruck und Selbst-Entdeckung. Sie erweitert die Wahrnehmung, statt sie einzuschränken.

Kapitel 11
Thomas Yeomans

Gestalttheorie und Praxis im Literaturunterricht

Theorie und Praxis des Gestaltansatzes bieten für den Literaturunterricht vielfältige Möglichkeiten. Ich werde mich hier hauptsächlich mit dem Aspekt der Beziehung zwischen Literaturunterricht und Gestalt befassen. Dabei werde ich, nach anfänglicher Erörterung einiger Theorien zum Literaturunterricht, die mir am wertvollsten erscheinende Theorie weiter ausführen und darstellen, wie sie mit Hilfe von Gestalt besser als bisher praktiziert werden kann. Ich möchte dabei aufzeigen, daß Gestalt wirksame Techniken und Ansätze des Lernens besitzt, die direkt für die Probleme des Literaturunterrichts von Bedeutung sind, und für eine enge Verbindung dieser beiden Bereiche der Erziehung plädieren.

Theorien des Literaturunterrichts stehen in der Mehrzahl in zwei untereinander sich befehdenden Lagern.

Die erste und zur Zeit vorherrschende Theorie behauptet, daß ein literarisches Werk ein Artefakt ist, das mit Scharfsinn und analytischem Geschick untersucht werden muß, um herauszufinden, wie und wie gut das Werk geschrieben worden ist und was bei seiner Entstehung eine Rolle gespielt hat. Dieser Ansatz nimmt die sogenannte »objektive« wissenschaftliche Methode der Naturwissenschaften und wendet sie auf die Literatur an. Die grundsätzliche Annahme dabei ist, daß man ein Werk um so besser versteht, je mehr man darüber weiß. Es werden daher häufig die Gebiete der Literaturgeschichte und Kritik ebenso wie die technischen Aspekte der Poetik, Ästhetik und der formalen Analyse angewandt. Das Kunstwerk wird als eine komplizierte, delikate und wunderbare Maschine angesehen, deren Mechanismus durch den Prozeß einer sorgfältigen intellektuellen Analyse verstanden werden kann.

Diese Theorie hat in der Praxis zu einer enormen Anhäufung von Sekundärliteratur geführt. Grundsätzlich betont diese Theorie die Bedeutung der Tradition, die über einem bestimmten Buch steht, und benutzt die literarische Tradition, um ein neues Werk zu beurteilen. Sie schaut mit durchdringendem und objektivem Blick. Für sie ist der überlieferte Geschmack wichtiger als eine unmittelbare und einzigartige Erfahrung. Es ist eine Literaturtheorie, die meist von Studenten, Professoren und »akademischen« Schriftstellern vertreten wird, deren geistige Wurzeln in der europäischen

Kultur und Wissenschaft seit kurzem im neuen Kritizismus und anderen Schulen der formalen Literaturanalyse liegen. Es ist eine konservative Theorie, die die »Großen Werke« bewertet und sich als verantwortlich dafür ansieht, ein kulturelles Erbe an die Jugend weiterzugeben. In ihrer Vorgehensweise ist diese Theorie weit entfernt von dem Initialimpuls und der Kreativität, die das Werk entstehen läßt, und nur wenige Künstler stimmen ihr zu; die meisten sind ihrem Formalismus feindlich gesinnt.

Diametral entgegengesetzt zur traditionellen Literaturtheorie liegt der zweite Ansatz – die Literaturtheorie der Gefühlsebene. Hierbei wird Literatur als unmittelbares, gefühlsmäßiges Geschehen erfahren, bei dem jede Reaktion des einzelnen von Wert ist und das Werk durch seine bloße Existenz Gültigkeit hat. Hier wird keine Analyse, Kritik, Literaturgeschichte oder Ästhetik gebraucht, da jeder bekommt, was er bekommt, mit der Betonung darauf, was er bei dem Gedicht oder der Geschichte empfindet und wie sie ihn berühren. Ob Künstler oder Kritiker, die Konventionalität von Form und Sprache wird nicht beachtet, da die persönliche Reaktion des Lesers das Wichtigste ist, und es wird angenommen, daß das Kennenlernen des Werkes in dieser und durch diese Erfahrung geschieht. Wenn ein Gedicht dich zum Weinen bringt, muß es gut sein; ein Roman bringt dich zum Lachen, also wirst du ihn mögen. Wichtig ist die »Hier-und-jetzt-Reaktion« und Interpretation eines Kunstwerkes, während seinem Standort in der Tradition, seiner Stilrichtung und seinen Beziehungen zu anderen Werken wenig Beachtung geschenkt wird. Jede sekundäre Informationsquelle ist unwichtig im Vergleich zu dem, was durch das Werk selbst existentiell erfahren werden kann, Erfahrung, die oft durch Ausrufe wie: »Das war Klasse!« oder »Mensch, großartig!« dargestellt wird.

Beide Ansätze sind offensichtlich übertrieben, aber jeder ist wichtig als Gegensatz zum anderen und existiert in gewissem Sinne durch den anderen. Der eine tritt für Geist und Wissen, der andere für geistlose Erfahrung ein. Keiner entspricht der ganzen literarischen Erfahrung, jeder erfaßt nur einen Teil der Wahrheit. Beide haben einen großen Einfluß auf den heutigen Literaturunterricht innerhalb und außerhalb unserer Schulen.

Eine dritte Theorie, die zwischen beiden Extremen steht und deren Synthese bildet, ist die Prozeß- oder Wachstums-Literaturtheorie. Diese Theorie betont den Prozeß der literarischen Entwicklung und das Lernen, sich durch das Medium Sprache auszudrücken. Statt mit dem Werk zu beginnen, fängt sie mit dem Menschen an. Genauer gesagt beschäftigt sich die Theorie mit dem Verhältnis des Menschen zu seiner Sprache als Mittel der Selbstentdeckung, des Wachstums und des steigenden existentiellen Verständnisses für sich selbst und die Umwelt – ausgehend von der Überzeugung, daß jeder Mensch zuerst sich selbst verpflichtet ist, nicht irgendeiner überlieferten Tradition und/oder einer Anhäufung von Wissen. Von dieser Grundlage geht sie auf die literarische Kultur zu und in sie hinein.

Im Gegensatz zur Theorie der Gefühlsebene, respektiert und nutzt die Wachstumstheorie die Tradition als Mittel für ein tieferes und gründlicheres Ausschöpfen der Literatur. Sie sieht ein Werk weder als völlig isoliert und unmittelbar (wie die Theorie der Gefühlsebene) noch als total festgelegte Form, sondern eher als eine Stufe in einem literarischen Wachstumsprozeß, durch den beide, der Künstler und der Schüler, hindurchgehen. Beide sind menschliche Wesen, beide haben die Sprache gemeinsam. Der eine ist sicher geschickter im Gebrauch der Sprache als der andere; einer ist vielleicht sensitiver und offener für seine Erfahrungen, aber beide haben eine Verbindung im Prozeß des Suchens und Wachsens, und das bewirkt gegenseitigen Respekt und Lernen voneinander. Wichtig ist hier der kreative Prozeß als Verbindung zwischen Schriftsteller und Leser; der Kontakt durch die Werke der Literatur wird als Möglichkeit angesehen, um das Bewußtsein zu erweitern, in den Sprachfertigkeiten zu wachsen und um das Verständnis für Möglichkeiten, Sprache anzuwenden und zu vertiefen. Unter diesen Gegebenheiten entwickelt sich jeder wie er kann, vielleicht um ein begabter Schriftsteller zu werden – oder auch nicht –, in jedem Fall aber, um durch Schreiben und Lesen eine breitere und tiefere Erfahrung in und von der Welt zu gewinnen.

Diese Theorie tauchte zum ersten Mal in dem »Anglo-American Seminar on the Teaching of English« auf, das im Sommer 1966 im Dartmouth College stattfand. Es wurden mehrere Publikationen dazu veröffentlicht. Alle beschäftigen sich mit verschiedenen Aspekten von Wachstum, Reaktion und Kreativität im Lernenden[1]. Diese Literaturtheorie verbindet das Positive der ersten beiden Theorien und stellt ihre Synthese dar. Literatur wird als unmittelbares und beseeltes Kodieren der menschlichen Erfahrung angesehen. Das gelingt am besten, wenn mit den unmittelbaren Belangen und dem Kodierungssystem (der Sprache) des Schülers gearbeitet wird und man von dort aus zu anderen Gebieten literarischen Ausdrucks vordringt. Die literarische Tradition bleibt erhalten und wird geschätzt, aber ihre Vermittlung erfolgt nun so, daß die Sensibilität des Individuums aus seinem Inneren herauswächst und mehr und mehr von der Tradition aufnimmt.

Auf diese Weise wird der Schüler eventuell zu den »Großen Werken« kommen, wenn es ihm etwas nützt. Er ist frei, seine Erfahrung mit Literatur aus dem riesigen Angebot selbst zu wählen und selbst zu machen. Er ist immer in Kontakt mit seinem kreativen Zentrum, das im Einklang mit seiner Umgebung, seinen Lernerfahrungen den Verlauf seiner Entwicklung wählt, bestimmt und auswertet. Analyse und Synthese sind beide nötig in diesem Prozeß, in dem der Schüler als Leser, Schreiber und, was am wichtigsten ist, als Persönlichkeit emotional, intellektuell und moralisch reift und wächst.

Wir kennen nun drei Theorien des Literaturunterrichts: die traditionelle Theorie, die Theorie der Gefühlsebene und die Wachstumstheorie. Die dritte Theorie habe ich in meinem Unterricht als sehr hilfreich empfunden, und ihre Anwendung möchte ich durch Gestaltmethoden verbessern. Dazu will ich zuerst einige Parallelen zwischen Gestalt und Wachstumstheorie aufzeigen, um praktische Ansätze zu erarbeiten. Dann schlage ich einige spezifische Übungen als konkrete Beispiele für die Arbeit mit der Klasse vor.

Auf der theoretischen Ebene besteht die deutlichste Parallele zwischen Gestalt und Wachstumstheorie in der zentralen Stellung der Person und ihres Wachstumsprozesses. Die Theorie der Gestaltmethode ist eine Wachstumstheorie, die das Individuum als unvollständig und zuweilen als in sich gespalten betrachtet und ihm helfen will, Blockierungen seines Wachstums zu durchbrechen und abgespaltene Teile seiner Persönlichkeit wieder in Besitz zu nehmen. Gestalttheorie ist personen-zentriert – der Aufbau einer klassischen Gestaltsitzung betont das.

Der Therapeut sitzt neben dem Patienten, beobachtet, was passiert, und macht ihm deutlich, was er sieht, während der Patient an seinen Problemen und Schwierigkeiten arbeitet. Er arbeitet mit sich selbst, indem er sich selbst gegenübertritt; der Therapeut gibt nur Hilfestellung. Hier »ist Lernen Entdeckung«[2], nicht Anweisung, und der Therapeut und andere Mitglieder der Gruppe dienen als Hilfsmittel für Entdeckungen und erweiterte Bewußtheit, die der Patient (oder der Schüler) durch sich selbst und für sich selbst gewinnt. Offensichtlich würde die Literaturtheorie des Wachstums dieselben Prinzipien und Hilfsmittel benutzen.

Eine zweite Parallele ist das Konzept der Verantwortlichkeit. Beide Theorien betonen die Verantwortung des Lernenden für das, was er lernt oder auch nicht lernt, und sie bestehen auf einer Auswertung dessen, was er erreicht hat bzw. was nicht. Er selbst und nicht der Therapeut oder der Lehrer ist verantwortlich für die Einschätzung seiner eigenen Stärken und Grenzen und für das Umgehen mit Frustrationen. Diese entstehen aus der Kluft zwischen dem Hier und Jetzt seines Seins und seinen Zielvorstellungen. Zu oft gestatten es andere Theorien oder Therapien dem Schüler (Patienten), den Lehrer (Therapeuten) für seine Entwicklung verantwortlich zu machen, indem z. B. der Schüler den Lehrer das für sich erbringen läßt, was er selbst machen kann.

Beim Lernen mit Gestalt läßt der Therapeut die Frustrationen arbeiten, die dann die Kraftreserven des Patienten mobilisieren, so daß er selbst aus der Sackgasse herauskommt. Diese Erfahrung führt zur Entwicklung einer neuen Form von Verantwortlichkeit im Sinne des Konzeptes von *Perls'* »responsibility spelled with an ›a‹ = response-ability«, d. i. die Fähigkeit zu antworten (reagieren). Der Patient bricht durch seine eigenen rigiden Reaktionen hindurch (*Perls* nennt dies wie *W. Reich* »Charakter«) und wird in diesem Prozeß offener und fähiger, auf eine sich ständig ändernde Umgebung flexibel zu reagieren.

In der Literaturtheorie des Wachstums hilft der Lehrer dem Schüler, frisch und spontan auf ein literarisches Werk zu reagieren – unbeeinflußt durch traditionelle Klischees und Einstellungen –, und ermutigt ihn, zu seinen Reaktionen, zu dem, was er weiß und was er noch wissen will, zu stehen.

Eine dritte Parallele ist die Betonung der gegenwärtigen Hier-und-Jetzt-Erfahrung. Das Hier und Jetzt ist die Zeit, in der die Gestalttherapie arbeitet. Immer wieder wird der Patient gefragt: »Was passiert jetzt? Was erlebst du hier und jetzt?« Über Bewußtheit zu sprechen oder zu schreiben fördert diese Orientierung, und der Patient wird ständig aufgefordert, sich darüber bewußt zu sein, wie er sich fühlt und wie er mit einem Problem oder Konflikt »in diesem Moment« umgeht, statt darüber nachzudenken und zu spekulieren, warum er so ist, wie er ist. In der Traumarbeit besteht der Therapeut darauf, daß der Patient seinen Traum in der Gegenwart berichtet, erlebt und daran arbeitet. In der Gruppe wird er gebeten, »Ich-Botschaften« statt »Es«-(oder indirekte)Äußerungen zu machen. Insgesamt wird er soviel wie möglich zu einer Bewußtheit seiner unmittelbaren Erfahrung angehalten. Auf diese Weise kommt er mehr in Kontakt mit sich selbst und seinen Reaktionen auf seine innere und äußere Welt. Er wird sich selbst vertrauter – genau wie in der Wachstumstheorie, wenn ein Schüler durch volles Hineingehen in das, was er gerade liest oder schreibt, seine Reaktion voll und direkt erlebt und durch sie wächst. Man beachte jedoch, daß die Wachstumstheorie noch über Gestalt hinausgeht, da sie nicht nur auf der Gefühlsebene arbeitet, sondern auch beim Literaturstudium nach dem Warum fragt. Trotzdem bleibt der gemeinsame Anfang, das Hier und Jetzt, und Gestalt kann eine Menge beitragen, um die Grunderfahrungen einer literarischen Sensibilität zu intensivieren. Eine vierte Parallele zwischen der Gestaltmethode des Lernens und der Literaturtheorie des Wachstums ist das Konzept der Polaritäten. Gestalt sucht das Gegenteil für jedes Gefühl und jede Situation und versucht, ein Gleichgewicht an einem Punkt der »kreativen Indifferenz« zu finden, in dem die beiden Extreme integriert werden[3]. Gestalttherapie ist keine »entweder/oder«-, sondern eine »sowohl/als-auch-Therapie«, die zu einer tieferen Erfahrung statt zu einer einseitigen, verarmten Existenz führt. Die Literaturtheorie des Wachstums versucht eine vergleichbare Balance zwischen den emotionalen und den intellektuellen Anteilen in der Literatur und zwischen der literarischen Tradition und der individuellen Sensibilität zu schaffen. Sie lehnt keinen der beiden Pole ab wie die anderen Theorien, sondern arbeitet mit beiden, untersucht die Spannung zwischen ihnen und sucht die Integration im Erlebnis des Lesens, Schreibens und Diskutierens der Literatur, sei sie von anderen Schülern oder von Shakespeare oder Homer geschrieben.

Die fünfte Parallele ist das Konzept vom Organismus in seiner Umgebung. Gestalt behauptet, daß alle Reaktionen Reaktionen auf etwas Bestimmtes sind, daß jeder Organismus notwendigerweise sich in bezug auf eine internale/externe Umgebung verhalten muß. Es existiert nichts außerhalb eines bestimmten Kontextes – eines Kontextes, der sich dauernd hin und her bewegt und verändert. In der Literaturtheorie kommen wir den Traditionalisten näher, was gut ist, denn dies ist eine Möglichkeit, das zu benutzen, was wir vom Leben eines Künstlers und von seiner Zeit wissen, um seinen Wachstumsprozeß zu verfolgen. Der Unterschied ist jedoch der, daß in der Wachstumstheorie die Umgebung nie wichtiger als der Organismus selbst wird. Der Künstler bleibt im Mittelpunkt seiner Welt, reagiert auf ihre Veränderungen. Wir sehen dies; aber wir wissen auch, daß wir mit ihm eine besonders unmittelbare und bedeutungsvolle Verbindung haben und nicht mit seiner Welt um ihn herum.

Eine letzte Parallele liegt in dem Gestaltkonzept der Ichgrenzen. Ein großer Teil der Arbeit in der Gestalttherapie beschäftigt sich damit klarzumachen, was innerhalb und was außerhalb der Ichgrenzen einer Person liegt. Beinhalten sie nur, was existentiell zu irgendeinem Zeitpunkt die Person selbst ist, umfassen sie auch Introjektionen und Retroflexionen, oder haben sie sich durch Projektionen und Abspaltungen verkleinert[4]? Wenn jemand das unterscheiden kann, gewinnt er seine Kraft wieder und ist sich in steigendem Maße sicher, wer er ist und wer nicht. In der Wachstumstheorie ist dies ein sehr nützliches Konzept, um dem Schüler zu helfen, sich in eine neue literarische Erfahrung hineinzugeben (Erweiterung der Ichgrenzen) und zu unterscheiden, was von der Erfahrung für ihn nützlich oder nicht nützlich ist (Assimilation und Klären der Ichgrenzen). Ichgrenzen verändern sich ständig. Manchmal ist Erweiterung angebracht, manchmal Rückzug. Der springende Punkt dabei ist zu wissen, wann was vorhanden ist. Beim Erleben der Literatur ist es schwierig, offen zu sein und dabei nicht dauernd unter der Last des introjizierten Wissens und der projizierten kreativen Kraft (im Fall der traditionellen Theorie) oder der introjizierten, totalen, kreativen Kraft und der Zurückweisung alles Wissens (Theorie der Gefühlsebene) zusammenzubrechen. Eine gute literarische Erfahrung erweitert Ichgrenzen und Bewußtsein – etwas Neues wird hineingenommen –, aber um das Wachstum der individuellen Sensibilität zu sichern, ist eine Unterscheidung und Auswertung (Assimilation) nötig.

Dies sind die wichtigsten und nützlichsten Parallelen zwischen beiden Theorien. Ich habe sie in der Hoffnung aufgezeigt, daß die Ansätze, Gestaltkonzepte und Praxis im Literaturunterricht zu verwenden, verstärkt benutzt werden. Deshalb möchte ich nun einige Anwendungsmöglichkeiten für die konkrete Unterrichtssituation beschreiben. Nicht alle sind aus der aktuellen Diskussion entstanden, sondern basieren auf der Gestaltmethode und Praxis und stellen einen Ausgangspunkt für weitere Entwicklungen dar.

Übungen

1. Stelle dir einen Aufsatz als ein Figur/Hintergrund-Phänomen vor. Eine Reihe von Figuren tauchen auf und verschwinden wieder. Sie bilden eine Reihe von Gestalten, die der Leser erlebt und die der Schreiber formen kann. Stelle dir Sätze in einem Absatz in derselben Weise vor (Hauptsätze als Hauptgestalten). Stelle dir Wörter in einem Satz in dieser Weise vor.

2. Verwende Projektionstechniken:

a) Mit Teilen einer Rede, Zeichensetzung, falsch geschriebenen Wörtern. Wie fühlst du dich als Verb, als Substantiv?

b) Mit Wörtern in einem Satz, um Beziehungen (Grammatik) zu erfassen. Schüler könnten dabei die verschiedenen Wörter »spielen«.

c) Bei der Arbeit an der Ausdrucksweise und der Wortwahl; werde das Papier, das Gedicht, der Aufsatz oder der Satz. Was brauchst du? Zwei zur Auswahl stehende Wörter können einen Dialog führen.

3. Erforsche Gegensätze in Wortbedeutungen und in Wortschatzübungen.

a) »Spiele« Wörter und ihr Gegenteil.

b) Suche Punkte der »kreativen Indifferenz« zwischen ihnen.

4. Traumarbeit am Wort. Erforsche seine Assoziationen und werde Teil der daraus resultierenden Phantasie. Arbeite an Bildern, die im Wort versteckt sind.

5. Benutze die Leere-Stuhl-Technik (der Schüler arbeitet mit einem leeren Stuhl vor sich, auf den er alles legt, was ihn belastet), um Schreibblocks zu überwinden. Der Schüler setzt sich (in Gedanken) auf den leeren Stuhl und erzählt sich selbst, was er braucht. Dieser Ansatz fördert auch die Verantwortlichkeit für Schreibprobleme und die Selbsteinschätzung.

6. Arbeite mit Gestalttherapie-Techniken, um den Schüler in Kontakt mit sich selbst zu bringen. Benutze Gestaltspiele, um seine Bewußtheit zu erweitern. Nimm daraus entstandenes Material zum Aufsatzschreiben.

7. Laß die Schüler täglich schriftlich etwas über ihre Bewußtheit berichten.

8. Benutze beim Dialoge-Schreiben die Stuhltechnik, um an Streitpunkten, Lösungen oder Spannungen zwischen zwei oder mehr Mitspielern zu arbeiten.

9. Nimm Projektionsübungen, um das Identifizieren mit Dingen, Tieren, Pflanzen, Leuten zu erleichtern. Trainiere die Vorstellungskraft.

10. Benutze Kontakt/Rückzug und Gefühle/Verhalten, um verschiedene gleichzeitige Ebenen des Erlebens zu erforschen.

11. Nimm Phantasieübungen und Traumarbeit als Material für Schreibaufgaben.

12. Benutze das Vermeidungsprinzip, um den Schüler mit den Situationen in Berührung zu bringen, in denen er Schwierigkeiten hat oder die er vermeidet.

13. Behandle ein Gedicht als ein Umfeld mit verschiedenen Gestalten. Werde Teil des Gedichtes. Schaffe und erforsche sein Umfeld.

14. Benutze Projektionstechniken bei den Personen eines Romans. Spiele sie und/oder dein reales Selbst im Kontext des Romans und/oder des Klassenzimmers. Arbeite mit den Personen des Werkes mit der Stuhltechnik. Erforsche die Identifizierung. Erforsche die Polaritäten in diesen Personen und nimm dazu Techniken der Umkehrung und der Übertreibung.

15. Stelle einen Roman oder eine Geschichte als Traum vor. Mache Traumarbeit bei bestimmten Episoden oder Situationen.

16. Sieh die Personen eines Dramas als Teil der Erfahrung des Dramatikers an. Erforsche ihre Beziehungen mit Hilfe der Stuhltechnik.

17. Erarbeite die illusionären/realistischen Beziehungen bei der Behandlung der Personen eines Stückes.

Im allgemeinen können Schüler ermutigt werden, beim Lesen und Schreiben (und bei ihrer sonstigen Arbeit) in Kontakt mit sich selbst zu bleiben, indem man Techniken des Hier-und-Jetzt und des Rollentauschs anwendet. Dies wird dazu führen, daß sie offen für das sind, was sie lernen oder tun, während sie sich damit beschäftigen, und daß sie selbstverantwortlich damit aufhören, wenn sie wollen.

Praktiker der Gestaltmethode und der Wachstumstheorie werden sich gegenseitig durch Austausch ihrer Erfahrungen unterstützen. Ich habe hier darzulegen versucht, daß Gestalt bedeutende Möglichkeiten zur Bereicherung des Literaturunterrichts anbietet und daß sie ein natürliches Mittel ist, um die Erfahrung und das Verständnis von Sprache und Literatur zu verbessern. Sicher muß noch viel getan werden, um diese beiden Theorien präzise und im Detail miteinander zu verbinden.

Anmerkungen

1 Veröffentlichungen der »Anglo-American Seminar on the Teaching of English«, Dartmouth College, Sommer 1966: *Douglas Barnes* (Hrsg.), Drama in the English Classroom; *Arthur Eastman* (Hrsg.), Sequence in Continuity; *Albert Markwardt* (Hrsg.), Language and Language Learning; *Paul Olson* (Hrsg.), The Uses of Myth; *James R. Squire* (Hrsg.), Response to Literature; *Geoffrey Summerfield* (Hrsg.), Creativity in English. Alles veröffentlicht vom National Council of the Teachers of English, Champaign, Ill., 1968.
Also from this conference:
Herbert J. Muller, The Use of English (New York: Holt, Rinehart & Winston, 1967).
John Dixon, Growth Through English (London: Oxford University Press, 1967).

2 *F. S. Perls,* Gestalt Therapy Verbatim (Lafayette, Calif.: Real People Press, 1969), 25.

3 *F. S. Perls,* Ego, Hunger and Aggression (New York: Random House, 1969), 19.

4 Ibid., 107–184.

Kapitel 12
Beverly Galyean

Gemeinsames Wachsen mit Gestaltmethoden im Französischunterricht

Gestalt im Unterricht erlebt, hat bei mir ein erhebliches Wachstum als Lehrer und als Mensch bewirkt. Meine eigene Haut hat sich gedehnt und ist gewachsen, sie hat sich amöbenhaft ausgedehnt und viel mehr von der Welt um sich herum aufgenommen. In diesem Kapitel will ich mich besonders mit der Welt der Schule beschäftigen, mit ihren Menschen und Ereignissen.

In jedem der folgenden Beispiele lernen die Beteiligten etwas mehr, sich selbst zu helfen, statt die Hilfe anderer in Anspruch zu nehmen. Sowohl diese Bewußtheit und »Verantwortungsfähigkeit« als auch das Wachstum zur Selbsthilfe stehen an zentraler Stelle im Gestaltansatz.

Französischstunde 1

Es regnet. Die Schüler lassen den Kopf hängen, sind müde und schlaff, genau in der Stimmung, die der Regen verbreitet. Tropf ... tropf ... tropf – der Rhythmus des Regens hypnotisiert sie. Es scheint mich zu beeinflussen.

Ich teile die Schüler in Kleingruppen auf und lasse sie an Übungen arbeiten. Jetzt werden sie auf einmal lebendig. Sie beteiligen sich, sprechen, fordern sich heraus – und haben dabei ihren Spaß! Ich ziehe mich zurück, um sie zu beobachten. Nun spüre ich die Wirkung des Regens. Tropf ... tropf ... tropf ... müde ... müde ... müde. Meine Aufmerksamkeit bewegt sich von ihnen zum Regen ... zum Rhythmus ... zu mir.

Zu Beginn der Stunde, als ich sprach, beteiligt war, den Stoff einführte, waren die Kinder müde und gelähmt und ich war lebendig. In der Kleingruppenarbeit wurden sie munter und ich, der ich mich im Moment von meinem Aktiv-Sein zurückgezogen hatte, wurde immer müder. Im Beteiligt-Sein scheint hier der Schlüssel zu liegen. Unser eigenes Beteiligt-Sein an unserer eigenen Aktivität.

Am selben Tag – Französischstunde 2

Nachdem ich gerade das Regen/Schlaf-Syndrom in der ersten Stunde erlebt habe, bin ich mir der Möglichkeiten, die in dieser Situation liegen, mehr bewußt. Die Stunde beginnt. Wieder sehen die Schüler müde, schlaff und lustlos aus. Ich bemerke, daß sie sich trotz des Wetters Mühe geben mitzumachen. Ich überlege mir, was passiert, wenn jeder von uns mit seinem eigenen Rhythmus in Kontakt kommen und wir uns dies gegenseitig mitteilen würden. Würde das uns allen mehr Energie geben? (Originaldialog in Französisch)

Beverly: Wie ist das Wetter heute?

Schüler: Regnerisch, kalt, feucht.

B: Wie fühlt ihr euch heute?

S: Müde, depressiv, schlaff, gelangweilt. Das Leben ist monoton, schläfrig.

B: Sieht jemand eine Ähnlichkeit zwischen dem Regen und seinen Gefühlen?

S: (Mehrere sagen ja.)

B: Es ist interessant, wie viele depressive Adjektive genannt wurden, um uns zu beschreiben. Auf französisch sind die Wörter »Regen« und »weinen« sehr ähnlich: il pleut und je pleure.

S: Stimmt, die passen zusammen.
(Das Interesse der Klasse erwacht. Eine gute Gelegenheit, um Gefühle mitzuteilen.)

B: Laßt uns einmal eine lustige Umgebung machen! Hört dem Regen zu und hört ihn wirklich. Klopft den Rhythmus mit den Fingern.
(Die Schüler sind ganz bei der Sache, Energie kommt in die Klasse.)

B: Prima! Ich möchte euch jetzt meinen Rhythmus zeigen.
(Mit Händen und Fingern schnipse und klatsche ich, wie ich mich fühle. Ich komme dabei von einem schnellen zu einem müden, langsamen Rhythmus, dann werde ich wieder schnell. Ich erzähle den Schülern, wie ich mich hypnotisierte, je mehr ich in meine Gefühle hineinging, aber neue Energie bekam, als ich an die Klasse dachte.)

B: So, nun versucht ihr es einmal!
(Alle machen mit, selbst die Schüchternen. Einige halten denselben Rhythmus, manche ändern ihn nach einer Weile, bei anderen ist er unregelmäßig.)

B: Wie habt ihr das eben empfunden?

Grace: Mir ist heute so langweilig, deshalb habe ich ganz monoton geklopft. Ich bin fast dabei eingeschlafen.

Roberta: Ich dachte an etwas, was ich nach der Schule mache und was Spaß macht, deshalb habe ich aufgeregt geklopft.

Miriam: Ich fing langsam an und dachte dann an meine Freundin. Als ich an sie dachte, wurde mein Schnipsen freudiger.

June: Mein Klopfen war mechanisch. Ich fühlte mich wie ein Roboter – ohne Leben.

Es ist interessant festzustellen, daß selbst die, die sagten, sie seien wie tot, während der Übung sehr lebendig wirkten. Die Klasse ist wieder voll Energie. Ich denke, daß wir uns nun mit Grammatik beschäftigen können. Aber ich möchte von dem eben Erlebten nicht zu weit abkommen, deshalb lasse ich sie aus ihren Erfahrungen und den notwendigen Vokabeln eine mündliche/schriftliche Übung machen.

Einsichten: Dadurch, daß wir mit unseren Gefühlen in Kontakt kamen, haben wir, die Klasse ebenso wie ich, neue Kraft bekommen. Ich bin nicht sicher, ob die Kraft aus dem Kontakt mit dem Gefühl oder von der lustigen Umgebung kam. Darauf werde ich bei künftigen Übungen achten. Die Schüler scheinen bei der Arbeit an ihren Sprachfertigkeiten wacher zu sein und sie nehmen neuen Lehrstoff leichter auf. Ich selbst bin auch wacher.

Französisch – Freie Tätigkeit – Karen

Karen hat sich das Stück »La Leçon« (dt. Die Unterrichtsstunde) von *Ionesco* ausgesucht und arbeitet daran. Sie versteht die Wörter, aber hat Schwierigkeiten, den Sinn oder die Beziehung zwischen dem Gehalt des Stückes und der heutigen Gesellschaft zu sehen. Das Stück ist ihr nur auf der Ebene der Fakten verständlich.

B: Karen, siehst du irgendeine Beziehung zwischen dem Professor und dem Studenten in dem Stück und der Schule von heute?

K: Eigentlich nicht.

B: Hmh, am Ende des Stückes bezieht sich *Ionesco* auf den Professor als Mörder und auf den Studenten als das Opfer. Sagt dir das was?

K: Ich glaube, er bezeichnet den Lehrer als Mörder und den Schüler als Opfer.

B: Wie sind Lehrer Mörder und Schüler Opfer?

K: (lange Pause) Ich weiß es nicht.

B: Hmh, laß uns einen Moment darüber sprechen, daß jemand seiner Menschlichkeit berauben eine Form von Mord ist. Karen, was macht einen Menschen zum Menschen und unterscheidet ihn von einem Roboter?

K: Kreativität, Denken, Individualismus, Fragen.

B: Laß es uns an die Tafel schreiben. Ich werde jetzt ein Spiel mit dir spielen. Ich möchte, daß du so reagierst wie du willst. – Ärgerlich, nachgiebig, glücklich, gelangweilt oder sonst irgendwie. Mach dir keine Gedanken darüber, was du sagst. Ich sag's nicht weiter.

K: (lachend) Mach ich.
B: Karen, kratz dein Knie!
K: Nein.
B: Doch.
K: Ich will nicht.
B: Mach schon.
K: (lauter werdend und aufgeregt) Nein!
B: Ich sage, du sollst dein Knie kratzen. Mach was ich dir sage!
K: Ich brauche nicht zu machen was du sagst.
B: Kratz endlich dein Knie.
K: Warum?
B: Das ist egal, tu's einfach.
K: Nein.
B: (hört mit dem Spiel auf) Wie fühlst du dich?
K: Als ob ich mich nicht bewegen würde.
B: Ja! Ich hatte das Gefühl, als ob wir wirklich getrennt wären, ohne Kontakt. Wie hast du mich empfunden?
K: Als ob du mich unter Kontrolle haben wolltest.
B: Ja, und du hast nicht nachgegeben.
K: Ich hielt deine Forderung für unsinnig.
B: (lachend) Ich auch.
(Ich zeige auf die Tafel, auf Karens Worte)
B: Siehst du irgendeine Beziehung zwischen dem an der Tafel und dem, was gerade zwischen uns geschehen ist?
K: (wird lebendig) Ja, du hast mich an allen diesen Dingen gehindert, und ich habe mich geweigert, auf dich einzugehen.
B: Siehst du, wie der Professor dasselbe mit dem Studenten macht?
K: Ja, er behandelt ihn unmenschlich.
B: Richtig. Obwohl er ihn nicht mit dem Messer umgebracht hat, war es ein symbolischer Mord.
K: Er hat seine Menschlichkeit umgebracht.
(Ich versuche noch ein anderes Spiel mit Karen zu spielen, um zu sehen, ob sie noch tiefer in das Stück einsteigen will.)
B: Karen, wir haben noch genug Zeit, um über einige andere Aussagen des Stücks zu sprechen.
K: Gut.
B: Ich möchte wieder, daß du so reagierst wie du willst.
K: In Ordnung.
B: Karen, Mathematik ist wirklich ein wichtiges Fach.
K: Ich weiß.
B: Du weißt?
K: Ja, ich will Doktor werden.
B: Was für ein Doktor?
K: Arzt.
B: Arzt! Hmh, das ist ja interessant.

K: Ich will an einer Universität in Deutschland studieren.
B: Dann kannst du also deutsch?
K: Ganz gut.
B: Dann wirst du noch etwas üben müssen.
K: (lachend): Ja.
B: Viel Glück! (Ende des Spiels). Karen, als wir anfingen, hatte ich keine Ahnung, wie du reagieren würdest, als ich so bestimmt sagte, daß Mathematik wichtig ist. Ich wollte dir vielleicht meine Meinung aufdrängen.
K: Ich habe keine Spannungen gefühlt, weil ich Mathematik brauche.
B: Ich bin doch ziemlich bestimmt mit dieser Äußerung herausgekommen. Du hast dich nicht manipuliert gefühlt?
K: Na ja, am Anfang schon. Aber du hast anscheinend allem zugestimmt, was ich gesagt habe.
B: Ich habe nicht wirklich zugestimmt, nur kommentiert.
K: Aber ich habe mich trotzdem bestätigt gefühlt. Ich spürte, daß du auf meiner Seite gestanden hast.
B: Ich ging auf dein Thema ein und versuchte, ständig mit dir mitzugehen.
K: Und du hast mich sagen lassen, was ich sagen wollte.
B: (zeigt wieder auf die Worte an der Tafel) Du meinst, ich habe dich als Individuum behandelt, habe dich dein Gespräch führen lassen, und du konntest deine eigenen Gedanken haben.
K: (lachend) Das Gegenteil von Mord.
B: Sagt dir das etwas über die Schule?
K: Lehrer bringen Schüler um, indem sie sie zwingen, Sachen zu lernen, zu denen sie keine Beziehung haben. Typisch für diese Art zu lernen ist Wiederholung, Auswendiglernen und häufiges Arbeitenschreiben.
B: Wann sind die Schüler damit einverstanden, daß sie umgebracht werden?
K: Wenn sie keine Fragen stellen, nicht verlangen, daß ihre Gedanken angehört werden, nichts sagen, wenn sie gelangweilt oder frustriert sind, wenn sie einfach nur dasitzen.
B: Erinnerst du dich an das Ende des Stückes, als der Professor den Studenten zum Wahnsinn treibt, indem er ihn sinnlose Worte wiederholen läßt? Das letzte Wort, das er wiederholte, war »Messer«, der Gegenstand mit dem er dann getötet wurde. Mir scheint, *Ionesco* will ein gemeinsames Handeln der beiden im Tod des Studenten zeigen.
K: Ja, die beiden haben irgendwie zusammen daran gearbeitet.
B: Kooperatives Handeln, das ist es, was wir für die Schule brauchen. Aber es kann in beide Richtungen gehen.
K: Jetzt kann ich besser verstehen, was *Ionesco* meint und daß manche dieser Situationen auch bei uns an der Schule vorkommen.

Nach dieser Stunde schien Karen viel lebendiger und intensiver mit dem Stück beschäftigt. Sie intensivierte ihre Arbeit. Bisher hatte sie sich auf Informationen über Fakten beschränkt. Jetzt hatte sie neues Interesse an ihrer

Arbeit und war begeistert bei der Wahl des nächsten Stückes. Ich werde mit ihr in der gleichen Weise weiterarbeiten, da sie sich »La cantatrice chauve« (dt. Die kahle Sängerin) von *Ionesco* ausgesucht hat. Es ist ein Stück mit intensiver Kommunikation.

Einsichten: Karen scheint eine Schülerin zu sein, die hoch motiviert und sehr fleißig ist, doch sie beschäftigt sich meist nur mit Aussagen auf der Faktenebene. Auch ist sie sehr zurückhaltend bei der Diskussion ihrer Gedanken, aus Angst, etwas nicht richtig verstanden zu haben oder es falsch auszudrücken. Durch das direkte Erleben einiger Grundgedanken des Stükkes war sie 1. persönlicher engagiert, 2. sprach sie eher von einer Erfahrungsebene – als von einer kognitiven Ebene, und zeigte 3. Begeisterung für ihre Arbeit. Ich möchte gerne herausfinden, wie das Arbeiten an der Literatur auf der Erfahrungsebene ihr hilft, sich persönlich beim Lernen zu engagieren.

In jedem dieser Beispiele taucht ein bestimmtes Vokabular für bestimmte Grundhaltungen auf. Es ist wichtig, daß der Lehrer ständig versucht, eine tiefere Einsicht in die Implikationen der Wörter und Ausdrücke zu gewinnen.

Die folgende Liste von Fragen und Ausdrücken ist aus meiner eigenen Erfahrung mit Gestalt entstanden:

Was passiert *jetzt?*
Wie fühlst du dich jetzt?
Was machst du gerade?
Wie machst du es?
Sagst *du* das? Oder sagt es jemand anderes?
Was willst du machen?
Was sind die Konsequenzen?
Nimmst du das Risiko auf dich?
Wie tust du dir selbst weh?
Wie absorbierst du dich selbst?
Wie hilfst du dir selbst?
Das weißt nur *du.*
Du kannst das lösen.
Ich werde das nicht für dich tun, weil du dein eigener Experte bist.
Du bist verantwortlich.

Dieses Vokabular bietet mir einen Rahmen, innerhalb dessen ich arbeiten und den Schüler auf sich selbst zurückverweisen kann. Kein Schüler hat seither negativ darauf reagiert. Im Gegenteil, ich habe beobachtet, daß sie neue Energie bekamen, und bereitwillig lernten oder über sich selbst sprachen. Auch die sehr intellektuellen Schüler kommen ihrer Arbeit emotional näher und schätzen sie mehr.

Durch das Arbeiten mit Gestaltmethoden entsteht eine vertrauensvolle

Atmosphäre in der Klasse. Menschen, deren Äußerungen über sich selbst oder ihre Arbeit respektiert und geachtet werden, zeigen denselben Respekt und dieselbe Wertschätzung anderen gegenüber. Wenn kognitive Lerninhalte in Verbindung mit persönlicher Erfahrung stehen, so werden diese schnell gelernt. Gestalterfahrungen brauchen Zeit zur Reflexion und zur Verarbeitung. Das heißt, es wird Zeit benötigt, in der niemand spricht, und Zeit, in der die Schüler sprechen können. Ich habe gelernt, viel Zeit zum Schweigen und Überlegen zu geben, und erkannt, daß auch im Schweigen etwas getan und gelernt wird. Sich mit Menschen auf der Ebene ihrer eigenen Erfahrung zu beschäftigen heißt, ihnen Zeit zu geben, mit diesen Erfahrungen in Kontakt zu kommen. Ich reagiere auf sie mehr auf ihrer eigenen Ebene. Ich bin entspannter und trotzdem mehr am Geschehen beteiligt als je zuvor. Meine Schüler sagen mir: »Komisch, die Schule scheint leichter zu werden. Ich dachte, es würde immer schwieriger.« »Ich fühle mich hier wohl. Ich habe genug Zeit, auf meine Art zu lernen.« »Es macht mir hier so viel Spaß, ich merke gar nicht, daß ich arbeite.«

Ich spüre als Lehrer und als Mensch ein dauerndes und für mich überraschendes Wachstum in der Bewußtheit meiner eigenen Gefühle und der Gefühle der Schüler.

Kapitel 13
Ulrike Mathias

Eltern als integrative Erzieher

Ziel der Integrativen Erziehung wie auch humanistischer Therapieformen[1] ist in erster Linie: den Menschen als »Leib-Seele-Geist-Organismus in seinem sozialen und physikalischen Umfeld« (*Petzold*, 1974) zu begreifen und ihn in der Entfaltung und Entwicklung seiner Gesamtpersönlichkeit anzuleiten, zu unterstützen und zu fördern. *M. Phillips* (1977) geht in seinem Artikel »Integrative Pädagogik« genauer auf diese Zielsetzung ein.

Zwei wesentliche Ansatzpunkte zur Realisierung dieser Ziele sind einmal in dem Bereich der Therapie und zum anderen in der Pädagogik zu sehen. Integrative Erziehungsmethoden zu verwirklichen heißt: aktiv in den Prozeß lebendigen Lernens einsteigen, der sich nicht in der Anwendung von Techniken erschöpft (*Perls*, 1974, *Vööbus*, 1975) oder Lehren als Metakommunikation versteht (*Watzlawick*, 1969). Die innere Beteiligung und das aktive, empathische Einbringen der eigenen Persönlichkeit in die unmittelbare Begegnung bestimmt weitgehend die Art der Beziehung und den Wachstumsprozeß (*Axline*, 1975, *Perls*, 1974).

Das trifft in besonderem Maße auf die Kindererziehung in der Familie zu. Die Eltern als die ersten und wichtigsten Bezugspersonen beeinflussen das Werden und Wachsen ihrer Kinder weit mehr als die Pädagogen und Erzieher in Kindergarten, Schule und Hochschule[2]. Oft jedoch bieten elterliche Erziehungskonzepte als bewußte und/oder unbewußte Resultate der eigenen Sozialisation Hindernisse und Schwierigkeiten für die Persönlichkeitsentwicklung des Kindes. Auch die interaktionale, affektive Beziehungsstruktur in der Familie wird durch sie bestimmt. Die Abhängigkeit dieser potentiellen Störfelder im Verhalten der Eltern von gesellschaftsinhärenten Einflußfaktoren wie: Arbeitsplatzsituation, sozialer Status, Normen, Werte, Konventionen etc., kann an dieser Stelle nicht näher ausgeführt werden. Tatsache ist, daß alle genannten Komponenten prägende Wirkungen im Gesamtverhalten zeigen. Das äußert sich in der Art der elterlichen Erziehung, kommt dort unmittelbar zum Ausdruck und wird vom Kind entsprechend aufgenommen, internalisiert und beantwortet. Um dem Kind die Entwicklung seiner Fähigkeiten und Potentiale zu ermöglichen, sind ganzheitlich konzipierte Erziehungs- und Verhaltensansätze erforderlich. Sie zielen auf eine umfassende Ausrichtung von Wahrnehmung, Gefühl und Verhalten der eigenen Person, des anderen, der Umwelt und geistiger Realitäten ab, um einer einseitigen Gewichtung oder Abspaltung von Persönlichkeitsanteilen entgegenzuwirken.

Die auf der Grundlage der Gestalttherapie entwickelten Methoden der Integrativen Pädagogik bieten adäquate Möglichkeiten, diesen Zielsetzungen gerecht zu werden. Die Vermittlung von Lerninhalten durch die Erziehungspersonen läuft dabei ausschließlich über deren eigenen Erfahrungshintergrund. Das heißt, daß Erlebnis- und Erfahrungsdefizite und Störungen bewußtgemacht und bearbeitet werden müssen, um nicht als potentielle Störvariablen, z. B. in Form von Übertragungen, Projektionen, in den Interaktions- und Entwicklungsprozeß einzufließen.

Die Eltern, die ihren Kindern als integrative Erzieher begegnen wollen, müssen eine grundlegende Voraussetzung haben oder mobilisieren: die Bereitschaft, sich selbst aktiv in Prozesse des Lernens, Erfahrens und der Begegnung mit sich, anderen, Dingen und dem Kosmos (*Moreno*, 1972) zu begeben oder einbeziehen zu lassen. Kein Erzieher wird einem Kind vermitteln können, mit seinen Gefühlen in Kontakt zu sein und aus dieser Bewußtheit zu handeln, wenn er nicht selbst dazu in der Lage ist und so auch echte Orientierungs- und Imitationsmöglichkeiten bieten kann.

Diese implizite *Lernbereitschaft der Eltern* ist der erste Schritt, um von rigiden, festgefahrenen Erwartungs-, Verhaltens- und Handlungsmustern, die die innerfamiliären Interaktionen prägen, zu alternativen Lebensformen zu gelangen.

1. Wachstumsfördernde Atmosphäre

Die Atmosphäre in der Familie als primärem Sozialisationsfeld und als dem fortlaufenden, lebenswichtigen Bezugssystem muß stimulierend und dynamisch sein.

Sie ist Ergebnis der Begegnung mit einer ständig sich ändernden Umwelt und umfaßt Probleme, Veränderungen und Konflikte zwischen den Familienmitgliedern und ihren individuellen Bedürfnissen und Interessen. Somatische, affektive und kognitive Bereiche sind dabei ebenso betroffen wie kommunikative, organisatorische und ökonomische. Ein weiterer Einflußfaktor für die Entwicklung des innerfamiliären Klimas ist die Beziehungs- und Machtstruktur der Eltern zu ihren Kindern, worauf ich in diesem Zusammenhang nicht explizit eingehen kann[3].

Das Schaffen einer wachstumsfördernden Atmosphäre für alle Beteiligten, insbesonders für das Kind, ist abhängig von der Verwirklichung der folgenden Interaktionsbedingungen:

1. dem Äußern authentischer Gefühle, 2. von der Eindeutigkeit und Prägnanz der Interaktionen, 3. vom Körperkontakt, 4. von der Grenzsetzung und 5. von der synergetischen Förderung von Kompetenzen und Potentialen.

Im engen Zusammenleben mehrerer Personen, wie es in der Familie der Fall ist, prallen ständig unterschiedliche Bedürfnisse und Interessen aufeinander. Es ist nicht leicht und oft unmöglich, allen Beteiligten gleichermaßen gerecht zu werden. Jeder muß sich immer wieder mit Frustrationen und Gegensätzlichkeiten auseinandersetzen und den für ihn im Moment wichtigsten Stand finden. Er kann z. B. Nähe und Zärtlichkeit oder Rückzug beinhalten, möglicherweise auch eine offene, aggressive Auseinandersetzung fordern.

1.1 Authentische Gefühle äußern

Nur wo es möglich ist, auf sich ändernde Situationen flexibel und frei zu reagieren, und nicht ein bestimmtes Verhalten erzwungen oder unter Drohungen gefordert wird, kann sich eine Atmosphäre entwickeln, die von gegenseitiger Zuneigung, Vertrauen und Offenheit getragen wird. Zum Beispiel wird ein Kind es nicht wagen, Unmut, Aggressionen, Haß oder andere »negative« Gefühle zu äußern, oder gar lernen mit ihnen umzugehen, wenn es für diese authentischen Gefühlsäußerungen Repressionen oder auch Verlust von Zuwendung und Achtung zu erwarten hat (*Heiliger*, 1972). Es wird seine wahren Gefühle unterdrücken, abwehren und Konflikte nicht offen austragen. Das kann sich in Symptomen wie Lügen, Stehlen, aggressivem Verhalten anderen Kindern gegenüber oder auch in Rückzug, Anpassung an die Erwartungen der Eltern, Depressivität und psychosomatischen Reaktionen (z. B. Enuresis, Eß- und Schlafstörungen) äußern.

Gefühle sind zunächst wertfreie, spontane Äußerungen des Organismus und als solche in keinem Fall »falsch«. Nur wenn Gefühle so gezeigt werden können, wie sie das Kind erlebt, kann es Lernerfahrungen mit sich und mit den Reaktionen der Umwelt machen, die zu einer situationsadäquaten Regulation der Gefühlsregungen führen. Dieser Prozeß der emotionalen Sozialisation, in dem Imitation, Belohnung, Bestrafung und Lernen aus Erfahrung zu Differenzierung, Prägung und Flexibilität im emotionalen Erleben und Ausdruck führen, ist natürlich von der Einstellung der Umwelt zu Emotionen abhängig. In unserer Kultur ist der spontane Ausdruck von Gefühlen mit negativen Sanktionen belegt. Die Erwachsenen, die selbst Angst vor vitalem, emotionalem Ausdruck haben, geben diese Angst und ihre damit verbundenen Negativerfahrungen in repressiven Sozialisationsakten weiter. Es entsteht eine kulturspezifische Einstellung zum Gefühlsleben, die in einer Art »sozialer Vererbung« von Generation zu Generation mit geringen Veränderungen tradiert wird.

Eltern, die sich aus diesem Übermittlungsschema lösen wollen, müssen selbst erst lernen, ihre Gefühle zuzulassen und zu akzeptieren, um die basalen Emotionsäußerungen ihrer Kinder zulassen und ertragen zu können. In ihren Reaktionen auf diese Gefühle können sie so ein positives Imitationsmodell bieten, durch das das Kind die Prozesse affektiver *Differenzierung*, *Dosierung* und *Regulation* (*Petzold*, 1974) lernen kann.

1.2 Eindeutigkeit und Prägnanz der Interaktionen

Um sich zu verständigen und verständlich zu machen ist es notwendig zu wissen, was man will, erwartet, fühlt und denkt, um dies dem anderen auch vermitteln zu können. Der Inhalt (das »*Was*«) und die Form und der Prozeß (das »*Wie*«) der Kommunikation entscheiden, ob ein konstruktives Miteinander oder ob ein entfremdendes Ggeneinander folgt. Auf der einen Seite stehen: Gespräch, Verständigung, fairer Streit (*Bach*, 1975, 1976), auf der anderen Seite: Verletzungen, Erniedrigung, Ultimaten, Anklage-Verteidigungs-Konversationen, Wenn-dann-Drohungen und andere »Spiele« (*Berne*, 1967, 1975). Die Art der unmißverständlichen Verständigung muß auf allen Ebenen des Kontaktes stattfinden, im non-verbalen wie im verbalen Bereich, damit die Beziehungen von prägnanten Interaktionen bestimmt werden und nicht von Double-binds und diffusen oder destruktiven Impulsen.

1.2.1 Mutter-Kind-Dyade

Schon im Säuglingsalter wirkt sich die Art der Mutter-Kind-Beziehung auf die Ausbildung basaler Gefühle, z. B. des Urvertrauens, aus (*Erikson, Spitz, Piaget, Bowlby*). Steht die positive innere Einstellung und Haltung der Mutter gegenüber dem Kind in Einklang mit ihrem Ausdrucksverhalten in Mimik, Gestik, Körperhaltung, Klang der Stimme, ist die Beziehung also warm, offen eindeutig und in diesem extremen Abhängigkeitsstadium des Kindes auf dessen Bedürfnisbefriedigung zentriert, so wird sich der Drang nach Entdecken, Begreifen und Nachahmen weitgehend frei von bedrohlichen Störungen entwickeln können. Von da aus können die Auseinandersetzungen mit der Umwelt in relativer Angstfreiheit und großer Lebendigkeit im Gefühlsleben stattfinden. Die Frustrationstoleranz und Konfliktbereitschaft des Kindes ist in einer solchen wachstumsfördernden Atmosphäre höher und unterliegt nicht so leicht Unsicherheiten und Ängsten. Die genannte Eindeutigkeit und Prägnanz der Interaktionen impliziert gleichzeitig ihre Direktheit.

1.2.2 Beziehung der Eltern und der ganzen Familie

Für das Klima in der Familie ist die Beziehung, die Art des Umgangs der Eltern miteinander ebenso wichtig und folgenreich wie die Form der Interaktionen mit dem Kind. Kinder nehmen sehr sensibel Spannungen, Feindseligkeiten, Streit und subtile Aggressionen auf. Jede kleinste Erregung aus der Umwelt wird registriert und kann auf das Kind übergreifen und zu Konflikten führen, die der Entwicklung eines starken Ich abträglich sind. Es erzeugt z. B. ausgesprochen unangenehme Gefühle von Abwertung und Entfremdung, wenn die Kommunikation der Eltern über das Kind als Mittelsperson läuft. Sind in den Interaktionen der Eltern solche feindseligen und verdeckten Umgangsformen vorherrschend oder als ständig schwelende Konfliktherde, als Sammellager für geschluckte Kränkungen und unterdrückte Gefühle (*Berne*, 1975) vorhanden, so entspricht die Atmosphäre der Ruhe vor einem Sturm. Die Stimmung ist permanent angespannt und geladen. Für alle Familienmitglieder wirkt sich diese Belastungssituation schädlich auf den Gesamtorganismus aus, was besonders für ein Kind zu Entwicklungsschwierigkeiten und neurotischen Störungen führen kann oder sich in Extremfällen in schweren psychotischen Erkrankungen manifestiert.

Es ist also ausgesprochen wichtig und notwendig, innerfamiliäre Konflikte dann zu lösen und offen auszutragen, wenn sie auftauchen, und nicht später. Das setzt bei den Eltern eine aktive Bereitschaft zur Auseinandersetzung und vor allem Problembewußtsein voraus. Eltern, die unter Harmonisierungszwang handeln, die Angst vor ihrer eigenen Aggressivität haben und phobisch Auseinandersetzungen aus dem Wege gehen, müssen lernen, ihre eigenen aggressiven Gefühle zu sehen und zu akzeptieren. Sie müssen den konstruktiven Umgang mit Konflikten kennen und erfahren lernen, um ihre eigenen Möglichkeiten und Grenzen einzuschätzen und ausdrücken zu können. Werden z. B. Konflikte in einem fairen Streit (*Bach,* 1975, 1976) ausgetragen, wobei Gefühle, gegensätzliche Interessen und Bedürfnisse frei geäußert und auch durchgesetzt werden können, ohne den anderen damit zu verletzen oder zu beschämen, so fördern sie die Integration von Gefühlen. Die Form, in der Probleme in der Familie angegangen werden, bietet für das Kind ein wichtiges Lernfeld. Soweit sie in Problemlösungen und Konfliktaustragen dieser Art einbezogen werden, werden sie Verantwortung (*Perls:* responsibility/response-ability) und Mitverantwortung an der Familiengemeinschaft und ihrem anteiligen Verhalten und Mitwirken entwickeln, wird ihr Wert, ihre Bedeutung für sich und die anderen steigen. Das Akzeptieren und Annehmen von gegensätzlichen, ja selbst »negativen« Gefühlen und das Ausloten von Bedürfnissen und ihrer Wichtigkeit für das Selbst und die Gemeinschaft im Klima emotionaler Freiheit und Sicherheit fördern die Persönlichkeitsentwicklung. Beim Kind werden besonders im Hinblick auf die Identitätsfindung Selbständigkeit, Durchsetzungsvermögen, Verantwortlichkeit und prägnantes Ausdrucksverhalten ausgebildet. Um es noch einmal zu betonen: nur klar geäußerte Gefühle können vom Kind klar internalisiert werden.

1.3 Körperkontakt

Eine weitere wichtige Komponente, die oft genug vernachlässigt wird, ist der direkte Körperkontakt, durch den die Atmosphäre und die Beziehungen in der Familie herzlicher, natürlicher und wärmer werden. Von ihm ist auch die Entwicklung und Bereitschaft zur Intimität abhängig.

In der frühen Kindheit ist der Hautkontakt als kutane Stimulierung (*Montagu,* 1974) für das Kind lebensnotwendig und kann bei Vermeidung zu schweren, manchmal irreparablen Schädigungen der Gesamtpersönlichkeit führen, z. B. Autismus, Borderlinesyndrom u. ä. (vgl. *Ammon,* 1975), wobei für diese Erkrankungen die Entfremdung vom eigenen Körper und dem anderer Menschen charakteristisch ist.

Nur aus einer positiven, integrierten Beziehung zum Körper als Wesenseinheit der eigenen Person kann sich ein ganzheitlicher, positiv-akzeptierender und zärtlicher Kontakt zum anderen entwickeln.

Das Erleben von sanften und heftigen Berührungen, zärtlichen Gefühlsqualitäten, Zittern, Erregung, Orgasmus oder Zorn, Ekel und Trauer gehört zu den ursprünglichsten natürlichen Bedürfnissen und Erfahrungen des Menschen. Die Vernachlässigung oder Unterdrückung derselben stellt nicht nur einen Verlust im Erleben dar, sondern beeinträchtigt das gesamte Wohlbefinden, die körperliche, seelische und geistige Gesundheit. Ebenso leiden bei mangelndem Körperkontakt Arbeits-, Leistungs- und soziale Kontaktfähigkeiten, also die gesamte Beziehung zur Innen- und Umwelt.

Es gibt Beispiele, die die Auswirkungen von Hautkontakt bei Kindern deutlich zeigen. So werden bei einigen Kulturvölkern Kinder gesundgestreichelt (*Montagu,* 1974), und in Chicago wurden im Children-Memorial-Hospital mit »strokebanks« für kranke Kinder Erfolge erzielt (*F. English,* 1976). Auch in der therapeutischen Anwendung ist der gezielte Einsatz von Körperkontakt eine bedeutsame und nicht wegzudenkende Methode, um Entspannung herbeizuführen, Blockaden zu lösen sowie Kontaktfindung zu abgespaltenen Anteilen der Persönlichkeit zu bewirken und das Erschließen von verschüttetem Wahrnehmungspotential zu fördern (Sensitivity- und Awareness-Training). Selbst bei schwersten Störungen und Schäden können Veränderungen durch den therapeutisch eingesetzten Körperkontakt erreicht werden (vgl. *Petzold,* 1974, 1975, 1978, *Brown,* 1975, *Lowen,* 1975).

In der Familie als primärer Sozialisationsgemeinschaft können Deprivationssyndrome durch körperliche Zärtlichkeit, offen gezeigte Zuneigung, durch die direkte natürliche Sprache des Körpers vermieden werden. Der ungezwungene und authentische Ausdruck liebevoller Emotionen oder auch von Aggressionen bewirkt ein realistisches, empathisches Wahrnehmen und Verstehen der eigenen und fremden Gefühle und eine klare adäquate Einschätzung im Umgang mit der jeweiligen Situation.

Eltern, die ein gestörtes oder unausgeglichenes Verhältnis zur eigenen Körperlichkeit haben, für die Hautkontakt ungewohnt oder tabu ist, werden ihre Hemmungen an ihre Kinder weitergeben. Die Kinder können so weder ihre Bedürfnisse nach körperlicher Nähe und stimulierendem Hautkontakt befriedigen noch ihre eigenen Gefühle wahrnehmen und adäquat ausdrücken lernen. Nur wenn die Eltern bei sich selbst zu einem natürlichen Verhältnis zu ihrem Körper mit all seinen Bedürfnissen kommen können, wenn sie sich selbst neu erleben lernen, werden sie in der Lage sein, ihre Kontaktmöglichkeiten und ihre Gefühle auch körperlich wahrzunehmen und zu zeigen.

Die Bedeutung des Körperkontaktes kann für die Gesundheit der Persönlichkeit und für die Identitätsentwicklung und -findung des Kindes gar nicht hoch genug eingeschätzt werden.

1.4 Grenzen[4]

Integrative Erziehung versteht sich als »antirepressive« Methode, nicht als »antiautoritäre«. Jeder ist im Rahmen seiner Kompetenzen eine Autorität und somit in erster Linie sein eigener »chairman« (*Cohn,* 1975). Es geht in der Gestaltpädagogik nicht um die Frage, *ob* Grenzen gesetzt werden oder nicht, sondern *wie* sie gesetzt werden. Das Ich konstituiert sich nach gestalttherapeutischer Auffassung als Grenzsetzung, als Stabilisierung einer Innen-Außen-Differenz (*Perls, Hefferline, Goodman*, 1951). Die Fähigkeit zur Grenzziehung bestimmt das Maß und die Prägnanz der Identität. In die Grenzziehungen gehen die Aufforderungen der Außenwelt und die Bedürfnisse der Innenwelt ein.

Grenze bedeutet deshalb das Zusammentreffen und die Auseinandersetzung von außen und innen. Sie gewährleistet Stabilität und ist *Trennung und Kontakt zugleich*. Grenzziehungen erfolgen nicht statisch im Sinne von Demarkationslinien, die nicht überschritten werden können, sondern sie sind interaktionale Prozesse. In jedem Augenblick, in jeder Situation muß eine Person ihre Grenzen neu bestimmen. Die Erziehung kann deshalb als »Handel um Grenzen« (*Petzold*, 1974b) verstanden werden. In der Familie muß jeder seinen Raum, seine Grenzen haben. Dadurch, daß die Eltern *für sich* Grenzen setzen, vermitteln sie dem Kind die Erfahrung von Abgrenzungen und geben ihm damit die Möglichkeit, selbst Grenzen zu finden. Gelingt die gegenseitige Abstimmung der Grenzlinien, so daß sie »ineinander passen« und eine gute Gestalt bilden, so finden wir ein konsolidiertes Familiensystem. Grenzfindung bedeutet Auseinandersetzung, bedeutet Korespondenz miteinander. Es geht nicht um die Vermeidung von Konflikten, sondern um die Form ihrer Lösung. Der Handel um Grenzen muß so ausgehen, daß jeder seinen Raum hat, nicht unangemessen eingeschränkt wird und expandieren kann. Im integrativen Erziehungsstil findet die Grenzbestimmung zunächst bei jedem Familienmitglied selbst statt. Auf diese Weise wird unmittelbar keiner durch den anderen begrenzt (an die Stelle von »du mußt, du sollst« tritt »ich will, du willst«), sondern es wird die Basis für situationsbezogene, interaktionale Grenzbestimmung geschaffen.

Diese Haltung von »Gelten und Gelten-Lassen«, von Geben und Nehmen, von wechselseitigem Respekt, diese Fähigkeit zur Regulierung von Nähe und Distanz erfordert für die meisten Eltern ein Umdenken, ein neues Fühlen und Handeln. Sie müssen sich aus dem von ihren Eltern übermittelten repressiven Erziehungsstil lösen, den sie »am eigenen Leibe« erfahren und verinnerlicht haben. Selbst wo sie sich in der Auseinandersetzung mit wichtigen Bezugspersonen ihrer Erwachsenenwelt einen partnerschaftlichen Interaktionsstil angeeignet haben, gilt es für sie umzudenken und zu realisieren, daß ein Kind, ganz gleich welchen Alters, ein vollwertiger Interaktionspartner ist, der seine Grenzen setzt, die Grenzen anderer erleben kann und mit dem man in den »Handel um Grenzen« eintreten kann.

1.5 Synergetische Förderung

Der ganzheitliche Ansatz der Integrativen Erziehung impliziert gleichermaßen die Förderung von kognitiven, emotionalen und physischen Fähigkeiten und Potentialen des Menschen. Eine einseitige Ausrichtung in der Erziehung hat nach dem gestalttherapeutischen Theorem der Ganzheit eine einseitige Entwicklung der Persönlichkeit zur Folge. Je nach Art und Ausmaß der Vernachlässigung kommt es zu Störungen oder Krankheiten. In jedem Fall bleiben wertvolle Möglichkeiten ungenutzt und andere werden übermäßig betont. So ist z. B. in unserer westlichen Kultur ein rational-analytisches Bewußtsein vorherrschend und wird seit Generationen tradiert. Es bestimmt die Politik des Leistungs- und Profitstrebens sowie die herkömmliche, repressive Erziehung in Schulen und Familien. In den östlichen Kulturen hingegen wird den intuitiven Fähigkeiten größere Bedeutung zugemessen, zum Teil unter Vernachlässigung des rational-analytischen Bewußtseins, so z. B. im indischen Kulturkreis. Zuweilen werden aber beide Komponenten verbunden wie im chinesisch-japanischen Kulturkreis, wo diese Verbindung im Yin-Yang-Symbol seinen vollkommensten Ausdruck gefunden hat. Die theoretische Begründung dieser Dualität ohne Dualismus lieferte der Taoismus. Die Lebenspraxis, in der das Prinzip der Ganzheit und Teilung, der Einheit von Statik und Dynamik verwirklicht wurde, hat der Zen-Buddhismus entwickelt, insbesondere durch seine pädagogischen Systeme: durch die Kalligraphie, in der die Pinsel mit beiden Händen geführt werden, die Budukünste in China, Japan, Korea (Kung Fu, Taek Kwon Do, Aikido, Karate-Do und Kendo), in denen jede Kampfbewegung mit der linken und rechten Körperhälfte gleichermaßen ausgeführt werden muß und jede Aktion das totale Miteinander von geistiger Kraft, affektiv-volitivem Akt und körperlicher Aktion erfordert (*Kwon*, 1976). Eine solche ganzheitliche, die verschiedenen Seiten der menschlichen Wirklichkeit einbeziehende Konzeption wird durch neurophysiologische Forschungen nahegelegt, die *Ornstein* (1974) und *Watzlawick* (1977) aufgreifen. Die Funktionen der Hirnhemisphären unterscheiden sich dahingehend, daß der linken Hemisphäre die Kontrolle der rechten Körperhälfte, die Funktionen der Sprache, des rationalen Verstehens und des Zeitgefühls, zugeordnet ist, während in der rechten Hemisphäre nicht-verbales Denken, Intuition, das Verhältnis zum Raum, künstlerisch-manuelle Fähigkeiten und körperliche Koordinationsfähigkeiten zu lokalisieren sind (*Dimond*, 1972; *Eccles*, 1975).

In westlichen Kulturkreisen wird überwiegend die Ausbildung der linken Gehirnhälfte mit ihrer funktionalen Ausrichtung auf verbale, mathematisch-analytische Rationalität betont, während die Potentiale der rechten Gehirnhemisphäre weitgehend ungenutzt bleiben. Das menschliche Bewußtsein ist jedoch als eine Ganzheit zu verstehen, die die Polarität und die *Synergie* (*Petzold*, 1974), das Zusammenwirken der beiden Modi umfaßt. Ein wichtiges Ziel ist deshalb für *Ornstein* die Synthese eines erweiterten Bewußtseins.

Die synergetische Förderung und Ausbildung der Fähigkeiten und Potentiale des Menschen in seinem sozialen Umfeld ist einer der wesentlichen Inhalte Integrativer Erziehung.

2. Auf dem Weg zu einer Integrativen Erziehung

Die meisten Eltern haben keine Erziehung unter gestaltpädagogischen Gesichtspunkten erfahren. Die Ausrichtung ihrer familiären und schulischen Förderung ist mehr oder weniger einseitig und leistungsorientiert verlaufen, wobei die affektiven und körperlichen Bereiche nicht in das Erleben integriert worden sind, sondern als lästige oder bedrohliche Elemente unterdrückt und normiert wurden. Dadurch konnte sich häufig keine gesunde Emotionalität und Körperlichkeit entwickeln. Die mangelnde Bewußtheit und die eingeschränkte Erlebnis- und Wahrnehmungsfähigkeit ist eine Quelle für Unsicherheiten, Störungen und Konflikte, die nicht notwendig wären. Deshalb ist es notwendig zu wissen, *was* man tut und *wie* man es tut. Sich bewußt zu werden, mit welchen Mechanismen man seine Umwelt manipuliert, bedeutet, sich mit sich selbst, dem eigenen Fühlen, Denken und Handeln auseinanderzusetzen und dafür die *Verantwortung* zu übernehmen. Es geht nicht darum, das eigene Verhalten in Partnerschaft und Familie zu bewerten oder Schuldige zu finden für die Unzulänglichkeiten in der Erziehung und die Entfremdungen in Beziehungen, sondern Verantwortung und Lernbereitschaft zu zeigen.

So gesehen, ist Erziehung ein lebenslanger Entwicklungsprozeß. Ein aneinander Wachsen und Lernen, wobei Eltern und Kinder gleichermaßen Lehrende und Lernende sind.

2.1 Wo anfangen?

Die Methoden der Gestalttherapie als Grundlagen der Integrativen Erziehung lassen sich nicht einfach handhaben wie die Rezepte eines Kochbuchs. Sie können nicht als reine Techniken angewandt und gelernt werden, sondern müssen aus den eigenen Erfahrungen mit ihnen wachsen. Das heißt, daß Eltern, die ihren Kindern als integrative Erzieher begegnen wollen, bei *sich selbst anfangen* müssen. In vielen Familien sind die Strukturen der Beziehungen starr, gewohnte Verhaltensmuster bestimmen die Interaktionen und festgefahrene Störungen im Zusammenleben finden ihren Ausdruck in den Symptomen der Schwächsten der Gemeinschaft. Wie auch immer die Konflikte aussehen, der Wunsch nach Veränderungen bestehender Verhältnisse weist auf Probleme der Beteiligten hin.

Andere Eltern leben in ständiger Verunsicherung, ob ihre Erziehungsmethoden *richtig* oder *falsch* sind, ob sie sich z. B. eher autoritär oder antiautoritär verhalten *sollen.* Hinzu kommen die unterschiedlichsten Vorstellungen und Erwartungen, die mit den für die Kinder vorgesehenen Zielen verbunden sind.

Für die Eltern gilt jedoch in erster Linie, ihre eigene Lernbereitschaft zu nutzen und aktiv nach alternativen Möglichkeiten der Begegnung zu suchen.

2.2 Möglichkeiten

Welche Möglichkeiten zur Veränderung wahrgenommen werden können, hängt einmal von der Familien- und Individualproblematik und zum anderen von den angebotenen Realisierungsmöglichkeiten ab. Im Rahmen der humanistisch-integrativen Konzeptionen in Pädagogik und Therapie bieten die Integrative Erziehung/Gestaltpädagogik und die Therapieformen der Humanistischen Psychologie (vgl. Anmerkung 1) reale Möglichkeiten lebendigen Lernens.

Zu unterscheiden sind in diesem Kontext: a) therapeutische Einrichtungen für Familien-, Partner- und Kindertherapie: wie z. B. therapeutische Privat-Praxen, sozial-psychiatrische Dienste, kinderpsychiatrische Einrichtungen, therapeutische Dienste in Beratungsstellen; b) beratende Institutionen: Erziehungs-, Familien-, Lebens- und Eheberatungsstellen sowie Jugend-, Drogen-, Suchtkrankenberatungsstellen; c) Fortbildungs- und Weiterbildungsprogramme, Programme von Volkshochschulen, konfessionelle Bildungsstellen, Elternschulen in freier Trägerschaft. Im Zentrum aller integrativen Bemühungen, seien sie erlebnis-, übungs- oder auch konfliktzentriert, stehen die Bewußtwerdung, die *Sensibilisierung* und die *Differenzierung* des Erlebens im Hier und Jetzt.

2.2.1 Therapie

»Die Familientherapie bietet einen neuen Weg, die Familie wieder zu dem zu machen, was sie sein sollte: ein Ort der Sicherheit, der Auseinandersetzung und der offenen Kommunikation zwischen Menschen, die wirklich füreinander da sind« (*Petzold* in: *Kempler*, 1975, Vorwort). Familientherapie bedeutet sich selbst entdecken und erziehen, ein sich Finden und Zeigen, ein alleine und gemeinsam Gehen. Der Therapeut ist hier personales Medium. Er *ist* »Intervention« (*Petzold* dieses Buch, S. 108, 110), ausgerichtet an den Bedürfnissen der Familienmitglieder als den Trägern der Therapie. Er übernimmt für die an dem therapeutischen Prozeß partizipierenden Personen so wenig wie möglich, aber so viel wie nötig an Verantwortung: »partielles Engagement« (*Petzold, Maurer*, 1977). Bei den therapeutischen Maßnahmen sind diese neueren Entwicklungen der Familientherapie auf gestalttherapeutischer und kommunikationstheoretischer (*Kempler, Satir*), aber auch auf analytischer Grundlage (*Stierlin, Richter*) richtungweisend. In ihnen wird die augenblickliche Familienkonstellation zum Erfahrungsfeld. Das rein subjektive Erleben jedes einzelnen Familienmitgliedes wird im Familienkontext zum Ausgangspunkt der Bewußtheit (awareness): »Was geschieht? Was trage ich dazu bei? Wie sieht mein aktiver/passiver Anteil dazu aus? Wie nehme ich mich, die anderen und die Situation wahr? Wie fühle ich mich? Was will ich?«

Viele Eltern und Kinder sind nicht gewöhnt, auf ihre momentane Befindlichkeit, ihre Wahrnehmungen und ihre Wünsche zu achten und diese zu äußern. Sie müssen sich z. B. schrittweise zu den unterentwickelten, defizitären oder gestörten Anteilen ihrer Emotionalität vortasten. Basale Wahrnehmungserfahrungen bedingen die Ausdrucksmöglichkeiten des einzelnen im

Interaktionsprozeß. Deshalb werden in der Familientherapie auch durch Sensibilisierungstraining, Psychodrama, Gestalt, Erlebnisse mit grundlegenden Gefühlsqualitäten initiiert, damit diese Erfahrungen und die damit verbundenen differenzierten Gefühle integriert werden können. Z. B. können neue Erfahrungen gewonnen werden, wenn ein Kind in der Therapie gezielt auf die Wahrnehmung der Stimme seiner Mutter und die dadurch ausgelösten Gefühle aufmerksam gemacht wird. Dieses individuelle und gemeinsame Erleben im Rahmen der Familientherapie mobilisiert die Potentiale der Persönlichkeit und kann in unserem Fall neue Möglichkeiten des miteinander Redens und des Verständnisses in der Familie eröffnen.

In den meisten Familien ist es besonders wichtig, die Integration der Körperlichkeit zu fördern. Wo die Wahrnehmung und der Kontakt zum eigenen Körper gestört wird, kann sich auch der Kontakt zum Kind oder zum Partner nur in diesem ganz spezifisch begrenzten Rahmen ausdrücken. Hier werden in der Therapie Gestaltmethoden gezielt eingesetzt: die Maximalisierung. (»Verstärke den Druck auf dein Bein«), Dialoge von Körperteilen oder Körperempfindungen (»Laß deine rechte Hand zu deiner linken sprechen«, »Was sagt dir dein Druck im Magen«), Rollentausch mit Gefühlen (»Sei dein Zittern und sprich zu ihm«). Diese und ähnliche Verfahren lassen ein neues Erleben des Körpers zu. Abneigung, Erregung, Wut und Ambivalenzen sind Empfindungen, die ihren körperlichen Ausdruck genauso brauchen wie Gefühle von Freude, Zuneigung, Lust und Glück. Sie durchdringen den ganzen Menschen. Gestaltmethoden initiieren die Integration dieser Erfahrungswerte und fördern neue Gestaltungen im Innen- und Umfeld des einzelnen.

Starre familiäre Interaktionen lassen sich z. B. im Psychodrama durch den Rollentausch bewußtmachen (*Allen,* 1954). Verstärkt durch die Einfühlung in andere Rollen und die spielerische Darstellung werden Fähigkeiten wie Einfühlen, Erleben und Mitfühlen auch aus dem Erleben anderer mobilisiert und bewußt. Ein unbekanntes Gefühl ist es für viele Eltern, ihr eigenes Kind zu sein und aus seiner Position zu erleben und zu handeln. Ein anderes, neues Verständnis füreinander wird möglich, und es finden sich andere Auseinandersetzungs- und Verständigungsmöglichkeiten, sei es in Konfliktsituationen oder im Handel um unterschiedliche Bedürfnisse und Interessen. Imaginationsübungen (z. B. Phantasiereisen), Gestalten mit kreativen Medien (Ton, Musik, Bewegung etc.), Jeux dramatique, nonverbale Darstellungen von Gefühlen, Dingen, Zuständen (*Petzold,* 1974) bieten umfangreiche Möglichkeiten der Integration von unterschiedlichsten Gefühlsqualitäten. Differenzierungen zwischen Realitäten, Wünschen oder Träumen werden so mit zunehmender Sensibilisierung und Bewußtheit in der Eigen- und Fremdwahrnehmung klarer und prägnanter. Projektionen, Introjektionen und andere, vorher unbewußte Mechanismen können aktualisiert und verändert werden.

Die genannten Beispiele therapeutischen Vorgehens sind spezifische Bestandteile einer umfassenden Methodologie, die im Gesamtprozeß der Therapie integriert ist. Charakteristisch für die familientherapeutische Konzeption und Praxis der Integrativen Therapie (*Petzold*, 1974), Gestaltfamilientherapie (*Kempler*, 1975) und des Psychodramas (*Allen*, 1954) sowie der Transaktionsanalyse (*Kottwitz*, 1976) in der Familie ist ihr multimodaler Ansatz. Er umfaßt interaktionale, sozioemotionale und ökonomische Umweltbeziehungen und Strukturen der Familie, ebenso wie er spezifische Partnerschafts- und Individualproblematik im Kontext des individuellen lebensgeschichtlichen Hintergrunds einbezieht. Viele therapeutische Indikationen und Interventionen im Therapieprozeß können sowohl einzelne Familienmitglieder als auch die Familiengemeinschaft betreffen.

Die Indikation der Familientherapie als solche ist vor allem von der Gestörtheit oder »Krankheit« der Familie oder einzelner als Symptomträger und der Bereitschaft der Familienmitglieder, am therapeutischen Geschehen aktiv mitzuwirken, abhängig. Meist ist der Leidensdruck als Initiator von Veränderungsstreben bei den einzelnen unterschiedlich stark ausgeprägt oder entzieht sich dem Bewußtsein ganz, so daß ein starkes Motivationsgefälle besteht. Gelingt es nicht, die Lernbereitschaft und das Problembewußtsein beider Elternteile und des Kindes anzusprechen, so kann lediglich Partnerschaftstherapie, Gruppentherapie, Einzeltherapie oder Kindertherapie geleistet werden. Die Erfolgschancen sind, vor allem langfristig gesehen, geringer, als wenn das gesamte »Feld der Familie« in die Therapie einbezogen wird.

2.2.2 *Beratung*

Die Beratungsinstitutionen in der Bundesrepublik, Erziehungs-, Ehe- und Partnerschafts-, Familien- und Lebensberatungsstellen in privater und staatlicher Trägerschaft, sind völlig überlaufen. Die Wartelisten liegen zum Teil bei sechs und mehr Monaten. Aufgrund der starken Nachfrage und dem mangelnden Angebot zentriert sich die Arbeit in den Beratungsstellen vorwiegend auf Konflikt- und Krisenberatung. Sie übernehmen bei manifesten Störungen und psychischen Krankheiten, bei denen ein längeres Therapieprogramm notwendig erscheint, Verteilerfunktionen an therapeutische Einrichtungen.

Im pädagogisch-erzieherischen Bereich ist das eine Situation, die sich unbedingt ändern muß. Nicht nur, daß die Eltern in Konfliktsituationen oft lange auf die notwendige Hilfe warten müssen, es fehlt auch an ausreichenden Informationen über alternative Verhaltensmöglichkeiten für die Eltern. Nur wenn den Eltern diese Informationen einschließlich der Möglichkeiten, die sie in ihrem Alltag anwenden und erfahren können, angeboten werden, können sie in der Erziehung zu einer echten Entscheidung für oder gegen eine für sie einsichtige Erziehungsmethode finden. Die meisten Eltern haben nur die Methode kennengelernt, in der sie selbst erzogen wurden. Einige, die nun diese Erfahrungen nicht an ihre Kinder weitergeben wollen oder die dies in anderer Art und Weise tun wollen (»meine Kinder sollen es besser haben«, »ich werde meine Kinder anders erziehen«), oder solche, die von anderen Konzepten gehört oder gelesen haben, gehen mit ihren Versuchen, dies ohne Hilfe in die Praxis umzusetzen, einen schweren Weg. Sie benötigen für ihre Bemühungen Unterstützung. Sie müssen einmal über Möglichkeiten informiert und beraten werden, wie sie ihre momentane Situation besser meistern können und wie sie ihre Bereitschaft zur Veränderung von bestehenden Verhältnissen in die Praxis umsetzen können. Für die Eltern bedeutet das die Bereitschaft, Selbsterfahrungen zu machen, selbst alternative Formen des Umgangs miteinander kennen- und erleben zu lernen.

Auch im Bereich der Schwangerschaftsberatung müßte ein Mehr an Information und Vorbereitung geleistet werden. Werdende Eltern, d. h. »Vater und Mutter« gleichermaßen, müssen nicht nur auf ihre zukünftigen Funktionen und Rollen vorbereitet werden, wesentlich ist die Vorbereitung auf die Veränderung, die sie selbst erfahren, die Veränderung der Beziehung zueinander, auf die plötzliche und radikale Veränderung ihres täglichen Lebens und auf ihre Erziehungsaufgabe. Die Motivation werdender Eltern, Erziehungsmethoden, neue Lebensformen, d. h. andere Verhaltensformen im Umgang mit sich und dem Kind kennenzulernen, erleben und handhaben zu können, ist in den meisten Fällen besonders hoch. Deshalb ist es notwendig, diesen Motivationen ein Aktionsfeld zu bieten. Die Eltern müssen über diese Möglichkeiten informiert werden. Hier liegt eine noch nicht ausgeschöpfte und notwendige Aufgabe der Elternberatung und -schulung.

2.2.3 Schulung

Das Aufgabenfeld weiterbildender Institutionen, vor allem der Volkshochschulen, umfaßt im Bereich der Elternbildung den pädagogischen und den gesundheitlichen Sektor von Erziehung. Viele Eltern tradieren die Strukturen ihrer Erziehung und das Menschenbild ihrer Eltern, und so wird auch das geistig-seelisch-körperliche Gesundheitsverständnis mit geringen Variationen an die nächste Generation weitergegeben. Selbst wenn Eltern neue Wege gehen wollen, bedürfen sie zusätzlich zu ihren bisherigen Erfahrungen und der Bereitschaft, an ihrer Situation etwas zu verändern (die allerdings bei vielen erst geweckt und ausgebildet werden muß), Unterstützung. Etwa durch ein breitgefächertes Schulungsprogramm, das folgende Leistungen erbringen sollte: 1. Motivierungsarbeit, 2. Informationsvermittlung durch Aufklärungsarbeit im Hinblick auf Zusammenhänge zwischen Erziehungskonzept und Gesundheitskonzept (das Gesundheitsvorsorge-, Pflege- und Förderung einschließt) und deren psychologisch-anthropologischen Hintergründe, 3. Vorbereitung auf die Praxis, d. h. Erfahrungsvermittlung über das eigene Erleben. Curricula, die von den erforderlichen Inhalten und der Situation der jeweiligen Zielgruppe bestimmt sind, ja am besten mit der jeweiligen Zielgruppe erarbeitet und konzipiert werden, wären erforderlich. Die Eltern in einer solchen Lerngruppe konsultieren den »Dozenten als Experten« (*Siebert*, 1973) und können auf diese Weise das für sie Notwendige aktiv erwerben. Ein solches vom rezeptiven

Konsumentenstil herkömmlicher Bildungsangebote abgehendes Verfahren ist dem Lernwillen Erwachsener angemessener und damit auch effektiver.

Darüber hinaus sollten weitere Ansätze zur Vorbereitung auf die Erziehungsaufgaben schon in der Schule eingeplant werden. Im Rahmen des lebenskundlichen Unterrichts kann schon hier das Angebot von Information und neuen Formen des Umgangs prägende Wirkung haben. Bei den Kindern, die letztlich keine anderen Vorbilder als ihre eigenen Eltern haben, muß die Motivation, andere Möglichkeiten des Miteinander-Umgehens kennenzulernen, sofern nicht vorhanden, geweckt werden. Aufgrund ihrer oftmals kritischen Einstellung gegenüber dem Erziehungsverhalten der eigenen Eltern entstehen jedoch schon Bedürfnisse nach Veränderung (»Wenn ich einmal Mutter bin, mache ich das ganz anders«, »Ich werde meine eigenen Kinder später anders, besser erziehen«), die mit integrativen Methoden aufgegriffen und bearbeitet werden können, z. B. im Puppenspiel, psychodramatischen Rollenspiel, Gestalt. Die Kinder werden so mit Alternativen außerhalb ihrer eigenen Möglichkeiten in Kontakt gebracht, kurz: die Basis für ihre Entwicklung zum Eltern-Werden wird gelegt. Nur wenn mehrere Möglichkeiten bewußt erfahren werden, läßt sich eine echte Entscheidung für eine bestimmte Erziehung treffen.

2.2.4 Elternarbeit und Schule[5]

Dem klassischen Problem zwischen Schule und Elternhaus wird auch in der Integrativen Erziehung besondere Beachtung geschenkt. Denn beide Sozialisationsfelder im Lebenskontinuum des Kindes können, wenn sie gegeneinander stehen, sich gegenseitig blockieren und im Kind Spannungen und Zerrissenheit fördern. Nach dem Synergieprinzip der Integrativen Pädagogik, das heißt dem Prinzip des optimalen Zusammenspiels aller in einem System (Feld oder Kontinuum) wirksamen Kräfte (*Petzold*, 1974), müssen Schule und Elternhaus im Hinblick auf die übergeordneten Erziehungsziele und auf die Erziehungsstile zusammenwirken, um Diskrepanzerlebnisse zu vermeiden. Der Elternarbeit kommt in der Integrativen Schulpädagogik eine besondere Bedeutung zu. Die »akademischen« Pädagogen können den Eltern bei speziellen Fragestellungen helfen, und beide, Eltern und Lehrer, können an der gemeinsamen Aufgabe der Integrativen Erziehung des jeweiligen Kindes zusammenarbeiten. Die Persönlichkeit eines jeden Kindes stellt an Eltern und Lehrer eine jeweils neue, einzigartige Aufgabe, für die keine Patentrezepte angewandt werden können, sondern an der alle am Erziehungsprozeß Beteiligten im Zusammenwirken (Synergie) ihrer Kompetenzen und ihres Engagements mitwirken müssen.

Es ist zu hoffen, daß die Bedeutung, die den Eltern als »integrativen Erziehern« zukommt, sich im Bewußtsein der Lehrer immer stärker durchsetzen wird. Eine Schule, die »gegen die Eltern« und gegen die Kinder erzieht, ist letztlich zum Scheitern oder zu unbefriedigenden Ergebnissen verurteilt. Elternarbeit gehört daher zu einer sinnvollen Schulpädagogik. Das Scheitern zahlreicher Programme kompensatorischer Erziehung hat ja wesentlich seinen Grund in der Tatsache, daß die Eltern und damit das Alltagsfeld nicht in die pädagogischen Bemühungen einbezogen wurden.

Anmerkungen

1 Integrative Therapie – *Petzold,* Gestalttherapie – *Perls,* Psychodrama – *Moreno,* Bioenergetik – *Lowen,* Transaktionsanalyse – *Berne,* Gesprächstherapie – *Rogers,* Themenzentrierte Interaktion – *Cohn.*
2 Vgl.: *Erikson, Spitz, Bowlby, Montagu, Heiliger, Gottschalch, Stierlin, Richter.*
3 Siehe: *Claessens, Huch, Gottschalch, Rolff.*
4 Der folgende Abschnitt lehnt sich an *Petzold, H.,* 1974a, an.
5 Der folgende Abschnitt basiert auf *Petzold,* 1974a.

Literatur

Allen, D. T., Psychodrama in the family, in: Group Psychotherapy, 1/2 (1954) 167–177.
Ammon, G., Die Rolle des Körpers in der Psychoanalyse, in: Integrative Therapie 2/3 (1975) 58–76.
Axline, V., Kinderspieltherapie, München 1975.
Bach, G., Goldberg, H., Keine Angst vor Aggressionen, Düsseldorf 1975.
Bach, G., Wyden, P., Streiten verbindet, Düsseldorf 1976.
Bandura, A., Lernen am Modell, Stuttgart 1976.
Berne, E., Spiele der Erwachsenen, Hamburg 1967.
–, Was sagen Sie, nachdem Sie Guten Tag gesagt haben?, München 1975.
Bowlby, J., Bindung, München 1975.
–, Trennung, München 1976.
Braunmühl, v. E., Antipädagogik, Weinheim 1976.
Brown, G., Human Teaching for Human learning, New York 1976.
Brown, G., Petzold, H., Gefühl und Aktion. Gewaltmethoden im integrativen Unterricht, Frankfurt 1977.
Brown, M., Ein Vergleich zwischen direkter Körperkontakt-Psychotherapie und *Janovs* Primär-Therapie, in: Integrative Therapie 2/3 (1975) 90–101.
Claessens, D., Familiensoziologie, Frankfurt 1973.
Cohn, R., Von der Psychoanalyse zur Themenzentrierten Interaktion, Stuttgart 1975.
Dienelt, K., Pädagogische Anthropologie, München 1970.
Dimond, S., The Double Brain, Baltimore 1972.
Eccles, J. C., Das Gehirn des Menschen, München 1975.
English, F., Aufsätze und Vorträge, in: *Petzold/Paula,* 1975.
Erikson, E., Kindheit und Gesellschaft, Stuttgart 1974.
Goffman, E., Interaktion: Spaß am Spiel. Rollendistanz, München 1963.
Gordon, Th., Familienkonferenz, Hamburg 1974.
Gottschalch, W., Sozialisationsforschung, Frankfurt 1971.
Heiliger, A., Angst, Stuttgart 1972.
Huch, K. J., Einübung in die Klassengesellschaft, Frankfurt 1972.

Keleman, St., Körpersprache und Körpertherapie, in: Integrative Therapie 2/3, 146–158.
Kempler, W., Grundzüge der Gestaltfamilientherapie, Stuttgart 1975.
Kottwitz, G., Transaktionsanalytische Familientherapie, in: Integrative Therapie 1 (1976) 18.
Kwon, J. H., Zen-Kunst der Selbstverteidigung, München 1976.
Lowen, A., Bioenergetik, München 1976.
Montagu, A., Körperkontakt, Stuttgart 1974.
Moreno, J. L., Die Psychiatrie des zwanzigsten Jahrhunderts als Funktion der Universalen Zeit, Raum, Realität und Kosmos, in: *Petzold*, 1972.
Ornstein, R. E., Die Psychologie des Bewußtseins, Köln 1974.
Passons, W., Gestalt Approaches in Counseling, New York 1975.
Perls, F., *Hefferline, R. F.*, *Goodman, P.*, Gestalt Therapy, 1951.
–, Grundlagen der Gestalttherapie, München 1976.
Petzold, H., Angewandtes Psychodrama, Paderborn, 1972, 2. Aufl. 1977.
–, Psychotherapie und Körperdynamik, 1974b.
–, Gestalttherapie und Psychodrama, Kassel 1973.
–, Thymopraktik als körperbezogene Arbeit, in: Integrative Therapie, 2/3, 1975, 115–145.
–, Gestalttherapie und direkte Kommunikation in der Arbeit mit Elterngruppen, in: *H. Petzold* (Hrsg.), Kreativität und Konflikte, Paderborn 1973.
–, Integrative Kindererziehung, unveröffentlichtes Vortragsmanuskript, 1974a.
–, Die neuen Körpertherapien, ersch. 1978 bei Juntermann, Paderborn.
Petzold, H., *Maurer-Groeli, Y.*, Die therapeutische Beziehung in der Gestalttherapie, in: *Battegay, R.*, et al. (Hrsg.), Die therapeutische Beziehung, Bern 1977.
Petzold, H., *Paula, M.*, Transaktions- und Scriptanalyse, Hamburg 1976.
Phillips, A., Integrative Pädagogik, in: *Brown/Petzold*, 1977.
Piaget, J., Psychologie der Intelligenz, Zürich 1948.
–, Nachahmung, Spiel und Traum, Stuttgart 1969.
Richter, H. E., Eltern, Kind, Neurose, Reinbek 1969.
Rogers, C., Die nicht-direktive Beratung, München 1972.
–, Die klient-bezogene Gesprächstherapie, München 1973.
Rolff, H. G., Sozialisation und Auslese in der Schule, Heidelberg 1967.
Satir, V., Selbstwert und Kommunikation, München 1975.
Siebert, H., Erwachsenenbildung, Düsseldorf 1972.
Spitz, R., Vom Säugling zum Kleinkind, Stuttgart 1974.
Stevens, J. O., Die Kunst der Wahrnehmung, München 1975.
Stierlin, H., Von der Psychoanalyse zur Familientherapie, Stuttgart 1975.
Vööbus, K. V., Gegen die Psychotechniker, in: Integrative Therapie 2/3 (1975) 102–109.
Watzlawik, P., Menschliche Kommunikation, Bern 1969.
–, Die Möglichkeit des Anderssein, Bern 1977.

Kapitel 14
Max Stolz

Erfahrungen mit Gestaltmethoden in der Erwachsenenbildung

In der Schweiz sind die Erfahrungen mit Gestaltmethoden in der Erwachsenenbildung relativ jung und haben noch eine geringe Breite. Nachdem gruppendynamische Verfahren und TZI (Themenzentrierte Interaktion) in den letzten Jahren langsam Fuß gefaßt haben, stehen wir mit der Verwendung gestalttherapeutischer Mittel erst am Anfang. Vielleicht kann dieser Beitrag mithelfen, einige Wirkungen und Möglichkeiten gestaltischen Arbeitens im Bereich der Erwachsenenbildung bekannter zu machen. Jedenfalls bin ich der Ansicht, daß die Integration des ideellen Hintergrundes und gestaltischer Techniken eine wesentliche Bereicherung im Methodischen und in bezug auf die Ausrichtung der ganzen Erwachsenenbildung ist.

In der Folge versuche ich, einzelne Veranstaltungen darzustellen und die Erfahrungen herauszukristallisieren.

I. Ort, Art und Häufigkeit der Veranstaltungen

1. Das Evangelische Tagungs- und Studienzentrum Boldern, Männedorf

Das Zentrum befaßt sich mit aktuellen politischen, zwischenmenschlichen, individuellen und kirchlich-theologischen Problemen, wobei die Akzente auf dem sozialethischen Bereich liegen. Die sechs vollamtlichen Studienleiter, wovon jeder eine andere Ausbildung hat (Theologie, Ökonomie, Sozialarbeit), planen und realisieren als Gruppe die Aktivitäten. Auf interdisziplinäre Zusammenarbeit und das Einbringen verschiedenster fachlicher Gesichtspunkte wird großer Wert gelegt. Der Einbezug gestaltischen Denkens und gestaltischer Techniken ist vorderhand beschränkt auf die Bereiche: Arbeit mit Jugendlichen, Kreativität und Persönlichkeitsentfaltung und Gesprächsführung. In der Leitungsgruppe sind Konflikte entstanden um die Auffassung über das Hier und Jetzt, Eigenverantwortlichkeit, das »Evangelische«, die Rolle des Leiters in der Gruppe (»Guru«?, »Anheizer«?, »Befreier«?) und die Ziele von Erwachsenenbildung. Trotz permanenter Konflikte sind aber zahlreiche Gedanken und methodische Mittel in den anderen Arbeitsbereichen mit Erfolg integriert worden, so daß der Ansatz als solcher anerkannt und wegen seiner innovativen Kraft geschätzt wird.

Das etwas plötzliche Umstellen vom üblichen Tagungsstil zu intensiven emotionalen Prozessen führte anfänglich nicht nur in der Gruppe der Studienleiter zu Reaktionen, sondern auch bei den Angestellten (Sekretariat, Küche, Zimmerdienst). Schreie, Weinen, bemalte Körper und andere Manifestationen der Teilnehmer stießen zunächst auf Erstaunen, Unverständnis, Erschrecken oder Ablehnung. Mit der Zeit ist das Verständnis jedoch erheblich gewachsen, wenn sich auch das Problem des Verstehens ohne eigene Erfahrungen in diesem Bereich nie ganz lösen läßt – das ist die Kehrseite eines Verfahrens, das so viel Gewicht auf die eigene Erfahrung legt! Ein Ziel ist deshalb auch, alle am Zentrum Boldern beteiligten Personen in die Arbeit einzubeziehen.

2. Art und Häufigkeit der Veranstaltungen

Seit 1973 finden Veranstaltungen verschiedener Art statt, die gestaltische Elemente einbeziehen. Es sind dies Gesprächsführungskurse, Lebenskundliche Arbeitswochen für Lehrlinge und Lehrtöchter im dritten oder vierten Lehrjahr, kreative Wochenenden und kreative Ferienwochen für Familien. Zunehmend wurden auch in stärker kognitiv orientierten Tagungen Elemente aus dem Gestaltbereich mit Erfolg einbezogen. Allerdings stellt die Synthese zwischen kognitiven und emotionalen Elementen an Tagungen und Kursen immer wieder ein schwieriges Problem dar, weil die Tagungsteilnehmer ihren emotionalen Bereich abschützen und Mühe haben, von den traditionellen Erwartungen in bezug auf Tagungen und Kurse wegzukommen. Allerdings läßt sich auch hier eine langsame Veränderung zu mehr Offenheit im Persönlichen und auch zu neuen Kursexperimenten hin feststellen.

Um einen präziseren Eindruck von der Art unserer Angebote zu geben, greife ich die Kreativen Wochenenden und die Lebenskundliche Arbeitswoche für Lehrlinge und Lehrtöchter heraus und gebe eine kurze Beschreibung.

»Lehrlingswoche«

Ich gebe am besten die Innenseite des offiziellen Programmes wieder, weil es den ungefähren Rahmen aufzeigt. (Siehe Tabelle nächste Seite.)

Dieses Programm ist zu verstehen als weitgefaßte und flexible Leitlinie, die nicht nur von den Themen, sondern ebensosehr durch den Gruppenprozeß bestimmt wird. Verwendet werden neben verschiedenen Warming-up-Techniken sehr viele kreative Mittel wie Farben, Ton, Collagen, Rollenspiele (Hot seat und Soziodrama, manchmal auch Elemente des Psychodramas), Musik und Bewegung, Entspannungsübungen, wobei die Themen einerseits auf die persönlichen Probleme (Eltern, Sexualität) und andererseits auf das soziale Umfeld (Freizeit, Arbeitswelt) ausgerichtet sind.

Teilnehmer sind Lehrlinge und Lehrtöchter aus kleinen bis mittleren Be-

Ablauf der Woche (Änderungen vorbehalten)

	Montag	Dienstag	Mittwoch	Donnerstag	Freitag	Samstag
9.00	Ankunft Zimmerbezug *Eröffnung* Ziele der Woche Arbeitsweise Gruppenbildung	*Lebensräume* Familie Beziehungen Freizeit	Freundschaft – Liebe – Sexualität	Soziale Probleme und Verantwortlichkeit Sinn des Lebens	*Wir greifen ein aktuelles Thema heraus* Arbeitslosigkeit Umweltschutz Massenmedien Konsumverhalten	*Auswertung* Gespräch über die Erfahrungen und Ergebnisse dieser Woche
14.00	*Sport* Volleyball Fußball Tischtennis Vita-Parcours	*Sport*	*Sport*	Soziale Probleme und Verantwortlichkeit Heimbesuch	*Sport*	*Tagesablauf* 8.15 Frühstück 9.00 Arbeit in den Gruppen 12.15 Mittagessen 14.00 Sport 15.45 Zvieri 16.15 Arbeit in den Gruppen 18.15 Nachtessen 19.30 Weiterarbeit 23.00 Nachtruhe
16.15	*Wir lernen uns kennen* Gruppengespräch	*Lebensräume* Freundschaft – Liebe – Sexualität	*Unsere Arbeitswelt* aktuelle Probleme		Weiterarbeit am Thema	
19.30	Wir gestalten die Erlebnisse des Nachmittags	Weiterarbeit am Thema	kreativer Abend	freier Abend	kreativer Abend	

trieben aller Branchen. Zu allen Firmen bestehen mehr oder weniger lose Kontakte über mehrere Jahre hindurch.

Daneben veranstalten wir seit 1973 die sogenannten »kreativen Wochenenden«. Ursprünglich wurden einzelne Wochenenden als einmalige Erfahrung angeboten, später Doppelwochenenden im Abstand von ungefähr 5 Wochen. Angesprochen wurden während etwa drei Jahren immer ungefähr die gleichen Leute, um eine gewisse Kontinuität zu ermöglichen. Angesprochen werden besonders Lehrlinge, Jungarbeiter, Hausfrauen, Lehrer und Angehörige sozialer Berufe, wobei wir bei der letzten Kategorie nur eine ganz beschränkte Anzahl von Personen zulassen. Meistens ist bei diesen Personen auch ein Anspruch auf berufliches Lernen verbunden, und das kann in diesem Rahmen nicht angemessen erfolgen.

II. Die Teilnehmer

Wir richten uns vorwiegend an Personen, die bildungsmäßig eher unterprivilegiert sind und wenig Möglichkeiten haben, aus Bildungs- und/oder finanziellen Gründen an ähnlichen Angeboten teilzunehmen. Durch Zuschüsse der Kirche und von privater Seite sind wir in der Lage, ein relativ günstiges Angebot zu machen. Ein weiteres Kriterium für die Auswahl der Teilnehmer ist die soziale und berufliche Durchmischung. Eine typische Gruppe könnte z. B. bestehen aus 3 Lehrlingen der Metallbranche, 1 kaufmännische Lehrtochter (alle 19), 1 Sozialarbeiter (35), 1 Kindergärtnerin (26), 2 Hausfrauen (30 + 45), 1 Sekretärin (29), 1 Drucker (28), 1 Architekt (40), 1 Chauffeur (24), 1 alleinstehende Mutter (Verkäuferin, 33), 1 Lokomotivführer (40).

Die heterogene Zusammensetzung ermöglicht eine Vielfalt von Interaktionsmöglichkeiten und Kontakten über den eigenen Lebenskreis und die Sozialschicht hinaus. Machtprobleme, Unterlegenheit – Überlegenheitsgefühle kommen häufig auf und können verarbeitet werden. Die Durchmischung ist uns sehr wichtig, und wir teilen die Ansicht von *K. D. Benne*[1]:

> »Solange Menschen fortfahren, ihre Ideen und Werte lediglich an den Auffassungen und Meinungen des Segmentes ihrer spezifischen Gesellschaftsschicht zu messen, werden die Kommunikationsbarrieren weiter aufrechterhalten und verstärkt. Der Aufbau und die Entwicklung derartiger Lern-, Planungs- und Aktionsgruppen, die für den einzelnen persönlich bedeutungsvoll sind, stellen ein Mittel bereit, diese Barrieren zu überbrücken und zu einer rational gegründeten Gemeinschaft in unserer fragmentierten Gesellschaft zu gelangen.«

Die Motivationen für die Teilnahme sind sehr vielfältig: Etwas Tiefes erleben, aus dem Alltagstramp herauskommen, Anregungen für die Lebensgestaltung erhalten, aktuelle persönliche Belastungen aus Lebenskrisen (Verlust einer geliebten Person, Entlassung am Arbeitsort, depressive Zustände ohne vordergründigen Anlaß), sich selber besser kennenlernen, den eigenen Bekanntenkreis ausweiten sind, soweit geäußert und erkennbar, sehr häufig Gründe zur Teilnahme. Die meisten Teilnehmer erreichen wir über »Mund-zu-Mund-Propaganda« und weniger über Programme und Ausschreibungen. Die Teilnehmer sind auf diesem Weg am besten zu motivieren, weil der Widerstand, aus üblichen Freizeitgewohnheiten auszubrechen, sehr stark zu sein scheint. Die einmal angesprochenen Teilnehmer nehmen meistens an späteren Angeboten wiederum teil und dies auf Jahre hinaus. Die Gründe hierfür sind vielfältig. Zentral ist jedenfalls, daß wichtige Bedürfnisse (Problemlösung, Freude, Intensität, Anstöße für »neues« Leben) erfüllt werden und die Motivation dadurch verstärkt wird. Die eigenen Erfahrungen und diejenigen ähnlicher Einrichtungen zeigen, daß es sehr schwierig ist, Teilnehmer der unteren Mittelschicht oder der Unterschicht für Kurse dieser Art zu motivieren, obwohl ein großes psychisches Defizit besteht. Wir sind der Ansicht, daß die Verwendung von gestaltischen Konzepten einen wesentlichen Anteil hat, Leute dieser Schichten überhaupt anzusprechen. Wir werden im Kapitel »Möglichkeiten und Wirkungen gestalttherapeutischer Arbeit« darauf zurückkommen.

III. Therapie für Gesunde?

In der Erwachsenenbildung von Therapie zu sprechen ist ungewohnt. Die meisten Erwachsenenbildner stellen sich vor, daß sie mit gesunden oder relativ gesunden Personen arbeiten, welche keiner Therapie bedürfen. Bei kritischer Betrachtung würde ich jedoch das beschriebene Teilnehmerfeld eher als eine Mischung von Gesunden mit einem großen Prozentsatz »normalkranker« Menschen bezeichnen. Arbeits-, Wohn- und Kommunikationsstrukturen und die gehabte Erziehung wirken häufig so zusammen auf den »normalen« Menschen ein, daß eine Art »Normal-Krankheit« entsteht, ein Zustand, in welchem der einzelne zwar mehr oder weniger den äußeren Ansprüchen in Arbeit, Familie und Freizeit genügt, jedoch an weitverbreiteten, tolerierten Symptomen leidet. Solche Symptome sind etwa: Freudlosigkeit, Gleichgültigkeit, menschliche Isolation, Nervosität, häufiges Kopfweh oder Schmerzen im Verdauungstrakt, Übergewicht, rigider Körper (chronisch verspannte Muskulatur), schwache, unregelmäßige Atmung, mehr oder weniger stark herabgesetzte Orgasmusfähigkeit, Fehlen einer Glaubensüberzeugung, zwanghafte Verhaltensweisen, starke Fremdbestimmtheit, starkes Dominanzstreben, Gespaltenheit zwischen Körper, Gefühl und Intellekt, herabgesetzte Responsefähigkeit. Die Reihe der Symptome könnte noch erweitert werden. Es geht uns jedoch nicht um eine genaue Symptombeschreibung, sondern um den Hinweis, daß die Menschen, mit welchen wir es in der Erwachsenenbildung zu tun haben, häufig an mehr oder weniger starken Symptomen leiden, die weit verbreitet sind und deshalb als normal – und damit als nicht pathologisch – hingenommen werden. Die Konsequenzen daraus liegen auf zwei Ebenen: Erstens sollte in der Erwachsenenbildung auf Veränderungen in der ganzen Gesellschaft hingewirkt werden, damit solche weitverbreiteten Symptome nicht entstehen oder perpetuiert werden, und zweitens kann Erwachsenenbildung einen wichtigen Beitrag zur Prävention leisten. Bildung bzw. Therapie sollte dabei verstanden werden als ein Weg zur Selbstverwirklichung im individuellen wie im gesellschaftlichen Sinn. Bildung im emotionalen, kreativen und kommunikativen Bereich sowie der Aufbau sinnvoller Werte stehen im Zentrum einer solchen Arbeit. Jeder Mensch lebt mit irgendwelchen Werten, aber es ist von großer Bedeutung, daß er sich seiner Werte bewußt wird und sich in permanenter Auseinandersetzung mit ihnen voll und ganz dahinterstellt. Der Inflation der Werte kann durch das Erarbeiten eigener persönlicher Vorstellungen gegengesteuert werden.

IV. Möglichkeiten und Wirkungen gestalttherapeutischer Arbeit

Ich möchte diesen Abschnitt wie folgt unterteilen:

1. philosophisch-ideeller Ansatz
2. Techniken

Ich habe die Behauptung aufgestellt, daß Gestalttherapie wesentlich dazu beitrage, Leute aus den erwähnten Sozialschichten überhaupt anzusprechen. Davon ausgehend möchten wir aufgrund der Erfahrungen einzelne Aspekte beleuchten.

1. Der philosophisch-ideelle Hintergrund von Gestalt

Die Teilnehmer an unseren Kursen sind in der Regel Suchende. Sie suchen Lösungen für anstehende persönliche Probleme, sie suchen nach Relevanz und Sinn in ihrem Leben. Sie sind zerrissen von den verschiedenen gegensätzlichen Anforderungen von Beruf, Familie, Freizeit, und die zentrale Frage, welche die meisten (ausgesprochen oder unausgesprochen) beschäftigt, ist die Frage nach dem Sinn ihrer Existenz. Die Gestalttherapie ist zwar keine Heilslehre, welche bequeme und schnelle Lösungen anbietet, aber ihre Wurzeln in der Existentialphilosophie und in der Bewegung der Humanistischen Psychologie stellen einen unmittelbaren Bezug zu diesen Fragen her. Sie bietet außerdem eine Methodologie an, um einen Weg zu gehen, der zum Sinn hinführt. Die grundsätzlich positive Haltung gegenüber der Kraft des Individuums, ein eigenverantwortliches Leben zu schaffen, impliziert einen Grundton von Hoffnung für den einzelnen Menschen. Dies ist von außerordentlicher Bedeutung, da die Tagungsteilnehmer sehr weitgehend geprägt sind durch frühzeitige Resignation, Determiniertheit und einem Mangel an kreativen Kräften für die Lebensgestaltung. Die positive Sicht drückt *E. E. Cummings* treffend aus[2]:

»... und denken Sie nur an das eine: daß Sie es sind – niemand sonst –, der Ihr Schicksal bestimmt und Ihr Geschick entscheidet. Niemand anders kann für Sie leben; noch können Sie für jemand anderen leben. Toms können Dicks sein, und Dicks können Harrys sein, aber keiner von ihnen kann jemals Sie sein. Hier liegt die Verantwortung des Künstlers, ja die ungeheuerlichste Verantwortung, die es überhaupt auf Erden gibt. Wenn Sie sie übernehmen können, tun Sie's – und seien Sie der, der Sie sind! Wenn Sie es nicht können, seien Sie guten Muts und befassen Sie sich mit den Angelegenheiten anderer Leute; und tun Sie's (oder lassen Sie's), bis es Ihnen reicht!«

Ein weiterer wesentlicher Gesichtspunkt scheint mir die Entwicklung einer Ethik zu sein, welche nicht eine entwicklungshemmende Normethik fördert, sondern eine verantwortungsvolle Situationsethik postuliert. Wir zitieren hier *Charlotte Bühler* und *Melanie Allen*[3]:

»Wenn auch postuliert wird, daß das Individuum selbst die größte Verantwortung für sein eigenes Leben trägt, sollte dies nicht als ein Rat betrachtet werden, sich zu isolieren und sich ohne Rücksicht auf die Realität auf sich selbst zurückzuziehen. Das eigene Subjektsein zu akzeptieren und als Anspruch aufrechtzuerhalten ist der erste notwendige Schritt auf dem Wege zu einer echten Begegnung mit einem anderen Menschen. Es bedeutet, sich für sein eigenes Handeln und Erleben verantwortlich zu fühlen und ist nicht als Freibrief gemeint, sich gehenzulassen.«

2. »Das Ideal für die zwischenmenschlichen Beziehungen ist das der Gleichwertigkeit zwischen Menschen, von denen jeder ein Subjekt für sich ist und die Werte und das Subjektsein des anderen anerkennt und achtet.« *Bugental* weist darauf hin, daß dies *Martin Bubers* »Ich–Du«-Beziehung ist (1958).

3. Die humanistische Ethik stellt eine existentielle oder »Hier-und-Jetzt«-Perspektive auf und betont damit, daß »man immer nur im gegenwärtigen Augenblick lebt«. Dieser Begriff der Vitalität, wie sie jedem vorüberziehenden Augenblick innewohnt, wird zum Ausdruck gebracht, »wenn ein Mensch so gut wie möglich zu erkennen sucht, was er in jedem einzelnen Moment erlebt und was es mit der Situation, in der er sich befindet, in Wahrheit auf sich hat«.

4. Die Humanistische Ethik erkennt an, daß nichthedonistische Gefühle »wie Schmerz, Konflikte, Kummer, Zorn und Schuld zum menschlichen Leben gehören, daß sie verstanden und sogar geschätzt, nicht verdrängt und versteckt werden müssen«. *Bugental* betont, daß Gefühlsausdruck nicht einfach eine »desorganisierte Reaktion« ist, sondern für das Leben eines Menschen im Gegenteil eine »Erlebnisbedeutung« hat.

5. Menschen, die sich die humanistische Ethik wirklich angeeignet haben, suchen alle nach »wachstumsfördernden Erlebnissen«.

Die hier vertretenen ethischen Haltungen haben eine zentrale Bedeutung, die nicht durch ethische Appelle oder Vorträge, sondern durch die Erfahrungen in der gestalttherapeutischen Arbeit einsichtig wird. Ihre Auswirkungen sind dadurch konkret erfahrbar und überprüfbar in den Gruppen. Meistens wirken sie sich auch im Sinne einer Befreiung von verinnerlichten Zwängen und Normen aus und nehmen korrigierenden Einfluß auf die Strukturen der gegenwärtigen Gesellschaft, »die der Erhaltung eines reichen und kraftvollen Lebens abträglich sind«[4].

Die Verbindung der Gestalttherapie mit diesem hier angedeuteten philosophischen und ethischen Hintergrund halte ich für außerordentlich wertvoll, weil sie die konkrete Lebenssituation der Kursteilnehmer direkt anspricht und Fragestellungen einbringt, welche als grundlegend empfunden werden. Die Zielsetzung der Selbstverwirklichung (vgl. *Maslow,* Psychologie des Seins, 14) sollte für die Erwachsenenbildung ein zentrales Anliegen sein, einschließlich der Bildung von Werten und einer emotionalen Kultur.

2. Techniken

Der Einbezug gestaltischer Denkweisen und Techniken erfolgte bei uns schrittweise und im Zusammenhang mit Techniken aus der Encounter-Bewegung, gruppendynamischen Laboratoriumsmethoden und der TZI-Methode, die von *R. Cohn* entwickelt wurde. Es hat sich gezeigt, daß ein stark eklektischer Ansatz die Gruppenleiter wie die Teilnehmer in Spannungen und Verwirrungen stürzen kann und die Übertragbarkeit der Erfahrungen in den Alltag herabsetzt. Der Gestaltansatz erscheint mir genügend breit zu sein, direkt auf die Probleme der Teilnehmer zu antworten und die eigenen Entwicklungen in ein präziseres und doch umfassendes Konzept einzubeziehen.

Zur Zeit werden folgende Techniken angewandt:

a) Einstimmungs- und Warming-up-Techniken
b) Awareness-Training
c) Kreativitätstraining
d) Körper- und Entspannungsübungen
e) »hot seat«

Wir geben hier kurz einige Verwendungsarten und Erfahrungen zu diesen Techniken wieder:

a) Einstimmungs- und Warming-up-Techniken

Diese Techniken dienen dazu, die Teilnehmer in der Anfangssituation der Gruppe zum Hier und Jetzt (unser Zentrum, die Gruppe, die eigenen Gefühle gerade jetzt) zu führen. Viele Teilnehmer sind noch mit Situationen beschäftigt, die unmittelbar vorher waren oder besonders prägnant sind. Es geht buchstäblich darum, die Teilnehmer »dort abzuholen, wo sie sind«, und ihnen bewußtzumachen, was für jeden einzelnen im Vordergrund steht. Daraus resultiert »Material«, das anschließend bearbeitet werden kann. Ein zweiter Zweck ist das Kennenlernen der anderen Gruppenteilnehmer. Erfahrungsgemäß ist es sehr wichtig, die Teilnehmer miteinander vertraut zu machen und dadurch den Angstpegel zu senken. Manche Teilnehmer stehen am Anfang vor dem Dilemma, daß sie eine Situation sehr beschäftigt, diese aber noch nicht in die Gruppe einbringen wollen, weil noch ein zu großer Abstand zu den anderen Gruppenmitgliedern besteht.

Das Überwinden solcher Barrieren fördert den Gruppenprozeß und ist ein Ziel der Warming-up-Techniken. Einstimmungstechniken werden verwendet, um in Kontakt zu kommen, z. B. mit einem Thema (z. B. Sexualität, Arbeit), oder um das Arbeiten mit Ton, Farbe, Stimme vorzubereiten.

Ein Beispiel, wie etwa vorgegangen werden kann, ist das folgende: Nach einem vollen Arbeitstag beginnt ein Kurs von 24 Stunden. Der Gruppenleiter fordert die Teilnehmer auf, die Augen zu schließen, tief zu atmen, auf den Körper zu achten und die Position auf dem Stuhl zu verändern, wenn der Körper solche Signale gibt. Sind die Teilnehmer ruhig geworden, schlägt der Leiter vor, daß jeder Teilnehmer sich den heutigen Tag wie einen Film »ansieht« und am Schluß wahrzunehmen versucht, wie er sich jetzt gerade fühlt. Die Gruppe tauscht dann die Erfahrungen und Gedanken aus. Häufig zeigen sich Probleme mit der Arbeit, mit der Familie oder länger anstehende Konflikte. Mit diesem Material kann gearbeitet werden, und ein Einstieg hat sich ohne allzu großen Druck ergeben.

b) Awareness-Training

Viele Teilnehmer unserer Kurse kommen erstmals mit dem in der Gestalttherapie zentralen Konzept des Hier und Jetzt in Berührung. In der Gestalttherapie ist das Hier und Jetzt Teil einer Grundüberzeugung, eine Art Lebensprinzip. Die Intention unserer Kurse ist es, die Teilnehmer über die eigene Erfahrung damit vertraut zu machen. Allerdings gehen wir nicht von einem engen Hier-und-Jetzt-Begriff aus. *Polster*[5] meint hierzu:

»Zwei grundlegende Paradoxe verdunkeln die Dynamik der Gegenwart als die hervorragende Lebensgrundlage: Erstens betrachtet die Gestalttherapie die Vorgänge des Erinnerns und Planens als gegenwärtige Funktionen, obwohl sie sich auf Vergangenheit und Zukunft beziehen. Zweitens beschäftigen wir uns auch mit Fragen, die über die direkte interpersonale Konfrontation hinausgehen und sich auf viele wichtige Themen beziehen, wie z. B. Vietnam, Städteplanung, Freundschaft, Regierung, Rassismus usw.«

Die gesamte Arbeit in der Gestalttherapie findet im Hier und Jetzt statt. Zusätzlich werden jedoch spezifische Übungsmöglichkeiten angeboten, wie sie etwa von *J. O. Stevens*[6] beschrieben werden. Es geht darum, die Sinneswahrnehmungen bewußtzumachen und zu schulen und die Dimensionen von Wahrnehmung zu erfahren (Wahrnehmung der äußeren Welt, Wahrnehmung der inneren Welt, Wahrnehmung, die sich auf die Aktivität der Phantasie gründet). »Awareness«, Bewußtheit – Wahrnehmung, ist deshalb so wichtig, weil die Probleme der Teilnehmer gerade aus der Blockierung und dem Mangel an Wahrnehmung – Bewußtheit entstehen[7].

Ein Beispiel einer solchen Übung ist folgendes[8]:

Pendeln

Versuchen Sie bitte, einige Minuten lang zwischen der Wahrnehmung innerer Empfindungen und äußerer Objekte hin und her zu pendeln. Zuerst richten Sie die Aufmerksamkeit auf irgend etwas in Ihrer Umgebung ... dann auf die eine oder andere physische Empfindung innerhalb Ihres

Körpers ... Lassen Sie Ihre Wahrnehmung zwischen inneren und äußeren Vorgängen hin und her pendeln ... Gleichzeitig beachten Sie den Fluß Ihrer Wahrnehmung, die Unterbrechungen dieses Flusses und die Verbindung zwischen den Eindrücken, die aufeinander folgen. Wiederholen Sie die Übung und versuchen Sie, mehr von den Beziehungen zu erfahren, die zwischen der Wahrnehmung der Sie umgebenden äußeren Welt und dem Erleben innerer Vorgänge bestehen ...

Setzen Sie das Pendeln fort, und versuchen Sie nun, die Wahrnehmung innerer Vorgänge als »Antwort« auf äußere Eindrücke zu betrachten. Fassen Sie etwas Äußeres ins Auge, sagen Sie dann: »Und meine Antwort hierauf ist –«, und fügen Sie hinzu, was Sie empfinden, wenn Sie nun auf die innere Reaktion zurückpendeln. Z. B.: »Ich sehe einen dicken, weichen Teppich, und meine Antwort darauf ist ein entspanntes Gefühl in meinen Beinen.« Üben Sie dies ...

c) Kreativitätstraining

Das Kreativitätstraining nimmt bei uns einen ziemlich großen Raum ein[9], weil es einerseits einem Bedürfnis entspricht und andererseits ein weites Feld von interessanten Möglichkeiten des Arbeitens erschließt. So verwenden wir im wesentlichen folgende Techniken: »Malen«: Gestalten mit Farben (mit Pinsel, Finger, Händen), Arbeiten mit Ton, Gestalten mit verschiedenen Materialien (Papier, Holz, Abfälle usw.), Phantasietechniken, Musik und Bewegung, Arbeiten mit der Stimme, Entspannungs- und Körperübungen. Kreativtechniken bieten Möglichkeiten der Selbstdarstellung und der vielfältigen Expression. Hier vollzieht sich Leben und werden neue Richtungen von Lebensmöglichkeiten entdeckt. Eine wesentliche Komponente des Kreativitätstrainings ist das Spiel in seinen verschiedensten Formen. »Spiel (beinahe) ohne Grenzen« eröffnet einen ungewohnten unermeßlichen Raum für Gefühle, Verhalten, Denken. Das Erleben von Freude, Faszination, Ganzsein fördert das Ausschöpfen vieler neuer Lebensmöglichkeiten und stellt in sich ein Stück einmaligen Lebens dar. Viele Teilnehmer empfinden eine tiefe Freude am Spiel und erkennen, wie sehr sie durch die Anforderungen der »Leistungsgesellschaft« (Beruf, Lehre, Studium) sich von faszinierenden Möglichkeiten des Lebens entfernt haben.

Hier ein Beispiel der Arbeitsweise beim »Malen«: Die Teilnehmer heften ein großes Blatt Papier auf Brusthöhe an die Wand. Es sind Pinsel und 12 Farben zur Verfügung. Jeder Teilnehmer malt, was er gerade will. Jemand malt ein Haus, ein anderer spielt mit verschiedenen Farben. Das Ziel ist nicht, etwas formal Schönes zu gestalten, sondern sich in dieser Form frei auszudrücken. Wenn ein Bild einen Teilnehmer stark anspricht, kann er mit ihm arbeiten, etwa in Form eines Dialogs: »Ich bin mein Bild und ...«, oder er kann sein Bild mit Bewegungen oder mit Lauten in einer anderen Form ausdrücken und verstehen lernen. Jeder Teil im Bild ist ein Teil der Person und bietet die Möglichkeit zur Integration.

d) Körper- und Entspannungsübungen
Dem Einbeziehen des Körpers in die Arbeit wird zunehmend mehr Bedeutung zugemessen[10], da die meisten Teilnehmer eine ambivalente Beziehung zu ihrer Körperlichkeit haben. Viele Teilnehmer sehen sich ihrem Körper distanziert gegenüber und können sich nicht genügend mit ihm identifizieren etwa im Sinne der Formulierung von *A. Lowen:* »Ich bin mein Körper.« Der Kontakt zum eigenen Körper soll verbessert werden, das Spiel von Spannung und Entspannung wahrgenommen und erlebt werden, so daß Vertrauen und Sicherheit zum eigenen Körper entstehen können. Es bestehen hier auch gute Möglichkeiten und Hilfen, Sexualität ins Ganze der Persönlichkeit zu integrieren. Die Abspaltung der Sexualität von anderen Teilen der Person ist ein häufiges Problem für die Teilnehmer unserer Gruppen.
e) »hot seat« (Gestaltrollenspiel)
Die Technik des leeren Stuhles ist wohl die bekannteste und meistgebräuchlichste in der Gestalttherapie[11]. Sie erlaubt es, in vielfältiger Weise aufkommendes Material zu bearbeiten, und stellt Kontakt zu tiefen Emotionen her, welche für den einzelnen bestimmend wirken. Ich arbeite erst in einer späteren Phase des Gruppenprozesses mit der »hot seat«-Technik, weil ein frühes Aufkommen starker Emotionen bei relativer Distanz der Teilnehmer zueinander für den ganzen Prozeß blockierend wirken kann. Die Angst vor starken Emotionen ist ein kulturelles Erbe, das sich hier deutlich anzeigt. Sind jedoch die Anfangsängste einmal abgebaut und die Grundmuster dieser Technik vertraut, so erweist sie sich als sehr wirkungsvoll. Ich verwende den »hot seat« allerdings nur in Verbindung mit den anderen hier beschriebenen Techniken, wenn prägnantes Material aufkommt und es der guten Kontinuität im Gruppenprozeß entspricht.

V. Der Spannungsbogen zwischen der Lebenswirklichkeit der Teilnehmer und ihren Erfahrungen in den Gruppen

Ein Ziel gestalttherapeutischer Arbeit ist es, im Konzept des Hier und Jetzt den Teilnehmer mit seiner Realität in Kontakt zu bringen. Realität ist ein komplexer Begriff, den wir nach *A. Lowen*[12] so verstehen können:

Realität ist demzufolge die Ganzheit des Menschen einschließlich seines Umweltbezuges. Wenn ein Konzept der Selbstverwirklichung dem Realitätsgedanken zugrunde liegt, gibt es zwei Arten von Realität, nämlich die jetzt gerade vom einzelnen Teilnehmer gelebte und erfahrene und die durch volleres Ausschöpfen der eigentlich zur Verfügung stehenden Potenz jedes einzelnen mögliche.

Unsere Arbeit geschieht im Spannungsfeld zwischen einer statischen und einer dynamischen Realität. Von unserem Menschenbild her betonen wir die Hoffnung auf mögliche Veränderung in allen drei von *Lowen* angeführten Bereichen von Realität. Dadurch geraten wir selber und die Teilnehmer in

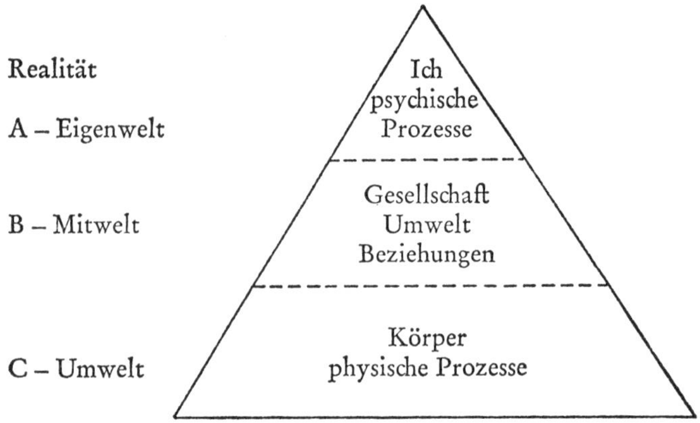

ein nicht zu unterschätzendes Spannungsfeld. Viele unserer Teilnehmer befinden sich beruflich und sozial in einer unteren Position, sind deshalb abhängiger und »bezahlen« für Veränderungen mehr als Leute in höheren Positionen. Das Machtgefälle und die Schärfe der negativen Sanktionen entwickeln sich gegenläufig. Mehr Macht (Ansehen, Geld, Bildung, Verfügungsgewalt) bedeutet mehr Möglichkeiten der Veränderung und weniger harte negative Sanktionen bzw. bessere Möglichkeiten, mit ihnen fertig zu werden. Umgekehrt, z. B. für Lehrlinge sehr deutlich spürbar, bedeutet es für Leute mit niedriger sozialer Position ein viel höheres Risiko, sich zu verändern. Diese Tatsachen sind für unsere Arbeit sehr wichtig, weil wir – in unserem Fall als Gruppenberater – von einer zumeist höheren sozialen Position her denken und handeln als die Gruppenteilnehmer. Wir müssen deshalb großes Gewicht darauf legen, nicht nur eine humanistische Idealwelt in den Gruppen aufzubauen, sondern auch die Probleme durchzuarbeiten, die bei den Teilnehmern durch die Konfrontation der beiden Welten unweigerlich entstehen. Es ist wesentlich, daß die Teilnehmer neues, anderes und überzeugenderes Leben als in ihrem Alltag erfahren – in diesem Sinne ist die Welt innerhalb eines Kurses ganz real. Sie repräsentiert eine mögliche neue Welt und gibt Anlaß zu berechtigter Hoffnung sowohl für das Wachstum der Person als auch von Gruppen und der Gesellschaft. Zu dieser Erfahrung hinzu kommt aber die Tatsache von Zwängen, engen Normen und anti-innovativen Kräften. Sie müssen in unser Verständnis der Realität genügend einbezogen werden, sonst werden wir nicht zu Agenten sinnvoller Veränderung, sondern zu mehr oder weniger interessanten Unterhaltern oder schlechtestenfalls zu Förderern enttäuschter Hoffnungen. Die Gestalttherapie stellt uns innovative Hintergrundideen und wirksame Techniken für Veränderungen zur Verfügung, die zum Aufbau einer faszinierenden Eigenwelt verlocken können, welche nicht einfließt ins tägliche Leben. Die reale Hoffnung auf eine neue Welt muß verbunden – integriert! –

sein mit der schwerer zu bewegenden Alltags-Realität des einzelnen und der Gesellschaft. In diesem Spannungsfeld liegen die faszinierenden Möglichkeiten, die uns Gestalt in der Erwachsenenbildung eröffnet.

Anmerkungen

1 *H. Petzold,* Kreativität und Konflikte. Psychologische Gruppenarbeit mit Erwachsenen, Paderborn 1973.
2 *J. C. Zinker,* in: Integrative Therapie 1 (1975), zit. *E. E. Cummings.*
3 *Ch. Bühler* und *M. Allen,* Einführung in die humanistische Psychologie, Stuttgart 1973, 82.
4 *Ch. Bühler* und *M. Allen,* 83.
5 *E.* und *M. Polster,* Gestalttherapie, München 1975, 21.
6 *J. O. Stevens,* Die Kunst der Wahrnehmung, München 1975, 15 ff.
7 *J. Fagan* und *J. L. Shepherd,* Life Techniques in Gestalttherapy, New York 1973, 3.
8 *Stevens,* 22.
9 Vgl. *K. Martin,* Kreativitätstraining in der Erwachsenenbildung, in: *Petzold,* Kreativität und Konflikte, Paderborn 1973, 223 ff.
10 *Petzold/Bergev,* Integrative Bewegungserziehung, in: *H. Petzold,* Psychotherapie und Körperdynamik, Paderborn 1974, 405.
11 *H. Petzold,* Gestalttherapie und Psychodrama, Kassel 1973.
12 *A. Lowen,* Bioenergetische Analyse – ein totaler Zugang zur Realität, in: Integrative Therapie, Nr. 2/3, 1975.

Kapitel 15
Hilarion G. Petzold

Integrative Geragogik — die Gestaltmethode in der Bildungsarbeit mit alten Menschen

I. Zur Situation der alten Menschen und der Altenbildung

Bildungsarbeit mit alten Menschen ist erst in jüngster Zeit von einer breiteren Öffentlichkeit als Aufgabe und Notwendigkeit erkannt worden (*Sitzmann*, 1970, 1971; *Ruprecht*, 1972). Das »Elend der alten Leute« (*Schenda*, 1972) ist durch eine Reihe engagierter Publikationen aufgezeigt worden (*Beauvoir*, 1972; *Sieber*, 1972; *Amery*, 1971) und hat den Anstoß zu Maßnahmen und Projekten gegeben, die darauf gerichtet sind, die Situation der alten Menschen zu verbessern. Dabei konnte auf eine ausgedehnte Forschungsarbeit der medizinischen, psychologischen und soziologischen Gerontologie zurückgegriffen werden (*Lehr*, 1972; *Tews*, 1971; *Schneider*, 1974; *Birren*, 1974; *Botwinick*, 1975; *Oesterreich*, 1975; *Bellak/Karasu*, 1976). Im pädagogischen und sozialpädagogischen Bereich allerdings sind nur wenige Arbeiten zu verzeichnen. Überlegungen zu einer Theorie der *Geragogik* (*Petzold*, 1965; *Mieskes*, 1970, 1971) stehen erst in den Anfängen und bedürfen weiterer Ausformulierung, Präzisierung und empirischer Forschung (*Vath*, 1973; *Petzold/Bubolz*, 1976; *Rennkamp*, 1976). Auch die Praxis einer Altenbildung, die auf mehr als auf Unterhaltung und Betreuung abzielt, hat noch keine lange Tradition (*Eck/Imboden-Henzi*, 1972; *Kallmeyer* et al., 1976).

Für die Bildungsarbeit mit alten Menschen wirft das Methodenproblem in der Praxis große Schwierigkeiten auf. Der alte Mensch in seinem sozialen Umfeld, mit seiner langen und differenzierten Lerngeschichte und seiner besonderen körperlichen, emotionalen und mnestischen Situation kann nicht mit den Strategien der herkömmlichen Erwachsenenbildung (*Siebert*, 1972; *Knoll*, 1972, 1974) erreicht werden. Er verlangt einen umfassenden theoretischen und methodischen Ansatz, der breit genug ist, der komplexen Wirklichkeit der verschiedenen Gruppen von alten Menschen gerecht zu werden, und der spezifische Handlungsstrategien ermöglicht. In der Theorie der Erwachsenenbildung wird von *Frese* (1976) auf systemtheoretischer Grundlage ein Versuch vorgelegt, der derartigen Anforderungen entsprechen könnte, wenn er durch das Konzept einer »lebenslangen Sozialisation« ergänzt und durch eine Entwicklung von Methoden und Handlungsstrategien noch stärkeren Praxisbezug erhalten könnte. Erwachsenenbildung als Erwachsenensozialisation (*Brim/Wheeler*, 1974; *Griese*, 1976) in einem konkreten gesellschaftlichen und ökonomischen Bezug bietet auch einen entsprechenden theoretischen Ansatz für die Altenbildung. Auch im Alter steht der Mensch in einem kontinuierlichen Sozialisationsprozeß, ganz gleich, ob er nun Wachstum oder Abbau zum Inhalt hat. Das Methodenproblem erhält eine besondere Bedeutung durch die Tatsache, daß der alte Mensch in einer Situation steht, die durch eine »Reduktion in allen Bereichen« gekennzeichnet ist. Neben dem unabänderlichen Abbau physischer Kräfte geht ein Verlust an sozialen Rollen, an Status, Einkommen und Einfluß einher, Einbußen, die man insgesamt als Verlust »sozialer Potenz« bezeichnen kann (*Petzold/Bubolz*, 1976, 134).

Mit dem Eintritt in das Rentenalter, die Aufnahme in ein Altersheim oder die Übersiedlung in ein Altenviertel (*Rose/Peterson*, 1965) erfolgt eine multiple Deprivation: die sozialen Kontakte nehmen ab, das soziale Netzwerk (*social atom, Moreno*, 1947) verarmt, die sensorische und perzeptuelle Stimulierung wird reduziert. Die Folgen einer solchen Situation zeigen sich in einem rapiden Abbau der kognitiven, emotionalen und physischen Funktionen. Die Disuse-Hypothese (*Berkowitz/Green*, 1965) und *Rohrachers* Theorie der Aktivitätshypertrophie und der Inaktivitätsatrophie (1965), nach denen Funktionen, die nicht gebraucht werden, sich zurückbilden, sind durch neurophysiologische Untersuchungen hinreichend belegt (*Olechowski*, 1969).

Der Verlust von Funktionen in allen Bereichen ist für den alten Menschen in erster Linie ein »soziales Schicksal« (*Thomae*, 1968), wie die gerontologische Forschung gezeigt hat. Der Rollen- und Stimulierungsverlust durch die negativen Altersstereotype und die Zuweisung von Altersrollen in unserer Gesellschaft führt bei vielen Menschen zu einer *»Hospitalisierung im Alltagsleben«*.

Da das Problem der alten Menschen ein gesamtgesellschaftliches Problem ist (*Breloer*, 1976), das neben ökonomischen und politischen Aspekten (*Verres–Muckel*, 1974) auch in den in unserer Gesellschaft vorherrschenden anthropologischen Konzeptionen begründet liegt, müssen politische Aktivitäten und eine praxisorientierte Arbeit geleistet werden, die die verschiedenen Zielgruppen unter den alten Menschen mit ihren spezifischen Bedürfnissen zu erreichen und zu aktivieren suchen.

Jede Arbeit mit alten Menschen hat komplexen Charakter. Sie hat neben den Fakten, die durch die Reduktion im körperlichen, emotionalen und kognitiven Bereich gesetzt sind, neben den Defiziten, die als Folge von multipler Deprivation entstanden sind, neben den Stereotypen und Rigiditäten, die aus Rollenentzug und Zuweisung von Altersrollen resultieren, mit Schwierigkeiten zu kämpfen, die die äußeren Faktoren finanzieller Art, Wohnsituation, fehlende oder vorhandene Familienbindungen aufwerfen. Sie hat mit den Vorurteilen der Gesellschaft gegen alte Leute zu tun und mit dem Mißtrauen alter Menschen gegen Maßnahmen, die ihre Situation beeinflussen. Den situativen Einflüssen kommt eine so hohe Bedeutung zu, daß Arbeit mit alten Menschen, ganz gleich ob sie nun aus geragogischer, sozialgeragogischer oder psychotherapeutischer Zielsetzung geschieht, immer auch *Soziotherapie* sein muß.

II. Zur Begründung der Bildungsarbeit mit alten Menschen

Für die Bildungsarbeit mit alten Menschen können drei Argumente ins Feld geführt werden.

1. Das gesellschaftspolitische Argument

Der beständig wachsende Anteil der alten Menschen in unseren Gesellschaften erfordert ihre Integration in das politische und soziale Geschehen, das sie ohnehin als Wählergruppe mitbestimmen.

2. Das ökonomische Argument

Da das Bruttosozialprodukt von einer immer kleiner werdenden Gruppe junger Menschen aufgebracht werden muß, wird es notwendig werden, den alten Menschen so weit aktiv und selbstversorgend zu erhalten, daß eine möglichst minimale Belastung der öffentlichen Haushalte bei einer optimalen Versorgung der Alterspopulation gewährleistet ist.

3. Das humanitäre und sozialhygienische Argument

Die »Deprivation und Hospitalisierung alter Menschen im Alltagsleben«, der Verlust an Rollen und sozialer Potenz führt zu einer Verarmung der Persönlichkeit und schränkt die Möglichkeiten der Selbstverwirklichung ein, sofern nicht neue oder alternative Wege beschritten werden können. Deshalb stellt sich die Humanisierung der Lebenssituation alter Menschen als ethisches und humanitäres Postulat (*Petzold/Bubolz,* 1976, 37 ff.).

III. Der Lebenszusammenhang als pädagogisches Leitprinzip

Ziele, Inhalte, Methoden und Medien für die Bildungsarbeit mit alten Menschen müssen aus dem Lebenszusammenhang der jeweiligen Zielgruppe gewonnen werden. Da es *die* Population der alten Menschen nicht gibt, sondern sehr unterschiedliche Gruppierungen vorhanden sind, ist die Entwicklung fest umrissener Curricula nicht möglich. Da für alte Leute überdies keine von äußeren Instanzen gesetzten Lernziele, z. B. Zertifikate, Diplome, vorgegeben sind, können auch von hier keine Lernziele abgeleitet werden. Die Lernzielformulierung und ihre inhaltliche Bestimmung wird deshalb von drei Variablen bestimmt: 1. von anthropologischen Konzepten, 2. der jeweiligen Lebenssituation und 3. von den individuellen Bedürfnissen und Interessen. Diese dritte Variable ist von den ersten beiden abhängig und wird von der persönlichen Lebens- und Lerngeschichte bestimmt. Die anthropologischen Prämissen umfassen u. a. die Ganzheit des Menschen mit der Konsequenz, daß sowohl auf der kognitiven, emotionalen, leiblichen, sozialen Ebene gearbeitet werden muß; zum anderen die Veränderlichkeit des Menschen, woraus sich eine Berücksichtigung der biologischen und emotionalen Gegebenheiten der letzten Lebensphase ableitet, weiterhin die Zielsetzung des menschlichen Daseins, die wir mit den Begriffen Selbsterhaltung, Selbstverwirklichung und Transzendierung charakterisieren wollen, und schließlich die Endlichkeit des menschlichen Daseins, ein Thema, das in der Bildungsarbeit mit alten Menschen eine zentrale Position einnimmt.

Der zweite Aspekt, die individuelle Lebenssituation, umfaßt die wirtschaftliche Lage des alten Menschen, seine finanziellen Möglichkeiten, seine Wohnverhältnisse, weiterhin sein soziales Bezugssystem, familiäre Bindungen, nachbarschaftliche Kontakte, Freunde und Bekannte und schließlich seine körperliche und geistige Verfassung. Bildungsarbeit mit alten Menschen muß die angesprochenen Faktoren berücksichtigen und in die Planung und Durchführung konkreter Angebote einbeziehen. Der dritte Aspekt der individuellen Interessen und Bedürfnisse wird zu einem wesentlichen Teil von der Lern- und Lebensgeschichte bestimmt. Die vorgängige Lebenssituation bedingt die motivationalen Strukturen. Bildungswünsche und Bedürfnisse sind von der vorausgegangenen Bildung und, damit verbunden, von der ökonomischen und sozialen Situation abhängig (*Tews*, 1975; *Verres-Muckel*, 1974). In die Bedürfnisse und Interessen wirken sowohl die Umstände der äußeren Lebenslage als auch der Standort des Individuums in seinem Lebenskontinuum hinein. Man kann deshalb davon ausgehen, daß die der Person inhärente Entwicklungsdynamik, die äußeren Einflüsse und die aktuale Bedürfnis- und Interessenlage *ein* System aufeinander bezogener Elemente darstellen, die in ihrer Gesamtheit die Grundlage für pädagogisches Handeln bestimmen.

In der Altenbildung muß das zu »spontanen«, d. h. situationsbezogenen und zielgruppenorientierten Curricula führen, die mit den Teilnehmern in »Ko-respondenz« (vgl. S. 31) erarbeitet werden und deshalb auch die größte Chance haben, deren Motivation zu treffen. Dabei können als Globalziele Selbsterhaltung, Selbstverwirklichung und Transzendierung im Lebenskontext dienen und können Grobziele und Feinziele im Rahmen von vier möglichen Kategorien erarbeitet werden: 1. kognitiver Bereich, 2. affektiver Bereich, 3. somatomotorischer Bereich, 4. sozialer Bereich (*Petzold/Bubolz*, 1976, 52).

Die aufgezeigten Lernzielkategorien machen deutlich, daß die herkömmlichen pädagogischen und andragogischen Ansätze nicht ausreichen. Sie ermöglichen Arbeit im kognitiven Bereich, d. h. die Vermittlung von Kenntnissen, das Umgehen mit Fakten, Strukturen, Prinzipien, Zusammenhängen, die Analyse und das Verstehen von Prozessen. Schon im affektiven Bereich sind ihre Möglichkeiten eingeschränkt. Die emotionale Erziehung (*Oerter*, 1975; *Ipfling*, 1974) hat noch zu wenig praktikable Modelle entwickelt, um Sensibilität, Expressivität, emotionale Flexibilität zu fördern. Im somatomotorischen Bereich, wo es um Erhaltung und Entwicklung von Elastizität, Spannkraft, Entspannungsfähigkeit geht, hat allenfalls die rhythmische Erziehung und die Gymnastik einiges zu bieten. Besser steht es im sozialen Bereich, wo durch die Gruppendynamik Methoden zur Förderung der sozialen Kompetenz entwickelt wurden.

Da die Lebenssituation des alten Menschen und seine persönliche Verfassung zahlreiche soziale, medizinische und psychotherapeutische Probleme aufwerfen, ist Bildungsarbeit mit alten Menschen ohne Einbeziehung geromedizinischer, psychotherapeutischer und soziotherapeutischer Konzepte, Mitarbeiter und Institutionen kaum durchzuführen, ohne an der Realität des alten Menschen vorbeizugehen.

Ein Verfahren, das psychotherapeutische, soziotherapeutische und pädagogische Elemente verbindet, das Interventionsmöglichkeiten auf der kognitiven, affektiven, somatomotorischen und sozialen Ebene bietet, stellt der integrative Ansatz der Gestaltmethode dar. Er eignet sich sowohl von seinen anthropologischen Prämissen als auch von seiner Methodologie und Praxis in hervorragender Weise für die Aufgabenstellung der Geragogik: *Lernen des Alterns, Lernen für das Alter, Lernen im Alter* (*Petzold*, 1965).

IV. Prinzipien der Gestaltarbeit

Es seien hier kurz einige theoretische Prinzipien und Prämissen der Gestaltmethode im Hinblick auf ihre Relevanz für die Arbeit mit alten Menschen aufgeführt:

1. Das Ganzheitsprinzip – der Mensch als personales System

Nach Auffassung der Gestalttherapie wird der Mensch als lebendiges, organismisches System mit einer körperlichen, seelischen und geistigen Dimension gesehen (*Perls*), die insgesamt eine Ganzheit bilden. Für die Arbeit mit alten Menschen folgt aus dieser anthropologischen Annahme, daß immer die körperliche Dimension (z. B. durch Atem- und Bewegungstherapie), die seelische Dimension (durch emotionszentrierte Verfahren) und die geistige Dimension des Menschen (z. B. durch meditative Verfahren der Besinnung, Betrachtung und Versenkung) angesprochen werden müssen. Bei allen Verfahren zur Förderung der Lebensbewältigung und der Lebensgestaltung geht es um die Wahrung dieser Ganzheit, die die Identität des Menschen konstituiert.

2. Das Kontextprinzip – der Mensch und sein Umfeld

Der Mensch ist Figur vor seinem jeweiligen Hintergrund. Er ist in ein physikalisches und soziales Umfeld, in ein Gefüge umliegender Systeme eingebunden und gewinnt aus der Interaktion mit ihnen seine Identität. In der Arbeit mit alten Menschen ist der Kontext, der Lebenszusammenhang, die handlungsleitende Kategorie. Der Verlust an sozialen Beziehungen, die Einschränkungen des physikalischen Lebensraumes führen zu einem Verlust von Funktionen und Handlungsmöglichkeiten, d. h. zu einem Verlust von Identität; vgl. Disuse-Hypothese: Funktionen, die nicht gebraucht werden, verkümmern (*Berkowitz/Green*, 1965; *Rohracher*, 1965; *Olechowski*, 1969).

3. Selbstregulation des Organismus

Die Gestalttherapie geht davon aus, daß der menschliche Organismus die Fähigkeit besitzt, sich in seinem Umfeld selbst zu regulieren, soweit das Umfeld nicht störend oder zerstörend in den Regulationsvorgang eingreift. Das bestimmende Prinzip in der organismischen Selbstregulation ist das der homöostatischen Balance. Diese ist umfeldabhängig und im Verlauf des Lebens altersbedingten Veränderungen unterworfen. So hat die Disengagement-Theorie des Alterns (*Cumming/Henry*, 1961) den Rückzug als einen natürlichen, in der Regulation des Körpers verankerten Prozeß angesehen. Bei genauerer Betrachtung aber ergibt sich, daß das Disengagement zu einem beträchtlichen Teil – wenn auch nicht vollständig –, ein unfreiwilliges, von der Gesellschaft erzwungenes ist (vgl. *Schneider*, 1974; *Petzold/Bubolz*, 1976), daß der Verlust an Aktivität die Selbstregulation empfindlich stört und einen Rückzug zur Selbstbesinnung und Integration unmöglich macht. Der alte Mensch muß deshalb lernen, wieder wahrzunehmen, was für ihn *fördernd* und was *toxisch* ist (*Greenwald*, 1973), er muß ein Gespür (awareness) dafür gewinnen, was ihn in seiner Selbstregulation blockiert oder wie er sich selbst blockiert dadurch, daß er gesellschaftlichen Rollenerwartungen und nicht seinen Bedürfnissen folgt.

4. Personal Growth – persönliches Wachstum

In der neueren Entwicklungspsychologie und Sozialisationstheorie werden die Konzepte der Entwicklung und Sozialisation nicht nur auf Kindheit und Jugend begrenzt, sondern auf den gesamten Lebensverlauf ausgedehnt (*Griese*, 1976). Das Verständnis des Alterns muß daher in einer Theorie der menschlichen Entwicklung und Sozialisation gründen. Die Gestalttherapie gibt mit ihrem Konzept des persönlichen Wachstums einen solchen theoretischen Rahmen. Nach *Perls* ist »Wachstum der Prozeß der Festigung des Selbst und der Entwicklung seiner Potentiale durch die Aufnahme (*integration*) und Verarbeitung (*assimilation*) von materieller, emotionaler und geistiger Nahrung in seinem Feld« (1969, 4). Der Begriff des Wachstums in der Gestalttherapie und der humanistischen Psychologie ist also nicht biologistisch zu verstehen, und er ist weiter gefaßt als der Sozialisations- und psychologische Entwicklungsbegriff. Wachstum wird verstanden als »ganzheitlicher Prozeß, als Entfaltung der menschlichen Potentiale auf der geistigen, seelischen und körperlichen Ebene durch die Integration von Realität aus der *Umwelt* (Materialien, Impulse, Informationen) und der *Innenwelt* (Gedanken, Erinnerungen, Phantasien, Bedürfnisse). Mit fortschreitendem Alter zentrieren sich die Wachstumsvorgänge auf der geistigen und seelischen Ebene. Es erfolgt eine Zunahme an Wissen und Erfahrungen, an emotionaler Reife. Auch der Körper bleibt in diesen Wachstumsprozeß einbezogen – auch wenn ein biologischer Abbau geschieht. Mimik und Gestik werden ausgestaltet und gewinnen an persönlicher Charakteristik. Schaut man auf die Altmeister des Yoga oder der japanischen Budokünste, so sieht man, daß mit fortschreitendem Alter eine immer größere Beherrschung und Einfachheit der Bewegung, Anmut und Kongruenz von innerer und äußerer Haltung gewonnen werden« (*Vööbus*, 1956, 15).

Wachstum als »Prozeß der Veränderung in der Zeit« ist abhängig von dem jeweilig relevanten soziophysikalischen Umfeld. Stabilisierung und Zugewinn von Identität im Sinne einer Erhaltung des Systembestandes durch adaptive Strategien und einer Entfaltung der Systempotentiale durch evolutive Strategien sind also abhängig von dem endogenen Faktor der organismischen Ausstattung, den jeweiligen Umweltbedingungen und der aus beiden Faktoren resultierenden jeweiligen psychischen und physischen Verfassung des Menschen. Veränderungen im organismischen System (z. B. Krankheit, Abbauerscheinungen) und im Umfeld (z. B. Verlust von Rollenerwartung, Abnahme sozialer Verstärker) führen zu Krisen im Sinne einer Labilisierung des Systems mit der Möglichkeit der Gefährdung seines Bestandes, d. h. der Gefährdung seiner Identität. Wachstum kann also nur erfolgen, wenn die Organismus-Umfeld-Relationen und die Funktionen des Organismus selbst nicht gestört sind. Störungen aber sind in der Alterssituation sehr häufig vorhanden. Der Entzug von Stimulierung und die Einschränkung des sozialen Umfeldes bieten eine Situation, in der Wachstumsprozesse stagnieren oder Abbau eintritt und wo auf diese Weise die integrativen Leistungen des Alters unmöglich gemacht werden. An die Stelle eines natürlichen Disengagements tritt ein erzwungener Rückzug. Disengagement als die Fähigkeit, sich ohne Verbitterung, Resignation und Passivität zurückzuziehen, um einen Freiraum für die Auseinandersetzung mit der eigenen Person und dem eigenen Leben zu finden, kann für sich selbst schon als Ergebnis eines Wachstumsprozesses angesehen werden. Die durchaus feststellbare »Tendenz zum Disengagement im Alter« steht dem gestalttherapeutischen Konzept des fortwährenden Wachstums nicht entgegen. Wenn die Erlebnisse und Erfahrungen eines Lebens integriert werden sollen, so ist ein gewisser Rückzug und eine Ausrichtung nach innen (*Henry*, 1964; *Martin*, 1970) notwendig. Die »Integration der Innenwelt« (*Vööbus*, 1956) wird durch die Aktivierung von Früherinnerungen, dem sogenannten Altgedächtnis, vom sechsten Lebensjahrzehnt aufwärts noch angeregt. Sie bedarf jedoch auch der Außenstimulierung, der Kommunikation, des Ausdrucks und der Selbstdarstellung. So haben für die Erklärung des Wachstumsprozesses im Alter Aktivitäts- und Disengagementtheorie gleichermaßen Gültigkeit. Sie finden eine Entsprechung im gestalttherapeutischen Konzept von *Kontakt* und

Rückzug (*Latner*, 1973; *Polster*, 1974). Wachstum wird nur möglich gemacht, wenn nicht nur ständig aufgenommen wird, sondern auch Zeit besteht, das Aufgenommene zu assimilieren, wenn auf den Kontakt auch eine Phase der Ruhe und Verarbeitung erfolgt. Darum geht es nicht nur darum, Wachstum zu fördern und Wachstumshemmnisse zu beseitigen, sondern auch darum, daß der Mensch die Dynamik, den Prozeß seines eigenen Wachstums kennenlernt und eigenverantwortlich in die Hand nimmt.

V. Konzepte zur Methodik der Gestaltarbeit

Was sind nun die Möglichkeiten, durch die die Gestalttherapie dazu beitragen kann, Identität zu erhalten und durch die Förderung von Wachstumsprozessen Identität zu entfalten?

Auch hier seien einige Konzepte und Prinzipien aufgeführt:

1. Stimulierung und Excitement

»Leben ist Erregung, Erregung, die zu einem Teil zum inneren Energiepotential unseres Organismus gehört und zum anderen, größeren Teil durch Stimulierung aus dem Außenfeld hervorgerufen wird. Stimulierung bewirkt *Kontakt* mit dem Umfeld, bewirkt Erregung, Energie und Leben« (*Perls*, 1969).

Stimulierung ist lebensnotwendig. Entzug von Stimulierung führt, wie die Hospitalismusforschung bei Kleinkindern und die Deprivationsexperimente gezeigt haben, zu schwerwiegenden physischen und psychischen Störungen (vgl. *Weinstein*, 1968). Gerade der alte Mensch ist in der Situation, daß sein Erregungsniveau durch den Entzug sozialer, sensorischer und perzeptueller Stimulierung erheblich reduziert wird und er in seinen Fähigkeiten (competence), Fertigkeiten (performance) und Möglichkeiten (potentials) Einbußen hinnehmen muß (vgl. *Petzold/Bubolz*, 1976; *Nahemow/Lawton*, 1973), was Verlust an Identität bedeutet.

In der gestalttherapeutischen Arbeit mit alten Menschen wird deshalb auf Methoden der körperlichen, emotionalen und kognitiven Stimulierung besonderer Wert gelegt. Dabei geht es nicht nur um ein optimales Stimulierungsniveau in quantitativer Hinsicht (*Helson*, 1964; *Wohlwill*, 1964), sondern auch der qualitative Aspekt ist wesentlich, weil durch den Monotonieeffekt einseitiger bzw. homogener Stimulierungen ein Verlust an Kompetenz und Performanz eintritt, wie es sich gerade bei Heimbewohnern gut beobachten läßt. *Multiple Stimulierung* (*Petzold*, 1975) auf körperlicher, emotionaler und kognitiver Ebene vermittels breitgestreuter Angebote an Aktivitäten vermag hier Involutionsprozessen entgegenzuwirken.

2. Kontakt

Kontakt ist die Grundlage von Stimulierung und Erregung. Kontakt vollzieht sich an der Grenze vom Organismus zum Umfeld. »Die Kontakt-

Grenze, an der Erleben geschieht, *trennt* den Organismus *nicht* vom Umfeld; sie begrenzt ihn vielmehr, bewahrt und beschützt ihn und ermöglicht *gleichzeitig* die Berührung mit dem Umfeld« (*Perls/Hefferline/Goodman*, 1951, 229). In dieser Berührung, in diesem Kontakt aktualisiert sich das *Ich*. Auf die physikalische Welt bezogen, heißt das: das Ich aktualisiert sich im wahrnehmenden und handelnden Kontakt mit den Dingen. Auf die soziale Welt bezogen, heißt das: das Ich aktualisiert sich in der *Begegnung* mit dem Du, in der Kommunikation mit anderen Menschen.

Die Arbeit mit alten Menschen zielt daher darauf ab, Kontaktmöglichkeiten bereitzustellen und die auf Grund der sozialen Situation häufig eingeschränkten Kommunikationsmöglichkeiten zu fördern. Außerdem müssen die Kontakte zur physikalischen Umwelt erweitert werden. Club- und Gruppenarbeit, Gruppenreisen und Exkursionen, die gezielt im Hinblick auf Erlebnisaktivierung konzipiert werden, sind hier einzusetzen.

3. Awareness – bewußte Wahrnehmung

Damit Stimulierung, Erregung, Kontakt für die Persönlichkeit zum Tragen kommen können, ist *awareness* erforderlich, bewußte klare Wahrnehmung dessen, was in mir und um mich herum vorgeht. Awareness bedeutet, das bewußte In-Kontakt-Sein mit der inneren und äußeren Realität im »Hier und Jetzt«. Nur wenn ich wahrnehme, *was* meine Situation ist und *wie* ich mich in ihr erlebe, habe ich die Möglichkeit, sie selbständig zu strukturieren und verändern zu können. Für viele alte Menschen ist es kennzeichnend, daß sie ihre Situation nicht mehr adäquat wahrnehmen. Die Zuweisung von Rückzugsrollen (*Tews*, 1975) und die negativen Erwartungen der Gesellschaft determinieren den alten Menschen so weit, daß sich sogar sein Selbstbild verändert (*Lehr*, 1972), Gestalttherapeutisches Awarenesstraining, Interaktions- und Kommunikationstraining und strukturierte Lernerfahrungen der *confluent education* bzw. Integrativen Pädagogik zur Förderung des Selbstwertgefühls sind hier Mittel der Wahl.

4. Verantwortung als Fähigkeit zu antworten

Awareness zu haben und der Selbstregulation Raum zu geben heißt, Verantwortung für die eigenen Bedürfnisse und für die Strukturierung der Altersrealität im Sinne einer *»kreativen Veränderung«* (*Petzold, Sieper*, dieses Buch), oder *»kreativen Anpassung«*, (*Perls*, 1951) zu übernehmen. Verantwortung ist in der Gestalttherapie ein zentrales Konzept, wobei von *Perls* (1969) *responsibility* mit *response-ability* gleichgesetzt wird, mit der Fähigkeit, auf eine Situation adäquat zu reagieren; adäquat bedeutet hier: den eigenen Bedürfnissen und den Gegebenheiten des Umfeldes entsprechend.

Verantwortung ist ein kommunikativer und interaktionaler Prozeß, der Auseinandersetzung im Sinne von »Ko-respondenz« (vgl. S. 31) erfordert. Viele alte Menschen sind der Auseinandersetzung müde. Sie sind durch zahllose negative Erfahrungen von ihrer Ohnmacht überzeugt. In ihrem Leben gewinnen Passivität und Resignation die Oberhand und die Fähigkeit zu antworten, das Leben in Ko-respondenz mit dem Umfeld zu gestalten, geht ihnen verloren. Hier wird es Aufgabe der Gestaltarbeit, die Fähigkeit zur Selbstregulation zu stärken, Fehleinschätzungen zu korrigieren und *self support* aufzubauen.

5. Selbstsupport und Umweltsupport

Perls (1969, IV) hat Erwachsenwerden charakterisiert als »einen kontinuierlichen Prozeß, Umweltsupport zu überwinden und Selbstsupport zu entwickeln, was mit einer wachsenden Reduzierung von Abhängigkeiten gleichbedeutend ist«. In diesem Konzept werden gleichzeitig die Grenzen gestalttherapeutischer Altenarbeit aufgezeigt. Die Situation alter Menschen ist ja gerade dadurch gekennzeichnet, daß ein Verlust von Selbstsupport und eine größere Abhängigkiet von Umfeldunterstützung in gesundheitlicher, sozioemotionaler und ökonomischer Hinsicht eintritt. Diese Abhängigkeit, die oftmals die Form des Ausgeliefert-Seins annimmt, ist in erster Linie ein gesellschaftliches Problem und liegt nur zu einem geringen Teil in endogenen Faktoren (Involution, Disengagement) begründet. Da aber wenig Aussicht besteht, die Einstellung dieser Gesellschaft zum alten Menschen kurzfristig zu ändern, ist es notwendig, Umweltsupport zur Verfügung zu stellen, der nicht depotenziert oder infantilisiert, wie dies vielfach geschieht (vgl. *Breloer,* 1976; *Specht,* 1976). Zwar ist »Lebenshilfe« als eine wesentliche Aufgabe der Geragogik herausgestellt worden (*Petzold/Bubolz,* 1976) und *Tews* (1975) setzt die Begriffe Altenbildung und Lebenshilfe sogar gleich, jedoch müssen die Maßnahmen so weit wie möglich auf eine »Hilfe zur Selbsthilfe« abzielen. In der gestalttherapeutischen und integrativen pädagogischen Arbeit entdeckt der alte Mensch, daß er zu viel mehr fähig ist, als er angenommen hat und als die Umwelt ihm gemeinhin zutraut. Er gewinnt neuen Selbstsupport, nicht zuletzt dadurch, daß er lernt, sich zu solidarischen Aktionen zusammenzuschließen oder Hilfe (environmental support) anzunehmen, ohne dabei in Passivität und regressive Dependenz zu verfallen.

6. Integration

Der dritte Lebensabschnitt ist mehr noch als jeder andere unter den Begriff »Integration« gestellt (vgl. *Marcel/Petzold,* 1976). Die Erfahrungen seines Lebens haben die »Tendenz zur guten Gestalt«, sie streben auf eine Zusammenfassung und Rundung hin. *Charlotte Bühler* (1959; 1972) kennzeichnet den Lebensabschnitt des Alters als die »Phase der Selbstbewertung und des Rückblicks auf das eigene Leben«, aus der Gefühle der Befriedigung oder der Resignation resultieren, so daß der alte Mensch am Ende seines Lebens in einer Situation steht, die ihm nach *Erikson* (1974) die *Integrität* der eigenen Person ermöglicht oder ihn der *Verzweiflung* überantwortet. Ziel jeder pädagogischen und therapeutischen Arbeit ist Integration, d. h. das ganzheitliche intellektuelle und emotionale Auseinandersetzen mit den Ereignissen des Lebens, um unerledigte Situationen zu schließen und Fremdes aufzunehmen und sich zu eigen zu machen. Durch die Fähigkeit zur Integration ist es uns überhaupt möglich zu wachsen, die Welt in uns hineinzunehmen, ohne uns an sie zu verlieren, ohne unsere Identität aufzugeben. Im Gegenteil: durch den integrativen Prozeß wächst unsere Identität in Richtung auf die »gute Gestalt der Person«, vermögen wir uns in der Welt zu transzendieren. Die integrative Leistung in der dritten Lebenshälfte soll die Möglichkeit eröffnen, daß der Mensch den Sinn seiner Existenz erfährt, daß er *erlebt*, daß menschliches Leben seinen Sinn in sich finden kann (*Marcel/Petzold*, 1976).

In der Arbeit mit alten Menschen nimmt die Frage nach dem Lebenssinn eine hervorragende Stellung ein. Das gestalttherapeutische Verfahren vermag hier von seinem anthropologischen Ansatz und seiner Methodik, insbesondere durch die Verwendung meditativer Verfahren, ausgezeichnete Hilfen zu bieten, wenn es in einen entsprechenden institutionellen Rahmen eingebettet ist.

VI. Zur Praxis der Integrativen Geragogik mit alten Menschen

Bildungsarbeit mit alten Menschen erfordert einen institutionellen Rahmen, wie er am besten durch ein Altenzentrum, ein Volkshochschulprogramm oder durch Bildungszentren in der Trägerschaft der Kirchen oder Verbände der freien Wohlfahrtspflege geboten werden kann. In die Programme derartiger Zentren können auch die Alters- und Pflegeheime eingebunden sein. Dies wird besonders notwendig, wenn Siechen oder Hochbetagten die Gelegenheit gegeben werden soll, an den Angeboten teilzunehmen. Da die Gestaltung der Programme mit dem institutionellen Setting und der Zielgruppe variieren, können keine festen Regeln für das Vorgehen aufgestellt werden. Ich selbst konnte Erfahrungen in der »offenen Altenarbeit« in Altenzentren und Altenwohnheimen durch Projekte sammeln, die ich mit meinen Studenten an der Fachhochschule für Sozialarbeit in Düsseldorf durchführte (*Duwe/Braun*, 1975); weiterhin durch Bildungsprogramme, die ich im Rahmen einer städtischen Volkshochschule durchgeführt habe und durch geragogische Arbeit in einem Siechenheim und auf einer geriatrischen Station.

Die Arbeit mit den Siechen und Hochbetagten hatte dabei natürlich eine ganz andere Ausrichtung, was Lernziele, Inhalte und Methoden anlangte, als die Veranstaltungen im Rahmen der Zentren und der Volkshochschule. In den letztgenannten Einrichtungen haben wir es vorwiegend mit aktiven, motivierten alten Menschen zu tun, die aus der oberen Mittelschicht stammen, in ihrem Leben immer aktiv und geistig rege waren, wohingegen in Alters- und Siechenheimen die körperlichen und geistigen Fähigkeiten der Bewohner meist erheblich eingeschränkt sind und wir vielfach Populationen aus der Unterschicht und unteren Mittelschicht vorfinden, die vierzig Jahre und länger keine Bildungsveranstaltungen mehr besucht haben. Die geragogischen Bemühungen in dieser *»institutionellen Altenarbeit«* gestalten sich demnach wesentlich schwieriger. Es müssen oftmals Prinzipien und Methoden aus der Behindertenpädagogik eingesetzt werden (vgl. *Petzold/Mathias*, 1977).

VII. Integrative Geragogik als »offene Altenarbeit«

Wir wollen uns an dieser Stelle nicht mit Angeboten befassen, die alte Menschen im Rahmen von Einrichtungen der Erwachsenenbildung besuchen können und die einen allgemeinen, weiterbildenden Charakter haben, z. B. Literaturkurse, geographische Vorträge und Arbeitsgemeinschaften, sondern wir wollen uns spezifisch mit »integrativer Seminararbeit zu Lebensproblemen im Alter« (*Petzold*, 1977) befassen. Integrative Seminararbeit geschieht grundsätzlich in Gruppen unter Einbeziehung des jeweiligen Erfahrungspotentials der einzelnen Teilnehmer, der »funktional gebrauchten Sachkompetenz« von Experten, z. B. den Dozenten, und von Medien, die der Gruppe zur Verfügung gestellt werden oder die sie sich beschafft bzw. herstellt. Die Gruppe soll ihre Interessen und ihre Möglichkeiten selbst entdecken, ihren Rhythmus und ihre Arbeitsintensität selbst bestimmen. Diese Prinzipien, die wir auch in der gestaltorientierten Erwachsenenbildung (*Stolz*, dieses Buch), in gruppendynamischen Konzepten oder im themenzentrierten interaktionalen Ansatz von *Ruth Cohn* (1975) finden, lassen sich in der Bildungsarbeit mit alten Menschen nicht immer ohne Schwierigkeiten realisieren. Soziale Ängste, Hemmungen, Vorurteile und eine Lernsozialisation, die rezeptive Haltung, Autoritätsabhängigkeit und den »Konsum« von Bildungsgütern vermittelt hat, kommen beim alten Menschen zum Tragen.

So ist eine der wichtigsten Aufgaben in der Initialsituation darin zu sehen, den »neuen Lernstil« zu vermitteln. Die Erwartungshaltung an den Dozenten muß nach und nach abgebaut werden. In der Praxis verfahre ich vielfach so, daß ich in einem Kurzreferat das »neue und das alte Konzept des Lernens« miteinander vergleiche. Dabei verwende ich schon erlebnisaktivierende Techniken, indem ich die Teilnehmer über ihre eigenen Lernerfahrungen befrage und auf diese Weise ein Gruppengespräch in Gang bringe: »Wir sind heute abend zu einer Veranstaltung gekommen, die das Thema ›Neue Wege des Lernens im Alter‹ behandeln will. Bevor ich näher auf das Thema eingehe, möchte ich Ihnen vorschlagen, daß einige von Ihnen kurz etwas über die Art und Weise erzählen, wie in Ihrer Jugend Lehren und Lernen vor sich ging. Wir haben dann ein gutes Vergleichsmaterial zu der Art und Weise, wie hier in der Volkshochschule gelehrt wird. Ich möchte Ihnen dann noch weitere Formen des Lehrens und Lernens vorstellen.« Mit etwas Ermutigung bekommt man auf diese Weise von den Teilnehmern recht anschauliche Berichte, die z. T. so amüsant sind, daß in der Gruppe gelacht wird und »en passant« eine gewisse Gruppenkohäsion entsteht. Der Dozent bringt sich sehr persönlich mit eigenen Erfahrungen ein und schafft auf diese Weise ein positives Imitationsmodell. Im Anschluß an diese Sequenz erläutere ich am Geschehen selbst, was Lernen durch »Ko-respondenz«, die »aktive Mitarbeit aller«, bedeutet. Viele Teilnehmer haben gesprochen, interessante Aspekte sind deutlich geworden, ein angeregtes Klima ist entstanden, man hat sich durch die kurzen biographischen Berichte näher kennengelernt und eine gemeinsame Basis gefunden.

Herr A: »Tja, bei uns ging das noch hart zu. Nach dem Gebet am Morgen eine halbe Stunde Kopfrechnen, Addieren, Multiplizieren, Teilen.«

Frau L: »Ja, das Kettenrechnen wurde bei uns auch ganz groß geschrieben. Wir mußten das Ergebnis immer auf ein Blatt schreiben, und wer nicht mitgekommen war, bekam eine Kopfnuß.«

Herr W.: »Heute wird ja nicht mehr geschlagen, aber bei uns da gehörte der Rohrstock noch zu den besten Erziehungsmethoden – und geschadet hat's uns nicht, muß ich sagen.«

Berichte über Auswendiglernen, Schuldisziplin und besondere Ereignisse folgen. Der Leiter ermutigt bei besonders interessanten Begebenheiten zu ausführlicherer Beschreibung. So erzählt z. B. eine 85jährige Teilnehmerin vom Besuch des Kaisers in ihrem Mädchengymnasium. In einer Pause komme ich wieder auf das Thema des Kurses zurück und mache deutlich, wie wichtig und wertvoll diese persönlichen Erinnerungen und die Lebenserfahrung für die gesamte Gruppe sei. Gerade die Wertschätzung ihrer Lebenserfahrung ist für die alten Menschen wichtig und verstärkt ihre Motivation zu einer gruppenzentrierten Arbeit. Sobald sich in dieser Phase der Gruppenleiter zurückzieht und seine stimulierende Funktion reduziert, kommen Unsicherheit und Hilflosigkeit auf. Die Teilnehmer sind noch nicht in der Lage, den Lernprozeß eigenverantwortlich in die Hand zu nehmem. Sie sind zu sehr daran gewöhnt, geleitet zu werden. Außerdem wird in der Regel vermieden, sich zu exponieren. So kann es vorkommen, daß ein Gespräch ins Stocken gerät und sich eine ratlose Stille ausbreitet. Hier wird es notwendig, daß der Dozent eingreift, um keinen Unmut über das neue Verfahren aufkommen zu lassen, weil dieser leicht generalisiert wird und die Motivation zum Experimentieren zerstört werden kann. Manchmal wird es auch notwendig, sogenannte »Sprechväter« zu bremsen, die stundenlang erzählen können und die Gruppe durch ihre Monologe passivieren. Wir können für die integrative Gruppenmethode folgende Aspekte herausstellen, die für eine effektive Arbeit notwendig sind:

1. Kontakt

Der Leiter versucht, mit den Teilnehmern in einen direkten Kontakt zu treten und den Kontakt zwischen den einzelnen Mitgliedern aufzubauen. Dafür ist es notwendig, daß ein persönlicher »intersubjektiver« Bezug und eine angstfreie Atmosphäre hergestellt wird (*Besems,* dieses Buch).

2. Stimulierung

Auf das Stimulierungskonzept der Gestalttherapie wurde schon eingegangen. Durch Warm-up-Techniken wird Unterhaltung und Beteiligung angeregt. Die Verwendung von Medien, z. B. Film, Video- und Tonbandaufzeichnungen, Farben, Collagen (vgl. *Petzold,* dieses Buch) und Übungen aus der Psychodrama- und Encounter-Tradition (*Stevens,* 1975; *Otto,* 1970) sowie Interaktionsspiele (*Vopel,* 1975/77, u. dieses Buch S. 88 ff.) sind hier geeignet.

3. Support

Vom Leiter wird ein stützendes und freundliches Klima geschaffen. Äußerungen, Aktivitäten werden akzeptiert und nicht kritisch bewertet. Teilnehmer werden vor Spott und Kritik in angemessener Form in Schutz genommen. Jede Aktivität, die zum Gruppen- und Lernprozeß beiträgt, wird ermutigt.

4. Gezielte Verselbständigung

Die Teilnehmer werden dazu angehalten, was sie selbst tun können, auch auszuführen. Es wird ihnen erklärt und erlebbar gemacht, daß sie viel mehr tun können, als sie selbst glauben. Der Dozent verweigert in manchen Situationen seine Hilfe. Dieses als »skillfull frustration« bekannte Prinzip der Gestalttherapie (*Perls,* 1969, 32) ist allerdings mit Vorsicht einzusetzen und setzt einen guten Support voraus, da bei alten Menschen oft eine geringe Frustrationstoleranz und leichte Kränkbarkeit vorhanden sind.

5. Verdeutlichung durch Erlebnisaktivierung

Der Dozent ist immer bemüht, Themen für das Erleben plastisch zu machen. Er verwendet hierzu audiovisuelle Hilfsmittel (Tonband, Videoaufzeichnungen), Interaktionsspiele, Imaginations- und Visualisierungstechniken. Dies wird in der Arbeit mit alten Menschen besonders wichtig, weil bei manchen die visuellen, auditiven und mnestischen Fähigkeiten, insbesondere das Kurzzeitgedächtnis, eingeschränkt sind. Deshalb erweist sich die Darstellung auf verschiedenen Ebenen, der verbalen, der visuellen, darstellerischen, mimisch-gestischen als ausgesprochen förderlich für den Lernprozeß, die Reaktions- und die Gedächtnisleistungen (*Litowtschenko* u. a., 1976; *Welford,* 1958; *Wargo,* 1966; *Bliss* u. a., 1965; *Swink,* 1966).

6. Persönlicher Bezug

Je besser es gelingt, die Thematik mit vorgängigen Erfahrungen der Teilnehmer zu verbinden, so daß sie »an Bekanntes anknüpfen« können, desto stärker ist die Motivation zur Mitarbeit. Gerade für den alten Menschen ist es wichtig, daß er vom »Neuen nicht überrollt wird«, daß er sieht, daß sein Wissen und seine Erfahrungen etwas wert sind und durchaus noch Gültigkeit haben. Der persönliche Bezug ist aber nicht nur im Hinblick auf den einzelnen wichtig, sondern auch für das Interaktionsklima in der Gruppe. Die Beiträge einzelner Teilnehmer müssen das Interesse der anderen finden, damit sie sich angenommen und sicher fühlen können. Das erfordert den Aufbau einer intersubjektiven Haltung in der Gruppe (vgl. *Besems*, dieses Buch), für die die intersubjektive Haltung des Pädagogen die Grundvoraussetzung bildet (*Maurer–Groeli/Petzold*, 1977).

7. Kooperation, Solidarität, Ko-respondenz

Besonders bei alten Menschen, die lange Zeit alleine gelebt oder sich im Altenheim in ihrem Zimmer isoliert haben, ist Kooperation sehr schwierig und kann erst nach und nach aufgebaut werden. Sie wird gefördert durch Erfahrungen von Solidarität. Sich mit einem Gruppenteilnehmer solidarisieren und ihn dadurch stützen, gemeinsam etwas erreichen, schafft Erfolgserlebnisse und Gemeinschaftsgefühl, die auch inaktive Gruppenmitglieder nach und nach mobilisieren. Es ist deshalb notwendig, Situationen zu strukturieren, in denen Ko-respondenz, d. h. die gemeinsame persönliche Auseinandersetzung aller Beteiligten mit ihrer und in ihrer Situation, möglich wird (vgl. *Petzold/Sieper*, dieses Buch S. 31). Die gestalttherapeutischen Techniken der direkten Kommunikation und die lebendigen Formen der Interaktion sind in dieser Hinsicht sehr förderlich.

8. Vielfältigkeit der Angebote

Aufgrund des ganzheitlichen anthropologischen Ansatzes der Gestaltmethode, der didaktischen Kategorie des Lebenskontextes und der vier Lernzielbereiche wird integrative Seminararbeit nicht nur an Hand eines Themas durchgeführt. Sie stellt immer ein komplexes Programm bereit, in dem Angebote der körperlichen und geistigen Ertüchtigung, der Förderung von Kommunikation und des persönlichen Austausches möglich werden. Es ist naheliegend, daß in einem Seminar mit dem Thema »Mietbeihilfe« somatomotorische Lernziele kaum einbezogen werden können, wohl aber kognitive, affektive und soziale. Wir betrachten es deshalb als eine wichtige Aufgabe des integrativen Pädagogen, den Menschen zu seiner Ganzheit hinzuführen, ihm einen neuen Zugang zu seiner Körperlichkeit zu eröffnen, ihm seine emotionalen und sozialen Fähigkeiten wieder bewußt und verfügbar zu machen und ihm zu zeigen, daß seine kognitiven Leistungen durch den Alternsprozeß kaum eingeschränkt sind, wenn entsprechende Lernhilfen gegeben werden (vgl. *Lowy*, 1976; *Litowtschenko* et al., 1976).

Zutrauen zu den eigenen Fähigkeiten und Auseinandersetzung mit der eigenen Existenz stehen deshalb im Zentrum eines integrativen geragogischen Programms. Diese Lernziele können über Gesprächsgruppen mit Selbsterfahrungscharakter angegangen werden.

VIII. Offene Altenbildung

Ein Beispiel aus einem Seminar zum Thema »Was ist der alte Mensch heute noch wert?« soll die Praxis integrativer Arbeit in der offenen Altenbildung verdeutlichen.

Die Teilnehmer der Gruppe (acht Personen) hatten schon in verschiedenen Kursen mit Methoden der Integrativen Pädagogik gearbeitet. Im Unterschied zu anderen Themen (Mietbeihilfe, Alter und Gesundheit, Wohnen im Alter, vgl. *Petzold,* 1977) ließ das Thema eine konfliktorientierte Ausrichtung erkennen. Die Teilnehmerzahl war entsprechend geringer, eine Feststellung, die ich immer wieder machen konnte, wenn konfliktzentrierte Themen ausgeschrieben wurden, wie z. B. »Alt und Jung-Probleme zwischen den Generationen«, »Alter und Sterben«.

Da sich die Teilnehmer z. T. aus den anderen Kursen schon gut kannten, hatte die Gruppe eine relativ kurze Anlaufphase. Wir begannen die Arbeit an unserem Thema mit einer Collage. Ich hatte Stöße von Illustrierten, Klebstifte, Scheren und große Kartons mitgebracht. »Bitte nehmen Sie die Materialien und versuchen Sie, Bilder, Worte, Überschriften zu sammeln, die Ihnen für das Thema wichtig erscheinen.« Die Teilnehmer machten sich zunächst zögernd an die Arbeit, wurden aber bald von den Materialien stark angesprochen und involviert. Sie arbeiteten länger als eine Stunde ganz konzentriert an den Collagen – eine enorme Leistung für Menschen, die älter als 70 Jahre sind. Die Bilder, die entstanden, waren vielfältig und aussagestark. Ein Teilnehmer hat Fotos von einem Autofriedhof, Autowracks und Trümmerbilder zu einer Landschaft voller Zerfall und Zerstörung zusammengetragen. Ein anderer hat das Foto eines gut aussehenden Reklameopas in die Mitte gestellt und darum Schnapsreklame und Witzzeichnungen gruppiert. In die Ecke des Bildes waren gemütliche Sessel und Fotos geklebt. Überschrift: Heitere Behaglichkeit. Eine Teilnehmerin ist – wie sie sagte – »in einen Blumenrausch verfallen«. Sie hat ihren Karton mit Blumenbildern beklebt und dazwischen Großmütter mit Kindern eingestreut. Eine andere Teilnehmerin hat eine Komposition aus modernen Maschinen und Gestalten alter Menschen geschaffen. Wir sehen uns jedes Bild gemeinsam an und kommen ins Gespräch. Jeder Teilnehmer versucht den Bezug seines Bildes zum Thema zu erläutern. Er wird von den anderen gefragt, und es entsteht ein engagierter Prozeß der »Ko-respondenz«.

Frau L.: »Herr K. (Collage »Alter Herr mit Witzen«), da haben Sie sich aber einen attraktiven Siebziger ausgesucht, der paßt so richtig zu Ihnen und ein Spaßvogel sind Sie auch. Das Bild ist wenigstens nicht so düster wie der Autofriedhof von Herrn M.«

Herr M.: »Meinen Sie! Ich finde das Bild gar nicht so lustig. Ein rüstiger Reklameopa und alle die Witze drum, so macht man sich auch über uns alte Leute lustig!«

Herr. K.: »Wenn Sie's so betrachten, ist mein Bild schon doppeldeutig. Ich hatte das zwar nicht beabsichtigt, aber Sie haben schon recht. Na ja, so hat schon jeder seine Vorstellung von einem heiteren sonnigen Alter!«

Herr M.: »Ich nicht!«

Frau F.: »Mein Gott, sind Sie bitter. Ich bin auch nicht für ein Blumenarrangement, aber ganz so finster ist alles ja auch nicht.«

Herr M.: »Blumenpracht! Das erinnert mich an Kränze und Grabschmuck.«

Frau L.: »Daran habe ich auch gedacht, als ich mein Bild machte. Und es hat mich nicht bedrückt. Blumen verwelken und blühen wieder. Ich finde Ihre negative Haltung nicht sehr sinnvoll.«

Herr M.: »Ich bin nicht negativ, ich bin Realist.«

Frau S.: »Aber ein bissiger!«

Herr M.: »Mag schon sein!«

Leiter: »Herr M., welches Bild gefällt Ihnen denn besonders?«

Herr M.: »Mein eigenes gefällt mir nicht besonders, aber das von Frau S. ›Die Technik und der alte Mensch‹ gefällt mir gut. Irgendwie schlägt uns die Technik da nicht tot.«

Frau L.: »Für mich ist das alles schon bedrohlich!«

Leiter: »Können Sie das genauer sagen.«

Frau L.: »Ich komme bei vielen technischen Dingen nicht mehr mit.«

Leiter: »Wem geht das hier noch so?«

Von den acht Teilnehmern heben sechs die Hand.

Frau S.: »Aber das geht ja nicht nur uns so. Meinen Sie, die jungen Leute hätten über alles den Überblick?«

Herr K.: »Nur lastet man das denen nicht so an, und uns wirft man das als Hilflosigkeit vor.«

Frau S.: »Man ist so hilflos, wie man sich fühlt. In dem Bild von den Trümmern und dem Autofriedhof, da ist für mich mehr Verbitterung als Realität und mehr Aggressivität als Hilflosigkeit. Gerade Sie (Frau S. wendet sich zu Herrn M.) sind doch alles andere als ein hilfloser alter Mann, wenn ich all die Aktivitäten sehe, die ich von Ihnen kenne!«

Herr M.: »Hilflos bin ich nicht. Zum ›alten Eisen‹ werden wir ja *gemacht*, das verbittert mich.«

Frau F.: »Ich lasse das aber mit mir nicht machen! Ich bin mir und anderen durchaus noch etwas wert. Nur einfach anders als früher. Meiner Tochter und meinem Enkel bin ich sogar noch sehr wichtig.«

Frau L.: »Aber viele alte Menschen haben keine solche Aufgabe mehr.«

Leiter: »Das ist richtig, und Sie wissen auch, daß unser Kreis hier eine besonders aktive Gruppe ist.«

Frau S: »Das stimmt schon, aber man müßte eben noch mehr alte Menschen mit diesen Möglichkeiten bekannt machen.«

Die Gruppe beginnt zu überlegen, was man tun könnte, um noch mehr alte Menschen an den Angeboten der VHS zu interessieren. Es wird den Teilnehmern im Prozeß der Ko-respondenz immer deutlicher, daß die Einstellung der Gesellschaft zum alten Menschen durch das Verhalten und durch das Selbstbild der alten Menschen noch verfestigt wird. In diesem Zusammenhang referiert der Leiter kurz einige Ergebnisse der sozialpsychologischen und soziologischen Alternsforschung (*Tews,* 1971; *Lehr,* 1972; *Schneider,* 1974), zu Stereotypen im Selbstbild und Fremdbild von alten Menschen, insbesondere über das Fremdbild bei Jugendlichen (*Lehr/Esser/Raithelhuber,* 1971; *Viebahn,* 1971).

Herr M.: »Wenn man sich selbst zum alten Eisen macht, macht man es den anderen auch leicht, einen aufs Abstellgleis zu schieben!«

Hier wird die Sitzung beendet. Beim nächsten Zusammentreffen schlägt der Leiter zu Beginn vor, gemeinsam noch einmal die Collagen aufgrund der Erkenntnisse der voraufgegangenen Stunde zu verändern. Der Vorschlag findet gute Aufnahme. In das Autofriedhof- und Trümmerbild von Herrn M. werden Blumen eingeklebt.

Frau L.: »Ich weiß noch, wie nach dem Krieg der Huflattich auf den Trümmern blühte. Die ganzen Schuttberge voll von Huflattich, das hat mir damals viel Hoffnung gegeben.«

Herr M.: (klebt ein paar Bilder junger Leute auf) »Ich bin wohl ein Zyniker, aber es gibt viel mehr Wracks unter den jungen als unter den alten Leuten, meine ich, und darauf sollten wir uns etwas zugute halten.«

Dann nimmt er ein paar Bilder von Autowracks und klebt sie in das Blumenbild von Frau L., und diese sagt: »In Ordnung, dann ist es etwas weniger idyllisch und irgendwie richtiger.«

Die Arbeit des Seminars hatte unmittelbare Konsequenzen dadurch, daß die Teilnehmer der Gruppe ihre Collagen und weitere Materialbilder, die im Verlauf des Kurses gefertigt wurden, in den Räumen der VHS ausstellten, ihre Überlegungen und Ergebnisse auf Anregung des Leiters in Form von Wandzeitungen erläuterten und andere alte Leute zu einem Gesprächsabend über die Ausstellung einluden. Der Gesprächsabend hatte ein ausgesprochen positives Echo.

Die hier geschilderte Arbeit ist ein Beispiel für eine Gruppe mit sehr aktiven Teilnehmern von gutem Bildungsniveau und einer lebendigen Vergangenheit (Herr M. war Werkmeister und Betriebsratsvorsitzender, Frau S. war Leiterin einer kommunalen Bücherei, Frau L. war Lehrerin, Herr K. war Chemiker etc.). Integrative Seminararbeit ist aber auch mit weniger differenzierten und aktiven Teilnehmern durchzuführen.

Hierzu ein Beispiel aus einem Altenbildungsprogramm, das in einem Altenwohnheim durchgeführt wurde. Die Bewohner des Wohnheims waren im Schnitt über 70 Jahre, aber nicht pflegebedürftig, sondern noch recht rüstig und zumeist aus einfacheren Verhältnissen. Sie waren weder der Gruppe der Siechen noch der Hochbetagten zuzurechnen. Im Unterschied zu den Gruppen im Rahmen der offenen Altenarbeit war eine erhebliche Reduktion der Aktivität und eine klare Tendenz zum Disengagement erkennbar. Der durch zahlreiche Untersuchungen (*Tuckmann/Lorge,* 1952, *Pan,* 1952; *Fink,* 1957; *Weinstock/Bennet,* 1968, 1969) sowie in den Ausführungen von *Lehr* (1970) und *Nahemow/Lawton* (1973) aufgezeigte Hospitalisierungseffekt durch sensorische, perzeptuelle und soziale Deprivation (*Petzold/Bubolz,* 1976) fiel uns besonders ins Auge, da wir gleichzeitig Programme im Rahmen der offenen Altenarbeit durchführten. Wir hatten den Kursus unter dem Rahmenthema »Freizeit im Altern« ausgeschrieben. Die Mehrzahl der Heimbewohner war von Mitarbeitern des Projektes (Studenten der Sozialarbeit) persönlich besucht und informiert worden. Zum ersten Abend waren 30 Teilnehmer, die Hälfte der Bewohner, gekommen. Wir haben die Großgruppe in drei Zehnergruppen aufgeteilt. Diese Aktion erzeugte schon große Unruhe und eine gewisse Angst, die aber schnell aufgelöst werden konnte, als die Leiter erklärten, daß sie einen besseren Überblick erhielten und auch mehr Zeit für jeden einzelnen hätten.

Schon in der ersten Sitzung machten sich Hör- und Sehprobleme sehr störend bemerkbar und insbesondere die Tatsache, daß die Teilnehmer nicht gewohnt waren, in Gruppen zusammenzusein, es sei denn, es handelte sich um einen Vortrags-, Film- oder Fernsehabend. Allein die Sitzordnung »im Kreis« löste Unsicherheit aus. Der Leiter stellte sich vor und bat darum, daß jeder etwas über seine Freizeitaktivitäten und Freizeitwünsche berichten solle. Die Reaktion war so zögernd, daß jeder Teilnehmer geradezu »ausgefragt« werden mußte.

Frau B.:	»Am liebsten Radio, das Fernsehen machen meine Augen nicht mehr mit, wissen Sie ...«
Herr S.:	(spricht einfach dazwischen) »Ich sehe am liebsten fern, aber man müßte hier zwei Fernsehräume haben. Es ist so nichts.«
Leiter:	»Sie haben Frau B. gerade unterbrochen.«
Herr S.:	»So, dann entschuldigen Sie.«
Frau B.:	»Das macht nichts, ich war sowieso fertig!« –
Leiter:	»Und Sie, Frau F.?«
Frau F.:	»Ich bin zufrieden!«
Leiter:	»Was machen Sie in Ihrer Freizeit?«
Frau F.:	»Ich setze mich gerne auf den Balkon. Was soll ich sonst schon machen?«
Leiter:	»Und Sie, Herr A.?«

Herr A.: »Ich gehe freitags immer in den Altenclub Skat spielen.«
Leiter: »Und sonst?«
Herr A.: »Fernsehen.«
Leiter: ». . . und . . .«
Herr A.: »Ja, spazierengehen, manchmal!«

Die Antworten blieben in diesem Stil. Als weitere Varianten kamen noch hinzu: »Manchmal die Kinder und Bekannte besuchen.« Auf die Frage, welche Freizeitbeschäftigung sie sich wünschten, wenn sie frei wählen könnten, kamen Antworten wie: »Bin zufrieden«, »Was sollen wir alten Leute noch groß machen«, »Ich weiß nichts«, »Das ist mir egal«, »Mal spazierengehen«, »Radio hören«. Eine Teilnehmerin: »Ich würde gerne auf eine große Reise gehen.«

Leiter: »Wohin denn?«
Frau B.: »Nach Bayern. Da waren wir früher oft im Urlaub als mein Mann noch lebte.«
Leiter: »Wer würde sonst noch gerne reisen?« – »Dazu sind wir zu alt.« – »Ich würde gerne einmal einen Ausflug im Bötchen auf dem Rhein machen.« – »Das würde mir zuviel werden.« – »Ja, wenn ich zehn Jahre jünger wäre, dann würde ich sogar noch eine Weltreise machen« (lacht).
Leiter: »Ich möchte Ihnen vorschlagen, sich einmal vorzustellen, Sie seien zehn Jahre jünger.«
Herr A.: »Das kann ich nicht, ich bin jetzt 84 Jahre. Junger Mann, werden Sie mal so alt.«
Leiter: »Das ist schon ein hohes Alter. Da müssen Sie mit 74 noch sehr rüstig gewesen sein.«
Herr A.: »Das kann ich Ihnen sagen. Da habe ich noch meinen Garten bewirtschaftet.«
Leiter: »Da haben Sie sicher auch noch Reisen gemacht?«
Herr A.: »Habe ich auch, da bin ich immer zu meiner Tochter in den Westen gefahren, wissen Sie, ich wohnte damals bei Leipzig.«
Leiter: »Vielleicht kann jeder mal an seine letzte größere Reise denken!«

Bald kommt ein lebhaftes Erzählen in Gang. Die alten Leute leben sichtlich auf. Am Ende der Stunde kommen Äußerungen wie: »Das war ein schöner Nachmittag.«

»Hoffentlich kommen Sie bald wieder! Ja, so richtig reisen müßte man mal wieder!«

Zur nächsten Stunde bringe ich einen Film über deutsche Städte und Burgen mit, der begeistert aufgenommen wird. In der Nachbesprechung verwende ich Visualisierungstechniken. »Vielleicht können Sie alle einmal die Augen schließen und sich die Szenen aus dem Film vorstellen, die Ihnen am besten gefallen haben!«

Herr K.: »Rothenburg ob der Tauber, da war ich früher mal gewesen mit meiner Frau – nicht, Hedi (die Frau ist mit anwesend), das war eine schöne Reise!« Die Frau nickt versonnen. – Die Teilnehmer beginnen wieder von ihren Reiseerfahrungen zu berichten. Dabei fordere ich immer wieder auf, die Augen zu schließen, und bitte die alten Leute, sich die Szenen so deutlich wie möglich vorzustellen. Eine Teilnehmerin berichtet von Schloß Burg a. d. Wupper. »Das ist gar nicht weit von hier, da würde ich gerne noch mal hinfahren!«

Herr F.: »Das könnten wir doch mal zusammen machen. Wir alle zusammen!«

Leiter: »Eine Gruppenreise zu organisieren, müßte schon möglich sein.« Gegen einige Zweifel wird konkret an die Planung gegangen. Ich bringe etwas Literatur zur Geschichte des Schlosses und der Grafen von Kleve, Jülich und Berg mit. Herr A. und Frau F. erklären sich bereit, das Material durchzusehen und für die anderen Teilnehmer einen Vortrag vorzubereiten, wenn ihnen zwei Studenten aus dem Projekt dabei behilflich sind. So kommt ein schöner Vortrag zustande und die Abbildungen aus den Büchern werden über Episkop als Anschauungsmaterial verwendet. Herr K. und Herr L. haben sich mit den Städtischen Verkehrsbetrieben und der Bundesbahn in Verbindung gesetzt und sich nach den Bedingungen einer Gruppenreise erkundigt. Sie erhalten durch die Heimleitung noch einige Hilfestellung und können ein günstiges Angebot bekommen. Vortrag und Reisevorbereitungen werden für die beiden Parallelgruppen mitgemacht, so daß an einem Samstag die Fahrt mit 25 Teilnehmern durchgeführt werden kann. Sie wurde ein voller Erfolg, nicht zuletzt, weil sie von den alten Leuten selbst geplant und vorbereitet wurde. Für das alles war eine Zeit von drei Monaten notwendig. Daraus mag ersichtlich werden, wie schwierig die Aktivierung alter Menschen in der Heimsituation ist. Dennoch kann man sagen, daß derartige geragogische Bemühungen eine lohnenswerte Aufgabe sind und zu Erfolgen führen.

Je größer die körperlichen und geistigen Einschränkungen in der Zielgruppe sind, desto mehr Angebote müssen gemacht werden. Filme, Spiele, Singkreise, Kurzvorträge von Personen mit zugkräftigem Status (Ärzte, Leiter des Sozialamtes, Dozent der Fachhochschule u. ä.) sind besondere Attraktionen. Im Unterschied zu herkömmlichen Bildungsangeboten wird jede Veranstaltung so aufgebaut und gegliedert, daß die alten Menschen nicht in der passiven Konsumentenrolle bleiben, sondern daß die Angebote als Anregung benutzt werden, über die im Anschluß diskutiert wird. Dabei liegt der Schwerpunkt darauf, daß die Teilnehmer untereinander ins Gespräch kommen und das Geschehen nicht auf ein Frage- und Antwortspiel mit dem Referenten beschränkt bleibt. Auf diese Weise wird Geragogik mehr als Unterhaltung, Freizeitbeschäftigung oder Beschäftigungstherapie, obwohl sie diese Aspekte oft mit einbezieht.

Die verdienstvollen Arbeiten von *Kubie/Landau* (1953), *Merrill* (1967)

u. a., die Material für Aktivitäten mit alten Menschen in der Heimsituation bieten, können durch den integrativen geragogischen Ansatz bereichert werden, wenn Aspekte der sozialen Interaktion, der Förderung der Eigenaktivität, der emotionalen Mobilisierung einbezogen werden. Gerade das Erreichen dieser Zielsetzung aber bietet große Schwierigkeiten, wie wir in einer Reihe von Projektarbeiten an der Fachhochschule für Sozialarbeit in Düsseldorf feststellen konnten (*Duwe/Braun*, 1975). Die Literatur über institutionelle Altenarbeit ist nicht sehr reichhaltig (*Goeken*, 1969; *Miller*, 1963; *Lowy*, 1971; *Munnichs/Janmaat*, 1972; *Naske/Zapotoczky*, 1973). Mitteilungen über die Arbeit mit siechen Alterspatienten oder Hochbetagten sind praktisch nicht zu finden, wohl weil Bildungsbemühungen in diesen Gruppen von vornherein als sinnlos angesehen werden. Diese Arbeit ist in der Tat aufwendig und schwierig. Oftmals wird es nicht möglich sein, eine Gruppenarbeit durchzuführen, z. B. bei bettlägerigen Patienten. Dennoch sollte versucht werden, wo immer möglich, Gruppensitzungen zustande zu bringen. In einem Altenpflegeheim mit hochbetagten und siechen Klienten haben wir die Angebote so organisiert, daß sich kleine Gruppen bis zu sechs Personen in den Zimmern von Bettlägerigen versammelten. Die Gruppensitzungen fanden einmal wöchentlich für eine Stunde statt. Im Laufe der Arbeit konnte erreicht werden, daß die Teilnehmer zu einer zweiten Sitzung ohne Betreuer zusammenkamen, sich unterhielten, einander vorlasen und gemeinsam Platten hörten. Auch die Zahl der wechselseitigen Besuche nahm zu. Der Schwerpunkt der Arbeit war darauf gerichtet, die Lebensqualität der Heimbewohner zu verbessern und sie noch ein wenig am Tagesgeschehen teilnehmen zu lassen. So wurde mit den Patienten, die noch einigermaßen rege waren und durch Rundfunk, Fernsehen und Zeitungen die Ereignisse verfolgten, eine Arbeitsgruppe gebildet, die für jede Woche die wichtigsten Geschehnisse zusammenstellte. Die Teilnehmer der Gruppe, die sich noch selbständig bewegen konnten (sechs von neun), machten dann die Runde bei den übrigen Heiminsassen und teilten ihnen die »neuesten Meldungen« mit. Bei Zimmerbelegungen von z. T. vier Patienten konnte dann immer eine kleine Gesprächsrunde in Gang kommen. Die »Nachrichtenoffiziere« – so der Ausdruck, der von einem Heimbewohner geprägt wurde – erhielten durch ihre Arbeit Zuwendung und Selbstbestätigung; sie wurden dadurch in ihrer Motivation bestärkt. Eine andere Maßnahme war das Zeigen von Lichtbildern – Filme waren z. T. für die zerebral gestörten Patienten (Arteriosklerosen, Apoplexiefolgen) nicht mehr erfaßbar. Die Bilder wurden relativ lange stehengelassen, in den Einzelheiten erklärt, und es wurde versucht, mit den Patienten eine Unterhaltung oder Verständigung herbeizuführen. Die Möglichkeiten der Beschäftigungstherapie (*Kubie/Landau*, 1953; *Nathanson/Reingold*, 1969; *Lejeune*, 1971; *Böger/Sokol*, 1974; *Paterno*, 1975) können eingesetzt werden, wobei die erlebnisintensivierenden Methoden der Integrativen Pädagogik Verwendung finden. So haben wir z. B. bei Flechtarbeiten mit afrikanischem Schilfgras versucht, eine komplexe Materialerfahrung einzubeziehen.

Leiter:	»Dieses Gras, mit dem wir jetzt arbeiten, hat viele tausend Kilometer von hier am Ufer eines Sees in Afrika gestanden.«
Frau B.:	»Das kommt aber von weit her. Das muß wohl sehr teuer sein.«
Frau W.:	»Das ist nicht teuer, davon gibt es riesige Mengen.«
Leiter:	»Ja, ganze Seen sind mit diesem Gras bedeckt und darin leben unzählige Wasservögel.«
Frau K.:	»Wir haben einmal einen Film gesehen, das war im Fernsehen, mit lauter Flamingos auf einem solchen See.«
Leiter:	»Können Sie sich vorstellen, wie die Flamingos durch das hohe Gras staken?«
Frau S.:	»Ja, das muß ganz lustig aussehen.«

Wir sprechen noch ein bißchen über Afrika, über Tiere im Zoo, und beginnen dann mit der Flechtarbeit. Ich lasse die einzelnen Halme betasten, ihre Biegsamkeit wahrnehmen, ihre Bruchgrenze austesten. Die Tastsinne alter Menschen funktionieren meist noch besser als ihr Gesichts- und Gehörsinn. Es macht ihnen Spaß, die Halme bis zur Grenze ihrer Belastbarkeit zu biegen. Ich schlage folgendes Spiel vor: »Biegen Sie die Halme so weit, daß sie im nächsten Moment brechen, und sagen Sie dann: jetzt.« So werden eine ganze Menge Halme zerbrochen, und die Teilnehmer werden immer vertrauter mit dem Material. Es werden dann die ersten Anleitungen zum Flechten gegeben. Von Anfang an werden die alten Leute ermutigt, nicht auf Schönheit zu achten, sondern so zu flechten, wie es ihnen Spaß macht. Die Geschicklichkeit kommt nach und nach. Ist dann etwas entstanden, so wird es in der Gruppe herumgereicht, betastet, begutachtet, besprochen. Nach einiger Zeit beginnen wir Strohpuppen herzustellen. Bunte Bänder und Stoffrestchen werden als zusätzliche Materialien angeboten. Einige der Teilnehmerinnen sprechen während der Arbeit vor sich hin. Sie werden ermutigt, mit ihren Puppen zu sprechen. So kommt es zu Dialogen, wie wir sie aus der klassischen Gestalttherapie kennen. Dadurch, daß die Selbstgespräche nicht als Absonderlichkeiten abgetan, sondern positiv verstärkt werden, treten sie dem alten Menschen klarer ins Bewußtsein. Wir beginnen dann mit den Puppen kleine Spiele zu improvisieren. Dabei ist es ganz erstaunlich, daß zum Teil sehr abgebaute Patienten sich in diese Spielaktion gut einfinden können und viel Freude damit haben. Je stärker die Mitarbeiter der Einrichtungen in die Arbeit mit einbezogen werden konnten und je besser es gelang, die noch einigermaßen bewegungsfähigen und organisierten Patienten zu aktivieren und im Programm sinnvoll einzusetzen, desto besser und intensiver konnte die Arbeit durchgeführt werden.

Nach unseren Erfahrungen ergaben sich aber die intensivsten und hilfreichsten Kontakte in Einzelgesprächen, in denen sich der Betreuer dem alten Menschen persönlich zuwandte. Nachdem anfängliches Mißtrauen abgebaut worden und man über die übliche »Besuchsatmosphäre« hinweggekommen war, waren Gespräche über das Leiden, über den Tod, über das Alter möglich, mit einer Klarheit, die man den Patienten gar nicht zugetraut hätte. Bei den siechen Patienten mußte der Kontakt oft auf einer nonverbalen

Ebene bleiben, z. B. durch Spiel mit Händen, Blicken, das Zeigen und Erklären von bebilderten Büchern. Das Glück, das diese Patienten durch die Einzelgespräche offensichtlich erfuhren und die Wärme und Dankbarkeit, die sie den Betreuern entgegenbrachten, waren für alle, die am Projekt mitarbeiteten (Studenten der Sozialarbeit), eine Bestätigung, daß Bildungs- und Betreuungsprogramme in Heimen für Sieche und Hochbetagte nicht nur eine humanitäre Notwendigkeit, sondern eine lohnende Aufgabe sind.

X. Integrative Mitarbeiterfortbildung und Supervision im Bereich der Altenarbeit

Um eine sinnvolle und effektive Altenarbeit zu gewährleisten, ist nicht nur ein institutioneller Rahmen erforderlich, sondern es müssen auch Mitarbeiter vorhanden sein, die über eine besondere Kompetenz verfügen, mit alten Menschen pädagogisch, soziotherapeutisch und psychotherapeutisch umzugehen. Das Mitarbeiterproblem ist für die derzeitige, ohnehin nicht rosige Situation der Altenarbeit das schwerwiegendste. In den Fachhochschulen für Sozialpädagogik und Sozialarbeit sind die Fächer Altenbildung und Altenarbeit kaum vertreten, und ein Schwerpunkt für Geragogik im Diplomstudiengang für Erziehungswissenschaften existiert noch nicht. Es finden sich nur sporadische Angebote im Rahmen der Studiengänge für Erwachsenenbildung und Sozialpädagogik. Die Schulen für Altenpflege bieten über den medizinisch-pflegerischen Bereich wenig in ihren Unterrichtsprogrammen an, was einem umfassenden Konzept für die Arbeit mit alten Menschen dienen könnte. In der Vorbereitung für einen Sozial- oder Pflegeberuf mit alten Menschen muß nicht nur die Vermittlung einschlägiger gerontologischer, sozialgerontologischer und psychologischer Forschungsergebnisse auf einer theoretischen Ebene erfolgen, sondern es ist unbedingt notwendig, diese Kenntnisse im Erleben der Auszubildenden zu verankern, so daß ein integrativer Lernprozeß erreicht wird, der kognitives und emotionales Lernen verbindet. Dies kann durch das gestalttherapeutische Unterrichtsverfahren der Integrativen Pädagogik erreicht werden, durch das der Lernprozeß zu einem Selbsterfahrungsprozeß wird. Die Informationen, die im Unterricht geboten werden, werden in Rollenspielen aktualisiert, sie werden durch Erfahrungen und Erlebnisse der Teilnehmer der Lerngemeinschaft ergänzt und unterrichtsbegleitend in der Praxis erprobt. Die durch diese Verfahren ermöglichte »Selbsterfahrung am Stoff« bietet dem zukünftigen Mitarbeiter in der Altenarbeit die Möglichkeit, seine spätere Zielgruppe besser zu verstehen, als dies auf einer ausschließlich theoretischen Ebene möglich wäre. Durch Rollenspiele und Rollentausch werden die Teilnehmer der Lerngemeinschaft in die Rolle alter Menschen versetzt und erspüren auf diese Weise ganz existentiell, was es heißt, behindert, entmündigt, überprotegiert zu sein. Durch Imaginations- und Visualisierungstechniken gelingt es, die Erlebnisweise des alten Menschen deutlich zu machen. Dies hat zur Folge, daß im Rahmen der gestaltorientierten Ausbildung immer wieder auf den Prozeß des Alterns verwiesen wird, dadurch daß die Affektebene, die analog zum sach- und aufgabenorientierten Lernen läuft, einbezogen wird. Dieser Vorgang ist in einem pädagogischen Setting allein nicht mehr zu handhaben, sondern erfordert Selbsterfahrung. Die Mitarbeiter in der Altenarbeit sind in der Regel wesentlich jünger als die Zielgruppe, mit der sie zu tun haben. Das wirft für beide Seiten Probleme auf, die im Sinne eines Sozialtrainings mit einer Bearbeitung von Vorurteilen und eigenen Problemen gegenüber dem Alter, dem Sterben angegangen werden müssen. In der gestalttherapeutischen Selbsterfahrungsgruppe, die wir für die Mitarbeiter eingerichtet hatten, war es nicht nur möglich, die Ängste vor dem eigenen Altern und Sterben zuzulassen, um sie zu integrieren, sondern auch die Belastungen zu thematisieren, die der beständige Umgang mit »Menschen am Rande des Todes« für den Mitarbeiter bedeutet.

Wer die zentralen Probleme des eigenen Alterns, Sterbens, des Umgangs mit Leidenden und Siechen nicht angegangen hat, wer die Dimensionen des Generationskonfliktes nicht kennt und erfahren hat, ist in seiner Effektivität bei der Arbeit mit alten Menschen erheblich eingeschränkt. Da Vorurteile und Ängste in bezug auf das Alter in unserer Kultur mitsozialisiert werden, so daß feste Altersstereotype und spezifische Rollenerwartungen entstehen, die von klein auf gefestigt werden und sogar die Selbsteinschätzung des alten Menschen bestimmen (*Lehr*, 1972), ist es praktisch nicht möglich, derartige Einflüsse aus dem Umgang mit alten Menschen herauszuhalten, wenn sie nicht in einem Selbsterfahrungsprozeß erfahren und abgebaut oder in eine andere Richtung gelenkt werden. Sowohl in der Altenarbeit als auch in der Psychiatrie und Behindertenpädagogik hat es der Mitarbeiter mit dem Abbau und der Zerstörung menschlicher Identität zu tun, eine Realität, die für jeden gesunden Menschen bedrohlich ist und in ihm Abwehr- bzw. Kompensationsreaktionen hervorrufen. Gestalttherapeutische Gruppenarbeit zielt dadurch, daß sie die Awareness für derartige Prozesse weckt, auf ein Durcharbeiten des individuellen Alternsprozesses und der Einstellungen zum Alter ab, um neue Erfahrungen zu ermöglichen, deren Wirkung für den praktischen Umgang mit alten Menschen fruchtbar wird. Ein Schwerpunkt der Gestalt-Selbsterfahrungs-Gruppe ist die Arbeit an Projektionen, die an alten Menschen festgemacht werden. Als besonders geeignet erweisen sich hierfür gemischte Selbsterfahrungsgruppen, an denen auch alte Menschen teilnehmen. In derartigen Gruppen wird von beiden Seiten erfahren, daß Grenzen vorhanden sind, was Leistungsfähigkeit, Aufnahmefähigkeit, Kommunikationswillen und Ermüdung anlangt. Es wird aber auch deutlich, daß der alte Mensch durchaus nicht unmündig ist, daß er im Gegenteil über Erfahrungen verfügt, durch die er dem jüngeren Mitarbeiter zuweilen überlegen ist. Auch dieses Faktum muß mit seinen positiven Seiten, aber auch mit den Schwierigkeiten herausgearbeitet werden, die dadurch in der Praxis entstehen. Die gestalttherapeutischen Methoden des »Gestaltdramas« mit dem leeren Stuhl, der direkten Kommunikation« (*Petzold*, 1973) und des gestalttherapeutischen Awareness-Trainings (*Stevens*, 1975) bieten hier wichtige Hilfen. Der Teilnehmer erfährt *bewußt*, was es in ihm auslöst, wenn er einen alten Menschen anschaut, wenn er einen alten Menschen berührt, wenn ihn ein alter Mensch berührt. Verdrängte Regungen von Abscheu und Ekel kommen hier genauso zutage wie Ängste, Respekthaltung, Zärtlichkeit. Im Zentrum der Selbsterfahrung steht: *sich selbst als Sterbenden zu erfahren* (*Keleman*, 1975), sich mit dem eigenen Tod auseinanderzusetzen. Nur wenn das geschieht, kann der Mitarbeiter in der Altenarbeit mit innerer Freiheit an den alten Menschen herangehen. Hierfür ist ein Aufarbeiten der eigenen Erfahrungen mit dem Sterben, Beerdigungen, dem Tod von Kindheit an notwendig.

Die Gestalt-Selbsterfahrungs-Gruppe macht die sozialisierten Einstellungen zum Alter und zum Tode in einer Weise plastisch, durch die nicht nur Einsichten vermittelt werden, sondern durch die die emotionale Dimension erfaßt wird, so daß unmittelbare Verhaltensänderungen möglich werden.

XI. Gestaltsupervision

In jeder psychotherapeutischen, soziotherapeutischen und pädagogischen bzw. geragogischen Arbeit ist Supervision ein unbedingtes Erfordernis. In der Arbeit mit alten Menschen wird eine regelmäßige Kontrolle und Begleitung besonders notwendig, weil die Mitarbeiter erheblichen emotionalen Belastungen ausgesetzt sind und weil durch eine ständige Reflexion der Praxis erst konsistente Konzeptionen für psychotherapeutische, soziotherapeutische und geragogische Altenarbeit erarbeitet werden müssen.

Gestalttherapeutische Supervisionsarbeit hat folgende Schwerpunkte:

1. Bearbeitung von Problemen des Mitarbeiters

Der ständige Umgang mit Alternden, Siechen und sterbenden Menschen stellt für den Mitarbeiter eine erhebliche Belastung dar. Er muß beständig mit der Bedrohung durch den Tod umgehen, indem er sie abwehrt oder verarbeitet. Er wird beständig mit der Disfiguration der menschlichen Identität konfrontiert und kommt dadurch auch mit der Bedrohung der eigenen Identität durch das Altern in Kontakt.

Er erlebt immer wieder die Eingegrenztheit seiner Bemühungen, die Vergeblichkeit von Ansätzen zur Veränderung und die Enttäuschung von Erwartung. Solange umfassende strukturelle Veränderungen in den Institutionen der Altenarbeit und eine angemessene Vorbereitung auf das Altern nicht möglich sind, wird dieser »Frustrationspegel« relativ hoch liegen. Für den Mitarbeiter ergeben sich daraus Probleme im Hinblick auf die Arbeits- und Lebenszufriedenheit, für die er Hilfestellungen braucht. Er muß lernen, für das Setting und die Zielgruppe angemessene Erwartungen zu entwickeln, um dann auch Erfolge sehen zu können. Supervision hat also u. a. die Aufgabe, Verarbeitungshilfen zu geben und Entlastung bereitzustellen. Das gestalttherapeutische Supervisionsmodell verwendet hier personzentrierte »Hot-seat-Arbeit«, um die kathartische Abreaktion aufgestauter Emotionen zu ermöglichen, rationale Einsicht in Problemkonstellationen zu vermitteln und auf diese Weise Veränderungen in der Haltung (Einstellung) und im Verhalten zu erreichen.

2. Probleme von Klienten

Die heterogene Population, mit der sich der Mitarbeiter der Altenarbeit konfrontiert sieht, der unterschiedliche Problemhintergrund und Lebenskontext der einzelnen Klienten wirft immer wieder Fragen auf, für die keine Standardlösungen angeboten werden können, sondern für die von Fall zu Fall Handlungsstrategien entwickelt werden müssen. In der Supervision werden Fallberichte vorgetragen und mit dem Supervisor durchgearbeitet, wobei, falls es sich um eine Gruppensupervision handelt, die Gruppe einbezogen wird. In dieser Arbeit verwendet das Gestaltmodell der Supervision dramatisches Spiel: Interaktionssequenzen werden durchgespielt und auf diese Weise beobachtbar und für alle Beteiligten plastisch. Der Mitarbeiter imaginiert seinen Klienten auf den leeren Stuhl, tritt zu ihm in Dialog und erlebt dabei, welche Gefühle und Einstellungen er zu ihm hat. Im Rollentausch mit dem Klienten tritt er in dessen Rolle ein. Er erhält dadurch ein besseres Verständnis und eine intensivere Einfühlung, die es ihm ermöglicht, in späteren Realsituationen angemessener zu reagieren. Die »gesammelte Kompetenz der Gruppe« in der Gruppensupervision bietet dabei ein hohes Potential, was einerseits die Situationsdiagnose und andererseits das Entwickeln von Problemlösungsstrategien anlangt. Die Supervisionsgruppe versammelt kompetente Fachleute, denn jeder der teilnehmenden Mitarbeiter hat einen spezifischen Erfahrungsschatz, der für die Supervisionsarbeit fruchtbar gemacht werden kann. Das Gestaltmodell der Supervision bewirkt auf diese Weise Erkenntnisse, emotionale Erfahrungen und entwickelt Verhaltensstrategien in einer Weise, die vom Supervisanden unmittelbar in seinen Praxisbereich übertragen werden können.

3. Probleme der Beziehung

Die im voranstehenden als Gegenstand der Supervisionsarbeit angesprochenen Problemfelder schließen immer Fragestellungen ein, in denen es um die therapeutische oder pädagogische Beziehung geht. Die Schwierigkeiten von Klienten und die persönlichen Probleme von Mitarbeitern sind häufig genug Beziehungsprobleme. Das Umgehen mit Übertragung und Gegenübertragung, mit Projektionen und Identifikationen, die Regulierung von Nähe und Distanz, das Reagieren auf Zuwendung, Anhänglichkeit und Aggression in der Interaktion zwischen Betreuer und Klient wird in der Supervisionsarbeit thematisiert. Dabei werden wiederum nicht nur verbale Interventionen eingesetzt, sondern auch Rollenspiele, Imaginationstechniken und psychodramatisches Doppelgänger- und Spiegelverfahren (*Leutz*, 1974, *Petzold*, 1971). Gerade in der Arbeit mit alten Menschen wird der Mitarbeiter oft unsicher, wie er sich verhalten soll, wie er mit den Wünschen nach Zuwendung durch vereinsamte Klienten und mit dem oftmals vorfindlichen Mißtrauen oder gar mit Feindseligkeit umgehen soll. Man kann mit dem alten Menschen nur sinnvoll arbeiten, wenn man mit ihm eine Beziehungsebene findet, die angemessen ist, die weder überprotektiv noch überfordernd ist, die den alten Menschen nicht depotenziert, aber ihn auch nicht mit Problemen, bei denen er Hilfe braucht, allein läßt. Die wenigsten Menschen haben ausreichende Erfahrung im Umgang mit alten Menschen aus ihrem Alltagsleben, weil alte Menschen heute weitgehend aus dem Familienverband ausgegliedert leben. So entstehen oftmals Hilflosigkeiten, die überspielt werden oder zu unangemessenen Verhaltensweisen führen und die ohne eine Reflexion und emotionale Bearbeitung in der Supervision die Ausbildung von Verhaltensstereotypen im Gefolge haben, wie wir sie in den meisten Einrichtungen der Altenarbeit finden: Der alte Mensch wird entmündigt, infantilisiert, versorgt und, wenn er den Konzepten wohlmeinender Betreuung nicht entspricht, als querulatorisch abgestempelt und mit Sanktionen belegt.

4. Supervision des Mitarbeiterteams

Die Struktur des Mitarbeiterteams, d. h. die emotionalen Beziehungen und die Interaktionen der Mitarbeiter untereinander bestimmen, besonders in der geschlossenen Altenarbeit, die Effizienz. Teams, die nicht kooperationsfähig sind und in denen die Mitarbeiter sich nicht gegenseitig Entlastung und Hilfestellung geben können, die in sich zerstritten sind, tragen ihre »negative Dynamik« in das Arbeitsfeld. Sie geben ihrer Zielgruppe die Möglichkeit, daß einzelne Mitarbeiter gegeneinander ausgespielt werden, sie erzeugen ein Klima von Unzufriedenheit oder Unsicherheit. In der Gestaltsupervision kommt deshalb der Beziehungsklärung der Mitarbeiter untereinander besondere Bedeutung zu. In »direkter Kommunikation« werden Konflikte ausgetragen und wird reflektiert, inwieweit ein »gemeinsamer Stil« vorhanden oder möglich ist. Die Eindeutigkeit und weitgehende Übereinstimmung der Mitarbeiter, was ihren Interventionsstil anlangt, ist für eine erfolgreiche Altenarbeit in der Institution eine wichtige Variable. Nur wenn eine solche Einheitlichkeit, die nicht mit Uniformität verwechselt werden darf, vorhanden ist, kommt es bei der Gruppe alter Menschen, die betreut wird, nicht zu Verhaltens- und Rollenunsicherheiten. Ein Mitarbeiterteam, das über ein angemessenes Problemlösungsverhalten verfügt, bietet weiterhin ein Imitationsmodell für die alten Menschen, die vielfach nicht gelernt haben, Schwierigkeiten im Zusammenleben kooperativ zu lösen. Die häufigen Querelen sind oft dadurch bestimmt, daß der alte Mensch in eine völlig neue Situation eintritt, für die er im Repertoire seines bisherigen sozialen Verhaltens selten Erfahrungen vorfindet, auf die er zurückgreifen könnte.

5. Probleme der Institutionen

Die bisher angesprochenen Problempunkte, mit denen sich Gestaltsupervision befaßt, können niemals losgelöst von den Problemen der Institution, ihrer Struktur und ihren äußeren Bedingungen (Finanzierung, Personalschlüssel, räumliche Möglichkeiten, Bettenzahl, geographische Lage) betrachtet werden. Alle diese Faktoren haben sowohl auf die Klienten als auch auf die Mitarbeiter bestimmenden Einfluß. Supervision muß deshalb auch immer als *Systemsupervision* erfolgen. In der gestalttherapeutischen Supervisionsgruppe werden die emotionalen Beziehungen der Mitarbeiter zur Institution deutlich gemacht, werden die Schwierigkeiten, die durch Institutionsstruktur entstehen, rational durchleuchtet und werden Strategien entwickelt, wie die institutionelle Situation grundsätzlich oder innerhalb des vorgegebenen Rahmens verändert werden kann, so daß Störfaktoren beseitigt oder handhabbar gemacht werden.

Die Supervisionsarbeit in den genannten Bereichen verbindet deshalb immer Selbsterfahrung, Praxisreflexion, Praxisberatung und Theorievermittlung bzw. die Erarbeitung theoretischer Konzepte aus der Praxissituation. Da eine konsistente Theorie der Altenbildung, der Soziotherapie und der Psychotherapie mit alten Menschen noch nicht besteht und eine allgemeinverbindliche Theorie vielleicht auch nicht erarbeitet werden kann, kommt der Supervisionsgruppe in der Altenarbeit die hervorragende Bedeutung zu, praxisbezogene Theorie aus dem jeweiligen Situationskontext für den jeweiligen Situationskontext durch *Ko-respondenz* der beteiligten Mitarbeiter und dem Supervisor zu erarbeiten.

Für die Supervision der Mitarbeiter in der Altenarbeit gelten insgesamt die gleichen Prinzipien, die für einen integrativen, gestalttherapeutisch und systemtheoretisch fundierten Supervisionsansatz schlechthin gelten:

> »Supervision *ist* ein interaktionaler Prozeß, in dem die Beziehungen zwischen personalen und sozialen Systemen (z. B. Personen und Institutionen) bewußt, transparent und damit veränderbar gemacht werden mit dem Ziel, die personale, soziale und fachliche Kompetenz der supervisierten Personen durch die Rückkoppelung und Integration von Theorie und Praxis zu erhöhen und weiterhin eine Steigerung der Effizienz bei der supervisierten Institution im Sinne ihrer Aufgabenstellung zu erreichen. Diese Aufgaben selbst müssen reflektiert und gegebenenfalls den Erfordernissen der ›relevanten Umwelt‹ entsprechend verändert werden.«
>
> »Supervision *erfolgt* in dem gemeinsamen Bemühen von Supervisor und Supervisanden, vorgegebene Sachelemente, vorhandene Überlegungen und Emotionen in ihrer Struktur, ihrer Ganzheit, ihrem Zusammenwirken zu erleben, zu erkennen und zu handhaben, wobei der Supervisor auf Grund seiner personalen, sozialen und fachlichen Kompetenz als Feedback-Instanz, Katalysator, Berater in personaler Auseinandersetzung fungiert, ganz wie es Kontext und Situation erforderlich machen.«

In den von mir initiierten oder begleiteten Projekten der Altenbildung bzw. Soziotherapie mit alten Menschen haben sich Selbsterfahrung und Supervision als hervorragende Instrumente erwiesen, die personale, soziale und fachliche Kompetenz der Mitarbeiter zu erhöhen und Fehlentwicklungen in den Institutionen zu verhindern.

In der Praxis der Altenarbeit sollten deshalb Verfahren der Selbsterfahrung und Supervision, besonders der gestalt- und systemtheoretisch fundierten Supervisionsarbeit, vermehrt Einsatz finden.

Literatur

Amery, J., Über das Altern. Revolte und Resignation, Stuttgart 1971.

Beauvoir, S. de, Das Alter, Reinbek 1972.

Bellak, L., Karasu, T. B., Geriatric Psychiatry, New York 1976.

Berkowitz, B., Green, R. E., Changes in intellect with age: V. differential changes as functions of time interval and original score, J. Genet. Psychol., 53 (1965) 179–192

Birren, J. E., Altern als psychologischer Prozeß, Freiburg 1974.

Bliss, J .C., et al., Tactual Perception: Experiments and Models. NASA Report No. NAS 2–2751, Stanford Research Institute, Dez. 1965.

Böger, J., Sokol, E., Beschäftigungstherapie in der Geriatrie, in: *Jentschura, G.*, Beschäftigungstherapie. Grundlagen und Praxis, Stuttgart, 2. Aufl. 1974.

Botwinick, I., Aging and Behavior, New York 1975.

Breloer, G., Bildungsarbeit mit alten Menschen aus gesellschaftspolitischer Sicht, in: *Petzold, H., Bubolz, E., 1976.*

Brim, V. G., Wheeler, S., Erwachsenensozialisation, dtv, München 1974.

Brown, G. I., Petzold, H. G., Gefühl und Aktion. Gestaltmethoden im Integrativen Unterricht, Frankfurt 1977.

Bühler, Ch., Der menschliche Lebenslauf als psychologisches Problem, Göttingen 1959.

–, Wenn das Leben gelingen soll, München 1972.

Cohn, R., Von der Psychoanalyse zur themenzentrierten Interaktion, Stuttgart 1975.

Cumming, E., Henry, W. E., Growing old, New York 1961.

Duwe, C., Braun, M., Gruppenarbeit mit alten Menschen in der Heimsituation, Graduierungsarbeit Fachhochschule für Sozialarbeit, Düsseldorf-Eller 1975.

Eck, K., Imboden-Henzi, A., Erfülltes Alter durch reicheres Erleben, Freiburg 1972.

Erikson, E. H., Identität und Lebenszyklus, Frankfurt 1974.

Fink, H. H., The relationship of time perspective to age, institutionalisation and activity, J. Geront. 12 (1957) 414–417.

Frese, H., Erwachsenenbildung. Eine Praxistheorie, Freiburg 1976.

Goeken, A., Gruppenarbeit mit älteren Menschen, Freiburg 1969.

Greenwald, H., Be the person you were meant to be, New York 1973.

Griese, H., Erwachsenensozialisation, München 1976.

Helson, E., Adaption level theory, New York 1964.

Henry, W. E., The theory of intrinsic disengagement, in: *Hansen, P. F.*, Age with a future, Philadelphia 1964.

Ipfling, H. J., Die emotionale Dimension in Unterricht und Erziehung, München 1974.

Kallmeyer, G., et al., Lernen im Alter, Lexika, Graphenau, Württemberg 1976.

Keleman, St., Living your dying, New York 1975.
Knoll, J. H., Erwachsenenbildung, Stuttgart 1972.
–, Lebenslanges Lernen. Erwachsenenbildung in Theorie und Praxis, Hamburg 1974.
Kubie, S. H., Landau, G., Group work with the aged, New York 1953.
Latner, J., The Gestalt Therapy Book, New York 1973.
Lehr, U., Institutionalisierung älterer Menschen als psychologisches Problem – Ergebnisse der empirischen Forschung, Kongr. Ber. d. Dt. Ges. Gerontol., Nürnberg 1968, Darmstadt 1970.
–, Psychologie des Alterns, Heidelberg 1972.
–, Probleme der Weiterbildung im Erwachsenenalter und Alter, actuelle gerontologie 2 (1972) 713–720.
Lehr, U., Esser, R., Raithelhuber, K., Das Bild des 40- und 60jährigen bei 10- und 14jährigen Kindern, actuelle gerontologie 1 (1971) 705–710.
Lejeune, R., Die Ergotherapie in Altenheimen, actuelle gerontologie 10 (1971) 593–602.
Leutz, G. A., Psychodrama – Theorie und Praxis, Heidelberg 1974.
Lippitt, R., Änderung des Sozialverhaltens, Stuttgart 1975.
Litowtschenko, S. W., u. a., Möglichkeiten und Bedingungen der Unterrichtung älterer und alter Menschen, in: *Petzold/Bubolz*, 1976.
Lowy, L., Der ältere Mensch in der Gruppe, Freiburg 1971.
–, Lernen und Lehren beim älteren Menschen: Psychologische Implikationen, in: *Petzold/Bubolz*, 1976.
Marcel, G., Petzold, H., Anthropologische Vorbemerkungen zur Bildungsarbeit mit alten Menschen, in: *Petzold/Bubolz*, 1976.
Martin, W. C., Activity and disengagement: Life satisfaction of in movers into a retirement-community, Gerontology Center, University of Southern California, Los Angeles 1970.
Maurer-Groeli, Y., Petzold, H., Die therapeutische Beziehung in der Gestalttherapie, in: *Battegay, R.*, u. a., Die therapeutische Beziehung, Bern 1977.
Merrill, T., Activities for the aged and infirm: A handbook for the untrained worker, Springfield III 1967.
Mieskes, H., Geragogik – Pädagogik des Alters und des alten Menschen, Päd. Rundschau, 2 (1970) 90–101.
–, Geragogik – ihr Begriff und ihre Aufgaben innerhalb der Gerontologie, actuelle gerontologie, 1 (1971) 279–283.
Miller, Ch. E., The utilisation of an adult education program of group discussion with participation training to meet selected needs of aged persons, Univ. of Indiana, Ph. D. Thesis, University Microfilms order number 64–5472.
Moreno, J. L., The social atom and death, Sociometry, 10 (1947) 81–86.
Munnichs, J. M., Janmaat, H. F. J., Vom Umgang mit älteren Menschen im Heim, Freiburg 1972.
Nahemow, L., Lawton, M. P., Toward an ecological theory of adaptation and aging, in: *Preiser, M. F.*, Environmental design research, Strondsburg, Pennsylvania 1973.
Naske, R., Zapotoczky, G. und *K.*, Zum Problem alter Menschen in Heimen, act. geront. 3 (1973) 549–558.
Nathanson, B. F., Reingold, J., A Workshop for Mentally Impaired Aged, Gerontologist, 3 (1969) 293, Ref.: act. geron. 1 (1971) 173.

Oerter, R., Weber, E., Der Aspekt des Emotionalen in Unterricht und Erziehung, Donauwörth 1975.
Oesterreich, K., Psychiatrie des Alterns, UTB, Heidelberg 1975.
Olechowsky, R., Das alternde Gedächtnis. Lernleistung und Lernmotivation Erwachsener. Ein Beitrag zur andragogischen Grundlagenforschung, Bern/Stuttgart/Wien 1969.
Otto, H., Handbook to actualize Human potential, Beverly Hills 1970.
Pan, J. S., A comparison of factor in the personal adjustment of old people in protestant church homes for the aged and old people living outside of institutions, J. social Psychol. 35 (1952) 195–203.
Paterno, G., Beschäftigungstherapie in der Geriatrie, in: *Brückel, K. W.*, Grundzüge der Geriatrie, München/Wien/Berlin (1975) 255.
Perls, F. S., Gestalt Therapy Verbatim, Real People Press, Moab./Utah 1969, Gestalttherapie in Aktion, Stuttgart 1974.
–, Gestalt Therapy and Integration, Cowichan lecture, unveröffentl., 1969.
Perls, F. S., Hefferline, R. F., Goodman, P., Gestalt Therapy, New York 1973, 1. Aufl. 1951, dt. 1978 bei Klett.
Petzold, H. G., Géragogie – nouvelle approche de l'éducation pour la vieillesse et dans la vieillesse, Publications de l'institut Saint Denis, Paris, I (1965) 4–10.
–, Moderne Methoden psychologischer Gruppenarbeit, Erwachsenenbildung, 3 (1971) 160–178.
–, Kreativität und Konflikte. Psychologische Gruppenarbeit mit Erwachsenen, Paderborn 1973.
–, Integrative Therapie ist kreative Therapie, in: Integrative Therapie, 2/3 (1977).
Petzold, H. G., Psychotherapie und Körperdynamik, Paderborn 1975.
–, Der Gestaltansatz in der psychotherapeutischen, soziotherapeutischen und pädagogischen Arbeit mit alten Menschen, in: Gruppendynamik, 1 (1977) 32–48.
Petzold, H. G., Bubolz, E., Bildungsarbeit mit alten Menschen, Stuttgart 1976.
Petzold, H. G., Mathias, U., Integrative Erziehung mit verhaltensgestörten und behinderten Kindern, in: *Brown, Petzold*, 1977.
Polster, E., Polster, M., Gestalttherapie, München 1974.
Rennkamp, M., Weiterbildung für das Altern?, Paderborn 1976.
Rohracher, A., Kleine Charakterkunde, Wien/München 1965.
Rose, A. M., Peterson, W. A., Older people and their social world, Philadelphia 1965.
Ruprecht, H., Lernen für das Älterwerden, Heidelberg 1972.
Schenda, R., Das Elend der alten Leute, Informationen zur Sozialgerontologie der Jüngeren, Düsseldorf 1972.
Schneider, H. D., Aspekte des Alterns – Ergebnisse sozialpsychologischer Forschung, Frankfurt 1974.
Sieber, G., Die Altersrevolution, Zürich/Köln 1972.
Siebert, H., Erwachsenenbildung, Düsseldorf 1972.
Sitzmann, G.-H., Lernen für das Alter, Dießen 1970.
–, Zur Situation und Aufgabe der Altenbildung, Das Forum, 11 (1971) 17–39.
Stevens, J. O., Die Kunst der Wahrnehmung, München 1975.
Swink, J. R., Intersensory comparisons of reactiontimes, Human Factors 8 (1966) 143–145.
Tews, H.-P., Soziologie des Alterns, erster und zweiter Teil, Heidelberg 1971.
–, Grenzen der Altenbildung, unveröffentlichtes Manuskript 1975.

Thomae, H., Psychische und soziale Aspekte des Alterns, in: Zeitschrift f. Gerontol., 1 (1968) 43–55.
–, Das Individuum und seine Welt – Eine Persönlichkeitstheorie, Göttingen 1968.
Tuckman, J., *Lorge, I.*, The effect of institutionalisation on attitudes toward old people, J. social Psychol. 36 (1952) 337–344
Vath, R., Das Altern lernen, Hannover 1973.
Verres-Muckel, M., Lernprobleme Erwachsener, Köln/Stuttgart 1974.
Viebahn, W., Das Bild des alten Menschen im westdeutschen Lesebuch, actuelle gerontologie, I (1971) 711–714.
Vööbus, K., L'analyse corporelle, approche nouvelle pour l'integration personelle, Wilhelm Reich Research Center, Montreal 1956.
Vopel, K., Interaktionsspiele, Bd. 1–8, Isko Press 1974–1977.
Wargo, W. J., et al., Human Operator Response Speed, Frequency, and Flexibility, NASA Report No. NAS 12–103, Dunlap Associates for Electronic Research Center, Santa Monica, Calif. 1966.
Weinstein, N., u. a., Bibliography of sensory and perceptual deprivation, isolation and related areas, Percept. Motor Skills, 26 (1968) 883–903.
Weinstock, C., The relation between social isolation and related cognitive skills in residents of a catholic and jewish home for aged, Proceedings of the 8th Internat. Congress of Gerontology 1968, Washington 1969.
Weinstock, C., *Bennett, R.*, Problems in communication to nurses among residents of a racial homogenous nursing home, The Gerontologist 8 (1968) 72–75.
Welford, A. T., On the nature of skill, in: Ageing and Human Skill, Oxford 1958.
Wohlwill, J. F., Behavioral response and adaptation to environmental stimulation, in: *Damon, A.*, Psychological anthropology, Mess. Harvard University Press, Cambridge 1964.

Kapitel 16
Astrid Schreyögg

Methoden Humanistischer Psychologie und Integrativer Pädagogik in der Ausbildung von Erziehern

Als humanistisch-psychologische Verfahren sind im folgenden alle diejenigen, zumeist ursprünglich psychotherapeutisch orientierten Methodenkonzepte zu verstehen, die im Rahmen der humanistisch-psychologischen Bewegung entwickelt wurden. Sie sind in die Integrative Pädagogik eingegangen und haben zu ihrer Entwicklung entscheidend beigetragen.

Ein wesentliches Merkmal der humanistisch-psychologischen Bewegung, die sich in ausdrücklichen Gegensatz zu Psychoanalyse und Behaviorismus stellt, ist ihre weltanschauliche Basis, d. h. ihr ganz spezifisches, dem Neohumanismus und Existentialismus entlehntes Menschenbild.

Wie in neuerer Zeit von *Bühler, Ch.* und *Allen, M.* (1972) ausgeführt, wird die Person

- als leib-seelische Ganzheit,
- als aktiv handelndes,
- einmaliges,
- sich ständig veränderndes und
- wertorientiertes Wesen verstanden.

Als Ziel aller auf die Person gerichteten Bemühungen gilt im allgemeinen die »Selbstverwirklichung«: die maximale Entfaltung der im einzelnen Menschen angelegten Potentiale. Als übergeordnete methodische Leitlinie ist die Gegenwartsorientierung, der Bezug auf das unmittelbare, gegenwärtige Erleben zu bezeichnen. Entsprechend diesen Aspekten werden als humanistisch-psychologische Verfahren

- die klienten-zentrierte Therapie (*Rogers*),
- die Psychodramatherapie (*Moreno, Leutz*),
- die Gestalttherapie (*Perls, Petzold*),
- die Themenzentrierte Interaktion (*Cohn*) betrachtet.

Im Sinne ihres universell-persönlichkeitsbildenden Anspruchs empfehlen die Vertreter der einzelnen Verfahren neben der primär therapeutischen Anwendung in der Regel auch eine Nutzbarmachung für den pädagogischen Bereich, speziell auch für den schulischen Sektor (*Brown*, 1975).

Im Gegensatz zur herkömmlichen schulischen Praxis soll mit Hilfe integrativer, humanistischer Methoden das Lernen humanisiert werden, d. h.

vor allem, daß die emotionalen Befindlichkeiten des Lernenden Berücksichtigung finden.

Der vorliegende Aufsatz versucht, basierend auf langjähriger praktischer Erfahrung, die Verwendbarkeit dieser methodischen Konzepte für einen speziellen schulischen Sektor, der Ausbildung von Erziehern, aufzuzeigen. Es wird dabei jedoch kein Anspruch auf erschöpfende Darstellung erhoben.

Als Erzieher wird heute im allgemeinen eine sozialpädagogische Fachkraft bezeichnet, die in Kindergärten, Horten, Heimen, der Jugendarbeit und Sondereinrichtungen unterschiedlicher Art pädagogisch tätig wird.

Die Ausbildung zum Erzieher besteht in der Regel in einer 2jährigen theoretischen Schulung, die durch einige Praktika ergänzt wird, und einem vollen praktischen Jahr, dem sog. Berufspraktikum, das nach Beendigung der theoretischen Ausbildung abgeleistet wird.

An der evangelischen Fachakademie für Sozialpädagogik in Nürnberg experimentieren wir seit einer Reihe von Jahren mit Elementen themenzentriert-interaktioneller, psychodramatischer, klientenzentrierter und gestalttherapeutischer Methoden, die durch gruppendynamische Übungen und Rhythmik nach *Scheiblauer* ergänzt werden. Dabei setzen wir die Methoden unter mehrfacher Zielsetzung ein:

– Zum einen läßt sich unter ganz pragmatischen Gesichtspunkten die Ausbildungseffektivität steigern. Wie noch gezeigt werden soll, kann durch die Verwendung der zur Diskussion stehenden methodischen Elemente eine Einbettung zu lehrender Inhalte in die emotionale Befindlichkeit des Studierenden stattfinden, so daß zunächst rein sachlich erscheinende Themen mit größerer Wahrscheinlichkeit persönliches Interesse erregen und damit eher im Gedächtnis verankert werden.

– Zum anderen läßt sich, bezogen auf die generelle Zielsetzung humanistisch-psychologischer Verfahren, die Persönlichkeitsentwicklung der Studierenden fördern. Da es sich bei den Auszubildenden um spätere Erzieher handelt, die in ihrer zukünftigen pädagogischen Arbeit zwangsläufig sowohl kognitive als auch emotionale Möglichkeiten aktivieren müssen, kann als Ausbildungsziel neben der Aneignung theoretischen Wissens hier auch ganz besonders das Ziel ihrer personalen Entfaltung postuliert werden.

– Zugleich ergibt sich durch die Verwendung der genannten Verfahren aller Wahrscheinlichkeit nach auch ein höheres Maß an sozialer Sensibilität, das für einen Erzieher bei Ausübung seiner Tätigkeit sicher vorteilhaft ist.

– Darüber hinaus beabsichtigen wir in einem ganz unpragmatischen Sinne mit Hilfe der Verfahren, den Studierenden mit den ihnen zugrunde liegenden weltanschaulichen Konzepten vertraut zu machen in der Hoffnung, daß diese Werthaltungen auch die Basis für seine spätere pädagogische Arbeit bilden.

Konkrete Anwendungsmöglichkeiten für die genannten Verfahren ergeben sich bisher vorzugsweise in drei Bereichen:

- bei der Unterrichtsgestaltung,
- bei der Praxisanleitung und
- bei der Klärung interpersoneller Konflikte.

Im folgenden sollen Beispiele entsprechend dieser Anwendungsbereiche dargestellt werden.

1. Humanistisch-psychologische Methoden bei der Gestaltung eines Integrativen Unterrichts

Der für die Erzieherausbildung maßgebende Fächerkatalog umschließt neben einigen allgemeinbildenden Fächern wie Deutsch, Englisch vorwiegend *theoretische Fächer* wie Pädagogik, Psychologie, Soziologie und *fachpraktische Fächer* wie Praxis- und Methodenlehre, Musikerziehung, Werkerziehung.

a) Im Rahmen des *theoretischen Unterrichts* läßt sich die Erarbeitung theoretischer Konzepte durch methodische Anknüpfung entweder an durch Übungen induzierte Erfahrungen oder den Rückgriff auf bereits bestehende Erfahrungen vertiefen und verlebendigen.

So kann z. B. das Konstrukt »Projektion« im Psychologieunterricht mit Hilfe folgender Übung und darauffolgender themenzentrierter Interaktion veranschaulicht werden:

Die Studierenden wurden gebeten, unabhängig voneinander zu einer Tafel des TAT (hier der 3. Tafel) im Sinne der Testinstruktion eine Geschichte zu erfinden, die sie schriftlich fixierten. Der darauffolgende Vergleich der Geschichten löste relativ starke Emotionen aus. In einer unmittelbar anschließenden Unterrichtssequenz wurde die emotionale Involviertheit im Zusammenhang mit dem theoretischen Konzept der Projektion themenzentriert-interaktionell erarbeitet.

Als Beispiel für die Erarbeitung eines theoretischen Aspektes unter Rückgriff auf bereits bestehende, nicht eigens durch Übungen provozierte Erfahrungen sei auf die Behandlung der »Außenseiterrolle« im Soziologieunterricht verwiesen:

Alle Studierenden wurden gebeten, sich an erlebte Gruppensituationen zu erinnern, in denen sie sich nicht als zugehörig gefühlt haben, oder wenn ihnen das nicht möglich ist, an Personen, die sie als wenig zur Gruppe gehörig betrachtet haben.

Nach einem Zeitraum von einigen Minuten erging die Aufforderung, das jetzt im Vordergrund stehende Erleben innerhalb von Kleingruppen nach folgenden Gesichtspunkten untereinander mitzuteilen: wie kam es zu dieser Nicht-Zugehörigkeit, wie ist es dem Außenseiter ergangen, wie hat er sich verhalten, was haben die anderen gemacht. Auch dieser Austausch läßt sich themenzentriert führen. Zur Veranschaulichung des einen oder anderen Aspektes, z. B. des Verhaltens der Gruppe bei Versuchen des Außenseiters, in die Gruppe einzudringen, ergibt sich auch die Möglichkeit, ad hoc eine gruppendynamische Übung oder ein Soziodrama einzubauen.

In Fällen, wo die Studierenden bereits geübt sind, ihre Emotionen offen darzulegen, läßt sich auch ›coram publico‹ ohne Kleingruppenarbeit vorgehen, was wesentlich zeitsparender ist und oft ähnliche Effekte erzeugt.

b) Im Rahmen des *fachpraktischen Unterrichts* lassen sich ebenfalls humanistisch-psychologische und integrativ-pädagogische Methoden verwenden.

In diesen Unterrichten geht es einerseits um die Aneignung und Einübung von pädagogisch relevanten Handlungsweisen (z. B. Umgang mit schwierigen Kindern, Umgang mit Eltern im Praxis- und Methodenunterricht), andererseits um das Kennenlernen, Einüben und Reflektieren spezieller pädagogischer Methoden (z. B. Musizieren im Fach Musikerziehung, Werken im Fach Werkerziehung).

Bei der Erarbeitung *pädagogischer Handlungsweisen* im Fach Praxis- und Methodenlehre läßt sich ebenfalls entweder in Form von Übungen oder mit Hilfe bereits bestehender Erfahrungen vorgehen. Methodisch bietet sich am ehesten psychodramatische Technik, daneben themenzentrierte Interaktion an.

So kann z. B. das Thema »Elternarbeit«, d. h. Kontakt des Erziehers zu den Eltern der von ihm betreuten Kinder, im Fach Praxis- und Methodenlehre folgendermaßen bearbeitet werden:

Die Studierenden wurden gebeten, eine entsprechende Situation, in der ein Erzieher mit Eltern eines Kindes ein Gespräch führen muß, entweder aus ihrer praktischen Erfahrung oder aus ihrer Vorstellung darzustellen. Es findet sich in der Regel ein Protagonist, der bereit ist, die von ihm gewählte Situation zunächst verbal darzustellen. Daraufhin wird er entweder gebeten, seine Mitspieler auszuwählen, oder die Lehrkraft bittet um Meldungen für die Übernahme von Rollen. Sodann wird die gesamte Situation möglichst genau rekonstruiert und aufgrund der Imagination innerhalb des Klassenraumes provisorisch hergestellt (Sitzordnung). Mit Hilfe von Rollentausch, Spiegelung, Doppelgängern gelingt es meistens, den Studierenden zu einer differenzierteren Perspektive von der Kommunikationssituation mit Eltern zu verhelfen. Sie werden in der Regel aus ihrer oft einseitigen Parteinahme für die Kinder gegen die Eltern herausgerissen.

In den musischen Unterrichten, deren Ziel, wie oben angedeutet, in der Aneignung von *musikpädagogischen, werkpädagogischen Methoden* einerseits, in der Reflexion der Anwendungsmöglichkeiten dieser Methoden andererseits liegt, lassen sich der Gestalttherapie nahestehende kreativitätstherapeutische Techniken einsetzen.

So wurden die Studierenden gebeten, mit einem von ihnen gemalten Bild in Kontakt zu treten, indem sie mit möglichst allen Details einen zunächst verbalen Dialog führen oder indem sie versuchen, einen bestimmten Gegenstand des Bildes körperlich darzustellen. Durch die Aufforderung zum Rollentausch konnten sie einerseits zur intensiveren Auseinandersetzung mit ihrem Produkt geführt werden, andererseits ließ sich im Rahmen eines anschließenden Austausches der Erfahrungen vermitteln, daß jedes Produkt als Teil seines Urhebers gesehen werden kann, was zu einer Differenzierung ihres kunstpädagogischen Verständnisses führte.

Aus einigen der angeführten Beispiele ergibt sich, daß aus der Einfügung humanistischer, integrativer Methoden in den Unterrichtsablauf auch eine Verschiebung der ursprünglichen Unterrichtsziele resultieren kann. So konnte etwa durch die Verwendung psychodramatischer Techniken im Unterricht zum Thema »Elternarbeit« nicht nur ein Übungseffekt erzielt werden, sondern die Studierenden erkannten auch eine Reihe von zunächst nicht beabsichtigten Aspekten, wie z. B. die Schwierigkeiten, mit ihren eigenen Projektionen umzugehen.

Voraussetzung für das Gelingen derartiger Unternehmungen ist allerdings, daß die Verwendung der hier dargestellten methodischen Maßnahmen auch in einem positiven Verhältnis zur Gesamtsituation in der Klasse steht. So sollte eine gewisse Vertrautheit zwischen den Studierenden, zwischen Studierenden und Lehrkraft bestehen. Darüber hinaus darf die emotionale Bereitschaft nicht durch andere bedrängende Ereignisse, wie z. B. eine in der nachfolgenden Stunde stattfindende Klausur, überschattet sein.

2. Humanistisch-psychologische und integrativ-pädagogische Methoden bei der Praxisanleitung

Im Rahmen der Praxisanleitung, das sind außerunterrichtlich stattfindende, eigens für die Vor- und Nacharbeit des im Praktikum Erfahrenen angesetzte Veranstaltungen, wurden humanistische, integrative Verfahren bisher besonders umfänglich eingesetzt.

Durch das in humanistischen, integrativen Methoden implizierte erlebnisbezogene Vorgehen kann die Praxisanleitung im Gegensatz zu herkömmlichen Anleitungsmethoden, die zumeist auf eher kognitive Durcharbeitung angelegt sind, besonders intensiviert werden.

In unserer Ausbildungsstätte hat es sich durchgesetzt, eines der Praktika, das sog. gruppenpädagogische Praktikum, das von jedem Studierenden neben dem regulären Unterricht über ein Jahr die eigenständige Führung einer Kinder- oder Jugendgruppe verlangt, besonders sorgfältig anzuleiten. Erfahrungsgemäß ergeben sich während dieses Praktikums wesentliche pädagogische Schwierigkeiten geradezu exemplarisch und lassen sich damit auch in für den Studierenden effektiver Weise bearbeiten.

Im Verlauf dieses Praktikums werden die Studierenden einmal wöchentlich entweder einzeln oder in Kleingruppen zu drei bis vier Personen angeleitet.

Der Inhalt der Anleitung resultiert im wesentlichen aus Fragen, die der Studierende aufwirft, daneben aus Anmerkungen, die der Anleiter zu dem vom Studierenden angefertigten Praxisbericht hat.

Je nach der individuellen Bereitschaft des Studierenden, die von ihm geleistete Arbeit zu hinterfragen, sowie der zwischen Anleiter und Praktikant bestehenden Vertrautheit, bewegen sich die zu behandelnden Aspekte in den unterschiedlichsten Bereichen und damit verbundener psychologischer Tiefung.

So ergeben sich zu Beginn der einjährigen Anleitungsarbeit eher Fragen theoretischen Charakters, mit fortlaufender Vertrautheit methodische Schwierigkeiten, im weiteren Verlauf, oft erst gegen Ende der Anleitungszeit, lassen sich Themen mit sehr persönlichen Hintergründen finden.

Die durch humanistische, integrative Methoden angereicherte Praxisanleitung läßt sich als quasi-therapeutische Situation beschreiben, da sie sowohl in ihrem formalen Aufbau als auch durch den Rückgriff auf spezifische Methoden therapeutischen Situationen ähnlich ist. Sie bleibt allerdings in ihrer inhaltlichen Zielsetzung auf die Erarbeitung von Praxisproblemen bezogen. Zielt die rein therapeutische Arbeit vorwiegend auf die Entwicklung der leib-seelischen Potentiale, in der Regel unter dem Primat der emotionalen Reifung, beabsichtigt die Anleitung mit Hilfe humanistisch-psychologischer und integrativ-pädagogischer Verfahren gleichlaufend mit therapeutischen Effekten auch eine Schulung der kognitiven Möglichkeiten des Klienten.

Eine wesentliche Leitlinie für die Anleitung dieses von uns entwickelten Stils ist, daß entsprechend den therapeutischen Situationen nach Möglichkeit immer vom Erleben des Studierenden ausgegangen wird, d. h. wenn eine bestimmte Problematik im erlebnismäßigen Vordergrund steht, z. B. Gefühle des Versagens bei der Arbeit oder Schwierigkeiten mit dem Anleiter, wird erst diese bearbeitet. Ohne Berücksichtigung dieses Vordergrundes bleiben unserer Erfahrung nach auf seiten des Praktikanten in der Regel zuwenig psychische Kapazitäten für die Erarbeitung anderer, sachlicher Anliegen.

Praxisanleitung in der Form des *Einzelgesprächs* wird, bezogen auf Struktur und Methodik, einzeltherapeutischen Sitzungen ähnlich gestaltet. Dabei ist der Rückgriff auf klienten-zentrierte, psychodramatische und gestalttherapeutische Methoden möglich.

Im folgenden sollen zwei für diesen Anleitungsstil typische Sitzungen (von 1–2 Stunden) skizziert werden:

Der Anleiter (A) begrüßt den Praktikanten (P) und sieht ihn entsprechend klienten-zentrierter Methodik freundlich auffordernd an. P. äußert nach einigem Zögern, daß ihm nichts einfiele. A wartet, P stöhnt und sieht vor sich hin. A wartet weiter. Nach einigem Zögern wendet sich P an A und sagt, daß er vor Beginn der Anleitung jeweils eine Reihe von Anliegen habe, in der Anleitung jedoch noch selten sich an etwas erinnere. P schaut dabei resigniert vor sich hin. A bittet P in freundlich einfühlendem Ton mitzuteilen, was jetzt in diesem Moment in ihm vorginge. P wird verlegen und äußert nach einigem Zögern, daß er sich irgendwie unwohl fühle. A bittet P herumzuschauen, um herauszufinden, was sein Unbehagen verursacht. Nach einiger Zeit bleibt der Blick von P an A hängen. Nach wiederum längerem Zögern äußert P, daß er sich immer sehr klein und ängstlich in Gegenwart von A fühle. A bittet P, wenn er möge, ihn, A, genauer anzusehen, um herauszufinden, was ihn ängstlich mache, und das, was er mitteilen wolle, mitzuteilen.

Im weiteren Verlauf der Sitzung ließ sich herausarbeiten, daß P, sonst gewohnt ein hohes Maß an Überlegenheit zu demonstrieren, A gegenüber in einer umgekehrten sozialen Situation, als ihm sonst vertraut, stehe und alle Versuche, mit A zu rivalisieren, fehlgeschlagen seien. Mit Hilfe psychodramatischer Technik ließ sich eine – wenn auch keine endgültige – Beseitigung der persönlichen Problematik von P erzielen, die sich auch in anderen Situationen bemerkbar machte. Es ergab sich aber doch zumindest eine Klärung der Beziehung, die die weitere Zusammenarbeit erleichterte.

Eine weitere typische Sitzung im Sinne dieses Anleitungsstils mit demselben Praktikanten sah folgendermaßen aus:

P bot als Problemstellung, daß seine Gruppe, die aus Kindern im Vorschulalter bestand, gerne »Gespenst« spiele, d. h. sie machten das Licht aus, riefen »huhu«, rannten mit erhobenen Armen durch den Raum. P äußerte, daß er dagegen nichts habe, daß er jedoch, nachdem die Kinder bereits drei Gruppenstunden auf diese Weise verbracht hätten, sich ernstlich frage, ob hierbei noch irgendeine pädagogische Effektivität gegeben sei.

A bat P im Sinne gestalttherapeutischer Methodik ein Kind auszuwählen, in das er sich gut einfühlen könne, sodann den Raum zu beschreiben, möglichst weitgehend alle Details zu imaginieren. Sodann bat er P, so gut als möglich in die Situation hineinzugehen, um sodann das Erfahrene zu berichten. Aufgrund dieser Erfahrung stellte P nun fest, daß er die Situation als ungemein prickelnd erlebte, nicht zu stark ängstigend, aber doch reizvoll ängstlich. P konnte davon ausgehend erarbeiten, daß die Kinder im Sinne von Angstbewältigung in ähnlichen Situationen, etwa während des Alleinseins, hier ein psychologisches Übungsfeld zur besseren Bewältigung gefunden hatten. Aufgrund dieser Erfahrung wurde es ihm möglich, das von den Kindern so begeistert Gespielte sogar positiv zu unterstützen.

Unserer Erfahrung nach kann zwar mit Hilfe humanistischer integrativer Methoden die Einzelanleitung stark intensiviert und damit effektiver gestaltet werden. Wie aber die erste Anleitungssitzung verdeutlicht, ergeben sich, allerdings auch bei der Verwendung herkömmlicher Anleitungsformen, in der Regel zu starke, vom Praktikanten subjektiv wahrgenommene Autoritätsgefälle zum Anleiter.

Bei der Anleitung in *Kleingruppenform* kann dieser Effekt reduziert werden, allerdings ergeben sich demgegenüber hier mehr Konfliktmöglichkeiten innerhalb der Gruppe.

Unserer Erfahrung nach hat sich jedoch die Gruppenanleitungsform besser bewährt, da hier aufgrund der unterschiedlichen Persönlichkeiten und damit verbundener unterschiedlicher Problemstellungen vielfältigere Lernmöglichkeiten gegeben sind. Im Rahmen von Gruppenarbeit kann durch den Austausch unter den Beteiligten auch ein Thema vielfältiger angegangen werden.

Da die Mehrzahl humanistisch-psychologischer und integrativ-pädagogischer Verfahren für den Einsatz in Gruppen konzipiert ist, bietet sich ihre Verwendung bei Gruppenanleitung besonders gut an. Entsprechend therapeutischer Gruppenarbeit kann auch die Anleitung sowohl protagonistenorientiert, gruppenorientiert als auch themenbezogen geführt werden.

Im folgenden soll eine typische Anleitungssitzung in Gruppenform (vier Teilnehmer) skizziert werden:

Zu Beginn der Anleitung bittet der Anleiter, daß jeder Studierende einbringt, was er in dieser Sitzung bearbeiten will.

A möchte die Zielsetzungen seiner Arbeit genauer untersuchen,

B möchte ein problematisches Kind in seiner Gruppe hier genauer untersuchen, er komme mit ihm nicht zurecht,

C fühlt sich nach der letzten Gruppenstunde total unfähig zur pädagogischen Arbeit.

D möchte seine Schwierigkeiten mit dem Gruppenmitglied A bearbeiten.

Jeder Teilnehmer wird nun gebeten, sein Anliegen kurz auszuführen und seine Problemstellung genau zu definieren. Danach regt der Leiter an, daß die Teilnehmer verhandeln mögen, welche Reihenfolge bei der Bearbeitung ihrer Probleme eingehalten werden soll und welches Problem aus zeitlichen Gründen eventuell auf die kommende Sitzung verschoben werden kann.

A tritt sofort zurück mit der Begründung, daß sein Anliegen rein theoretischer Natur sei und ebensogut später angegangen werden könnte.

Hier interveniert D und macht A aufmerksam, daß er immer zurücktrete und daß dieses Verhalten auch das Problem sei, das er mit A habe. Es entsteht eine intensive Auseinandersetzung zwischen den beiden, in die der Leiter mit der kurzen Frage eingreift, ob das heißen solle, daß die Schwierigkeiten zwischen den beiden zuerst bearbeitet werden sollen. Dies bejaht die gesamte Gruppe mit der Begründung, daß auch schon das letzte Mal dieser Konflikt störend im Raum gestanden sei. Sodann einigt sich die Gruppe noch schnell, daß danach unbedingt C drankommen müsse, weil er sehr depressiv wirke, was C auch bestätigt. Es wird beschlossen, daß die von A aufgeworfene Thematik tatsächlich erst in der nächsten Sitzung angegangen werden soll. Sofern Zeit bleibt, entscheidet die Gruppe, soll noch die Schwierigkeit von B diskutiert werden. Nun wenden sich wieder alle A und D zu. Sie beginnen sofort, sich relativ chaotisch mit Vorwürfen zu überhäufen, währenddessen sie sich immer wieder auf eine vergangene Situation beziehen. Der Leiter schlägt ihnen vor, diese in psychodramatischer Form darzustellen. Im Spielverlauf, insbesondere nach einem Rollentausch, erkennt A, daß er sich ständig von D bevormundet fühlt und D deshalb oft auszuweichen versucht. D dagegen merkt, daß er A während seiner Rückzüge jeweils zu provozieren versucht, was ihn an frühere Situationen mit seiner von den Eltern bevorzugten Schwester erinnert. Der Leiter fragt nun, ob D an dieser Situation mit der Schwester weiterarbeiten wolle oder ob die bisher gewonnene Erkenntnis reiche. D entscheidet sich an dieser Stelle aufzuhören mit der Begründung, daß ihm die jetzt gewonnene Erkenntnis eine Klärung in der Beziehung zu A gebracht habe und er glaube, in der Anleitungsgruppe jetzt wieder spannungsfreier arbeiten zu können.

Nach einem kurzen Sharing wenden sich nun alle C zu. C skizziert mit einigen Sätzen, daß seine Kindergruppe in der letzten Gruppenstunde total chaotisiert sei und er nur noch hilflos dastand. C gerät während der Darstellung in heftige emotionale Erregung, die er jedoch krampfhaft zu unterdrücken sucht. Der Leiter bittet ihn zu wählen, ob er entweder über die gruppendynamische Struktur dieser Kindergruppe, über seine methodischen Schwierigkeiten oder seine momentane Befindlichkeit arbeiten wolle. C entscheidet sich nach einigem Zögern, über seine methodischen Schwierigkeiten zu arbeiten. Der Leiter bittet ihn, angelehnt an gestalttherapeutische Methodik, die erlebte Gruppensituation zu imaginieren, d. h. noch einmal in seiner Vorstellung in die Gruppe zurückzugehen und die gesamte Situation auf sich wirken zu lassen. C erlebt sich noch einmal ebenso hilflos, und es fallen ihm auch diesmal keine geeigneten Interventionen ein. Der Leiter bittet nun C, eines der Kinder zu sein und aus den Augen des Kindes die Situation wahrzunehmen. Nach einigen Schwierigkeiten gelingt dies C, und er erfährt jetzt, daß er auch als Kind Hilflosigkeit spürt. Der Leiter fragt C als Kind, was er jetzt gerne hätte. Als Kind antwortet C zuerst zögernd, dann immer sicherer, daß es wünsche, der Gruppenleiter, also C, möge sagen, was jetzt gemacht wird. C ist fast sprachlos vor Staunen über die soeben gefundene Lösung. Jetzt entwickelt er plötzlich die Einsicht, daß er die Kinder durch seine Passivität, wie ursprünglich genau entgegengesetzt beabsichtigt, wohl eher eingeengt bzw. ihre Selbststeuerungsmöglichkeiten in dieser Phase der Gruppenentwicklung total überfordert habe.

Damit hat C ein Thema aufgeworfen, das auch die anderen stark bewegt. Es ergibt sich jetzt eine ausgesprochen lebhafte Diskussion in themenzentriert-interaktionellem Stil, die die restliche Zeit der Anleitung ausfüllt.

Am Ende der Sitzung bittet der Leiter jeden einzelnen mitzuteilen, was er im Verlauf dieser Anleitungssitzung erlebt hat, welche neuen Erkenntnisse er mitnimmt, welche Reste ihm geblieben sind und mit welchen Gefühlen er jetzt den Raum verläßt. Dabei teilt auch der Leiter, soweit es ihm in dieser Phase der Anleitung indiziert erscheint, seine eigene Befindlichkeit mit.

3. Humanistisch-psychologische und integrativ-pädagogische Methoden bei der Klärung interpersoneller Konflikte

Da Ausbildungsstätten für Erzieher dem berufsbildenden Schulwesen angegliedert sind, findet die Ausbildung in *Klassenverbänden* statt. Dadurch ergibt sich die Chance, daß eine größere soziale Integration des einzelnen in den Schulverband möglich ist und durch die automatische Kontinuität der Kontakte und damit verbundener Vertrautheit sein Lernen gefördert wird. Wenn sich allerdings sehr spannungsreiche Klassenstrukturen entwickeln, bringt das sehr schnell die Gefahr einer Behinderung der gesamten Unterrichtssituation mit sich. Auch bei der Bearbeitung solcher Konflikte hat sich die Anwendung humanistisch-psychologischer und integrativ-pädagogischer Methoden als günstig erwiesen.

In einer Klasse ließ sich im Verlauf des zweiten Jahres der theoretischen Ausbildung in fast allen Unterrichtsfächern eine ausgesprochene Lähmung beobachten. Nach wiederholten Versuchen, die Klasse zur Mitarbeit zu motivieren, sprach ein Dozent die Studierenden unmittelbar auf die Ursachen ihrer Passivität an. Nach einigem Zögern wandte eine, in der Hierarchie der Klasse relativ hochstehende Studierende ein, daß sie vermute, die Aufspaltung der Klasse in eine Reihe von Untergruppen verursache die momentane Situation. Auf diese Aussage entstand ein lange nicht mehr beobachtetes Leben innerhalb der Klasse. Viele Studierende nickten zustimmend und äußerten, daß sie auch dieser Meinung seien.

Der Dozent fragte die Studierenden, ob sie Lust hätten, eine zumindest erste Klärung ihrer Gruppenstruktur zu unternehmen; auf eindeutige Bejahung schlug er in soziodramatischem Sinne vor, daß die Studierenden aus ihrer Sitzordnung heraustreten und sich entsprechend der von ihnen vermuteten Untergruppenbildung verteilen sollten.

Die Studierenden gingen in sehr lebendiger Weise auf die Instruktion ein, indem jeder einzelne durch Herumgehen im Raum sehr sorgfältig austarierte, welcher Gruppenbildung er im wörtlichen Sinne am nächsten stünde.

Nun wurden die Studierenden gebeten, alle jeweils zu ihrer Gruppe gehörenden Personen genau zu betrachten, um zunächst für sich selbst zu erwägen, wie sie zu ihrer Ingroup ständen, sodann ihre Haltung gegenüber den Personen der anderen Gruppen zu überprüfen. Danach sollten sie versuchen, ihre Eindrücke innerhalb ihrer Gruppe zu besprechen und dann als Gruppe den anderen Gruppen ihre Gefühle und Einstellungen mitzuteilen.

Im Verlauf dieser Übung ergab sich, daß besonders eine der Untergruppen eine andere, vierköpfige (zwei männliche und zwei weibliche Personen) besonders vorwurfsvoll anging, während eine dritte Gruppe die vier verteidigte. Eine vierte Untergruppe verhielt sich diesem Konflikt gegenüber indifferent.

Die beiden Hauptkontrahenten-Gruppen wurden nun gebeten, sich gegenüberzustellen und ihre Vorwürfe gegenseitig zu präzisieren. Während dieser Sequenz wurde die vierköpfige Gruppe beschuldigt, sie verhielte sich gegenüber den Beiträgen der anderen wenig tolerant, zum Teil sogar offen aggressiv, wobei deutlich wurde, daß eine positive Haltung von seiten der vier Personen, die im ersten Jahr auch eine relativ hohe Rangposition innerhalb der Klasse innehatten, für die andere Gruppe wünschenswert wäre.

Es ließ sich daraufhin mit Hilfe themenzentrierter Interaktion sowie einiger kleinerer psychodramatischer Sitzungen, in die im Verlauf von vier Unterrichtsstunden auch ein weiterer Dozent eingeschaltet wurde, ein ›modus vivendi‹ zwischen den Gruppen erarbeiten, der nun eine Neubelebung der gesamten Unterrichtssituation zur Folge hatte.

Neben diesen drei, in den unmittelbaren schulischen Bereich fallenden Anwendungsmöglichkeiten, wird den Studierenden die Möglichkeit gegeben, auch außerhalb der Schule, z. B. in freiwilligen Selbsterfahrungsgruppen, humanistisch-psychologischen und integrativ-pädagogischen Verfahren zu begegnen. Wir haben bisher für die Mehrzahl der Klassen einwöchige Selbsterfahrungskurse organisiert, während derer sie mit je zwei schulfremden Trainern unter Zuhilfenahme gruppendynamischer, psychodynamischer, gestalttherapeutischer und bewegungstherapeutischer Verfahren arbeiteten.

Mit diesen Unternehmungen beabsichtigen wir einerseits größere Klarheit und Offenheit innerhalb der Klasse zu erzeugen, um damit die Ausbildungsbereitschaft zu steigern; in einem weniger pragmatischen Sinne versuchen wir andererseits die personale Entfaltung der Studierenden zu fördern, damit sie mit etwas mehr an persönlicher Reife an ihre spätere erzieherische Aufgabe gehen.

Als wichtige Voraussetzung für die Anwendung humanistisch-integrativ orientierter Verfahren gilt jedoch das Prinzip der Freiwilligkeit, was ganz besonders oft betont werden muß – zumal es sich bei einer Schule um eine öffentliche Institution handelt, deren Maßnahmen sich der einzelne weniger leicht entziehen kann.

Ganz konkret ergibt sich für uns die Forderung, daß wir mit äußerster Vorsicht und starker Bereitschaft, auch die Bedenken des einzelnen zu akzeptieren, arbeiten müssen.

So erfolgreich nun die Verwendung humanistischer, integrativer Methodik für die Erreichung von einzelnen Ausbildungszielen im Rahmen einer Schule gelegentlich auch sein mag, ergibt sich doch die Frage, ob derartige Unternehmungen auf dem Hintergrund traditioneller Schulstrukturen überhaupt glaubwürdig scheinen. Allen bisher angesprochenen methodischen Konzepten sind, wie eingangs gezeigt, mehr oder weniger eindeutige Werthaltungen bzw. Menschenbilder unterlegt, die sich im bildungspolitischen Raum bisher kaum durchgesetzt haben. Unserer Auffassung nach müßte der Lehrende, um die Verwendung solcher Methoden ganz grundsätzlich zu rechtfertigen, sein Denken und Handeln entsprechend der Wertbasis humanistischer integrativer Methodik orientieren. Dies ist ihm jedoch wiederum nur dann möglich, wenn die gesamte schulische Situation in eben diesem Sinne entwickelt wird.

Diese Perspektive wurde für uns im Laufe der Zeit immer wesentlicher, so daß wir gleichlaufend mit der Verfeinerung unserer methodischen Möglichkeiten, wenn auch in bescheidenem Rahmen, an einer Veränderung der gesamten schulischen Struktur in Richtung auf die den Methoden zugrundegelegten Werthaltungen zu arbeiten versuchten.

Unsere Bemühungen richteten sich dabei einerseits

– auf die Humanisierung und Integration der formalen Strukturen im Sinne von *Demokratisierung*. Die innerschulische Hierarchie konnte, soweit sie sachlich nicht gerechtfertigt ist, abgebaut werden. Die im Sekretariat und Direktorat eingehenden Informationen werden so schnell als möglich allen an der Schule Tätigen zugänglich gemacht. Die Findung von Entscheidungen bei personellen, finanziellen und organisatorischen Fragen findet in der Regel unter Mitbeteiligung aller Lehr- und Verwaltungskräfte statt. Soweit rechtlich vertretbar, werden auch die Studierenden, die mit je zwei Vertretern pro Klasse an allen Konferenzen anwesend sind, an der Entscheidungsfindung beteiligt.

Unsere Bemühungen richten sich andererseits

– auf die *Förderung der informellen Strukturen* im Sinne humanistischer und integrativer Werthaltungen. Das Lehr- und Verwaltungspersonal findet sich regelmäßig zu themenzentriert-interaktionellen oder anders gearteten Gruppensitzungen zusammen. Ein Großteil der Dozenten besucht gelegentlich außerschulisch stattfindende Selbsterfahrungsgruppen. Konflikte werden offen ausgetragen, sowohl zwischen Studierenden, Studierenden und Lehrkräften, unter den Lehrkräften und Verwaltungsangestellten. Persönliche Beziehungen zwischen den Lehr- und Verwaltungskräften, zwischen diesen und den Studierenden und unter den Studierenden entwickeln sich weitgehend unabhängig vom Status nach emotionalen Bezügen.

Als wesentliche Leitlinie für die Entwicklung der schulischen Strukturen gilt die Schaffung eines offenen Systems, d. h. es geht uns nicht sosehr um die Erreichung einer spezifischen Struktur, sondern die Schule soll als ein im permanenten Entwicklungsprozeß befindliches soziales Gebilde verstanden werden, wie es die Humanistische und die Integrative Pädagogik für personales Geschehen fordern.

Selbstverständlich begegnet uns bei der Realisierung unserer Vorstellungen auch eine Reihe von Schwierigkeiten, die insbesondere daraus resultieren, daß durch den außerschulischen Rahmen oft nicht überschreitbare Grenzen (Lehrpläne, Schulordnung, ministerielle Erlasse) gesetzt sind. In diesem Zusammenhang verfolgen wir jedoch die Leitlinie, alle rechtlich möglichen Freiräume im Sinne unserer Zielsetzungen auszuschöpfen.

Literatur

Bühler, Ch., und Allen, M., Einführung in die humanistische Psychologie, Stuttgart 1974 (amerikan. Ausgabe 1972).

Brown, G. I., The Live Classroom, New York 1975.

–, Human Teaching For Human Learning, New York 1971.

Cohn, R., Von der Psychoanalyse zur Themenzentrierten Interaktion, Stuttgart 1975.

Petzold, H., Gestalttherapie und Psychodrama, Kassel 1973.

Kapitel 17
Ike und Wolf Huy

Gestalttherapie und Gestalttraining in der Lehrerbildung

Gestalttherapie und Gestalttraining in der Lehrerbildung sind unseres Wissens in Europa an keiner Ausbildungsstätte institutionalisiert; deshalb berichten wir nicht eine empirische Untersuchung, sondern äußern Gedanken, die sich aus unserer Kenntnis der Gestalttherapie, der Lehrerbildung und der Schulsituation ergeben haben. Diese Gedanken erheben nicht den Anspruch eines geschlossenen Ausbildungskonzeptes, sondern sind Zwischenergebnisse und wollen zur Diskussion über Reformen in der Lehrerbildung beitragen.

Gestalttherapie und -training sind Verfahren, die sich der Humanistischen Psychologie zuordnen lassen. Die Humanistische Psychologie betont in der Gegenüberstellung zu Psychoanalyse und Behaviorismus folgende für unsere Themenstellung wichtigen Punkte, die wir nach der Broschüre der »Association for Humanistic Psychology«[1] zitieren:

1. »Im Zentrum der Aufmerksamkeit steht die erlebende Person. Damit rückt das Erleben als das primäre Phänomen beim Studium des Menschen in den Mittelpunkt. Sowohl theoretische Erklärungen wie auch sichtbares Verhalten werden im Hinblick auf das Erleben selbst und auf seine Bedeutung für den Menschen als zweitrangig betrachtet.
2. Der Akzent liegt auf spezifisch menschlichen Eigenschaften wie der Fähigkeit zu wählen, der Kreativität, Wertsetzung und Selbstverwirklichung – im Gegensatz zu einer mechanistischen und reduktionistischen Auffassung des Menschen.
3. Die Auswahl der Fragestellungen und der Forschungsmethoden erfolgt nach Maßgabe der Sinnhaftigkeit – im Gegensatz zur Betonung der Objektivität auf Kosten des Sinns.
4. Ein zentrales Anliegen ist die Aufrechterhaltung von Wert und Würde des Menschen, und das Interesse gilt der Entwicklung der jedem Menschen innewohnenden Kräfte und Fähigkeiten. In dieser Sicht nimmt der Mensch in der Entdeckung seines Selbst, in seiner Beziehung zu anderen Menschen und zu sozialen Gruppen eine zentrale Stellung ein.«

Die Zielsetzungen, die hinter diesem in den sechziger Jahren formulierten Selbstverständnis der Humanistischen Psychologie stehen, versuchen viele

Verfahrensweisen z. T. seit Jahrzehnten zu erreichen; so z. B. die klientzentrierte Therapie (*C. Rogers*), Daseinsanalyse (*L. Binswanger*), Psychodrama (*J. L. Moreno*), themenzentrierte Interaktion (*R. Cohn* u. a.).

Die Gestalttherapie wurde von *Fritz Perls* begründet, der sich selbst allerdings nur als den Entdecker bezeichnet, denn: »Gestalt ist so alt wie die Welt. Die Welt und vor allem jeder Organismus erhält sich selbst aufrecht, und das einzige Gesetz, das konstant ist, ist die Bildung von Gestalten – Ganzheit, Vollständigkeit ... Wasser hat eine bestimmte Eigenschaft. Es besteht aus H_2O. Wenn man die Gestalt Wasser zerstört, in zwei H's und ein O aufspaltet, so ist das kein Wasser mehr. Es ist Wasserstoff und Sauerstoff, und wenn jemand durstig ist, so kann er so viel Wasserstoff und so viel Sauerstoff einatmen, wie er will, er wird seinen Durst nicht löschen.«[2]

Jeder, der die Schul- und Lehrerbildungssituation kennt, weiß, daß in diesen Institutionen – um in *Perls'* Bild zu bleiben – H- und O-Atome in einer Vielzahl unverbunden existieren. Die Defizite in der derzeitigen Organisationsform dieser Institutionen und ihrer Agenten verhindern die Bildung von »Wasser« im Erziehungs- und Wissensvermittlungsprozeß entgegen ihren erklärten Zielsetzungen. Daß Lehrer täglich als »Einzelkämpfer« in engbegrenzten Fachbereichen Schüler in 45-Minuten-Segmenten »bearbeiten«, statt fachübergreifend in Kooperation mit anderen Kollegen (teamteaching usw.) mit Schülern in z. T. sehr viel längeren, weil den jeweiligen Erfordernissen angemessenen Arbeitsphasen zusammenzuarbeiten, scheint uns ein eindrucksvolles Beispiel für die *Perls*sche Aussage zu sein. Die Gestalttherapie als eine Therapie- und Trainingsform, die als zentrales Anliegen formuliert, Einzelteile wieder zu Ganzheiten zu integrieren, kann sinnvolle Hilfe beim Auffüllen dieser Defizite geben.

Wie könnte diese Hilfe konkret aussehen? Referendare (Lehramtskandidaten für alle Schularten in der BRD) nehmen ihre Ausbilder, Schüler ihre Lehrer verkürzt auf die akustische und visuelle Dimension wahr: sie können sie hören und sehen, jedoch nicht fühlen. Die meisten von uns erleben das Fehlen dieser dritten Dimension gar nicht als Manko, da wir während unserer Sozialisation Berührungswünsche verlernt und Distanz zum anderen gelernt haben. Daß jedoch Kinder, die diesem Deformationsprozeß nicht bis zum »Erfolg« ausgesetzt waren, den Wunsch haben und zu verwirklichen suchen, ihren Lehrer anzufassen, d. h. zu »begreifen«, werden Lehrer der Unterstufen aller Schularten bestätigen. Und sie werden vielleicht das Unbehagen und die Hilflosigkeit kennen, in solchen Situationen anders als zurückweisend zu reagieren, weil sie in ihrer Ausbildung keine neuen, über ihre Sozialisation hinausgehenden Verhaltensmöglichkeiten gelernt haben.

Solche Lernprozesse könnten stattfinden in ausbildungsbegleitenden regelmäßigen Selbsterfahrungsgruppen, die nach dem gestalttherapeutischen Prinzip der Geist-Leib-seelischen Einheit dem einzelnen Raum geben, auch Körpererfahrungen zu machen. Wir meinen keine vereinzelt stattfindenden Encounter-Gruppen, in denen geschrien, geweint und gestreichelt wird, sondern wir stellen uns in den Ausbildungsalltag integrierte Gruppen vor, in denen gleichermaßen gewichtet wird: Was hast du erlebt (gefühlt usw.)? Was hast du für rationale Einsichten gewonnen? Wie willst du diese Erfahrungen integrieren? (*Petzold,* 1973), wie es in allen Ausbildungsgruppen des »Fritz-Perls-Instituts für Gestalttherapie« gelehrt wird.

Uns ist klar, daß solche Gruppen an zwei wichtigen Prinzipien der derzeitigen Schul- und Ausbildungsorganisation rütteln würden:

1. Die gleichberechtigte Teilnahme von Ausbildern und auszubildenden Lehrern widerspricht der hierarchischen Struktur der Ausbildungsstätten.
2. Das Rivalitäts- und Konkurrenzdenken und -verhalten, das das Mit- oder besser Gegeneinander auszubildender Lehrer und Schüler zu charakterisieren scheint, wird durchlöchert. Wir werden auf die augenfälligen politischen Implikationen dieser Aussagen weiter unten eingehen.

Nicht nur der Bereich körperlichen Kontaktes ist aus Schule und Lehrerbildung ausgeklammert, es gibt noch andere, von *Adorno* so genannte »Tabus über den Lehrberuf«, z. B. das Negieren der erotischen Dimension: »Einerseits zählt er (der Lehrer, der Verfasser) erotisch nicht recht, andererseits spielt er, etwa beim schwärmenden Teenager, eine große libidinöse Rolle. Aber meist nur als unerreichbares Objekt: es genügt bereits, daß man an ihm leise Regungen von Sympathie bemerkt, um ihn als ungerecht zu diffamieren. Die Unerreichbarkeit gesellt sich der Vorstellung eines aus der erotischen Sphäre tendenziell ausgeschlossenen Wesens.«[4] Die Durcharbeitung der eigenen Geschlechtlichkeit in Selbsterfahrungsgruppen, das Kennenlernen und Bejahen der erotischen Wünsche und Bedürfnisse auf Menschen des eigenen und/oder anderen Geschlechts und der Umgang mit diesen Erfahrungen sind aus gestalttherapeutischer Sicht ebenfalls Voraussetzungen für eine nicht zwanghaft verkürzte, sondern geschlossene Persönlichkeit, die im Umgang mit Schülern Modell sein kann und u. E. sein sollte. Ob der Lehrer, wenn er sich »als Geschlechtswesen seinen Schülern zu erkennen gibt«, »damit einer solidarischen, nicht länger durch Schambarrieren verstellten und neurotisch bedrohten Sexualität Bahn (bricht)«, wie *Gamm* konstatiert[5], erscheint fraglich, wenngleich wünschenswert.

Diese Verleugnung des erotischen Bereichs scheint uns symptomatisch für die gelungene Standardisierung und Beschneidung der umfangreichen Skala von Gefühlen auf ein akzeptiertes Mittelmaß = Mittelmäßigkeit. Im pädagogischen und Wissensvermittlungsprozeß werden täglich im Lehrer wie im Schüler negative und bisweilen (erfreulicherweise) auch positive Gefühle von großer Intensität ausgelöst. Diesen Gefühlen Raum zu geben gestattet der Lehrer in der Regel weder sich noch den Schülern, um die »Sachlichkeit« der Lernsituation nicht zu gefährden. Da diese Gefühle nichtsdestoweniger weiterexistieren, eine Eigendynamik entwickeln und damit die Arbeit wirklich stören, fordert die Themenzentrierte Interaktion (TZI, *Ruth Cohn*) zu Recht, daß diese »Störungen« artikuliert werden müssen, um in das Gesamtgeschehen »Unterricht« integriert werden zu können. Damit wendet *Ruth Cohn,* die in den USA Kontakt zu *Fritz Perls* hatte und selbst gestalttherapeutisch arbeitet, für die schulische Lernsituation das bereits angesprochene Gestaltprinzip an, daß Teilbereiche der Ganzheit Person nicht schadlos ausgeklammert werden dürfen. Wir reden damit nicht einem gruppendynamischen Bramarbasieren, auch »psycheln« genannt, das Wort; der Lehrer ist der »Hüter der Balance« zwischen dem Thema der Stunde, der psychischen Befindlichkeit des einzelnen und der Gruppensituation. »Die Betonung durch Aufmerksamkeit für diesen oder jenen Faktor ist ein fließender Prozeß, der durch das wechselnde Interesse der Gruppe und ihrer äußeren Gegebenheiten mitbestimmt ist.«[6]

»Hüter der Balance« zu sein impliziert die Forderung, daß der Lehrer über einige Zeit einen Selbsterfahrungsprozeß durchläuft; denn themenzentrierte Interaktion anzuwenden ist erlernbar in ausbildungsbegleitenden Gruppen, wie bisher eine Reihe Lehrer aus der Schweiz und der BRD erfahren haben. In der BRD hat die Schulbehörde eines Bundeslandes (Niedersachsen) erkannt, wie sinnvoll TZI für die Lehrerbildung sein könnte, und daher die Leiter der Ausbildungsstätten (Studienseminare) mit dem Verfahren bekannt gemacht. Die TZI hat klar umrissene Regeln formuliert (Sei dein eigener chairman; Störungen haben Vorrang; Mach Aussagen, statt Fragen zu stellen, und viele mehr), die zweifellos nützlich und wertvoll sind, u. E. aber zugleich die Gefahr beinhalten, daß mechanistisch mit ihnen verfahren und fruchtbare Auseinandersetzung verhindert wird, indem Gruppenteilnehmer einander durch besseres Beherrschen der Regeln außer Gefecht zu setzen versuchen. Dieser Gefahr kann begegnet werden, wenn zunächst im Mittelpunkt der Gruppenarbeit das Durcharbeiten der eigenen Persönlichkeit steht, wie es die Gestalttherapie seit *Fritz Perls* fordert. Dieses Durcharbeiten hat zum Ziel, Eigenproblematik (Machtwünsche, Sadismus usw.) und deren Wirkung auf andere so kennenzulernen, daß Möglichkeiten gefunden werden, rigide Formen zu zerbrechen und flexible aufzubauen.

Eine dafür hilfreiche Arbeitsform ist die in der Gestalttherapie häufig angewandte Technik des Rollentausches, in dem das Einfühlungsvermögen in die Interessenlage und den gefühlsmäßigen Zustand des anderen stark gefordert und damit trainiert wird[7]. Wir wollen die Funktion dieser Methode in zwei für den Lehrer idealtypischen Situationen darstellen, auf die *Adorno* in seinem oben erwähnten Aufsatz[8] aufmerksam gemacht hat: Rollentausch, in der Unterrichtssituation durchgeführt oder in der Analyse eines Lehrer-Schüler-Konflikts im Studienseminar nachgestellt, vermag für den Referendar mehr als jede theoretische, d. h. ausschließlich über den Intellekt durchgeführte Information erziehungs- oder sozialpsychologischen Inhalts die bedrohlich wirkende physische Potenz des Erwachsenen in Stimm- und Brachialgewalt sowie dessen Informationsvorsprung oder -monopol erlebbar und erleidbar zu machen.

Hiergegen könnte kritisch eingewendet werden, daß Angst vor den als bedrohliches Gegenüber wahrgenommenen Schülern und der Schulsituation viele Lehrer zu rigidem, von vornherein auf Abwehr ausgerichtetem Verhalten führt. Diese starren Verhaltensmuster scheinen uns charakteristisch für Verdrängung und Überlagerung von nicht eingestandener Angst, obgleich Angst in unserer Gesellschaft eines der Grundgefühle ist[9] und zudem Indiz für besondere »Dünnhäutigkeit« und Sensibilität sein kann; deutlich sichtbar für Außenstehende wird diese Angst nur, wenn Schüler wie auch Lehrer sie übermäßig durch Alkohol-, Tabletten- und anderen Drogengebrauch zu überdecken trachten. Daher wird das Eingestehen, das bewußte Erleben von Angst und damit das Erarbeiten von Formen des Umgangs mit ihr großen Raum in der von uns vorgestellten Selbsterfahrungsgruppe haben. Da die Gestalttherapie auffordert, im Erleben beim »Hier und Jetzt« zu bleiben und alles aufzunehmen, was gerade ist (und nicht, was sein wird, wenn ...), werden besonders diejenigen mit ihrer Angst konfrontiert werden, die in ihrer Aktivität und Kreativität sich selbst hemmen durch ständiges Reflektieren aller nur möglichen Konsequenzen ihres Handelns. Denn »Angst«, so *Fritz Perls,* »ist die Kluft zwischen dem Jetzt und dem Später«[10]. Das Hier-und-Jetzt-Prinzip der Gestalttherapie wird wohl auch am schnellsten und konsequentesten aus der Selbsterfahrungsgruppe in den Ausbildungs- und Schulalltag zu transferieren sein; der einzelne Lehrer wird ermutigt, bei dem Empfinden zu bleiben, wie er sich gerade in seiner Klasse, im Gespräch mit Kollegen erlebt, sich seiner subjektiven Erfahrungen bewußt zu werden (*Perls:* awareness[11]), und von daher für sich und die Situation angemessene Reaktionen zu finden[12].

Die gestalttherapeutischen Selbsterfahrungsgruppen, deren Stellenwert in der Lehrerbildung wir exemplarisch in konkreten Hilfsmöglichkeiten aufzuzeigen versucht haben, dürfen – das sei mit aller Deutlichkeit gesagt – keine Alibifunktion haben; gerade am Beispiel der Angst läßt sich zeigen: wir dürfen uns nicht damit begnügen, in Gruppen Ängste zu bearbeiten, die aus dem Schulalltag resultieren, sondern müssen die objektiv vorhandenen angstauslösenden Faktoren in Lehrerbildung und Schule erkennen und zu verändern suchen. »Lehrerausbildung, die für eine demokratische Praxis der Erziehung vorbereiten soll, kann nicht in autoritär-hierarchischen Institutionen geleistet werden. Die Erfahrung der Kooperation Gleichberechtigter im Studium ist die Voraussetzung für die Organisation eines demokratischen Lernprozesses in der Schule.«[13] Dieser These *Ernest Jouhys* stimmen wir in solidarischer Kritik zu; er greift jedoch u. E. – wie so manche linke Kritik an der bestehenden Lehrerausbildung – zu kurz, indem er auf Demokratisierung der Institutionen, des Lernprozesses und (an anderer Stelle) der Lerninhalte zielt. Demokratische Strukturen in der Lehrerausbildung (und das umschließt auch die postuniversitäre Ausbildung) bleiben im formalen Bereich, wenn nicht Erfahrungen initiiert werden, die sie inhaltlich ausfüllen können. *Jouhy* postuliert diese Erfahrungen, gewiß nicht nur eingeschränkt auf die Kooperation Gleichberechtigter im Studium, führt sie jedoch nicht genauer aus. Unseres Erachtens wird die gleichberechtigte Teilnahme von Ausbildern und Auszubildenden in Gruppen Auswirkungen auf das gesamte Seminargeschehen im Sinne einer Demokratisierung haben. (Bei der derzeitigen hierarchischen Struktur der Lehrerbildung könnte der erste Schritt in der Bildung getrennter Gruppen für Ausbilder und Auszubildende bestehen, da wir unterschiedliche psychische Verhärtungsgrade bei den beiden Gruppen vermuten und den von der Zensurengewalt ausgehenden psychischen Druck nicht geringschätzen.)

»Grundlage der emanzipatorischen Lehrerausbildung ist die Vermittlung eines kritisch-sozialwissenschaftlichen Problembewußtseins für Lehrer aller Stufen.«[14] Gerade diese beiden Thesen *Jouhys*, die unter dem Zwang stehen, auf das für wesentlich Erachtete zu reduzieren, zeigen das Defizit einer Reformkonzeption, in der Organisationsprinzipien und intellektuelle Vermittlung emanzipatorischer Inhalte die zentralen Kategorien sind. Der emotional-affektive Bereich, der menschliche Kommunikation und damit Kooperation, Lernprozesse entscheidend mitprägt, bleibt unberücksichtigt. Damit besteht die Gefahr, daß er – negiert oder mißachtet, gleichwohl existent – die anvisierten Ziele unterläuft.

Selbst wenn in schulischen Lernprozessen die Wichtigkeit affektiver Lernziele erkannt wird, so zeigt sich doch die Unfähigkeit, sie genauer zu bestimmen. Sie führen – verwiesen sei auf ihre Formulierung in den Handreichungen des Niedersächsischen Kultusministers zum Bereich B »Gesellschaftswissenschaften« – ein kümmerliches Dasein neben seitenlangen Taxonomien instrumentaler und kognitiver Lernziele.

Nitzschke stellt die berechtigte Forderung auf: Lehrer »müssen sensibel für die psychischen Prozesse beim einzelnen und die Prozesse in Gruppen sein und ein entsprechendes Grundwissen besitzen. Nur so können sie jeweils die Situation erkennen, in der sich Schüler und Lehrer befinden, und entsprechend erzieherisch handeln. Fehlt das, ist nicht nur die Emanzipation des einzelnen in Frage gestellt, sondern eine Erziehung, die den Auftrag hat, jedem bei seiner Entwicklung zu helfen, nicht möglich.«[15]

Der Stellenwert dieser Sensibilität im Erziehungsprozeß ist bestimmt, die Folgen eines Defizits sind nicht verharmlost. Die Konsequenz daraus muß lauten: Sensibel werden ist ein eigenständiger Lernprozeß, der in der Lehrerbildung seinen festen Platz haben muß, wenn Lehrer, Schüler und Schule Ganzheiten, geschlossene Gestalten sein sollen.

Anmerkungen

1 *Ch. Bühler, M. Allen,* Einführung in die Humanistische Psychologie, Stuttgart 1973, 7.
2 *F. S. Perls,* Gestalt-Therapie in Aktion, Stuttgart 1974, 24.
3 *H. G. Petzold,* Psychotherapie und Körperdynamik, Paderborn 1974.

4 *Th. W. Adorno,* Tabus über dem Lehrberuf (1965), in: Stichworte – Kritische Modelle 2, Frankfurt 1969, 76.
5 *H. J. Gamm,* Kritische Schule, München 1970, 74 f.
6 *R. Cohn,* Zur Humanisierung der Schulen, in: Schleswig-Holsteinisches Ärzteblatt, Heft 10/1973, 502.
7 *H. G. Petzold,* Gestalttherapie und Psychodrama, Kassel 1973.
8 *Th. W. Adorno,* a.a.O. 74 f.
9 *D. Duhm,* Angst im Kapitalismus, Lampertheim 1974.
10 *F. S. Perls,* a.a.O. 38.
11 –, a.a.O. 22.
12 *G. Brown,* Human teaching for human learning. Confluent Education, Beverly Hills 1973.
13 *E. Jouhy,* Thesen zur Lehrerausbildung, in: Erziehung in der Klassengesellschaft (*J. Beck* u. a.), München 1970, 245 f.
14 –, a.a.O. 246.
15 *V. Nitzschke,* Schulreform und Lehrerbildung, in: *Beck/Schmidt,* Schulreform oder der verhinderte Fortschritt, Frankfurt 1970, 55.

Kapitel 18
Ruedi Signer

Möglichkeiten und Grenzen der Integrativen Pädagogik in öffentlichen Schulen

Als brauchbare Kurzdefinition soll die Confluent Education, wie sie von *G. Brown* in den USA und von *H. Petzold* in Deutschland als Integrative Pädagogik auf der Grundlage der Humanistischen Psychologie und der Gestalttherapie entwickelt wurde, als ein pädagogischer Ansatz charakterisiert werden, der den am Lerngeschehen Beteiligten dazu verhilft, kognitives, affektives und psychomotorisches Lernen »zusammenfließen« zu lassen, zu »integrieren«. Mit anderen Worten geht es darum, über den Intellekt hinaus auch den emotionalen Bereich und den Körper in den Prozeß der gemeinsamen Entwicklung und Entfaltung von Schülern und Lehrern miteinzubeziehen.

Mit dieser Rückbesinnung auf eine der ältesten Traditionen abendländischer Erziehung (vgl. etwa *Platon,* 1964; *Pestalozzi,* 1944) erweitert die Integrative Pädagogik eine gängige und weitverbreitete Praxis in Erziehung und Unterricht, welche primär und oft ausschließlich auf die bloße Schulung kognitiver Fertigkeiten und auf die Vermittlung rationaler Einsichten und Kenntnisse abstellt.

Gestützt auf die gestalttherapeutische Technologie (vgl. *Perls,* 1969; *Stevens,* 1975) und *Assagiolis* Konzept der Psychosynthese (vgl. *Yeomans,* 1975; *Assaglioli,* 1967) zielt die Integrative Pädagogik im Bereich der Schule darauf hin, einerseits ein Curriculum emotionaler Lernziele zu verwirklichen und andererseits die oft vernachlässigte affektive Dimension sachlicher Lerninhalte in den Unterricht miteinzubeziehen und damit in einen ganzheitlichen Lernprozeß zu integrieren.

Für den schulischen Alltag hat dieses pädagogische Konzept sichtbare Konsequenzen. Nicht nur die Funktion und der Interaktionsstil des Lehrers verändern sich hier als Implementation der Grundsätze einer Integrativen Pädagogik, vielmehr beinhaltet deren Umsetzung in die Praxis auch eine Reihe von grundsätzlich neuen Unterrichtsformen, Lernverfahren und Lerninhalten. Eine weitere Anzahl von sog. traditionellen Verfahren und Inhalten dagegen wird hiermit konsequenterweise ersetzt bzw. bewußt beiseite gelassen. Soweit einige grundsätzliche Hinweise zur theoretischen Fundierung, den Zielen und deren praktischen Verwirklichung, wie sie die ›Integrative Pädagogik‹ kennzeichnet.

Nach der Präsentation der beiden Hauptwerke von *Brown* (1971, 1975) über ›confluent education‹ schließt *Petzold* (1975a) seine Ausführungen mit folgender Warnung:

»Aus unseren Erfahrungen allerdings muß gesagt werden, daß einer Verwirklichung konfluenter Erziehungspraktiken durch die Struktur des Bildungssystems in der BRD größte Hindernisse in den Weg gelegt werden. Hier sehen wir auch die Schwäche im theoretischen Ansatz der amerikanischen Vertreter der integrativen, konfluenten Erziehung, daß nämlich die Überlegungen zum Bildungssystem der Gesellschaft zu kurz kommen und daß eine Theorie der Schule fehlt. Ohne diese Überlegungen erscheint uns aber eine Integrative Pädagogik, wenn sie nicht auf eine faszinierende, aber an der gesellschaftlichen Realität vorbeigehende Philosophie mit einer elaborierten Technologie emotionaler Erziehung begrenzt bleiben will, sondern wirkliche Veränderung von Individuum und Gesellschaft zum Ziel hat, auf die Dauer zum Scheitern verurteilt. Es bleibt zu hoffen, daß in der weiteren Entwicklung des ja noch sehr jungen Ansatzes dieser Dimension die Aufmerksamkeit geschenkt wird, die ihr zukommt.«

Diese kritische Stellungnahme skizziert in wenigen Sätzen ein umfangreiches Arbeitsprogramm, dessen Realisierung *Petzold* zu Recht als unabdingbare Voraussetzung für die Verbreitung und Weiterentwicklung der Integrativen Pädagogik im Bildungssystem der BRD hält. Zu ergänzen ist dieses Statement insofern, als es sich bei den erwähnten Hindernissen für die Verwirklichung konfluenter Erziehungspraktiken nicht nur um eine auf Deutschland beschränkte Problematik handelt. Solche Schwierigkeiten sind mit größter Wahrscheinlichkeit vielmehr in jedem staatlichen Schulsystem bzw. in jeder öffentlichen Schule zu erwarten, in der die idealtypischen Voraussetzungen für Innovationen in unvergleichbar geringerem Ausmaß gegeben sind als in sog. Alternativschulen, für welche *Brown* die Integrative Pädagogik vorrangig empfiehlt (mündliche Mitteilung von *G. Brown*, 1975).

Der vorliegende Beitrag setzt sich nun weiter zum Ziel, einige Überlegungen zu Möglichkeiten und Schwierigkeiten bei der Einführung integrativer Unterrichts- und Erziehungsformen in öffentlichen Schulen anzustellen, um dadurch potentielle Konfliktfelder zu orten, welche für den Integrativen Pädagogen bei der Verwirklichung seiner Intentionen zu erwarten sind. Eine weitere Zielsetzung besteht darin, auf zwei flankierende Maßnahmen hinzuweisen, welche erfahrungsgemäß die Erfolgswahrscheinlichkeit von Bemühungen innovationsfreundlicher Lehrer und damit auch von Vertretern der Integrativen Pädagogik erhöhen, ohne daß vorerst umwälzende strukturelle Schulreformen, welche für alternative pädagogische Ansätze den erwünschten Freiraum bieten, ungenutzt erdauert werden müssen (*R. Signer*, 1976).

Mit diesen Ausführungen soll somit ein erster Schritt in Richtung der von *Petzold* postulierten Weiterentwicklung des konfluenten Ansatzes geleistet werden. Um dieser Zielsetzung entsprechen zu können, folgen vorab einige organisationssoziologische Stichwörter zur Organisation ›Schule‹ sowie rollentheoretische Überlegungen zur Berufssituation des Lehrers in öffentlichen Schulen. Gleichzeitig werden diese Ausführungen zur Analyse der Berufssituation von Vertretern einer Integrativen Pädagogik fruchtbar gemacht.

Aus der Sicht der Organisationssoziologie erweist sich die Schule, in besonders ausgeprägter Form das deutsche Schulsystem, seiner Organisationsform nach als »klassische Verwaltungbürokratie«, die durch folgende Merkmale gekennzeichnet ist (vgl. *Fürstenau*, 1968; *Mayntz*, 1971; *Etzioni*, 1973; *Peter*, 1973):

– Hierarchisch einander übergeordnete Ämter mit festumrissenen Kompetenzbereichen, welche individuelles Handeln regulieren.

– Obere Instanzen entscheiden, ordnen an und kontrollieren in hohem Ausmaß, während die je unteren Instanzen vorwiegend Anordnungen ausführen und nach oben Bericht erstatten.

– Arbeitsvorgänge und internes Kommunikationsgeschehen richten sich nach festgelegten Regeln und Verfahrensvorschriften.

– Inhaber bürokratischer Positionen (Beamte) sind austauschbar, ohne daß das Funktionieren der Bürokratie gefährdet wird, da nicht persönliche Rolleninterpretation, sondern pflichtgemäßes Ausführen reglementierter Handlungsabläufe gefordert ist.

Schon diese konzentrierten Hinweise genügen, um die Diskrepanz zu ermessen, welche zwischen dem Staatsbeamten ›Lehrer‹ in seiner Rolle als Bürokrat auf Lebzeiten und dem Integrativen Pädagogen existiert, der sich u. a. als »resource and facilitator for the student's growth« (*Yeomans*, 1975) versteht.

Noch deutlicher faßbar wird diese Kluft, wenn wir uns vergegenwärtigen, daß zur Facilitator-Rolle eine Reihe von weiteren Funktionen folgender Art gehört, welche mit den Erfordernissen einer bürokratisch organisierten Schule kaum vereinbar sind:

– Der Lehrer vermittelt kein Wissen und keine Überzeugungen, welche er im Alleingang vorbereitet und didaktisch aufs Geschickteste aufbereitet.

– Er durchläuft in gemeinsamer Bemühung mit seinen Schülern Such- und Lernprozesse, wobei Fähigkeiten und Fertigkeiten sowie vorhandenes Wissen ausgeschöpft und erzielte Ergebnisse laufend ausgetauscht werden.

– Mit zunehmender Verselbständigung der Schüler steuern diese das Lerngeschehen weitgehend selbst und übernehmen dafür optimale Eigenverantwortung, so daß beim Lehrer Arbeitskapazität und Energie für weitere Aufgaben und Funktionen frei wird.

Gemessen am Erziehungsziel der Integrativen Pädagogik und den dargestellten Aufgaben des konfluenten Lehrers muß die bürokratische Organisationsstruktur der Schule als dysfunktional bezeichnet werden. Diese Feststellung gilt im übrigen nicht nur für *Browns* Neuansatz, sondern für jede pädagogische Praxis, welche jene in verschiedensten Lehrplänen verbal deklarierten Erziehungsziele ernst nimmt, die eine umfassende Bildung des

Heranwachsenden zu einem mündigen und selbstverantwortlichen Mitglied der Gesellschaft fordern.

Zur Differenzierung dieser summarischen Ausführungen sollen einige ausgewählte rollentheoretische Überlegungen zur beruflichen Situation jener Lehrer angestellt werden, die sich als Integrative Pädagogen verstehen. (Umfassendere Darstellungen finden sich etwa bei *Dreitzel*, 1972, und *Diener*, 1976.) Im Rahmen dieses Beitrags beschränke ich mich aus Platzgründen auf die Diskussion von zwei Rollenkonflikten, welche den »Bekehrungsprozeß« (vgl. *Koch*, 1972; *Grell*, 1970) von innovationsbereiten Lehrern zu erhellen vermögen, der in jüngster Zeit bei Vertretern des »Themenzentrierten-interaktionellen Systems« (TZI) und des ›Sozialintegrativen Interaktionsstils‹ (vgl. *Signer*, 1976) häufig zu beobachten ist. Es handelt sich in der Terminologie der Rollentheorie um den sog. Selbst-Rollenkonflikt und um den Intra-Rollenkonflikt.

Der Selbst-Rollenkonflikt kann in Anlehnung an *Sader* (1969, 215 f.) als Zustand der Inkompatibilität zwischen den Erwartungen der Bezugspersonen eines Positionsinhabers (z. B. Lehrers) und dessen ›Selbst‹, d. h. den im Verlauf seiner Sozialisationsgeschichte erworbenen grundlegenden Werten und Einstellungen, definiert werden. Für den Integrativen Pädagogen ist dieser Konflikttypus dann gegeben, wenn dieser sich mit seinen internalisierten Werten, u. a. auf der Grundlage der Humanistischen Psychologie, mit kustodialen, restriktiven Verhaltenserwartungen von seiten seiner Berufskollegen und Schulaufsichtspersonen konfrontiert sieht.

Für den betreffenden Lehrer bieten sich zur Lösung dieses Selbst-Rollenkonfliktes grundsätzlich zwei Möglichkeiten an: Das besonders in der Schweiz sehr häufige Verlassen des Schuldienstes (vgl. *Diener*, 1976) einerseits, eine Einstellungs- und Verhaltensänderung in Richtung der Erwartungen seiner ständigen Bezugspersonen wie Berufskollegen und Schulbehörden andererseits.

Einen zweiten rollentheoretischen Konflikttypus, der zur Erklärung des drohenden »Bekehrungsprozesses« von konfluenten Lehrern beizutragen vermag, finden wir im sogenannten Intra-Rollenkonflikt. Werden an einen Lehrer Erwartungen von verschiedenen Bezugspersonen herangetragen, welche nicht miteinander vereinbar sind, so droht für den betreffenden Lehrer ein Intra-Rollenkonflikt. Nicht nur für den Integrativen Pädagogen, sondern für die berufliche Position des Lehrers schlechthin lassen sich solche divergierenden Erwartungen etwa zwischen Schulbehörden, Kollegen, Schülern und Eltern feststellen.

Intra-Rollenkonflikte werden für den betreffenden Rollenträger dann akut und beschneiden dessen Verhaltensspielraum besonders drastisch, wenn die verschiedenen Rollensender in etwa über gleich starke Sanktionsmittel verfügen. Diese Konstellation ist bei der Rolle des Lehrers kaum in modelltypischer Weise gegeben, da in der Regel sowohl den Eltern wie auch den Schülern vergleichsweise geringere Sanktionsgewalt zukommt als den Mitgliedern der Schulbehörden und den Berufskollegen. Trotz permanenten Diskrepanzen zwischen den Verhaltenserwartungen dieser Rollensender wird für die Rolle des Lehrers dadurch die Wahrscheinlichkeit eines Intra-Rollenkonfliktes vermindert. Allerdings muß diese Konfliktverminderung vom betroffenen Lehrer durch eine stärkere Ausrichtung seines Verhaltens auf die Erwartungen seiner sanktionsstarken Kollegen und Schulaufsichtspersonen gleichsam erkauft werden.

Diese Konsequenzen interessieren in unserem Zusammenhang ganz besonders: Auch hier begegnen wir erneut einem Anpassungsmechanismus, welcher den innovationsfreudigen Lehrer zur Revision seiner integrativen Erziehungspraktiken zwingen kann und seine zunehmende Orientierung an der traditionellen Berufskultur seiner »erfahrenen Kollegen«, d. h. an den sogenannten bewährten Verhaltensrezepten wahrscheinlich macht.

Unter den verhaltenskorrigierenden Sanktionsmitteln von Berufskollegen braucht sich der Leser keine lautstarken Auseinandersetzungen, heftigen Attacken oder gar Anzeigen bei der Aufsichtsbehörde vorzustellen. Angesichts der auftretenden Unsicherheiten, ungelösten Fragen und der verletzlichen Experimentierhaltung von Lehrern, welche neue pädagogische Konzepte erstmalig in ihrer Schulklasse umzusetzen versuchen, wirken bereits die bekannten »Sanktionen durch Nettigkeit«, wie Scherze, Lästern, vertrauliche Ratschläge und Ermunterungen ›von Mann zu Mann‹, dahingehend, daß der initiale Elan und die notwendige Risikobereitschaft des betreffenden Lehrers zu erlahmen droht. Ein möglicher alternativer Einfluß weiterer Bezugspersonen, wie Schüler, Eltern und ehemalige Ausbilder, ist angesichts eines solchen Anpassungsdrucks vergleichsweise gering.

Im Sinne einer Zwischenbilanz kann festgehalten werden, daß Lehrer, welche sich vor ihrem Einstieg in die Berufspraxis bzw. berufsbegleitend in Integrativer Pädagogik aus- oder fortbilden, im Rahmen staatlicher Schulen nur wenig Freiraum vorfinden, um ihre neu gewonnenen Zielvorstellungen in die Praxis umzusetzen. Angesichts der dargestellten Rollenkonflikte, welche sich für solche innovationsfreudigen Pädagogen in besonders hohem Ausmaß stellen, drohen im Rahmen kustodial verwalteter, staatlicher Schulen mit bürokratischen Organisationsstrukturen Anpassungsmechanismen, welche die Chance beträchtlich verringern, konfluente Erziehungspraktiken zum Tragen zu bringen.

Wie einleitend festgestellt wurde, kann es angesichts dieser Sachlage nun nicht darum gehen, in abwartender Haltung Zeiten herbeizusehnen, in denen wir schulische Organisationsstrukturen in Form von professionellen Organisationen (vgl. *Etzioni*, 1973; *Fürstenau*, 1968) vorfinden, die von der Basis her, also primär von professionalisierten Lehrern, gestaltet und den je aktuellen gesellschaftlichen und erziehungswissenschaftlichen Erfordernissen gemäß laufend weiterentwickelt werden. Vielmehr bedürfen umfassende schulische Reformprozesse, wie dies die Einführung der Integrativen Pädagogik in öffentlichen Schulen darstellt, einer Kombination zwischen kontinuierlichen sogenannten äußeren Reformen und einer gezielten Vorbereitung der konfluenten Lehrer zur Entwicklung und Realisierung von Innovationsstrategien und Strategien zur Lösung von Konfliktsituationen in ihrer jeweiligen konkreten, aktuellen Berufssituation.

Aufgrund bisheriger Erfahrungen und Einsichten scheint erst die Wechselwirkung von Veränderungsstrategien auf beiden Ebenen, der intra-interpersonellen und strukturellen, längerfristigen Erfolg zu versprechen (vgl. *Chin* und *Benne*, 1971; *Fürstenau*, 1970; *Aregger*, 1976; *Havelock*, 1976).

Wie geschieht nun diese gezielte Vorbereitung und Stärkung der Integrativen Pädagogen im Hinblick auf strukturell bedingte Hindernisse, welche der Verwirklichung ihres Konzeptes im Wege stehen? Zwei Trainingsmöglichkeiten, die der Autor seit einigen Jahren in Zusammenarbeit mit Berufskollegen weiterentwickelt und erprobt hat (vgl. *Signer*, 1975, 1976), erweisen sich als besonders effiziente Maßnahmen, um zu verhindern, daß neu erworbene erzieherische Qualifikationen im Anschluß an Aus- und Fortbildungstrainings relativ schnell wieder verlöschen. Es handelt sich um das ›Antizipatorische Rollentraining‹ als eine präventive Maßnahme einerseits, um die ›Berufsbegleitende Praxisberatung‹ andererseits.

Diese beiden Trainingsformen stellen nicht etwa Alternativen zu bisherigen Ausbildungsschritten in konfluenter Pädagogik dar, sondern sind als ergänzende Elemente zu verstehen, die in das bestehende Ausbildungscurriculum zu integrieren sind, damit entsprechende Initiativen im Schulalltag nicht zum Scheitern verurteilt sind.

Im Antizipatorischen Rollentraining wird für die beteiligten Lehrer Gelegenheit geschaffen, neu erworbene Grundelemente Integrativer Pädagogik so realitätsbezogen weiterzuentwickeln, daß drohende Konfliktherde und Kollisionen im Berufsfeld voraussehbar und analysierbar werden. Möglichkeiten und Mittel, mit denen der Praktiker seinen pädagogischen Intentionen zum Erfolg verhelfen kann, werden in Form von kurz- und langzeitigen Innovationsstrategien durchgearbeitet, unter Laborbedingungen erprobt und ins eigene Verhaltensrepertoire integriert.

Das Durchlaufen einer systematisch aufgebauten Rollenspielfolge erlaubt den Ausbildungskandidaten, die Komplexität des Umgangs mit schulischen und außerschulischen Interaktionspartnern nicht nur zu verstehen, sondern auch adäquat zu erfassen und damit umgehen zu lernen, was einer antizipatorischen Entschärfung künftiger Konfliktherde gleichkommt.

Bei diesem Rollentraining erweist es sich als bedeutsam, daß der Spielkatalog die hauptsächlichen Problembereiche, die sich bei der Verwirklichung Integrativer Pädagogik in öffentlichen Schulen ergeben, auch wirklich spiegelt und

a) von einfachen Interaktionssequenzen zu komplexen Konfliktkonstellationen fortschreitet,

b) die zentralen Bezugspersonen des Lehrers wechselweise miteinbezieht,

c) verschiedene Institutionen berücksichtigt, mit denen der Lehrer in Beziehung steht (Elternkontakte, Elternabende, Lehrerkonferenzen, Kommissionssitzungen, Behördensitzungen u. a.), und schließlich

d) neben der emotionalen Spielerfahrung und der kognitiven Analyse von beruflichen Problemsituationen auch das wiederholte Erproben von alternativem Konfliktlösungsverhalten umfaßt.

Als zweite flankierende Maßnahme zur Unterstützung von Lehrern bei der kollisionsträchtigen Einführung von grundsätzlich neuen Unterrichts- und Erziehungsmethoden, wie diese durch die Integrative Pädagogik gegeben sind, dient die berufsbegleitende Praxisberatung, die zeitlich etwa eine Doppelsitzung pro Woche umfassen kann. Das didaktische Grundprinzip dieser Form der Nachbetreuung von innovationsbereiten Lehrern besteht darin, von aktuellen Problemsituationen einzelner Teilnehmer auszugehen und diese je nach inhaltlichem Schwerpunkt mit verschiedenen gruppendynamischen Verfahren und weiteren Beratungskonzepten anzugehen und so durchzuarbeiten, daß praktikable Verhaltensstrategien zur Bewältigung der aktuellen Berufssituation daraus resultieren.

Ein besonderer Vorteil dieser berufsbegleitenden Form der Fortbildung ergibt sich aus der Tatsache, daß die beteiligten Lehrer die für ihre beruflichen Schwierigkeiten erarbeiteten Lösungen unmittelbar anschließend in ihrer Praxis erproben, Rückmeldungen laufend in die Beratungsgruppe einbringen und gegebenenfalls modifizieren können. Neben der kontinuierlichen Erarbeitung von Lösungsmustern für den pädagogischen Alltag verschafft diese Nachbetreuung dem einzelnen, der in seiner Schule oft isoliert als pädagogischer Einzelkämpfer dasteht, nicht zuletzt auch einen emotionalen Rückhalt, der in seiner Bedeutung für die Stabilisierung von oft verunsicherten Innovatoren nicht hoch genug eingeschätzt werden kann.

Diese zeitlich und finanziell wenig aufwendige, jedoch effiziente Form der Transferhilfe für die Realisierung von neuen pädagogischen Ansätzen bildet somit ein günstiges Verbindungsglied zwischen relativ isolierten Ausbildungsblöcken, wie diese in der Regel durchlaufen werden. Aus verständlichen Gründen besteht ein mittelfristiges Ziel auch darin, daß sich die Gruppe zunehmend vom Berater loslöst und sich verselbständigt, um als autonome Arbeitsgruppe in der beschriebenen Weise weiterzuarbeiten.

Aufgrund unserer bisherigen Erfahrungen wage ich zu behaupten, daß die Überlebenschance von integrativen Erziehungspraktiken im Berufsalltag in direkter Abhängigkeit von der Intensität und Stundenzahl einer solchen Ergänzung des Ausbildungscurriculums steht, wie sie durch das antizipatorische Rollentraining und die berufsbegleitende Praxisberatung geleistet wird.

Ob die hier dargestellten ergänzenden curricularen Elemente in die Ausbildung in Integrativer Pädagogik optimal Eingang finden, setzt allerdings voraus, daß die vielerorts noch beobachtbare Polarisierung zwischen Verfahren auf der Basis Humanistischer Psychologie und sozialwissenschaftlichen Konzepten überwunden wird. In diesem Sinn soll der vorliegende Beitrag nicht zuletzt auch als Plädoyer für einen »pragmatischen Eklektizismus« zu einer noch erfolgreicheren Ausbildung von Integrativen Pädagogen verstanden werden. Damit wäre ein analoger erster Schritt in Richtung des Synergieprinzips geleistet, an dem sich *Petzold* beim Aufbau der multimodalen ›Integrativen Therapie‹ orientierte.

Literatur

Aregger, K., Innovation in sozialen Systemen, Bd. 2. Bern 1976.

Brown, G. (Hrsg.), Human Teaching for Human Learning. An Introduction for Confluent Education, New York 1971.

–, The Live Classroom: Innovation through Confluent Education and Gestalt, New York 1975.

Chin, R., und Benne, K., Strategien zur Veränderung sozialer Systeme, in: Gruppendynamik, 2, 1971, 4, 343–374.

Diener, J., Verhalten, Konflikt und Berufswechsel des Volksschullehrers, Bern 1976, 297–324.

Dreitzel, H., Die gesellschaftlichen Leiden und das Leiden an der Gesellschaft. Vorstudien zu einer Pathologie des Rollenverhaltens, Stuttgart 1972.

Etzioni, A., Soziologie der Organisationen, München 1973, bes. 120–146.

Fürstenau, P., Neuere Entwicklungen der Bürokratieforschung und das Schulwesen. Ein organisationssoziologischer Beitrag, in: *W. Zifreund* (Hrsg.), Schulmodelle, Programmierte Instruktion und Technische Medien, München 1968.

–, Institutionsberatung. Ein neuer Zweig angewandter Sozialwissenschaft, in: Gruppendynamik, 2, 1970, 3, 219–233.

Grell, J., Die sogenannte ›Erfahrung‹. Barrieren gegen die Schulreform im Bewußtsein der Lehrer, in: betrifft: erziehung, 3, 1970, 8, 17–19.

Havelock, R., Schulinnovation – Ein Leitfaden, Bern 1976.

Koch, J.-J., Lehrer. Studium und Beruf. Einstellungswandel in den beiden Phasen der Ausbildung, Ulm 1972, 163 f.

Mayntz, R., Max Webers Idealtypus der Bürokratie und die Organisationssoziologie, in: *R. Mayntz* (Hrsg.), Bürokratische Organisation, Köln 1971, 27–35.

Perls, F., Gestalt Therapy Verbatim, Utha 1969.

Pestalozzi, H., Gesammelte Werke, Bd 9: Geist und Herz in der Methode, Zürich 1944.

Peter, H.-U., Die Schule als soziale Organisation, Weinheim 1973.

Petzold, H., Buchbesprechung zu Brown (1971 und 1975), in: Integrative Therapie, 1, 1975, 1, 49–50.

–, Integrative Bewegungstherapie, in: *H. Petzold* (Hrsg.), Psychotherapie und Körperdynamik, Paderborn 1975, 287–404.

Platon, Sämtliche Werke, Bd. 3: Politeia, Reinbek 1964.

Sader, M., Rollentheorie, in: *C. F. Graumann* (Hrsg.), Handbuch der Psychologie, Bd 7/I, 1972, 204–231.

Signer, R., Kritische Thesen und Vorschläge zur Weiterentwicklung des ›Erziehungspsychologischen Verhaltenstrainings‹ nach *Tausch*, in: *J. Diener/R. Signer* (Hrsg.), Informationen zur Gruppendynamik und Gruppenpädagogik, Heft 4/75, 25–40. Zürich, Pestalozzianum.

–, Verhaltenstraining für Lehrer, Weinheim 1976.

Stevens, J., Die Kunst der Wahrnehmung. Übungen der Gestalttherapie, München 1975.

Yeomans, Th., Search for a Working Model: Gestalt, Psychosynthesis and Confluent Education, in: *G. Brown* (Hrsg.), The Live Classroom: Innovation through Confluent Education and Gestalt, 1975, 132–158 u. 153 f. N.Y. 1975.

Sachregister

Personenregister*

* Die Seitenangaben in Kursivdruck verweisen auf Titel in den Biographien zu den einzelnen Beiträgen.

Mitarbeiterverzeichnis

Besems, Thijs, Drs., Dozent, Studium der Pädagogik, Philosophie, Theaterwissenschaften; Gestaltausbildung bei Jan Velzeboer u. a.; Leiter des Schoolbegleideningsdienst »Midden-Twente«, Hengelo; Lehrbeauftragter des Fritz Perls Instituts.
Schwerpunkt der Arbeit: Lehrerfortbildung, kreative Pädagogik mit Behinderten, Kindern und Erwachsenen.
Adresse: Geerdinksweg 187, Hengelo, Holland.

Brown, George Isaak, Prof. Dr., Studium der Erziehungswissenschaften an der Harward University. Arbeitete als Grundschullehrer und Rektor. Bei F. S. Perls Gestaltausbildung, auf deren Grundlage er die *Confluent Education* entwickelte. Z. Z. Professor für Erziehungswissenschaften an der University of California, Santa Barbara, und Direktor des dortigen »Graduate Program in Confluent Education«. Gastdozent am Fritz Perls Institut.
Schwerpunkt der Arbeit: Forschung und Lehre im Bereich der Confluent Education und Kreativitätsförderung. Fortbildung von Lehrern und Dozenten in den USA, Deutschland, Holland, Norwegen usw.
Veröffentlichungen: Human Teaching for Human Learning, Viking Press, New York 1971; The Live Classroom, Viking Press, New York 1975, dtsch. Gefühl und Aktion. Gestaltmethoden im integrativen Unterricht, Flach, Frankfurt 1977, sowie zahlreiche Beiträge zu Fachzeitschriften.
Adresse: University of California, Santa Barbara, Department of Education, Santa Barbara, California 93106.

Galyean, Beverly, Ph. D., Studium der Erziehungswissenschaften, University California, Santa Barbara; Programmdirektor für Fremdsprachenunterricht, Schuldistrikt Los Angeles.
Schwerpunkt der Arbeit: Confluent Education im Sprachunterricht und in der Lehrerbildung.

Guss, Kurt, Dr. phil., Dipl. psych., Wissenschaftlicher Assistent an der Gesamthochschule Duisburg.
Schwerpunkt der Arbeit: Pädagogische Psychologie, Gestalttheorie, Lohn und Strafe.
Veröffentlichungen: K. Guss (Hrsg.), Gestalttheorie und Erziehung, Darmstadt 1975; Psychologie als Erziehungswissenschaft, Stuttgart 1975.
Adresse: Postdamm 9, D-4543 Lienen.

Huber, Barbara, Realschullehrerin, Fächer: Deutsch, evangelische Religion; Gestaltausbildung am Fritz Perls Institut.
Schwerpunkt der Arbeit: Confluent Education/Integrative Pädagogik in der Schulpraxis und Fortbildungsseminaren für Lehrer.
Adresse: D-3031 Gilten.

Huy, Ulrike, Dipl. psych., Universität Marburg; Gestaltausbildung am Fritz Perls Institut.
Schwerpunkt der Arbeit: Erwachsenengestalttherapie und -analysen; Gestalttherapie und -training mit Fortbildungsgruppen für Lehrer u. a.; Lehrtrainerin am Fritz Perls Institut.
Adresse: Bonifatiusplatz 10, D-3 Hannover 1.

Huy, Wolf, Oberstudienrat, Fächer: Deutsch, Geschichte, Sozialkunde, Gestaltsoziotherapieausbildung am Fritz Perls Institut.
Schwerpunkt der Arbeit: Schüler- und Lehrergruppen.
Adresse: s. o.

Kägi-Romano, Damaris, Lehrerin, Schulleiterin der Demokratisch-Kreativen-Schule, Gestalttherapieausbildung am Fritz Perls Institut.
Schwerpunkt der Arbeit: Pädagogische, soziotherapeutische und familientherapeutische Tätigkeit im Rahmen der Demokratisch-Kreativen-Schule.
Adresse: Holgass, CH-8634 Hombrechtikon (Zürich).

Kägi-Romano, Urs, Theor. Physiker, Schriftsteller, nebenberufliches Engagement in der Demokratisch-Kreativen-Schule; u. a. pädagogische Publikationen.
Adresse: Waffenplatzstraße 71, CH-8002 Zürich, und s. o.

Mathias, Ulrike, Dipl.-Päd., Studium der Erziehungswissenschaften im Schwerpunkt Sozialpädagogik an der Universität Frankfurt. Arbeitete an der Grund- und Hauptschule, an einer Sonderschule und als Kindertherapeutin. Z. Z. Promotion über Psychodrama mit Kindern. Gestalttherapieausbildung am Fritz Perls Institut.
Schwerpunkt der Arbeit: Therapie mit Kindern und Familien in freier Praxis.
Adresse: Homburger Landstraße 840, D-6 Frankfurt 56.

McCarthy, David N., Ph. D., Studium der Erziehungswissenschaften und Dr. in Confluent Education an der University of California, Santa Barbara.
Direktor des Mitarbeiterfortbildungsprogramms am Longview College, Washington.

Petzold, Hilarion Gottfried, Prof. Dr. theol., Dr. phil., Studium der Theologie, Philosophie, Psychologie und Erziehungswissenschaften in Düsseldorf und Paris, wo er bei Gabriel Marcel promovierte und am Institut St. Denis lehrt. Psychotherapieausbildung bei V. N. Iljine, J. L. Moreno und F. S. Perls. Entwickelte auf dieser Grundlage die Integrative Therapie und Agogik. Er leitete fünf Jahre die Volkshochschule Büttgen und lehrte Methoden Humanistischer Psychologie an der Pädagogischen Hochschule in Neuß, der Fachhochschule für Sozialarbeit und Fachschule für Sozialpädagogik in Düsseldorf. Mitbegründer und Lehrtherapeut des Fritz Perls Instituts. Gruppendynamiktrainer NTL und SGG.
Schwerpunkt der Arbeit: Psychotherapie und Soziotherapie mit Gestalt, Psychodrama und Körperarbeit. Ausbildung und Supervision von Gestalttherapeuten. Arbeit in der Erwachsenen- und Altenbildung.
Veröffentlichungen: Angewandtes Psychodrama, Junfermann, Paderborn 1972, 2. Aufl. 1977; Kreativität und Konflikte, Junfermann, Paderborn 1973; Psychotherapie und Körperdynamik, Junfermann, Paderborn 1974, 2. Aufl. 1977; Die neuen Körpertherapien, Junfermann, Paderborn 1977; Bildungsarbeit mit alten Menschen (zusammen mit E. Bubolz), Klett, Stuttgart 1976, sowie weitere Buch- und Zeitschriftenveröffentlichungen. Herausgeber der Zeitschrift »Integrative Therapie«.
Adresse: Brehmstraße 9, FPI D-4 Düsseldorf.

Schreyögg, Astrid, Dipl. psych., Studium der Psychologie und Pädagogik an der Universität Erlangen-Nürnberg; Leiterin der evangelischen Fachakademie für Sozialpädagogik Nürnberg; Gestaltausbildung am Fritz Perls Institut.
Schwerpunkt der Arbeit: Supervision soz.päd. Arbeit; schulorganisatorische Entwicklung nach humanistischen Prinzipien; Einzel- und Gruppentherapie.
Adresse: Lenbachstraße 5, D-85 Nürnberg.

Sieper, Johanna, Lic. theol., Dr. phil., Studium der Theologie, Philosophie und Erziehungswissenschaften in Paris und Düsseldorf. Psychotherapieausbildung bei V. N. Iljine. Leitete sieben Jahre die Volkshochschule der Stadt Dormagen. Entwickelte zusammen mit H. Petzold die Integrative Agogik. Mitbegründerin und Lehrtherapeutin des Fritz Perls Instituts.
Schwerpunkt der Arbeit: Integrative Agogik in der Erwachsenenbildung und Mitarbeiterfortbildung. Gestalt-Einzel- und Gruppenarbeit in Therapie und Ausbildung von Gestalttherapeuten.
Adresse: Liststraße 8, D-404 Neuß.

Signer, Ruedi, Dr. phil., Psychologe/Pädagoge, Lehrbeauftragter an der Universität Zürich, Gruppendynamiktrainer OeAGG und SGG, Gestalttherapieausbildung am Fritz Perls Institut und bei Polster, USA.
Schwerpunkt der Arbeit: Einzel- und Gruppenberatung, Teamsupervision, Dozent in verschiedenen Bildungsinstituten, Lehrbeauftragter des Fritz Perls Instituts.
Veröffentlichungen: Verhaltenstraining für Lehrer, Belz/Weinheim/Basel 1977, sowie verschiedene Zeitschriftveröffentlichungen und Beiträge zu Sammelwerken.
Adresse: Im Oberdorf, CH-8611 Freudwil.

Stolz, Max, Dipl.-Sozialarbeiter, seit 8 Jahren Studienleiter im Tagungs- und Studienzentrum Boldern, Männerdorf, Schweiz; Ausbildung zum Supervisor, Gestalttherapieausbildung am Fritz Perls Institut.
Schwerpunkt der Arbeit: Kurse für Persönlichkeitsentfaltung und Kreativität mit heterogenen Gruppen; Arbeit mit Lehrlingen und Studenten, Kurse für Kommunikation mit heterogenen und spezifischen Gruppen.
Adresse: Appisbergstraße 20, CH-8708 Männerdorf/Schweiz.

Vopel, Klaus, Studium der Theologie, Psychologie und Pädagogik an der Universität Hamburg; Ausbildung in Themenzentrierter Interaktion bei R. Cohn, N. Lieberman u. a. im Rahmen von W.I.L.L.
Schwerpunkt der Arbeit: Verfahren Humanistischer Psychologie in der Hochschuldidaktik und Fortbildung von Mitarbeitern in sozialen Berufen, Entwicklung von Interaktionsspielen; Herausgeber der »Reihe Lebendiges Lernen«; leitet zusammen mit Renate Vopel ISKO.
Adresse: Sievekingsallee 86, D-2 Hamburg 26.

Yeomans, Thomas, Ph. D., Dr. in Confluent Education an der University of California, Santa Barbara.
Direktor des Psychosynthesis Institute in San Francisco, California.

Zünd, Walter, Pädagoge, Lehrerausbildung, z. Z. Studium der Psychologie; Gestalttherapieausbildung am Fritz Perls Institut.
Schwerpunkt der Arbeit: Therapeutische Tätigkeit und Gruppenarbeit in der Erwachsenenbildung und Lehrerfortbildung.
Adresse: Ibikon, CH-6343 Rotkreuz.

Inhaltsverzeichnis